CW00458932

ISBN 978-0-266-84784-7
PIBN 10898600

Fifth Thousand.

CULLUM'S CALCULATOR

FOR JEWELLERS, &c.

A READY,
RAPID, AND
RELIABLE
MEANS OF ARRIVING AT A CORRECT RESULT.

CONTAINS
SIXTEEN DISTINCT FEATURES, ALL OF THEM BEING EITHER
INTERESTING,
INSTRUCTIVE, OR OF
PRACTICAL UTILITY.

ISSUED BY
THE PARCELS & GENERAL ASSURANCE ASSOCIATION, LTD.,
EXCHANGE BUILDINGS, NEW ST.,
BIRMINGHAM,
By Special Arrangement with the Author and Publisher,
W. CULLUM, JEWELLER,
~~37, BATH~~ STREET, LEAMINGTON SPA.

PRINTED BY ILIFFE & SONS LTD., LONDON AND COVENTRY.

Preface and Contents.

THIS little book has for its object the provision of a useful and comprehensive help to those connected with the Jewellery and Silver trade at a cost within the reach of all. It comprises sixteen features, which are as follows:

This is a group of 412 tables, showing at a glance the price of an article of any weight from .001 (½ grain) to 50.000 (50 ounces) at prices from 1d. to 100/- per ounce, in both the decimal and the old system. Fractions of ¼d. have been ignored.

Knowing the difficulty experienced by those not familiar with the decimal system, I have provided a complete list of these from .001 (½ grain) to 1.000 (1 ounce), whereby any weight may be readily transformed from one system to the other.

This list of the cost prices of new cases to watches will be found of service on occasion, and is subject to 33⅓ % discount. These prices are those of Messrs. HIRST BROS. & Co., Ltd.; of Oldham, from whom entire satisfaction may always be relied upon.

Some quotations being made according to foreign methods of calculation, I have, by special request, included three tables of these, and a long list of

By means of this table quotations in GRAMMES can readily be converted into either DECIMALS, OR DWTS. AND GRAINS. Fractions below ½ grain have been ignored.

VI. AVOIRDUPOIS AND TROY WEIGHTS COMPARED.

Page 112.

For the convenience of those not possessing TROY weights above the ordinary sizes, I have provided this table whereby the weight of any article weighed by the ordinary AVOIRDUPOIS weights may be changed into TROY, and expressed either DECIMALLY, OR IN DWTS. AND GRAINS.

VII. USEFUL HINTS AND HANDY HELPS. Page 113.

Under this heading several items of both interest and practical utility are mentioned, and at the foot of this page is also given

VIII. A LIST SHOWING THE VALUE OF THE CARAT WEIGHT IN DIFFERENT COUNTRIES.

Page 113.

IX. PRICES TO ALLOW AND EXPECT FOR OLD GOLD, &c. Pages 114-15.

This feature of the book provides two useful lists of goods usually bought in as old gold, etc., and when filled in will be most helpful in deciding what to allow in buying, and what to expect in disposing of old gold, etc.

X. GOLD AND SILVER STANDARDS EXPLAINED.

Page 114.

An explanation of the gold and silver standards, together with the first cost of the various qualities of gold, will be found at the bottom of page 114, and at the foot of page 115.

XI. A LIST OF THE LARGEST KNOWN DIAMONDS, WITH THEIR RESPECTIVE WEIGHTS.

Page 115.

XII. NAMES AND DESCRIPTIONS OF PRECIOUS STONES. Pages 116-25.

This is an alphabetical list of precious stones, with a brief description of most of them, and will be found both helpful and interesting.

XIII. PRICE PER CARAT. Pages 126-33.

The value of a stone of any weight up to 9 carats, and at anything per carat from £1 to £67 10s., will be readily found on these pages.

XIV. WEIGHT OF A SILVER ARTICLE IF REPRODUCED IN 9, 15, OR 18ct. GOLD. **Pages 134-36.**

These calculations show the approximate weight of a silver article if reproduced in 9, 15, or 18ct. gold, or *vice versa*.

XV. COST OF REPLATING SPOONS AND FORKS AND OTHER ARTICLES. **Pages 137-39.**

This will be found a very comprehensive list, and, is reliable, being that of Messrs. WALKER & HALL, of Sheffield, who may always be depended upon for best work. It is subject to a discount of 33⅓%, so may be referred to in the presence of an enquirer.

XVI. EXTENDED MULTIPLICATION TABLE. **Pages 140-41.**

In the making of many and various business and other calculations, an extended multiplication table, by means of which amounts can be rapidly multiplied or divided by figures above those usually employed, will be found at once useful, accurate, and time-saving.

When it is considered that these tables, etc., comprise considerably over 34,000 calculations, the price charged cannot be deemed excessive, and I publish them in the confident anticipation that, by preventing mistakes, diminishing labour, and saving time, they will prove of invaluable service to the trade at large.

W. CULLUM,

Author and Publisher,

37, Bath Street,

LEAMINGTON SPA.

JULY 24th, 1907.

PRICE PER OUNCE.

	22 ct. @ 77/10½ oz.			@ 1d. oz.			@ 2d. oz.			@ 3d. oz.		
	£	s.	d.	£	s.	d.	£	s.	d.	£	s.	d.
GRAINS.—												
.001 or ½	.	.	1	.	.	.	.	.	.	.	.	.
.002 ,, 1	.	.	1¾	.	.	.	.	.	.	.	.	.
.003 ,, 1½	.	.	2¾	.	.	.	.	.	.	.	.	.
.004 ,, 2	.	.	3¾	.	.	.	.	.	.	.	.	.
.005 ,, 2½	.	.	4¾	.	.	.	.	.	.	.	.	.
.006 ,, 3	.	.	5¾	.	.	.	.	.	.	.	.	.
.007 ,, 3½	.	.	6½	.	.	.	.	.	.	.	.	.
.008 ,, 4	.	.	7½	.	.	.	.	.	.	.	.	.
.009 ,, 4½	.	.	8½	.	.	.	.	.	.	.	.	.
.010 ,, 5	.	.	9½	.	.	.	.	.	.	.	.	.
.012 ,, 6	.	.	11½	.	.	.	.	.	.	.	.	.
.014 ,, 7	.	1	1½	.	.	.	.	.	.	.	.	.
.016 ,, 8	.	1	3½	.	.	.	.	.	.	.	.	.
.018 ,, 9	.	1	5¼	.	.	.	.	.	.	.	.	.
.020 ,, 10	.	1	7	.	.	.	.	.	.	.	.	.
.022 ,, 11	.	1	9	.	.	.	.	.	.	.	.	.
.025 ,, 12	.	1	11	.	.	.	.	.	.	.	.	.
.027 ,, 13	.	2	1	.	.	.	.	.	.	.	.	.
.029 ,, 14	.	2	3	.	.	.	.	.	.	.	.	.
.031 ,, 15	.	2	4¾	.	.	.	.	.	.	.	.	.
.033 ,, 16	.	2	6¾	.	.	.	.	.	.	.	.	.
.035 ,, 17	.	2	8¾	.	.	.	.	.	.	.	.	.
.037 ,, 18	.	2	10¾	.	.	.	.	.	.	.	.	.
.039 ,, 19	.	3	0¾	.	.	.	.	.	.	.	.	.
.041 ,, 20	.	3	2½	.	.	.	.	.	.	.	.	.
.043 ,, 21	.	3	4½	.	.	.	.	.	.	.	.	.
.045 ,, 22	.	3	6½	.	.	.	.	.	.	.	.	.
.048 ,, 23	.	3	8½	.	.	.	.	.	.	.	.	.
DWTS.—												
.050 or 1	.	3	10½	.	.	.	.	.	.	.	.	.
.100 ,, 2	.	7	9¼	.	.	.	.	.	.	.	.	¼
.150 ,, 3	.	11	8	.	.	.	.	.	¼	.	.	¼
.200 ,, 4	.	15	6¾	.	.	.	.	.	¼	.	.	½
.250 ,, 5	.	19	5½	.	.	¼	.	.	¼	.	.	¾
.300 ,, 6	1	3	4¼	.	.	¼	.	.	½	.	.	¾
.350 ,, 7	1	7	3	.	.	¼	.	.	½	.	.	1
.400 ,, 8	1	11	1¾	.	.	¼	.	.	¾	.	.	1
.450 ,, 9	1	15	0½	.	.	¼	.	.	¾	.	.	1¼
.500 ,, 10	1	18	11¼	.	.	½	.	.	1	.	.	1½
.550 ,, 11	2	2	9¾	.	.	½	.	.	1	.	.	1½
.600 ,, 12	2	6	8½	.	.	½	.	.	1	.	.	1¾
.650 ,, 13	2	10	7¼	.	.	½	.	.	1¼	.	.	1¾
.700 ,, 14	2	14	6	.	.	½	.	.	1¼	.	.	2
.750 ,, 15	2	18	4¾	.	.	¾	.	.	1½	.	.	2¼
.800 ,, 16	3	2	3½	.	.	¾	.	.	1½	.	.	2¼
.850 ,, 17	3	6	2¼	.	.	¾	.	.	1½	.	.	2½
.900 ,, 18	3	10	1	.	.	¾	.	.	1¾	.	.	2½
.950 ,, 19	3	13	11¾	.	.	¾	.	.	1¾	.	.	2¾
OUNCES.—												
1.000 or 1	3	17	10½	.	.	1	.	.	2	.	.	3
2.000 ,, 2	7	15	9	.	.	2	.	.	4	.	.	6
3.000 ,, 3	11	13	7½	.	.	3	.	.	6	.	.	9
4.000 ,, 4	15	11	6	.	.	4	.	.	8	.	1	0
5.000 ,, 5	19	9	4½	.	.	5	.	.	10	.	1	3
6.000 ,, 6	23	7	3	.	.	6	.	1	0	.	1	6
7.000 ,, 7	27	5	1½	.	.	7	.	1	2	.	1	9
8.000 ,, 8	31	3	0	.	.	8	.	1	4	.	2	0
9.000 ,, 9	35	0	10½	.	.	9	.	1	6	.	2	3
10.000 ,, 10	38	18	9	.	.	10	.	1	8	.	2	6
11.000 ,, 11	42	16	7½	.	.	11	.	1	10	.	2	9
12.000 ,, 12	46	14	6	.	1	0	.	2	0	.	3	0
13.000 ,, 13	50	12	4½	.	1	1	.	2	2	.	3	3
14.000 ,, 14	54	10	3	.	1	2	.	2	4	.	3	6
15.000 ,, 15	58	8	1½	.	1	3	.	2	6	.	3	9
16.000 ,, 16	62	6	0	.	1	4	.	2	8	.	4	0
17.000 ,, 17	66	3	10½	.	1	5	.	2	10	.	4	3
18.000 ,, 18	70	1	9	.	1	6	.	3	0	.	4	6
19.000 , 19	73	19	7½	.	1	7	.	3	2	.	4	9
20.000 ,, 20	77	17	6	.	1	8	.	3	4	.	5	0
25.000 ,, 25	97	6	10½	.	2	1	.	4	2	.	6	3
30.000 ,, 30	116	16	3	.	2	6	.	5	0	.	7	6
40.000 ,, 40	155	15	0	.	3	4	.	6	8	.	10	0
50.000 .. 50	194	13	9	.	4	2	.	8	4	.	12	6

PRICE PER OUNCE.

	@ 4d. oz.			@ 5d. oz.			@ 6d. oz.			@ 7d. oz.		
GRAINS.—	£	s.	d.	£	s.	d.	£	s.	d.	£	s.	d.
.001 or ½	.	.	.	.	.	.	.	.	.	.	.	.
.002 ,, 1	.	.	.	.	.	.	.	.	.	.	.	.
.003 ,, 1½	.	.	.	.	.	.	.	.	.	.	.	.
.004 ,, 2	.	.	.	.	.	.	.	.	.	.	.	.
.005 ,, 2½	.	.	.	.	.	.	.	.	.	.	.	.
.006 ,, 3	.	.	.	.	.	.	.	.	.	.	.	.
.007 ,, 3½	.	.	.	.	.	.	.	.	.	.	.	.
.008 ,, 4	.	.	.	.	.	.	.	.	.	.	.	.
.009 ,, 4½	.	.	.	.	.	.	.	.	.	.	.	.
.010 ,, 5	.	.	.	.	.	.	.	.	.	.	.	.
.012 ,, 6	.	.	.	.	.	.	.	.	.	.	.	.
.014 ,, 7	.	.	.	.	.	.	.	.	.	.	.	.
.016 ,, 8	.	.	.	.	.	.	.	.	.	.	.	.
.018 ,, 9	.	.	.	.	.	.	.	.	.	.	.	.
.020 ,, 10	.	.	.	.	.	.	.	.	.	.	.	.
.022 ,, 11	.	.	.	.	.	.	.	.	.	.	.	.
.025 ,, 12	.	.	.	.	.	.	.	.	.	.	.	.
.027 ,, 13	.	.	.	.	.	.	.	.	.	.	.	.
.029 ,, 14	.	.	.	.	.	.	.	.	.	.	.	.
.031 ,, 15	.	.	.	.	.	.	.	.	.	.	.	.
.033 ,, 16	.	.	.	.	.	.	.	.	.	.	.	.
.035 ,, 17	.	.	.	.	.	.	.	.	.	.	.	.
.037 ,, 18	.	.	.	.	.	.	.	.	.	.	.	.
.039 ,, 19	.	.	.	.	.	.	.	.	.	.	.	.
.041 ,, 20	.	.	.	.	.	.	.	.	.	.	.	.
.043 ,, 21	.	.	.	.	.	.	.	.	.	.	.	.
.045 ,, 22	.	.	.	.	.	.	.	.	.	.	.	.
.048 ,, 23	.	.	.	.	.	.	.	.	.	.	.	.
DWTS.—												
.050 or 1	.	.	.	.	.	.¼	.	.	.¼	.	.	.¼
.100 ,, 2	.	.	.¼	.	.	.½	.	.	.½	.	.	.½
.150 ,, 3	.	.	.½	.	.	.¾	.	.	.¾	.	.	1
.200 ,, 4	.	.	.¾	.	.	1	.	.	1	.	.	1¼
.250 ,, 5	.	.	1	.	.	1¼	.	.	1½	.	.	1¾
.300 ,, 6	.	.	1	.	.	1½	.	.	1¾	.	.	2
.350 ,, 7	.	.	1¼	.	.	1¾	.	.	2	.	.	2¼
.400 ,, 8	.	.	1½	.	.	2	.	.	2¼	.	.	2¾
.450 ,, 9	.	.	1¾	.	.	2¼	.	.	2½	.	.	3
.500 ,, 10	.	.	2	.	.	2½	.	.	3	.	.	3½
.550 ,, 11	.	.	2	.	.	2¾	.	.	3¼	.	.	3¾
.600 ,, 12	.	.	2¼	.	.	3	.	.	3½	.	.	4
.650 ,, 13	.	.	2½	.	.	3¼	.	.	3¾	.	.	4½
.700 ,, 14	.	.	2¾	.	.	3½	.	.	4	.	.	4¾
.750 ,, 15	.	.	3	.	.	3¾	.	.	4½	.	.	5¼
.800 ,, 16	.	.	3	.	.	4	.	.	4¾	.	.	5½
.850 ,, 17	.	.	3¼	.	.	4¼	.	.	5	.	.	5¾
.900 ,, 18	.	.	3½	.	.	4½	.	.	5¼	.	.	6¼
.950 ,, 19	.	.	3½	.	.	4¾	.	.	5½	.	.	6½
OUNCES.—												
1.000 or 1	.	.	4	.	.	5	.	.	6	.	.	7
2.000 ,, 2	.	.	8	.	.	10	.	1	0	.	1	2
3.000 ,, 3	.	1	0	.	1	3	.	1	6	.	1	9
4.000 ,, 4	.	1	4	.	1	8	.	2	0	.	2	4
5.000 ,, 5	.	1	8	.	2	1	.	2	6	.	2	11
6.000 ,, 6	.	2	0	.	2	6	.	3	0	.	3	6
7.000 ,, 7	.	2	4	.	2	11	.	3	6	.	4	1
8.000 ,, 8	.	2	8	.	3	4	.	4	0	.	4	8
9.000 ,, 9	.	3	0	.	3	9	.	4	6	.	5	3
10.000 ,, 10	.	3	4	.	4	2	.	5	0	.	5	10
11.000 ,, 11	.	3	8	.	4	7	.	5	6	.	6	5
12.000 ,, 12	.	4	0	.	5	0	.	6	0	.	7	0
13.000 ,, 13	.	4	4	.	5	5	.	6	6	.	7	7
14.000 ,, 14	.	4	8	.	5	10	.	7	0	.	8	2
15.000 ,, 15	.	5	0	.	6	3	.	7	6	.	8	9
16.000 ,, 16	.	5	4	.	6	8	.	8	0	.	9	4
17.000 ,, 17	.	5	8	.	7	1	.	8	6	.	9	11
18.000 ,, 18	.	6	0	.	7	6	.	9	0	.	10	6
19.000 ,, 19	.	6	4	.	7	11	.	9	6	.	11	1
20.000 ,, 20	.	6	8	.	8	4	.	10	0	.	11	8
25.000 ,, 25	.	8	4	.	10	5	.	12	6	.	14	7
30.000 ,, 30	.	10	0	.	12	6	.	15	0	.	17	6
40.000 ,, 40	.	13	4	.	16	8	1	0	0	1	3	4
50.000 ,, 50	.	16	8	1	0	10	1	5	0	1	9	2

PRICE PER OUNCE.

	@ 8d. oz.			@ 9d. oz.			@ 10d. oz.			@ 11d. oz.		
GRAINS.—	£	s.	d.	£	s.	d.	£	s.	d.	£	s.	d.
.001 or ½	.	.	.	.	.	.	.	.	.	.	.	.
.002 ,, 1	.	.	.	.	.	.	.	.	.	.	.	.
.003 ,, 1½	.	.	.	.	.	.	.	.	.	.	.	.
.004 ,, 2	.	.	.	.	.	.	.	.	.	.	.	.
.005 ,, 2½	.	.	.	.	.	.	.	.	.	.	.	.
.006 ,, 3	.	.	.	.	.	.	.	.	.	.	.	.
.007 ,, 3½	.	.	.	.	.	.	.	.	.	.	.	.
.008 ,, 4	.	.	.	.	.	.	.	.	.	.	.	.
.009 ,, 4½	.	.	.	.	.	.	.	.	.	.	.	.
.010 ,, 5	.	.	.	.	.	.	.	.	.	.	.	.
.012 ,, 6	.	.	.	.	.	.	.	.	.	.	.	.
.014 ,, 7	.	.	.	.	.	.	.	.	.	.	.	.
.016 ,, 8	.	.	.	.	.	.	.	.	.	.	.	.
.018 ,, 9	.	.	.	.	.	.	.	.	.	.	.	.
.020 ,, 10	.	.	.	.	.	.	.	.	.	.	.	.
.022 ,, 11	.	.	.	.	.	.	.	.	.	.	.	.
.025 ,, 12	.	.	.	.	.	.	.	.	¼	.	.	¼
.027 ,, 13	.	.	.	.	.	.	.	.	¼	.	.	¼
.029 ,, 14	.	.	.	.	.	.	.	.	¼	.	.	¼
.031 ,, 15	.	.	.	.	.	.	.	.	¼	.	.	¼
.033 ,, 16	.	.	.	.	.	.	.	.	¼	.	.	¼
.035 ,, 17	.	.	.	.	.	.	.	.	¼	.	.	¼
.037 ,, 18	.	.	.	.	.	.	.	.	¼	.	.	¼
.039 ,, 19	.	.	.	.	.	.	.	.	¼	.	.	¼
.041 ,, 20	.	.	.	.	.	.	.	.	¼	.	.	¼
.043 ,, 21	.	.	.	.	.	.	.	.	¼	.	.	¼
.045 ,, 22	.	.	.	.	.	.	.	.	¼	.	.	¼
.048 ,, 23	.	.	.	.	.	.	.	.	¼	.	.	¼
DWTS.—												
.050 or 1	.	.	¼	.	.	¼	.	.	½	.	.	½
.100 ,, 2	.	.	¾	.	.	¾	.	.	1	.	.	1
.150 ,, 3	.	.	1	.	.	1¼	.	.	1½	.	.	1½
.200 ,, 4	.	.	1½	.	.	1¾	.	.	2	.	.	2
.250 ,, 5	.	.	2	.	.	2¼	.	.	2½	.	.	2¾
.300 ,, 6	.	.	2¼	.	.	2½	.	.	3	.	.	3¼
.350 ,, 7	.	.	2¾	.	.	3	.	.	3½	.	.	3¾
.400 ,, 8	.	.	3	.	.	3½	.	.	4	.	.	4¼
.450 ,, 9	.	.	3½	.	.	4	.	.	4½	.	.	4¾
.500 ,, 10	.	.	4	.	.	4½	.	.	5	.	.	5½
.550 ,, 11	.	.	4¼	.	.	4¾	.	.	5½	.	.	6
.600 ,, 12	.	.	4¾	.	.	5¼	.	.	6	.	.	6½
.650 ,, 13	.	.	5	.	.	5¾	.	.	6½	.	.	7
.700 ,, 14	.	.	5½	.	.	6¼	.	.	7	.	.	7½
.750 ,, 15	.	.	6	.	.	6¾	.	.	7½	.	.	8¼
.800 ,, 16	.	.	6¼	.	.	7	.	.	8	.	.	8¾
.850 ,, 17	.	.	6¾	.	.	7½	.	.	8½	.	.	9¼
.900 ,, 18	.	.	7	.	.	8	.	.	9	.	.	9¾
.950 ,, 19	.	.	7½	.	.	8½	.	.	9½	.	.	10¼
OUNCES.—												
1.000 or 1	.	.	8	.	.	9	.	.	10	.	.	11
2.000 ,, 2	.	1	4	.	1	6	.	1	8	.	1	10
3.000 ,, 3	.	2	0	.	2	3	.	2	6	.	2	9
4.000 ,, 4	.	2	8	.	3	0	.	3	4	.	3	8
5.000 ,, 5	.	3	4	.	3	9	.	4	2	.	4	7
6.000 ,, 6	.	4	0	.	4	6	.	5	0	.	5	6
7.000 ,, 7	.	4	8	.	5	3	.	5	10	.	6	5
8.000 ,, 8	.	5	4	.	6	0	.	6	8	.	7	4
9.000 ,, 9	.	6	0	.	6	9	.	7	6	.	8	3
10.000 ,, 10	.	6	8	.	7	6	.	8	4	.	9	2
11.000 ,, 11	.	7	4	.	8	3	.	9	2	.	10	1
12.000 ,, 12	.	8	0	.	9	0	.	10	0	.	11	0
13.000 ,, 13	.	8	8	.	9	9	.	10	10	.	11	11
14.000 ,, 14	.	9	4	.	10	6	.	11	8	.	12	10
15.000 ,, 15	.	10	0	.	11	3	.	12	6	.	13	9
16.000 ,, 16	.	10	8	.	12	0	.	13	4	.	14	8
17.000 ,, 17	.	11	4	.	12	9	.	14	2	.	15	7
18.000 ,, 18	.	12	0	.	13	6	.	15	0	.	16	6
19.000 ,, 19	.	12	8	.	14	3	.	15	10	.	17	5
20.000 ,, 20	.	13	4	.	15	0	.	16	8	.	18	4
25.000 ,, 25	.	16	8	.	18	9	1	0	10	1	2	11
30.000 ,, 30	1	0	0	1	2	6	1	5	0	1	7	6
40.000 ,, 40	1	6	8	1	10	0	1	13	4	1	16	8
50.000 ,, 50	1	13	4	1	17	6	2	1	8	2	5	10

PRICE PER OUNCE.

	@ 1/- oz.			@ 1/3 oz.			@ 1/6 oz.			@ 1/9 oz		
	£	s.	d.	£	s.	d.	£	s.	d.	£	s.	d.
GRAINS.—												
.001 or ½	.	.	.	.	.	.	.	.	.	.	.	.
.002 ,, 1	.	.	.	.	.	.	.	.	.	.	.	.
.003 ,, 1½	.	.	.	.	.	.	.	.	.	.	.	.
.004 ,, 2	.	.	.	.	.	.	.	.	.	.	.	.
.005 ,, 2½	.	.	.	.	.	.	.	.	.	.	.	.
.006 ,, 3	.	.	.	.	.	.	.	.	.	.	.	.
.007 ,, 3½	.	.	.	.	.	.	.	.	.	.	.	.
.008 ,, 4	.	.	.	.	.	.	.	.	.	.	.	.
.009 ,, 4½	.	.	.	.	.	.	.	.	.	.	.	.
.010 ,, 5	.	.	.	.	.	.	.	.	.	.	.	.
.012 ,, 6	.	.	.	.	.	.	.	.	.	.	.	.¼
.014 ,, 7	.	.	.	.	.	.	.	.	.	.	.	.¼
.016 ,, 8	.	.	.	.	.	.¼	.	.	.¼	.	.	.¼
.018 ,, 9	.	.	.	.	.	.¼	.	.	.¼	.	.	.¼
.020 ,, 10	.	.	.	.	.	.¼	.	.	.¼	.	.	.¼
.022 ,, 11	.	.	.	.	.	.¼	.	.	.¼	.	.	.¼
.025 ,, 12	.	.	.¼	.	.	.¼	.	.	.¼	.	.	.½
.027 , 13	.	.	.¼	.	.	.¼	.	.	.¼	.	.	.½
.029 ,, 14	.	.	.¼	.	.	.¼	.	.	.¼	.	.	.½
.031 ,, 15	.	.	.¼	.	.	.¼	.	.	.¼	.	.	.½
.033 ,, 16	.	.	.¼	.	.	.½	.	.	.½	.	.	.½
.035 ,, 17	.	.	.¼	.	.	.½	.	.	.½	.	.	.½
.037 ,, 18	.	.	.¼	.	.	.½	.	.	.½	.	.	.½
.039 ,, 19	.	.	.¼	.	.	.½	.	.	.½	.	.	.½
.041 ,, 20	.	.	.½	.	.	.½	.	.	.½	.	.	.¾
.043 ,, 21	.	.	.½	.	.	.½	.	.	.½	.	.	.¾
.045 ,, 22	.	.	.½	.	.	.½	.	.	.½	.	.	.¾
.048 ,, 23	.	.	.½	.	.	.½	.	.	.½	.	.	.¾
DWTS.—												
.050 or 1	.	.	.½	.	.	.¾	.	.	.¾	.	.	1
.100 ,, 2	.	.	1	.	.	1½	.	.	1¾	.	.	2
.150 ,, 3	.	.	1¾	.	.	2¼	.	.	2½	.	.	3
.200 ,, 4	.	.	2¼	.	.	3	.	.	3½	.	.	4
.250 ,, 5	.	.	3	.	.	3¾	.	.	4½	.	.	5¼
.300 ,, 6	.	.	3½	.	.	4½	.	.	5¼	.	.	6¼
.350 ,, 7	.	.	4	.	.	5¼	.	.	6¼	.	.	7¼
.400 ,, 8	.	.	4¾	.	.	6	.	.	7	.	.	8¼
.450 ,, 9	.	.	5¼	.	.	6¾	.	.	8	.	.	9¼
.500 ,, 10	.	.	6	.	.	7½	.	.	9	.	.	10½
.550 ,, 11	.	.	6½	.	.	8¼	.	.	9¾	.	.	11½
.600 ,, 12	.	.	7	.	.	9	.	.	10¾	.	1	0½
.650 ,, 13	.	.	7¾	.	.	9¾	.	.	11½	.	1	1½
.700 ,, 14	.	.	8¼	.	.	10½	.	1	0½	.	1	2½
.750 ,, 15	.	.	9	.	.	11¼	.	1	1½	.	1	3¾
.800 ,, 16	.	.	9½	.	1	0	.	1	2¼	.	1	4¾
.850 ,, 17	.	.	10	.	1	0¾	.	1	3¼	.	1	5¾
.900 ,, 18	.	.	10¾	.	1	1½	.	1	4	.	1	6¾
.950 ,, 19	.	.	11¼	.	1	2¼	.	1	5	.	1	7¾
OUNCES.—												
1.000 or 1	.	1	0	.	1	3	.	1	6	.	1	9
2.000 ,, 2	.	2	0	.	2	6	.	3	0	.	3	6
3.000 ,, 3	.	3	0	.	3	9	.	4	6	.	5	3
4.000 ,, 4	.	4	0	.	5	0	.	6	0	.	7	0
5.000 ,, 5	.	5	0	.	6	3	.	7	6	.	8	9
6.000 ,, 6	.	6	0	.	7	6	.	9	0	.	10	6
7.000 ,, 7	.	7	0	.	8	9	.	10	6	.	12	3
8.000 ,, 8	.	8	0	.	10	0	.	12	0	.	14	0
9.000 ,, 9	.	9	0	.	11	3	.	13	6	.	15	9
10.000 ,, 10	.	10	0	.	12	6	.	15	0	.	17	6
11.000 ,, 11	.	11	0	.	13	9	.	16	6	.	19	3
12.000 ,, 12	.	12	0	.	15	0	.	18	0	1	1	0
13.000 ,, 13	.	13	0	.	16	3	.	19	6	1	2	9
14.000 ,, 14	.	14	0	.	17	6	1	1	0	1	4	6
15.000 ,, 15	.	15	0	.	18	9	1	2	6	1	6	3
16.000 ,, 16	.	16	0	1	0	0	1	4	0	1	8	0
17.000 ,, 17	.	17	0	1	1	3	1	5	6	1	9	9
18.000 ,, 18	.	18	0	1	2	6	1	7	0	1	11	6
19.000 ,, 19	.	19	0	1	3	9	1	8	6	1	13	3
20.000 ,, 20	1	0	0	1	5	0	1	10	0	1	15	0
25.000 ,, 25	1	5	0	1	11	3	1	17	6	2	3	9
30.000 ,, 30	1	10	0	1	17	6	2	5	0	2	12	6
40.000 ,, 40	2	0	0	2	10	0	3	0	0	3	10	0
50.000 .. 50	2	10	0	3	2	6	3	15	0	4	7	6

PRICE PER OUNCE.

	@ 2/- oz.			@ 2/3 oz.			@ 2/6 oz.			@ 2/9 oz		
GRAINS.—	£	s.	d.	£	s.	d.	£	s.	d.	£	s.	d.
.001 or ½	.	.	.	.	.	.	.	.	.	.	.	.
.002 ,, 1	.	.	.	.	.	.	.	.	.	.	.	.
.003 ,, 1½	.	.	.	.	.	.	.	.	.	.	.	.
.004 ,, 2	.	.	.	.	.	.	.	.	.	.	.	.
.005 ,, 2½	.	.	.	.	.	.	.	.	.	.	.	.
.006 ,, 3	.	.	.	.	.	.	.	.	.	.	.	.
.007 ,, 3½	.	.	.	.	.	.	.	.	.	.	.	.
.008 ,, 4	.	.	.	.	.	.	.	.	¼	.	.	¼
.009 ,, 4½	.	.	.	.	.	.	.	.	¼	.	.	¼
.010 ,, 5	.	.	.	.	.	.	.	.	¼	.	.	¼
.012 ,, 6	.	.	¼	.	.	¼	.	.	¼	.	.	¼
.014 ,, 7	.	.	¼	.	.	¼	.	.	½	.	.	½
.016 ,, 8	.	.	¼	.	.	¼	.	.	½	.	.	½
.018 ,, 9	.	.	¼	.	.	¼	.	.	½	.	.	½
.020 ,, 10	.	.	¼	.	.	¼	.	.	½	.	.	½
.022 ,, 11	.	.	¼	.	.	¼	.	.	½	.	.	½
.025 ,, 12	.	.	½	.	.	½	.	.	¾	.	.	¾
.027 ,, 13	.	.	½	.	.	½	.	.	¾	.	.	¾
.029 ,, 14	.	.	½	.	.	½	.	.	¾	.	.	¾
.031 ,, 15	.	.	½	.	.	¾	.	.	¾	.	.	¾
.033 ,, 16	.	.	½	.	.	¾	.	.	1	.	.	1
.035 ,, 17	.	.	½	.	.	¾	.	.	1	.	.	1
.037 ,, 18	.	.	½	.	.	¾	.	.	1	.	.	1
.039 ,, 19	.	.	½	.	.	¾	.	.	1	.	.	1
.041 ,, 20	.	.	¾	.	.	1	.	.	1¼	.	.	1¼
.043 ,, 21	.	.	¾	.	.	1	.	.	1¼	.	.	1¼
.045 ,, 22	.	.	¾	.	.	1	.	.	1¼	.	.	1¼
.048 ,, 23	.	.	¾	.	.	1	.	.	1¼	.	.	1¼
DWTS.—												
.050 or 1	.	.	1	.	.	1¼	.	.	1½	.	.	1½
.100 ,, 2	.	.	2¼	.	.	2½	.	.	3	.	.	3¼
.150 ,, 3	.	.	3½	.	.	4	.	.	4½	.	.	4¾
.200 ,, 4	.	.	4¾	.	.	5¼	.	.	6	.	.	6½
.250 ,, 5	.	.	6	.	.	6¾	.	.	7½	.	.	8¼
.300 ,, 6	.	.	7	.	.	8	.	.	9	.	.	9¾
.350 ,, 7	.	.	8¼	.	.	9¼	.	.	10½	.	.	11½
.400 ,, 8	.	.	9½	.	.	10¾	.	1	0	.	1	1
.450 ,, 9	.	.	10¾	.	1	0	.	1	1½	.	1	2¾
.500 ,, 10	.	1	0	.	1	1½	.	1	3	.	1	4½
.550 ,, 11	.	1	1	.	1	2¾	.	1	4½	.	1	6
.600 ,, 12	.	1	2¼	.	1	4	..	1	6	.	1	7¾
.650 ,, 13	.	1	3½	.	1	5½	.	1	7½	.	1	9¼
.700 ,, 14	.	1	4¾	.	1	6¾	.	1	9	.	1	11
.750 ,, 15	.	1	6	.	1	8¼	.	1	10½	.	2	0¾
.800 ,, 16	.	1	7	.	1	9½	.	2	0	.	2	2¼
.850 ,, 17	.	1	8¼	.	1	10¾	.	2	1½	.	2	4
.900 ,, 18	.	1	9½	.	2	0¼	.	2	3	.	2	5½
.950 ,, 19	.	1	10¾	.	2	1½	.	2	4½	.	2	7¼
OUNCES.—												
1.000 or 1	.	2	0	.	2	3	.	2	6	.	2	9
2.000 ,, 2	.	4	0	.	4	6	.	5	0	.	5	6
3.000 ,, 3	.	6	0	.	6	9	.	7	6	.	8	3
4.000 ,, 4	.	8	0	.	9	0	.	10	0	.	11	0
5.000 ,, 5	.	10	0	.	11	3	.	12	6	.	13	9
6.000 ,, 6	.	12	0	.	13	6	.	15	0	.	16	6
7.000 ,, 7	.	14	0	.	15	9	.	17	6	.	19	3
8.000 ,, 8	.	16	0	.	18	0	1	0	0	1	2	0
9.000 ,, 9	.	18	0	1	0	3	1	2	6	1	4	9
10.000 ,, 10	1	0	0	1	2	6	1	5	0	1	7	6
11.000 ,, 11	1	2	0	1	4	9	1	7	6	1	10	3
12.000 ,, 12	1	4	0	1	7	0	1	10	0	1	13	0
13.000 ,, 13	1	6	0	1	9	3	1	12	6	1	15	9
14.000 ,, 14	1	8	0	1	11	6	1	15	0	1	18	6
15.000 ,, 15	1	10	0	1	13	9	1	17	6	2	1	3
16.000 ,, 16	1	12	0	1	16	0	2	0	0	2	4	0
17.000 ,, 17	1	14	0	1	18	3	2	2	6	2	6	9
18.000 ,, 18	1	16	0	2	0	6	2	5	0	2	9	6
19.000 ,, 19	1	18	0	2	2	9	2	7	6	2	12	3
20.000 ,, 20	2	0	0	2	5	0	2	10	0	2	15	0
25.000 ,, 25	2	10	0	2	16	3	3	2	6	3	8	9
30.000 ,, 30	3	0	0	3	7	6	3	15	0	4	2	6
40.000 ,, 40	4	0	0	4	10	0	5	0	0	5	10	0
50.000 ,, 50	5	0	0	5	12	6	6	5	0	6	17	6

PRICE PER OUNCE.

	@ 3/- oz.			@ 3/3 oz.			@ 3/6 oz.			@ 3/9 oz.		
GRAINS.—	£	s.	d.	£	s.	d.	£	s.	d.	£	s.	d.
.001 or ½	.	.	.	.	.	.	.	.	.	.	.	.
.002 ,, 1	.	.	.	.	.	.	.	.	.	.	.	.
.003 ,, 1½	.	.	.	.	.	.	.	.	.	.	.	.
.004 ,, 2	.	.	.	.	.	.	.	.	.	.	.	.
.005 ,, 2½	.	.	.	.	.	.	.	.	.	.	.	.
.006 ,, 3	.	.	.	.	.	.	.	.	.¼	.	.	.¼
.007 ,, 3½	.	.	.	.	.	.	.	.	.¼	.	.	.¼
.008 ,, 4	.	.	.¼	.	.	.¼	.	.	.¼	.	.	.¼
.009 ,, 4½	.	.	.¼	.	.	.¼	.	.	.¼	.	.	.¼
.010 ,, 5	.	.	.¼	.	.	.¼	.	.	.¼	.	.	.¼
.012 ,, 6	.	.	.¼	.	.	.¼	.	.	.½	.	.	.½
.014 ,, 7	.	.	.¼	.	.	.½	.	.	.½	.	.	.½
.016 ,, 8	.	.	.½	.	.	.½	.	.	.½	.	.	.¾
.018 ,, 9	.	.	.½	.	.	.½	.	.	.¾	.	.	.¾
.020 ,, 10	.	.	.½	.	.	.½	.	.	.¾	.	.	.¾
.022 ,, 11	.	.	.¾	.	.	.¾	.	.	.¾	.	.	.¾
.025 ,, 12	.	.	.¾	.	.	.¾	.	.	1	.	.	1
.027 ,, 13	.	.	.¾	.	.	.¾	.	.	1	.	.	1¼
.029 ,, 14	.	.	1	.	.	1	.	.	1	.	.	1¼
.031 ,, 15	.	.	1	.	.	1	.	.	1¼	.	.	1¼
.033 ,, 16	.	.	1	.	.	1	.	.	1¼	.	.	1½
.035 ,, 17	.	.	1¼	.	.	1¼	.	.	1¼	.	.	1½
.037 ,, 18	.	.	1¼	.	.	1¼	.	.	1½	.	.	1½
.039 ,, 19	.	.	1¼	.	.	1¼	.	.	1½	.	.	1½
.041 ,, 20	.	.	1¼	.	.	1¼	.	.	1½	.	.	1¾
.043 ,, 21	.	.	1¼	.	.	1¼	.	.	1½	.	.	1¾
.045 ,, 22	.	.	1¼	.	.	1¼	.	.	1½	.	.	1¾
.048 ,, 23	.	.	1½	.	.	1½	.	.	1¾	.	.	2
DWTS.—												
.050 or 1	.	.	1¾	.	.	1¾	.	.	2	.	.	2¼
.100 ,, 2	.	.	3½	.	.	3¾	.	.	4	.	.	4½
.150 ,, 3	.	.	5¼	.	.	5¾	.	.	6¼	.	.	6¾
.200 ,, 4	.	.	7	.	.	7¾	.	.	8¼	.	.	9
.250 ,, 5	.	.	9	.	.	9¾	.	.	10½	.	.	11¼
.300 ,, 6	.	.	10¾	.	.	11½	.	1	0½	.	1	1½
.350 ,, 7	.	1	0½	.	1	1½	.	1	2½	.	1	3¾
.400 ,, 8	.	1	2¼	.	1	3½	.	1	4¾	.	1	6
.450 ,, 9	.	1	4	.	1	5½	.	1	6¾	.	1	8¼
.500 ,, 10	.	1	6	.	1	7½	.	1	9	.	1	10½
.550 ,, 11	.	1	7¾	.	1	9¼	.	1	11	.	2	0¾
.600 ,, 12	.	1	9½	.	1	11¼	.	2	1	.	2	3
.650 ,, 13	.	1	11¼	.	2	1¼	.	2	3¼	.	2	5¼
.700 ,, 14	.	2	1	.	2	3¼	.	2	5¼	.	2	7½
.750 ,, 15	.	2	3	.	2	5¼	.	2	7½	.	2	9¾
.800 ,, 16	.	2	4¾	.	2	7	.	2	9½	.	3	0
.850 ,, 17	.	2	6½	.	2	9	.	2	11½	.	3	2¼
.900 ,, 18	.	2	8¼	.	2	11	.	3	1¾	.	3	4½
.950 ,, 19	.	2	10	.	3	1	.	3	3¾	.	3	6¾
OUNCES.—												
1.000 or 1	.	3	0	.	3	3	.	3	6	.	3	9
2.000 ,, 2	.	6	0	.	6	6	.	7	0	.	7	6
3.000 ,, 3	.	9	0	.	9	9	.	10	6	.	11	3
4.000 ,, 4	.	12	0	.	13	0	.	14	0	.	15	0
5.000 ,, 5	.	15	0	.	16	3	.	17	6	.	18	9
6.000 ,, 6	.	18	0	.	19	6	1	1	0	1	2	6
7.000 ,, 7	1	1	0	1	2	9	1	4	6	1	6	3
8.000 ,, 8	1	4	0	1	6	0	1	8	0	1	10	0
9.000 ,, 9	1	7	0	1	9	3	1	11	6	1	13	9
10.000 ,, 10	1	10	0	1	12	6	1	15	0	1	17	6
11.000 ,, 11	1	13	0	1	15	9	1	18	6	2	1	3
12.000 ,, 12	1	16	0	1	19	0	2	2	0	2	5	0
13.000 ,, 13	1	19	0	2	2	3	2	5	6	2	8	9
14.000 ,, 14	2	2	0	2	5	6	2	9	0	2	12	6
15.000 ,, 15	2	5	0	2	8	9	2	12	6	2	16	3
16.000 ,, 16	2	8	0	2	12	0	2	16	0	3	0	0
17.000 ,, 17	2	11	0	2	15	3	2	19	6	3	3	9
18.000 ,, 18	2	14	0	2	18	6	3	3	0	3	7	6
19.000 ,, 19	2	17	0	3	1	9	3	6	6	3	11	3
20.000 ,, 20	3	0	0	3	5	0	3	10	0	3	15	0
25.000 ,, 25	3	15	0	4	1	3	4	7	6	4	13	9
30.000 ,, 30	4	10	0	4	17	6	5	5	0	5	12	6
40.000 ,, 40	6	0	0	6	10	0	7	0	0	7	10	0
50.000 ,, 50	7	10	0	8	2	6	8	15	0	9	7	6

PRICE PER OUNCE.

	@ 4/- oz.			@ 4/3 oz.			@ 4/6 oz.			@ 4/9 oz.		
	£	s.	d.	£	s.	d.	£	s.	d.	£	s.	d.
GRAINS.—												
.001 or ½	.	.	.	.	.	.	.	.	.	.	.	.
.002 ,, 1	.	.	.	.	.	.	.	.	.	.	.	.
.003 ,, 1½	.	.	.	.	.	.	.	.	.	.	.	.
.004 ,, 2	.	.	.	.	.	.	.	.	.	.	.	.
.005 ,, 2½	.	.	.	.	.	.	.	.	.	.	.	.
.006 ,, 3	.	.	.¼	.	.	.¼	.	.	.¼	.	.	.¼
.007 ,, 3½	.	.	.¼	.	.	.¼	.	.	.¼	.	.	.¼
.008 ,, 4	.	.	.¼	.	.	.¼	.	.	.¼	.	.	.¼
.009 ,, 4½	.	.	.¼	.	.	.¼	.	.	.¼	.	.	.¼
.010 ,, 5	.	.	.¼	.	.	.¼	.	.	.¼	.	.	.¼
.012 ,, 6	.	.	.½	.	.	.½	.	.	.½	.	.	.½
.014 ,, 7	.	.	.½	.	.	.½	.	.	.½	.	.	.½
.016 ,, 8	.	.	.¾	.	.	.¾	.	.	.¾	.	.	.¾
.018 ,, 9	.	.	.¾	.	.	.¾	.	.	.¾	.	.	.¾
.020 ,, 10	.	.	.¾	.	.	1	.	.	1	.	.	1
.022 ,, 11	.	.	.¾	.	.	1	.	.	1	.	.	1¼
.025 ,, 12	.	.	1	.	.	1¼	.	.	1¼	.	.	1¼
.027 ,, 13	.	.	1¼	.	.	1¼	.	.	1¼	.	.	1¼
.029 ,, 14	.	.	1¼	.	.	1¼	.	.	1¼	.	.	1½
.031 ,, 15	.	.	1¼	.	.	1½	.	.	1½	.	.	1¾
.033 ,, 16	.	.	1¼	.	.	1½	.	.	1½	.	.	1¾
.035 ,, 17	.	.	1½	.	.	1¾	.	.	1¾	.	.	2
.037 ,, 18	.	.	1½	.	.	1¾	.	.	1¾	.	.	2
.039 ,, 19	.	.	1½	.	.	1¾	.	.	1¾	.	.	2
.041 ,, 20	.	.	1¾	.	.	2	.	.	2	.	.	2¼
.043 ,, 21	.	.	1¾	.	.	2	.	.	2	.	.	2¼
.045 ,, 22	.	.	2	.	.	2	.	.	2	.	.	2¼
.048 ,, 23	.	.	2	.	.	2¼	.	.	2¼	.	.	2½
DWTS.—												
.050 or 1	.	.	2¼	.	.	2½	.	.	2½	.	.	2¾
.100 ,, 2	.	.	4¾	.	.	5	.	.	5¼	.	.	5½
.150 ,, 3	.	.	7	.	.	7½	.	.	8	.	.	8½
.200 ,, 4	.	.	9½	.	.	10	.	.	10¾	.	.	11¼
.250 ,, 5	.	1	0	.	1	0¾	.	1	1½	.	1	2¼
.300 ,, 6	.	1	2¼	.	1	3¼	.	1	4	.	1	5
.350 ,, 7	.	1	4¾	.	1	5¾	.	1	6¾	.	1	7¾
.400 ,, 8	.	1	7	.	1	8¼	.	1	9½	.	1	10¾
.450 ,, 9	.	1	9½	.	1	10¾	.	2	0¼	.	2	1½
.500 ,, 10	.	2	0	.	2	1½	.	2	3	.	2	4½
.550 ,, 11	.	2	2¼	.	2	4	.	2	5½	.	2	7¼
.600 ,, 12	.	2	4¾	.	2	6½	.	2	8¼	.	2	10
.650 ,, 13	.	2	7	.	2	9	.	2	11	.	3	1
.700 ,, 14	.	2	9½	.	2	11½	.	3	1¾	.	3	3¾
.750 ,, 15	.	3	0	.	3	2¼	.	3	4½	.	3	6¾
.800 ,, 16	.	3	2¼	.	3	4¾	.	3	7	.	3	9½
.850 ,, 17	.	3	4¾	.	3	7¼	.	3	9¾	.	4	0¼
.900 ,, 18	.	3	7	.	3	9¾	.	4	0½	.	4	3¼
.950 ,, 19	.	3	9½	.	4	0¼	.	4	3¼	.	4	6
OUNCES.—												
1.000 or 1	.	4	0	.	4	3	.	4	6	.	4	9
2.000 ,, 2	.	8	0	.	8	6	.	9	0	.	9	6
3.000 ,, 3	.	12	0	.	12	9	.	13	6	.	14	3
4.000 ,, 4	.	16	0	.	17	0	.	18	0	.	19	0
5.000 ,, 5	1	0	0	1	1	3	1	2	6	1	3	9
6.000 ,, 6	1	4	0	1	5	6	1	7	0	1	8	6
7.000 ,, 7	1	8	0	1	9	9	1	11	6	1	13	3
8.000 ,, 8	1	12	0	1	14	0	1	16	0	1	18	0
9.000 ,, 9	1	16	0	1	18	3	2	0	6	2	2	9
10.000 ,, 10	2	0	0	2	2	6	2	5	0	2	7	6
11.000 ,, 11	2	4	0	2	6	9	2	9	6	2	12	3
12.000 ,, 12	2	8	0	2	11	0	2	14	0	2	17	0
13.000 ,, 13	2	12	0	2	15	3	2	18	6	3	1	9
14.000 ,, 14	2	16	0	2	19	6	3	3	0	3	6	6
15.000 ,, 15	3	0	0	3	3	9	3	7	6	3	11	3
16.000 ,, 16	3	4	0	3	8	0	3	12	0	3	16	0
17.000 ,, 17	3	8	0	3	12	3	3	16	6	4	0	9
18.000 ,, 18	3	12	0	3	16	6	4	1	0	4	5	6
19.000 ,, 19	3	16	0	4	0	9	4	5	6	4	10	3
20.000 ,, 20	4	0	0	4	5	0	4	10	0	4	15	0
25.000 ,, 25	5	0	0	5	6	3	5	12	6	5	18	9
30.000 ,, 30	6	0	0	6	7	6	6	15	0	7	2	6
40.000 ,, 40	8	0	0	8	10	0	9	0	0	9	10	0
50.000 ,, 50	10	0	0	10	12	6	11	5	0	11	17	6

PRICE PER OUNCE.

	@ 5/- oz.			@ 5/3 oz.			@ 5/6 oz.			@ 5/9 oz.		
GRAINS.—	£	s.	d.	£	s.	d.	£	s.	d.	£	s.	d.
.001 or ½	.	.	.	.	.	.	.	.	.	.	.	.
.002 ,, 1	.	.	.	.	.	.	.	.	.	.	.	.
.003 ,, 1½	.	.	.	.	.	.	.	.	.	.	.	.
.004 ,, 2	.	.	.¼	.	.	.¼	.	.	.¼	.	.	.¼
.005 ,, 2½	.	.	.¼	.	.	.¼	.	.	.¼	.	.	.¼
.006 ,, 3	.	.	.¼	.	.	.¼	.	.	.¼	.	.	.¼
.007 ,, 3½	.	.	.¼	.	.	.¼	.	.	.¼	.	.	.¼
.008 ,, 4	.	.	.½	.	.	.½	.	.	.½	.	.	.½
.009 ,, 4½	.	.	.½	.	.	.½	.	.	.½	.	.	.½
.010 ,, 5	.	.	.½	.	.	.½	.	.	.½	.	.	.½
.012 ,, 6	.	.	.¾	.	.	.¾	.	.	.¾	.	.	.¾
.014 ,, 7	.	.	.¾	.	.	.¾	.	.	.¾	.	.	.¾
.016 ,, 8	.	.	1	.	.	1	.	.	1	.	.	1
.018 ,, 9	.	.	1	.	.	1	.	.	1	.	.	1
.020 ,, 10	.	.	1¼	.	.	1¼	.	.	1¼	.	.	1¼
.022 ,, 11	.	.	1¼	.	.	1¼	.	.	1¼	.	.	1¼
.025 ,, 12	.	.	1½	.	.	1½	.	.	1½	.	.	1½
.027 ,, 13	.	.	1½	.	.	1½	.	.	1½	.	.	1½
.029 ,, 14	.	.	1¾	.	.	1¾	.	.	1¾	.	.	1¾
.031 ,, 15	.	.	1¾	.	.	1¾	.	.	1¾	.	.	1¾
.033 ,, 16	.	.	2	.	.	2	.	.	2	.	.	2
.035 ,, 17	.	.	2	.	.	2	.	.	2	.	.	2
.037 ,, 18	.	.	2¼	.	.	2¼	.	.	2¼	.	.	2¼
.039 ,, 19	.	.	2¼	.	.	2¼	.	.	2¼	.	.	2¼
.041 ,, 20	.	.	2½	.	.	2½	.	.	2½	.	.	2½
.043 ,, 21	.	.	2½	.	.	2½	.	.	2½	.	.	2½
.045 ,, 22	.	.	2¾	.	.	2¾	.	.	2¾	.	.	2¾
.048 ,, 23	.	.	2¾	.	.	2¾	.	.	3	.	.	3
DWTS.—												
.050 or 1	.	.	3	.	.	3	.	.	3¼	.	.	3¼
.100 ,, 2	.	.	6	.	.	6¼	.	.	6½	.	.	6¾
.150 ,, 3	.	.	9	.	.	9¼	.	.	9¾	.	.	10¼
.200 ,, 4	.	1	0	.	1	0½	.	1	1	.	1	1¾
.250 ,, 5	.	1	3	.	1	3¾	.	1	4½	.	1	5¼
.300 ,, 6	.	1	6	.	1	6¾	.	1	7¾	.	1	8½
.350 ,, 7	.	1	9	.	1	10	.	1	11	.	2	0
.400 ,, 8	.	2	0	.	2	1	.	2	2¼	.	2	3½
.450 ,, 9	.	2	3	.	2	4¼	.	2	5½	.	2	7
.500 ,, 10	.	2	6	.	2	7½	.	2	9	.	2	10½
.550 ,, 11	.	2	9	.	2	10½	.	3	0¼	.	3	1¾
.600 ,, 12	.	3	0	.	3	1¾	.	3	3½		3	5¼
.650 ,, 13	.	3	3	.	3	4¾	.	3	6¾	.	3	8¾
.700 ,, 14	.	3	6	.	3	8	.	3	10	.	4	0¼
.750 ,, 15	.	3	9	.	3	11¼	.	4	1½	.	4	3¾
.800 ,, 16	.	4	0	.	4	2¼	.	4	4¾	.	4	7
.850 ,, 17	.	4	3	.	4	5½	.	4	8	.	4	10½
.900 ,, 18	.	4	6	.	4	8½	.	4	11¼	.	5	2
.950 ,, 19	.	4	9	.	4	11¾	.	5	2½	.	5	5½
OUNCES.—												
1.000 or 1	.	5	0	.	5	3	.	5	6	.	5	9
2.000 ,, 2	.	10	0	.	1[illegible]	6	.	11	0	.	11	6
3.000 ,, 3	.	15	0	.	1		.	16	6	.	17	3
4.000 ,, 4	1	0	0	1			1	2	0	1	3	0
5.000 ,, 5	1	5	0	1			1	7	6	1	8	9
6.000 ,, 6	1	10	0	1	1		1	13	0	1	14	6
7.000 ,, 7	1	15	0	1	1		1	18	6	2	0	3
8.000 ,, 8	2	0	0	2			2	4	0	2	6	0
9.000 ,, 9	2	5	0	2			2	9	6	2	11	9
10.000 ,, 10	2	10	0	2	1		2	15	0	2	17	6
11.000 ,, 11	2	15	0	2	1		3	0	6	3	3	3
12.000 ,, 12	3	0	0	3			3	6	0	3	9	0
13.000 ,, 13	3	5	0	3			3	11	6	3	14	9
14.000 ,, 14	3	10	0	3	1		3	17	0	4	0	6
15.000 ,, 15	3	15	0	3	1		4	2	6	4	6	3
16.000 ,, 16	4	0	0	4			4	8	0	4	12	0
17.000 ,, 17	4	5	0	4			4	13	6	4	17	9
18.000 ,, 18	4	10	0	4	1		4	19	0	5	3	6
19.000 ,, 19	4	15	0	4	1		5	4	6	5	9	3
20.000 ,, 20	5	0	0	5			5	10	0	5	15	0
25.000 ,, 25	6	5	0	6	1		6	17	6	7	3	9
30.000 ,, 30	7	10	0	7	1		8	5	0	8	12	6
40.000 ,, 40	10	0	0	10			11	0	0	11	10	0
50.000 ,, 50	12	10	0	13			13	15	0	14	7	6

PRICE PER OUNCE.

	@ 6/- oz.			@ 6/3 oz.			@ 6/6 oz.			@ 6/9 oz.		
RAINS.—	£	s.	d.	£	s.	d.	£	s.	d.	£	s.	d.
.001 or ½	.	.	.	.	.	.	.	.	.	.	.	.
.002 ,, 1	.	.	.	.	.	.	.	.	.	.	.	.
.003 ,, 1½	.	.	.	.	.	.	.	.	.	.	.	.
.004 ,, 2	.	.	¼	.	.	¼	.	.	¼	.	.	¼
.005 ,, 2½	.	.	¼	.	.	¼	.	.	¼	.	.	¼
.006 ,, 3	.	.	¼	.	.	¼	.	.	¼	.	.	¼
.007 ,, 3½	.	.	¼	.	.	¼	.	.	¼	.	.	¼
.008 ,, 4	.	.	½	.	.	½	.	.	½	.	.	½
.009 ,, 4½	.	.	½	.	.	½	.	.	½	.	.	½
.010 ,, 5	.	.	½	.	.	¾	.	.	¾	.	.	¾
.012 ,, 6	.	.	¾	.	.	¾	.	.	¾	.	.	¾
.014 ,, 7	.	.	1	.	.	1	.	.	1	.	.	1
.016 ,, 8	.	.	1	.	.	1¼	.	.	1¼	.	.	1¼
.018 ,, 9	.	.	1¼	.	.	1¼	.	.	1¼	.	.	1¼
.020 ,, 10	.	.	1¼	.	.	1½	.	.	1½	.	.	1½
.022 ,, 11	.	.	1½	.	.	1½	.	.	1½	.	.	1¾
.025 ,, 12	.	.	1¾	.	.	1¾	.	.	1¾	.	.	2
.027 ,, 13	.	.	1¾	.	.	2	.	.	2	.	.	2
.029 ,, 14	.	.	2	.	.	2	.	.	2	.	.	2¼
.031 ,, 15	.	.	2	.	.	2¼	.	.	2¼	.	.	2½
.033 ,, 16	.	.	2¼	.	.	2½	.	.	2½	.	.	2½
.035 ,, 17	.	.	2¼	.	.	2½	.	.	2½	.	.	2¾
.037 ,, 18	.	.	2½	.	.	2¾	.	.	2¾	.	.	2¾
.039 ,, 19	.	.	2½	.	.	2¾	.	.	2¾	.	.	2¾
.041 ,, 20	.	.	2¾	.	.	3	.	.	3	.	.	3¼
.043 ,, 21	.	.	2¾	.	.	3	.	.	3	.	.	3¼
.045 ,, 22	.	.	3	.	.	3¼	.	.	3¼	.	.	3½
.048 ,, 23	.	.	3¼	.	.	3½	.	.	3½	.	.	3¾
DWTS.—												
.050 or 1	.	.	3½	.	.	3¾	.	.	3¾	.	.	4
.100 ,, 2	.	.	7	.	.	7½	.	.	7¾	.	.	8
.150 ,, 3	.	.	10¾	.	.	11¼	.	.	11½	.	1	0
.200 ,, 4	.	1	2¼	.	1	3	.	1	3½	.	1	4
.250 ,, 5	.	1	6	.	1	6¾	.	1	7½	.	1	8¼
.300 ,, 6	.	1	9½	.	1	10½	.	1	11¼	.	2	0¼
.350 ,, 7	.	2	1	.	2	2¼	.	2	3¼	.	2	4¼
.400 ,, 8	.	2	4¾	.	2	6	.	2	7	.	2	8¼
.450 ,, 9	.	2	8¼	.	2	9¾	.	2	11	.	3	0¼
.500 ,, 10	.	3	0	.	3	1½	.	3	3	.	3	4½
.550 ,, 11	.	3	3½	.	3	5¼	.	3	6¾	.	3	8½
.600 ,, 12	.	3	7	.	3	9	.	3	10¾	.	4	0½
.650 ,, 13	.	3	10¾	.	4	0¾	.	4	2½	.	4	4½
.700 ,, 14	.	4	2¼	.	4	4½	.	4	6½	.	4	8½
.750 ,, 15	.	4	6	.	4	8¼	.	4	10½	.	5	0¾
.800 ,, 16	.	4	9½	.	5	0	.	5	2¼	.	5	4¾
.850 ,, 17	.	5	1	.	5	3¾	.	5	6¼	.	5	8¾
.900 ,, 18	.	5	4¾	.	5	7½	.	5	10	.	6	0¾
.950 ,, 19	.	5	8¼	.	5	11¼	.	6	2	.	6	4¾
OUNCES.—												
1.000 or 1	.	6	0	.	6	3	.	6	6	.	6	9
2.000 ,, 2	.	12	0	.	12	6	.	13	0	.	13	6
3.000 ,, 3	.	18	0	.	18	9	.	19	6	1	0	3
4.000 ,, 4	1	4	0	1	5	0	1	6	0	1	7	0
5.000 ,, 5	1	10	0	1	11	3	1	12	6	1	13	9
6.000 ,, 6	1	16	0	1	17	6	1	19	0	2	0	6
7.000 ,, 7	2	2	0	2	3	9	2	5	6	2	7	3
8.000 ,, 8	2	8	0	2	10	0	2	12	0	2	14	0
9.000 ,, 9	2	14	0	2	16	3	2	18	6	3	0	9
10.000 ,, 10	3	0	0	3	2	6	3	5	0	3	7	6
11.000 ,, 11	3	6	0	3	8	9	3	11	6	3	14	3
12.000 ,, 12	3	12	0	3	15	0	3	18	0	4	1	0
13.000 ,, 13	3	18	0	4	1	3	4	4	6	4	7	9
14.000 ,, 14	4	4	0	4	7	6	4	11	0	4	14	6
15.000 ,, 15	4	10	0	4	13	9	4	17	6	5	1	3
16.000 ,, 16	4	16	0	5	0	0	5	4	0	5	8	0
17.000 ,, 17	5	2	0	5	6	3	5	10	6	5	14	9
18.000 ,, 18	5	8	0	5	12	6	5	17	0	6	1	6
19.000 ,, 19	5	14	0	5	18	9	6	3	6	6	8	3
20.000 ,, 20	6	0	0	6	5	0	6	10	0	6	15	0
25.000 ,, 25	7	10	0	7	16	3	8	2	6	8	8	9
30.000 ,, 30	9	0	0	9	7	6	9	15	0	10	2	6
40.000 ,, 40	12	0	0	12	10	0	13	0	0	13	10	0
50.000 ,, 50	15	0	0	15	12	6	16	5	0	16	17	6

PRICE PER OUNCE.

	@ 7/- oz.			@ 7/3 oz.			@ 7/6 oz.			@ 7/9 oz.		
GRAINS.—	£	s.	d.	£	s.	d.	£	s.	d.	£	s.	d.
.001 or ½	.	.	.	.	.	.	.	.	.	.	.	.
.002 ,, 1	.	.	.	.	.	.	.	.	.	.	.	.
.003 ,, 1½	.	.	.	.	.	.	.	.	.	.	.	.
.004 ,, 2	.	.	.¼	.	.	.¼	.	.	.¼	.	.	.¼
.005 ,, 2½	.	.	.¼	.	.	.¼	.	.	.¼	.	.	.¼
.006 ,, 3	.	.	.½	.	.	.½	.	.	.½	.	.	.½
.007 ,, 3½	.	.	.½	.	.	.½	.	.	.½	.	.	.½
.008 ,, 4	.	.	.½	.	.	.½	.	.	.¾	.	.	.¾
.009 ,, 4½	.	.	.½	.	.	.½	.	.	.¾	.	.	.¾
.010 ,, 5	.	.	.¾	.	.	.¾	.	.	.¾	.	.	.¾
.012 ,, 6	.	.	1	.	.	1	.	.	1	.	.	1
.014 ,, 7	.	.	1	.	.	1	.	.	1¼	.	.	1¼
.016 ,, 8	.	.	1¼	.	.	1¼	.	.	1½	.	.	1½
.018 ,, 9	.	.	1¼	.	.	1½	.	.	1½	.	.	1½
.020 ,, 10	.	.	1½	.	.	1¾	.	.	1¾	.	.	1¾
.022 ,, 11	.	.	1¾	.	.	1¾	.	.	2	.	.	2
.025 ,, 12	.	.	2	.	.	2	.	.	2¼	.	.	2¼
.027 ,, 13	.	.	2	.	.	2¼	.	.	2¼	.	.	2¼
.029 ,, 14	.	.	2¼	.	.	2¼	.	.	2½	.	.	2½
.031 ,, 15	.	.	2½	.	.	2½	.	.	2¾	.	.	2¾
.033 ,, 16	.	.	2½	.	.	2¾	.	.	3	.	.	3
.035 ,, 17	.	.	2¾	.	.	3	.	.	3	.	.	3
.037 ,, 18	.	.	3	.	.	3	.	.	3¼	.	.	3¼
.039 ,, 19	.	.	3	.	.	3¼	.	.	3½	.	.	3½
.041 ,, 20	.	.	3¼	.	.	3½	.	.	3¾	.	.	3¾
.043 ,, 21	.	.	3¼	.	.	3½	.	.	3¾	.	.	3¾
.045 ,, 22	.	.	3½	.	.	3¾	.	.	4	.	.	4
.048 ,, 23	.	.	3¾	.	.	4	.	.	4¼	.	.	4¼
DWTS.—												
.050 or 1	.	.	4	.	.	4¼	.	.	4½	.	.	4½
.100 ,, 2	.	.	8¼	.	.	8½	.	.	9	.	.	9¼
.150 ,, 3	.	1	0½	.	1	1	.	1	1½	.	1	1¾
.200 ,, 4	.	1	4¾	.	1	5¼	.	1	6	.	1	6½
.250 ,, 5	.	1	9	.	1	9¾	.	1	10½	.	1	11¼
.300 ,, 6	.	2	1	.	2	2	.	2	3	.	2	3¾
.350 ,, 7	.	2	5¼	.	2	6¼	.	2	7½	.	2	8½
.400 ,, 8	.	2	9½	.	2	10¾	.	3	0	.	3	1
.450 ,, 9	.	3	1¾	.	3	3	.	3	4½	.	3	5¾
.500 ,, 10	.	3	6	.	3	7½	.	3	9	.	3	10½
.550 ,, 11	.	3	10	.	3	11¾	.	4	1½	.	4	3
.600 ,, 12	.	4	2¼	.	4	4	.	4	6	.	4	7¾
.650 ,, 13	.	4	6½	.	4	8½	.	4	10½	.	5	0¼
.700 ,, 14	.	4	10¾	.	5	0¾	.	5	3	.	5	5
.750 ,, 15	.	5	3	.	5	5¼	.	5	7½	.	5	9¾
.800 ,, 16	.	5	7	.	5	9½	.	6	0	.	6	2¼
.850 ,, 17	.	5	11¼	.	6	1¾	.	6	4½	.	6	7
.900 ,, 18	.	6	3½	.	6	6¼	.	6	9	.	6	11½
.950 ,, 19	.	6	7¾	.	6	10½	.	7	1½	.	7	4¼
OUNCES.—												
1.000 or 1	.	7	0	.	7	3	.	7	6	.	7	9
2.000 ,, 2	.	14	0	.	14	6	.	15	0	.	15	6
3.000 ,, 3	1	1	0	1	1	9	1	2	6	1	3	3
4.000 ,, 4	1	8	0	1	9	0	1	10	0	1	11	0
5.000 ,, 5	1	15	0	1	16	3	1	17	6	1	18	9
6.000 ,, 6	2	2	0	2	3	6	2	5	0	2	6	6
7.000 ,, 7	2	9	0	2	10	9	2	12	6	2	14	3
8.000 ,, 8	2	16	0	2	18	0	3	0	0	3	2	0
9.000 ,, 9	3	3	0	3	5	3	3	7	6	3	9	9
10.000 ,, 10	3	10	0	3	12	6	3	15	0	3	17	6
11.000 ,, 11	3	17	0	3	19	9	4	2	6	4	5	3
12.000 ,, 12	4	4	0	4	7	0	4	10	0	4	13	0
13.000 ,, 13	4	11	0	4	14	3	4	17	6	5	0	9
14.000 ,, 14	4	18	0	5	1	6	5	5	0	5	8	6
15.000 ,, 15	5	5	0	5	8	9	5	12	6	5	16	3
16.000 ,, 16	5	12	0	5	16	0	6	0	0	6	4	0
17.000 ,, 17	5	19	0	6	3	3	6	7	6	6	11	9
18.000 ,, 18	6	6	0	6	10	6	6	15	0	6	19	6
19.000 ,, 19	6	13	0	6	17	9	7	2	6	7	7	3
20.000 ,, 20	7	0	0	7	5	0	7	10	0	7	15	0
25.000 ,, 25	8	15	0	9	1	3	9	7	6	9	13	9
30.000 ,, 30	10	10	0	10	17	6	11	5	0	11	12	6
40.000 ,, 40	14	0	0	14	10	0	15	0	0	15	10	0
50.000 ,, 50	17	10	0	18	2	6	18	15	0	19	7	6

PRICE PER OUNCE.

	@ 8/- oz.			@ 8/3 oz.			@ 8/6 oz.			@ 8/9 oz.		
	£	s.	d.	£	s.	d.	£	s.	d.	£	s.	d.
RAINS.—												
.001 or ½	.	.	.	.	.	.	.	.	.	.	.	.
.002 ,, 1	.	.	.	.	.	.	.	.	.	.	.	.
.003 ,, 1½	.	.	.	.	.	.	.	.	.	.	.	.
.004 ,, 2	.	.	.¼	.	.	.¼	.	.	.¼	.	.	.¼
.005 ,, 2½	.	.	.¼	.	.	.¼	.	.	.¼	.	.	.¼
.006 ,, 3	.	.	.½	.	.	.½	.	.	.½	.	.	.½
.007 ,, 3½	.	.	.½	.	.	.½	.	.	.½	.	.	.½
.008 ,, 4	.	.	.¾	.	.	.¾	.	.	.¾	.	.	.¾
.009 ,, 4½	.	.	.¾	.	.	.¾	.	.	.¾	.	.	.¾
.010 ,, 5	.	.	.¾	.	.	.¾	.	.	1	.	.	1
.012 ,, 6	.	.	1	.	.	1	.	.	1¼	.	.	1¼
.014 ,, 7	.	.	1¼	.	.	1¼	.	.	1¼	.	.	1½
.016 ,, 8	.	.	1½	.	.	1½	.	.	1½	.	.	1¾
.018 ,, 9	.	.	1¾	.	.	1¾	.	.	1¾	.	.	1¾
.020 ,, 10	.	.	1¾	.	.	1¾	.	.	2	.	.	2
.022 ,, 11	.	.	2	.	.	2	.	.	2¼	.	.	2¼
.025 ,, 12	.	.	2¼	.	.	2¼	.	.	2½	.	.	2½
.027 ,, 13	.	.	2½	.	.	2½	.	.	2½	.	.	2¾
.029 ,, 14	.	.	2¾	.	.	2¾	.	.	2¾	.	.	3
.031 ,, 15	.	.	2¾	.	.	2¾	.	.	3	.	.	3¼
.033 ,, 16	.	.	3	.	.	3	.	.	3¼	.	.	3½
.035 ,, 17	.	.	3¼	.	.	3¼	.	.	3½	.	.	3½
.037 ,, 18	.	.	3½	.	.	3½	.	.	3¾	.	.	3¾
.039 ,, 19	.	.	3¾	.	.	3¾	.	.	3¾	.	.	4
.041 ,, 20	.	.	3¾	.	.	3¾	.	.	4	.	.	4¼
.043 ,, 21	.	.	4	.	.	4	.	.	4¼	.	.	4½
.045 ,, 22	.	.	4¼	.	.	4¼	.	.	4½	.	.	4¾
.048 ,, 23	.	.	4½	.	.	4½	.	.	4¾	.	.	5
WTS.—												
.050 or 1	.	.	4¾	.	.	4¾	.	.	5	.	.	5¼
.100 ,, 2	.	.	9½	.	.	9¾	.	.	10	.	.	10½
.150 ,, 3	.	1	2¼	.	1	2¾	.	1	3¼	.	1	3¾
.200 ,, 4	.	1	7	.	1	7¾	.	1	8¼	.	1	9
.250 ,, 5	.	2	0	.	2	0¾	.	2	1½	.	2	2¼
.300 ,, 6	.	2	4¾	.	2	5½	.	2	6½	.	2	7½
.350 ,, 7	.	2	9½	.	2	10½	.	2	11½	.	3	0¾
.400 ,, 8	.	3	2¼	.	3	3½	.	3	4¾	.	3	6
.450 ,, 9	.	3	7	.	3	8½	.	3	9¾	.	3	11¼
.500 ,, 10	.	4	0	.	4	1½	.	4	3	.	4	4½
.550 ,, 11	.	4	4¾	.	4	6¼	.	4	8	.	4	9¾
.600 ,, 12	.	4	9½	.	4	11¼	.	5	1	.	5	3
.650 ,, 13	.	5	2¼	.	5	4¼	.	5	6¼	.	5	8¼
.700 ,, 14	.	5	7	.	5	9¼	.	5	11¼	.	6	1½
.750 ,, 15	.	6	0	.	6	2¼	.	6	4½	.	6	6¾
.800 ,, 16	.	6	4¾	.	6	7	.	6	9½	.	7	0
.850 ,, 17	.	6	9½	.	7	0	.	7	2½	.	7	5¼
.900 ,, 18	.	7	2¼	.	7	5	.	7	7¾	.	7	10½
.950 ,, 19	.	7	7	.	7	10	.	8	0¾	.	8	3¾
OUNCES.—												
1.000 or 1	.	8	0	.	8	3	.	8	6	.	8	9
2.000 ,, 2	.	16	0	.	16	6	.	17	0	.	17	6
3.000 ,, 3	1	4	0	1	4	9	1	5	6	1	6	3
4.000 ,, 4	1	12	0	1	13	0	1	14	0	1	15	0
5.000 ,, 5	2	0	0	2	1	3	2	2	6	2	3	9
6.000 ,, 6	2	8	0	2	9	6	2	11	0	2	12	6
7.000 ,, 7	2	16	0	2	17	9	2	19	6	3	1	3
8.000 ,, 8	3	4	0	3	6	0	3	8	0	3	10	0
9.000 ,, 9	3	12	0	3	14	3	3	16	6	3	18	9
10.000 ,, 10	4	0	0	4	2	6	4	5	0	4	7	6
11.000 ,, 11	4	8	0	4	10	9	4	13	6	4	16	3
12.000 ,, 12	4	16	0	4	19	0	5	2	0	5	5	0
13.000 ,, 13	5	4	0	5	7	3	5	10	6	5	13	9
14.000 ,, 14	5	12	0	5	15	6	5	19	0	6	2	6
15.000 ,, 15	6	0	0	6	3	9	6	7	6	6	11	3
16.000 ,, 16	6	8	0	6	12	0	6	16	0	7	0	0
17.000 ,, 17	6	16	0	7	0	3	7	4	6	7	8	9
18.000 ,, 18	7	4	0	7	8	6	7	13	0	7	17	6
19.000 ,, 19	7	12	0	7	16	9	8	1	6	8	6	3
20.000 ,, 20	8	0	0	8	5	0	8	10	0	8	15	0
25.000 ,, 25	10	0	0	10	6	3	10	12	6	10	18	0
30.000 ,, 30	12	0	0	12	7	6	12	15	0	13	2	6
40.000 ,, 40	16	0	0	16	10	0	17	0	0	17	10	0
50.000 ,, 50	20	0	0	20	12	6	21	5	0	21	17	6

PRICE PER OUNCE.

	@ 9/- oz.			@ 9/3 oz.			@ 9/6 oz.			@ 9/9 oz.		
GRAINS.—	£	s.	d.	£	s.	d.	£	s.	d.	£	s.	d.
.001 or ½	.	.	.	.	.	.	.	.	.	.	.	.
.002 ,, 1	.	.	.	.	.	.	.	.	.	.	.	.
.003 ,, 1½	.	.	.	.	.	.	.	.	.	.	.	.
.004 ,, 2	.	.	.¼	.	.	.¼	.	.	.¼	.	.	.¼
.005 ,, 2½	.	.	.¼	.	.	.¼	.	.	.¼	.	.	.¼
.006 ,, 3	.	.	.½	.	.	.½	.	.	.½	.	.	.½
.007 ,, 3½	.	.	.½	.	.	.½	.	.	.½	.	.	.½
.008 ,, 4	.	.	.¾	.	.	.¾	.	.	.¾	.	.	.¾
.009 ,, 4½	.	.	.¾	.	.	.¾	.	.	.¾	.	.	.¾
.010 ,, 5	.	.	1	.	.	1	.	.	1	.	.	1
.012 ,, 6	.	.	1¼	.	.	1¼	.	.	1¼	.	.	1¼
.014 ,, 7	.	.	1½	.	.	1½	.	.	1½	.	.	1½
.016 ,, 8	.	.	1¾	.	.	1¾	.	.	1¾	.	.	1¾
.018 ,, 9	.	.	1¾	.	.	2	.	.	2	.	.	2
.020 ,, 10	.	.	2	.	.	2¼	.	.	2¼	.	.	2¼
.022 ,, 11	.	.	2¼	.	.	2½	.	.	2½	.	.	2½
.025 ,, 12	.	.	2½	.	.	2¾	.	.	2¾	.	.	2¾
.027 ,, 13	.	.	2¾	.	.	3	.	.	3	.	.	3
.029 ,, 14	.	.	3	.	.	3¼	.	.	3¼	.	.	3¼
.031 ,, 15	.	.	3¼	.	.	3½	.	.	3½	.	.	3½
.033 ,, 16	.	.	3¼	.	.	3¾	.	.	3¾	.	.	3¾
.035 ,, 17	.	.	3½	.	.	4	.	.	4	.	.	4
.037 ,, 18	.	.	3¾	.	.	4¼	.	.	4¼	.	.	4¼
.039 ,, 19	.	.	4	.	.	4¼	.	.	4¼	.	.	4½
.041 ,, 20	.	.	4¼	.	.	4½	.	.	4½	.	.	4¾
.043 ,, 21	.	.	4½	.	.	4¾	.	.	4¾	.	.	4¾
.045 ,, 22	.	.	4¾	.	.	5	.	.	5	.	.	5¼
.048 ,, 23	.	.	5	.	.	5¼	.	.	5¼	.	.	5½
DWTS.—												
.050 or 1	.	.	5¼	.	.	5½	.	.	5½	.	.	5¾
.100 ,, 2	.	.	10¾	.	.	11	.	.	11¼	.	.	11½
.150 ,, 3	.	1	4	.	1	4½	.	1	5	.	1	5½
.200 ,, 4	.	1	9½	.	1	10	.	1	10¾	.	1	11¼
.250 ,, 5	.	2	3	.	2	3¾	.	2	4½	.	2	5¼
.300 ,, 6	.	2	8¼	.	2	9¼	.	2	10	.	2	11
.350 ,, 7	.	3	1½	.	3	2¾	.	3	3¾	.	3	4¾
.400 ,, 8	.	3	7	.	3	8¼	.	3	9½	.	3	10¾
.450 ,, 9	.	4	0½	.	4	1¾	.	4	3¼	.	4	4½
.500 ,, 10	.	4	6	.	4	7½	.	4	9	.	4	10½
.550 ,, 11	.	4	11¼	.	5	1	.	5	2½	.	5	4¼
.600 ,, 12	.	5	4¾	.	5	6½	.	5	8¼	.	5	10
.650 ,, 13	.	5	10¼	.	6	0	.	6	2	.	6	4
.700 ,, 14	.	6	3½	.	6	5½	.	6	7¾	.	6	9¾
.750 ,, 15	.	6	9	.	6	11¼	.	7	1½	.	7	3¾
.800 ,, 16	.	7	2¼	.	7	4¾	.	7	7	.	7	9½
.850 ,, 17	.	7	7¾	.	7	10¼	.	8	0¾	.	8	3¼
.900 ,, 18	.	8	1	.	8	3¾	.	8	6½	.	8	9¼
.950 ,, 19	.	8	6½	.	8	9¼	.	9	0¼	.	9	3
OUNCES.—												
1.000 or 1	.	9	0	.	9	3	.	9	6	.	9	9
2.000 ,, 2	.	18	0	.	18	6	.	19	0	.	19	6
3.000 ,, 3	1	7	0	1	7	9	1	8	6	1	9	3
4.000 ,, 4	1	16	0	1	17	0	1	18	0	1	19	0
5.000 ,, 5	2	5	0	2	6	3	2	7	6	2	8	9
6.000 ,, 6	2	14	0	2	15	6	2	17	0	2	18	6
7.000 ,, 7	3	3	0	3	4	9	3	6	6	3	8	3
8.000 ,, 8	3	12	0	3	14	0	3	16	0	3	18	0
9.000 ,, 9	4	1	0	4	3	3	4	5	6	4	7	9
10.000 ,, 10	4	10	0	4	12	6	4	15	0	4	17	6
11.000 ,, 11	4	19	0	5	1	9	5	4	6	5	7	3
12.000 ,, 12	5	8	0	5	11	0	5	14	0	5	17	0
13.000 ,, 13	5	17	0	6	0	3	6	3	6	6	6	9
14.000 ,, 14	6	6	0	6	9	6	6	13	0	6	16	6
15.000 ,, 15	6	15	0	6	18	9	7	2	6	7	6	3
16.000 ,, 16	7	4	0	7	8	0	7	12	0	7	16	0
17.000 ,, 17	7	13	0	7	17	3	8	1	6	8	5	9
18.000 ,, 18	8	2	0	8	6	6	8	11	0	8	15	6
19.000 ,, 19	8	11	0	8	15	9	9	0	6	9	5	3
20.000 ,, 20	9	0	0	9	5	0	9	10	0	9	15	0
25.000 ,, 25	11	5	0	11	11	3	11	17	6	12	3	9
30.000 ,, 30	13	10	0	13	17	6	14	5	0	14	12	6
40.000 ,, 40	18	0	0	18	10	0	19	0	0	19	10	0
50.000 ,, 50	22	10	0	23	2	6	23	15	0	24	7	6

PRICE PER OUNCE.

	@ 10/- oz.			@ 10/3 oz.			@ 10/6 oz.			@ 10/9 oz.		
	£	s.	d.	£	s.	d.	£	s.	d.	£	s.	d.
RAINS.—												
.001 or ½	.	.	.	.	.	.	.	.	.	.	.	.
.002 ,, 1	.	.	¼	.	.	¼	.	.	¼	.	.	¼
.003 ,, 1½	.	.	¼	.	.	¼	.	.	¼	.	.	¼
.004 ,, 2	.	.	½	.	.	½	.	.	½	.	.	½
.005 ,, 2½	.	.	½	.	.	½	.	.	½	.	.	½
.006 ,, 3	.	.	¾	.	.	¾	.	.	¾	.	.	¾
.007 ,, 3½	.	.	¾	.	.	¾	.	.	¾	.	.	¾
.008 ,, 4	.	.	1	.	.	1	.	.	1	.	.	1
.009 ,, 4½	.	.	1	.	.	1	.	.	1	.	.	1
.010 ,, 5	.	.	1¼	.	.	1¼	.	.	1¼	.	.	1¼
.012 ,, 6	.	.	1½	.	.	1½	.	.	1½	.	.	1½
.014 ,, 7	.	.	1¾	.	.	1¾	.	.	1¾	.	.	1¾
.016 ,, 8	.	.	2	.	.	2	.	.	2	.	.	2
.018 ,, 9	.	.	2¼	.	.	2¼	.	.	2¼	.	.	2¼
.020 ,, 10	.	.	2½	.	.	2½	.	.	2½	.	.	2½
.022 ,, 11	.	.	2¾	.	.	2¾	.	.	2¾	.	.	2¾
.025 ,, 12	.	.	3	.	.	3	.	.	3	.	.	3
.027 ,, 13	.	.	3¼	.	.	3¼	.	.	3¼	.	.	3¼
.029 ,, 14	.	.	3½	.	.	3½	.	.	3½	.	.	3½
.031 ,, 15	.	.	3¾	.	.	3¾	.	.	3¾	.	.	3¾
.033 ,, 16	.	.	4	.	.	4	.	.	4	.	.	4
.035 ,, 17	.	.	4¼	.	.	4¼	.	.	4¼	.	.	4¼
.037 ,, 18	.	.	4½	.	.	4½	.	.	4½	.	.	4½
.039 ,, 19	.	.	4¾	.	.	4¾	.	.	4¾	.	.	4¾
.041 ,, 20	.	.	5	.	.	5	.	.	5	.	.	5
.043 ,, 21	.	.	5¼	.	.	5¼	.	.	5¼	.	.	5¼
.045 ,, 22	.	.	5½	.	.	5½	.	.	5½	.	.	5½
.048 ,, 23	.	.	5¾	.	.	5¾	.	.	5¾	.	.	5¾
WTS.—												
.050 or 1	.	.	6	.	.	6	.	.	6¼	.	.	6¼
.100 ,, 2	.	1	0	.	1	0¼	.	1	0½	.	1	0¾
.150 ,, 3	.	1	6	.	1	6¼	.	1	6¾	.	1	7¼
.200 ,, 4	.	2	0	.	2	0½	.	2	1	.	2	1¾
.250 ,, 5	.	2	6	.	2	6¾	.	2	7½	.	2	8¼
.300 ,, 6	.	3	0	.	3	0¾	.	3	1¾	.	3	2½
.350 ,, 7	.	3	6	.	3	7	.	3	8	.	3	9
.400 ,, 8	.	4	0	.	4	1	.	4	2¼	.	4	3½
.450 ,, 9	.	4	6	.	4	7¼	.	4	8½	.	4	10
.500 ,, 10	.	5	0	.	5	1½	.	5	3	.	5	4½
.550 ,, 11	.	5	6	.	5	7½	.	5	9¼	.	5	10¾
.600 ,, 12	.	6	0	.	6	1¾	.	6	3½	.	6	5¼
.650 ,, 13	.	6	6	.	6	7¾	.	6	9¾	.	6	11¾
.700 ,, 14	.	7	0	.	7	2	.	7	4	.	7	6¼
.750 ,, 15	.	7	6	.	7	8¼	.	7	10½	.	8	0¾
.800 ,, 16	.	8	0	.	8	2¼	.	8	4¾	.	8	7
.850 ,, 17	.	8	6	.	8	8½	.	8	11	.	9	1½
.900 ,, 18	.	9	0	.	9	2½	.	9	5¼	.	9	8
.950 ,, 19	.	9	6	.	9	8¾	.	9	11½	.	10	2½
UNCES.—												
1.000 or 1	.	10	0	.	10	3	.	10	6	.	10	9
2.000 ,, 2	1	0	0	1	0	6	1	1	0	1	1	6
3.000 ,, 3	1	10	0	1	10	9	1	11	6	1	12	3
4.000 ,, 4	2	0	0	2	1	0	2	2	0	2	3	0
5.000 ,, 5	2	10	0	2	11	3	2	12	6	2	13	9
6.000 ,, 6	3	0	0	3	1	6	3	3	0	3	4	6
7.000 ,, 7	3	10	0	3	11	9	3	13	6	3	15	3
8.000 ,, 8	4	0	0	4	2	0	4	4	0	4	6	0
9.000 ,, 9	4	10	0	4	12	3	4	14	6	4	16	9
0.000 ,, 10	5	0	0	5	2	6	5	5	0	5	7	6
1.000 ,, 11	5	10	0	5	12	9	5	15	6	5	18	3
2.000 ,, 12	6	0	0	6	3	0	6	6	0	6	9	0
3.000 ,, 13	6	10	0	6	13	3	6	16	6	6	19	9
4.000 ,, 14	7	0	0	7	3	6	7	7	0	7	10	6
5.000 ,, 15	7	10	0	7	13	9	7	17	6	8	1	3
6.000 ,, 16	8	0	0	8	4	0	8	8	0	8	12	0
7.000 ,, 17	8	10	0	8	14	3	8	18	6	9	2	9
8.000 ,, 18	9	0	0	9	4	6	9	9	0	9	13	6
9.000 ,, 19	9	10	0	9	14	9	9	10	6	10	4	3
0.000 ,, 20	10	0	0	10	5	0	10	10	0	10	15	0
5.000 ,, 25	12	10	0	12	16	3	13	2	6	13	8	9
0.000 ,, 30	15	0	0	15	7	6	15	15	0	16	2	6
0.000 ,, 40	20	0	0	20	10	0	21	0	0	21	10	0
0.000 ,, 50	25	0	0	25	12	6	26	5	0	26	17	6

PRICE PER OUNCE.

	@ 11/-oz.			@ 11/3 oz.			@ 11/6 oz.			@ 11/9 oz.		
GRAINS.—	£	s.	d.	£	s.	d.	£	s.	d.	£	s.	d.
.001 or ½	.	.	.	.	.	.	.	.	.	.	.	.
.002 ,, 1	.	.	¼	.	.	¼	.	.	¼	.	.	¼
.003 ,, 1½	.	.	¼	.	.	¼	.	.	¼	.	.	¼
.004 ,, 2	.	.	½	.	.	½	.	.	½	.	.	½
.005 ,, 2½	.	.	½	.	.	½	.	.	½	.	.	½
.006 ,, 3	.	.	¾	.	.	¾	.	.	¾	.	.	¾
.007 ,, 3½	.	.	1	.	.	¾	.	.	¾	.	.	¾
.008 ,, 4	.	.	1	.	.	1	.	.	1	.	.	1
.009 ,, 4½	.	.	1	.	.	1	.	.	1	.	.	1
.010 ,, 5	.	.	1¼	.	.	1¼	.	.	1¼	.	.	1¼
.012 ,, 6	.	.	1½	.	.	1½	.	.	1½	.	.	1¾
.014 ,, 7	.	.	1¾	.	.	1¾	.	.	1¾	.	.	2
.016 ,, 8	.	.	2	.	.	2¼	.	.	2¼	.	.	2¼
.018 ,, 9	.	.	2¼	.	.	2½	.	.	2½	.	.	2½
.020 ,, 10	.	.	2½	.	.	2¾	.	.	2¾	.	.	2¾
.022 ,, 11	.	.	2¾	.	.	3	.	.	3	.	.	3
.025 ,, 12	.	.	3¼	.	.	3¼	.	.	3¼	.	.	3½
.027 ,, 13	.	.	3½	.	.	3½	.	.	3½	.	.	3¾
.029 ,, 14	.	.	3¾	.	.	3¾	.	.	3¾	.	.	4
.031 ,, 15	.	.	4	.	.	4	.	.	4	.	.	4¼
.033 ,, 16	.	.	4¼	.	.	4¼	.	.	4½	.	.	4½
.035 ,, 17	.	.	4½	.	.	4¾	.	.	4¾	.	.	4¾
.037 ,, 18	.	.	4¾	.	.	5	.	.	5	.	.	5¼
.039 ,, 19	.	.	5	.	.	5¼	.	.	5¼	.	.	5½
.041 ,, 20	.	.	5¼	.	.	5½	.	.	5½	.	.	5¾
.043 ,, 21	.	.	5½	.	.	5¾	.	.	5¾	.	.	6
.045 ,, 22	.	.	5¾	.	.	6	.	.	6	.	.	6¼
.048 ,, 23	.	.	6	.	.	6¼	.	.	6¼	.	.	6½
DWTS.—												
.050 or 1	.	.	6½	.	.	6¾	.	.	6¾	.	.	7
.100 ,, 2	.	1	1	.	1	1½	.	1	1¾	.	1	2
.150 ,, 3	.	1	7¾	.	1	8¼	.	1	8½	.	1	9
.200 ,, 4	.	2	2¼	.	2	3	.	2	3½	.	2	4
.250 ,, 5	.	2	9	.	2	9¾	.	2	10½	.	2	11¼
.300 ,, 6	.	3	3½	.	3	4½	.	3	5¼	.	3	6¼
.350 ,, 7	.	3	10	.	3	11¼	.	4	0¼	.	4	1¼
.400 ,, 8	.	4	4¾	.	4	6	.	4	7	.	4	8¼
.450 ,, 9	.	4	11¼	.	5	0¾	.	5	2	.	5	3¼
.500 ,, 10	.	5	6	.	5	7½	.	5	9	.	5	10½
.550 ,, 11	.	6	0½	.	6	2¼	.	6	3¾	.	6	5½
.600 ,, 12	.	6	7	.	6	9	.	6	10¾	.	7	0½
.650 ,, 13	.	7	1¾	.	7	3¾	.	7	5½	.	7	7½
.700 ,, 14	.	7	8¼	.	7	10½	.	8	0½	.	8	2½
.750 ,, 15	.	8	3	.	8	5¼	.	8	7½	.	8	9¾
.800 ,, 16	.	8	9½	.	9	0	.	9	2¼	.	9	4¾
.850 ,, 17	.	9	4	.	9	6¾	.	9	9¼	.	9	11¾
.900 ,, 18	.	9	10¾	.	10	1½	.	10	4	.	10	6¾
.950 ,, 19	.	10	5¼	.	10	8¼	.	10	11	.	11	1¾
OUNCES.—												
1.000 or 1	.	11	0	.	11	3	.	11	6	.	11	9
2.000 ,, 2	1	2	0	1	2	6	1	3	0	1	3	6
3.000 ,, 3	1	13	0	1	13	9	1	14	6	1	15	3
4.000 ,, 4	2	4	0	2	5	0	2	6	0	2	7	0
5.000 ,, 5	2	15	0	2	16	3	2	17	6	2	18	9
6.000 ,, 6	3	6	0	3	7	6	3	9	0	3	10	6
7.000 ,, 7	3	17	0	3	18	9	4	0	6	4	2	3
8.000 ,, 8	4	8	0	4	10	0	4	12	0	4	14	0
9.000 ,, 9	4	19	0	5	1	3	5	3	6	5	5	9
10.000 ,, 10	5	10	0	5	12	6	5	15	0	5	17	6
11.000 ,, 11	6	1	0	6	3	9	6	6	6	6	9	3
12.000 ,, 12	6	12	0	6	15	0	6	18	0	7	1	0
13.000 ,, 13	7	3	0	7	6	3	7	9	6	7	12	9
14.000 ,, 14	7	14	0	7	17	6	8	1	0	8	4	6
15.000 ,, 15	8	5	0	8	8	9	8	12	6	8	16	3
16.000 ,, 16	8	16	0	9	0	0	9	4	0	9	8	0
17.000 ,, 17	9	7	0	9	11	3	9	15	6	9	19	9
18.000 ,, 18	9	18	0	10	2	6	10	7	0	10	11	6
19.000 ,, 19	10	9	0	10	13	9	10	18	6	11	3	3
20.000 ,, 20	11	0	0	11	5	0	11	10	0	11	15	0
25.000 ,, 25	13	15	0	14	1	3	14	7	6	14	13	9
30.000 ,, 30	16	10	0	16	17	6	17	5	0	17	12	6
40.000 ,, 40	22	0	0	22	10	0	23	0	0	23	10	0
50.000 ,, 50	27	10	0	28	2	6	28	15	0	29	7	6

PRICE PER OUNCE.

	@ 12/- oz.			@ 12/3 oz.			@ 12/6 oz.			@ 12/9 oz.		
	£	s.	d.	£	s.	d.	£	s.	d.	£	s.	d.
GRAINS.—												
.001 or ½	.	.	.	.	.	.	.	.	.	.	.	.
.002 ,, 1	.	.	·¼	.	.	·¼	.	.	·¼	.	.	·¼
.003 ,, 1½	.	.	·¼	.	.	·¼	.	.	·¼	.	.	·¼
.004 ,, 2	.	.	·½	.	.	·½	.	.	·½	.	.	·½
.005 ,, 2½	.	.	·½	.	.	·½	.	.	·½	.	.	·½
.006 ,, 3	.	.	·¾	.	.	·¾	.	.	·¾	.	.	·¾
.007 ,, 3½	.	.	·¾	.	.	·¾	.	.	·¾	.	.	·¾
.008 ,, 4	.	.	1	.	.	1	.	.	1¼	.	.	1¼
.009 ,, 4½	.	.	1	.	.	1	.	.	1¼	.	.	1¼
.010 ,, 5	.	.	1¼	.	.	1¼	.	.	1½	.	.	1½
.012 ,, 6	.	.	1¾	.	.	1¾	.	.	1¾	.	.	1¾
.014 ,, 7	.	.	2	.	.	2	.	.	2	.	.	2
.016 ,, 8	.	.	2¼	.	.	2¼	.	.	2½	.	.	2½
.018 ,, 9	.	.	2½	.	.	2½	.	.	2¾	.	.	2¾
.020 ,, 10	.	.	2¾	.	.	3	.	.	3	.	.	3
.022 ,, 11	.	.	3	.	.	3¼	.	.	3¼	.	.	3¼
.025 ,, 12	.	.	3½	.	.	3½	.	.	3¾	.	.	3¾
.027 ,, 13	.	.	3¾	.	.	3¾	.	.	4	.	.	4
.029 ,, 14	.	.	4	.	.	4	.	.	4¼	.	.	4¼
.031 ,, 15	.	.	4¼	.	.	4½	.	.	4½	.	.	4½
.033 ,, 16	.	.	4½	.	.	4¾	.	.	5	.	.	4¾
.035 ,, 17	.	.	4¾	.	.	5	.	.	5¼	.	.	5¼
.037 ,, 18	.	.	5¼	.	.	5½	.	.	5¾	.	.	5¾
.039 ,, 19	.	.	5½	.	.	5¾	.	.	6	.	.	6
.041 ,, 20	.	.	5¾	.	.	6	.	.	6¼	.	.	6¼
.043 ,, 21	.	.	6¼	.	.	6¼	.	.	6½	.	.	6½
.045 ,, 22	.	.	6½	.	.	6½	.	.	6¾	.	.	6¾
.048 ,, 23	.	.	6¾	.	.	7	.	.	7¼	.	.	7¼
DWTS.—												
.050 or 1	.	.	7	.	.	7¼	.	.	7½	.	.	7½
.100 ,, 2	.	1	2¼	.	1	2½	.	1	3	.	1	3¼
.150 ,, 3	.	1	9½	.	1	10	.	1	10½	.	1	10¾
.200 ,, 4	.	2	4¾	.	2	5¼	.	2	6	.	2	6½
.250 ,, 5	.	3	0	.	3	0¾	.	3	1½	.	3	2¼
.300 ,, 6	.	3	7	.	3	8	.	3	9	.	3	9¾
.350 ,, 7	.	4	2¼	.	4	3¼	.	4	4½	.	4	5½
.400 ,, 8	.	4	9½	.	4	10¾	.	5	0	.	5	1
.450 ,, 9	.	5	4¾	.	5	6	.	5	7½	.	5	8¾
.500 ,, 10	.	6	0	.	6	1½	.	6	3	.	6	4½
.550 ,, 11	.	6	7	.	6	8¾	.	6	10½	.	7	0
.600 ,, 12	.	7	2¼	.	7	4	.	7	6	.	7	7¾
.650 ,, 13	.	7	9½	.	7	11½	.	8	1½	.	8	3¼
.700 ,, 14	.	8	4¾	.	8	6¾	.	8	9	.	8	11
.750 ,, 15	.	9	0	.	9	2¼	.	9	4½	.	9	6¾
.800 ,, 16	.	9	7	.	9	9½	.	10	0	.	10	2¼
.850 ,, 17	.	10	2¼	.	10	4¾	.	10	7½	.	10	10
.900 ,, 18	.	10	9½	.	11	0¼	.	11	3	.	11	5½
.950 ,, 19	.	11	4¾	.	11	7½	.	11	10½	.	12	1¼
OUNCES.—												
1.000 or 1	.	12	0	.	12	3	.	12	6	.	12	9
2.000 ,, 2	1	4	0	1	4	6	1	5	0	1	5	6
3.000 ,, 3	1	16	0	1	16	9	1	17	6	1	18	3
4.000 ,, 4	2	8	0	2	9	0	2	10	0	2	11	0
5.000 ,, 5	3	0	0	3	1	3	3	2	6	3	3	9
6.000 ,, 6	3	12	0	3	13	6	3	15	0	3	16	6
7.000 ,, 7	4	4	0	4	5	9	4	7	6	4	9	3
8.000 ,, 8	4	16	0	4	18	0	5	0	0	5	2	0
9.000 ,, 9	5	8	0	5	10	3	5	12	6	5	14	9
10.000 ,, 10	6	0	0	6	2	6	6	5	0	6	7	6
11.000 ,, 11	6	12	0	6	14	9	6	17	6	7	0	3
12.000 ,, 12	7	4	0	7	7	0	7	10	0	7	13	0
13.000 ,, 13	7	16	0	7	19	3	8	2	6	8	5	9
14.000 ,, 14	8	8	0	8	11	6	8	15	0	8	18	6
15.000 ,, 15	9	0	0	9	3	9	9	7	6	9	11	3
16.000 ,, 16	9	12	0	9	16	0	10	0	0	10	4	0
17.000 ,, 17	10	4	0	10	8	3	10	12	6	10	16	9
18.000 ,, 18	10	16	0	11	0	6	11	5	0	11	9	6
19.000 ,, 19	11	8	0	11	12	9	11	17	6	12	2	3
20.000 ,, 20	12	0	0	12	5	0	12	10	0	12	15	0
25.000 ,, 25	15	0	0	15	6	3	15	12	6	15	18	9
30.000 ,, 30	18	0	0	18	7	6	18	15	0	19	2	6
40.000 ,, 40	24	0	0	24	10	0	25	0	0	25	10	0
50.000 ,, 50	30	0	0	30	12	6	31	5	0	31	17	6

PRICE PER OUNCE.

	@ 13/- oz.			@ 13/3 oz.			@ 13/6 oz.			@ 13/9 oz.		
GRAINS.—	£	s.	d.	£	s.	d.	£	s.	d.	£	s.	d.
.001 or ½	.	.	.	.	.	.	.	.	.	.	.	.
.002 ,, 1	.	.	.¼	.	.	.¼	.	.	.¼	.	.	.¼
.003 ,, 1½	.	.	.¼	.	.	.¼	.	.	.¼	.	.	.¼
.004 ,, 2	.	.	.½	.	.	.½	.	.	.½	.	.	.½
.005 ,, 2½	.	.	.½	.	.	.½	.	.	.½	.	.	.½
.006 ,, 3	.	.	.¾	.	.	.¾	.	.	1	.	.	1
.007 ,, 3½	.	.	.¾	.	.	.¾	.	.	1	.	.	1
.008 ,, 4	.	.	1¼	.	.	1¼	.	.	1¼	.	.	1¼
.009 ,, 4½	.	.	1¼	.	.	1¼	.	.	1¼	.	.	1¼
.010 ,, 5	.	.	1½	.	.	1½	.	.	1½	.	.	1½
.012 ,, 6	.	.	1¾	.	.	1¾	.	.	2	.	.	2
.014 ,, 7	.	.	2¼	.	.	2¼	.	.	2¼	.	.	2¼
.016 ,, 8	.	.	2½	.	.	2½	.	.	2½	.	.	2¾
.018 ,, 9	.	.	2¾	.	.	2¾	.	.	2¾	.	.	3
.020 ,, 10	.	.	3	.	.	3	.	.	3¼	.	.	3¼
.022 ,, 11	.	.	3½	.	.	3½	.	.	3½	.	.	3¾
.025 ,, 12	.	.	3¾	.	.	3¾	.	.	4	.	.	4
.027 ,, 13	.	.	4	.	.	4	.	.	4¼	.	.	4¼
.029 ,, 14	.	.	4½	.	.	4½	.	.	4½	.	.	4¾
.031 ,, 15	.	.	4¾	.	.	4¾	.	.	5	.	.	5
.033 ,, 16	.	.	5	.	.	5	.	.	5¼	.	.	5½
.035 ,, 17	.	.	5¼	.	.	5¼	.	.	5½	.	.	5¾
.037 ,, 18	.	.	5¾	.	.	5¾	.	.	5¾	.	.	6
.039 ,, 19	.	.	6	.	.	6	.	.	6¼	.	.	6½
.041 ,, 20	.	.	6¼	.	.	6¼	.	.	6½	.	.	6¾
.043 ,, 21	.	.	6½	.	.	6½	.	.	6¾	.	.	7
.045 ,, 22	.	.	6¾	.	.	6¾	.	.	7¼	.	.	7½
.048 ,, 23	.	.	7¼	.	.	7¼	.	.	7½	.	.	7¾
DWTS.—												
.050 or 1	.	.	7¾	.	.	7¾	.	.	8	.	.	8¼
.100 ,, 2	.	1	3½	.	1	3¾	.	1	4	.	1	4½
.150 ,, 3	.	1	11¼	.	1	11¾	.	2	0¼	.	2	0¾
.200 ,, 4	.	2	7	.	2	7¾	.	2	8¼	.	2	9
.250 ,, 5	.	3	3	.	3	3¾	.	3	4½	.	3	5¼
.300 ,, 6	.	3	10¾	.	3	11½	.	4	0½	.	4	1½
.350 ,, 7	.	4	6½	.	4	7½	.	4	8½	.	4	9¾
.400 ,, 8	.	5	2¼	.	5	3½	.	5	4¾	.	5	6
.450 ,, 9	.	5	10	.	5	11½	.	6	0¾	.	6	2¼
.500 ,, 10	.	6	6	.	6	7½	.	6	9	.	6	10½
.550 ,, 11	.	7	1¾	.	7	3¼	.	7	5	.	7	6¾
.600 ,, 12	.	7	9½	.	7	11¼	.	8	1	.	8	3
.650 ,, 13	.	8	5¼	.	8	7¼	.	8	9¼	.	8	11¼
.700 ,, 14	.	9	1	.	9	3¼	.	9	5	.	[illegible]	3
.750 ,, 15	.	9	9	.	9	11¼	.	10	1	.	1	[illegible]
.800 ,, 16	.	10	4¾	.	10	7	.	10	9	.	11	0
.850 ,, 17	.	11	0½	.	11	3	.	11	5	.	11	8¼
.900 ,, 18	.	11	8¼	.	11	11	.	12	1	.	12	0
.950 ,, 19	.	12	4	.	12	7	.	12	9¾	.	13	
OUNCES.—												
1.000 or 1	.	13	0	.	13	3	.	13	6	.	13	9
2.000 ,, 2	1	6	0	1	6	6	1	7	0	1	7	6
3.000 ,, 3	1	19	0	1	19	9	2	0	6	2	1	3
4.000 ,, 4	2	12	0	2	13	0	2	14	0	2	15	0
5.000 ,, 5	3	5	0	3	6	3	3	7	6	3	8	9
6.000 ,, 6	3	18	0	3	19	6	4	1	0	4	2	6
7.000 ,, 7	4	11	0	4	12	9	4	14	6	4	16	3
8.000 ,, 8	5	4	0	5	6	0	5	8	0	5	10	0
9.000 ,, 9	5	17	0	5	19	3	6	1	6	6	3	9
10.000 ,, 10	6	10	0	6	12	6	6	15	0	6	17	6
11.000 ,, 11	7	3	0	7	5	9	7	8	6	7	11	3
12.000 ,, 12	7	16	0	7	19	0	8	2	0	8	5	0
13.000 ,, 13	8	9	0	8	12	3	8	15	6	8	18	9
14.000 ,, 14	9	2	0	9	5	6	9	9	0	9	12	6
15.000 ,, 15	9	15	0	9	18	9	10	2	6	10	6	3
16.000 ,, 16	10	8	0	10	12	0	10	16	0	11	0	0
17.000 ,, 17	11	1	0	11	5	3	11	9	6	11	13	9
18.000 ,, 18	11	14	0	11	18	6	12	3	0	12	7	6
19.000 ,, 19	12	7	0	12	11	9	12	16	6	13	1	3
20.000 ,, 20	13	0	0	13	5	0	13	10	0	13	15	0
25.000 ,, 25	16	5	0	16	11	3	16	17	6	17	3	9
30.000 ,, 30	19	10	0	19	17	6	20	5	0	20	12	6
40.000 ,, 40	26	0	0	26	10	0	27	0	0	27	10	0
50.000 ,, 50	32	10	0	33	2	6	33	15	0	34	7	6

PRICE PER OUNCE.

	@ 14/- oz.			@ 14/3 oz.			@ 14/6 oz.			@ 14/9 oz.		
	£	s.	d.	£	s.	d.	£	s.	d.	£	s.	d.
GRAINS.—												
.001 or ½	.	.	.	.	.	.	.	.	.	.	.	.
.002 ,, 1	.	.	.¼	.	.	.¼	.	.	.¼	.	.	.¼
.003 ,, 1½	.	.	.¼	.	.	.¼	.	.	.¼	.	.	.¼
.004 ,, 2	.	.	.½	.	.	.½	.	.	.½	.	.	.½
.005 ,, 2½	.	.	.½	.	.	.½	.	.	.¾	.	.	.¾
.006 ,, 3	.	.	1	.	.	1	.	.	1	.	.	1
.007 ,, 3½	.	.	1	.	.	1	.	.	1	.	.	1
.008 ,, 4	.	.	1¼	.	.	1¼	.	.	1¼	.	.	1¼
.009 ,, 4½	.	.	1¼	.	.	1¼	.	.	1¼	.	.	1¼
.010 ,, 5	.	.	1½	.	.	1¾	.	.	1¾	.	.	1¾
.012 ,, 6	.	.	2	.	.	2	.	.	2	.	.	2
.014 ,, 7	.	.	2¼	.	.	2¼	.	.	2¼	.	.	2¼
.016 ,, 8	.	.	2¾	.	.	2¾	.	.	2¾	.	.	2¾
.018 ,, 9	.	.	3	.	.	3	.	.	3	.	.	3
.020 ,, 10	.	.	3¼	.	.	3½	.	.	3½	.	.	3½
.022 ,, 11	.	.	3¾	.	.	3¾	.	.	3¾	.	.	3¾
.025 ,, 12	.	.	4	.	.	4¼	.	.	4¼	.	.	4¼
.027 ,, 13	.	.	4¼	.	.	4½	.	.	4½	.	.	4¾
.029 ,, 14	.	.	4¾	.	.	4¾	.	.	4¾	.	.	5
.031 ,, 15	.	.	5	.	.	5¼	.	.	5¼	.	.	5½
.033 ,, 16	.	.	5¼	.	.	5½	.	.	5½	.	.	5¾
.035 ,, 17	.	.	5¾	.	.	6	.	.	6	.	.	6¼
.037 ,, 18	.	.	6¼	.	.	6¼	.	.	6¼	.	.	6½
.039 ,, 19	.	.	6½	.	.	6½	.	.	6¾	.	.	7
.041 ,, 20	.	.	6¾	.	.	7	.	.	7	.	.	7¼
.043 ,, 21	.	.	7	.	.	7¼	.	.	7¼	.	.	7½
.045 ,, 22	.	.	7½	.	.	7½	.	.	7¾	.	.	8
.048 ,, 23	.	.	7¾	.	.	8	.	.	8	.	.	8¼
DWTS.—												
.050 or 1	.	.	8¼	.	.	8½	.	.	8½	.	.	8¾
.100 ,, 2	.	1	4¾	.	1	5	.	1	5¼	.	1	5½
.150 ,, 3	.	2	1	.	2	1½	.	2	2	.	2	2½
.200 ,, 4	.	2	9½	.	2	10	.	2	10¾	.	2	11¼
.250 ,, 5	.	3	6	.	3	6¾	.	3	7½	.	3	8¼
.300 ,, 6	.	4	2¼	.	4	3¼	.	4	4	.	4	5
.350 ,, 7	.	4	10¾	.	4	11¾	.	5	0¾	.	5	1¾
.400 ,, 8	.	5	7	.	5	8¼	.	5	9½	.	5	10¾
.450 ,, 9	.	6	3½	.	6	4¾	.	6	6¼	.	6	7½
.500 ,, 10	.	7	0	.	7	1½	.	7	3	.	7	4½
.550 ,, 11	.	7	8¼	.	7	10	.	7	11½	.	8	1¼
.600 ,, 12	.	8	4¾	.	8	6½	.	8	8¼	.	8	10
.650 ,, 13	.	9	1	.	9	3	.	9	5	.	9	7
.700 ,, 14	.	9	9½	.	9	11½	.	10	1¾	.	10	3¾
.750 ,, 15	.	10	6	.	10	8¼	.	10	10½	.	11	0¾
.800 ,, 16	.	11	2¼	.	11	4¾	.	11	7	.	11	9½
.850 ,, 17	.	11	10¾	.	12	1¼	.	12	3¾	.	12	6¼
.900 ,, 18	.	12	7	.	12	9¾	.	13	0½	.	13	3¼
.950 ,, 19	.	13	3½	.	13	6¼	.	13	9¼	.	14	0
OUNCES.—												
1.000 or 1	.	14	0	.	14	3	.	14	6	.	14	9
2.000 ,, 2	1	8	0	1	8	6	1	9	0	1	9	6
3.000 ,, 3	2	2	0	2	2	9	2	3	6	2	4	3
4.000 ,, 4	2	16	0	2	17	0	2	18	0	2	19	0
5.000 ,, 5	3	10	0	3	11	3	3	12	6	3	13	9
6.000 ,, 6	4	4	0	4	5	6	4	7	0	4	8	6
7.000 ,, 7	4	18	0	4	19	9	5	1	6	5	3	3
8.000 ,, 8	5	12	0	5	14	0	5	16	0	5	18	0
9.000 ,, 9	6	6	0	6	8	3	6	10	6	6	12	9
10.000 ,, 10	7	0	0	7	2	6	7	5	0	7	7	6
11.000 ,, 11	7	14	0	7	16	9	7	19	6	8	2	3
12.000 ,, 12	8	8	0	8	11	0	8	14	0	8	17	0
13.000 ,, 13	9	2	0	9	5	3	9	8	6	9	11	9
14.000 ,, 14	9	16	0	9	19	6	10	3	0	10	6	6
15.000 ,, 15	10	10	0	10	13	9	10	17	6	11	1	3
16.000 ,, 16	11	4	0	11	8	0	11	12	0	11	16	0
17.000 ,, 17	11	18	0	12	2	3	12	6	6	12	10	9
18.000 ,, 18	12	12	0	12	16	6	13	1	0	13	5	6
19.000 ,, 19	13	6	0	13	10	9	13	15	6	14	0	3
20.000 ,, 20	14	0	0	14	5	0	14	10	0	14	15	0
25.000 ,, 25	17	10	0	17	16	3	18	2	6	18	8	9
30.000 ,, 30	21	0	0	21	7	6	21	15	0	22	2	6
40.000 ,, 40	28	0	0	28	10	0	29	0	0	29	10	0
50.000 ,, 50	35	0	0	35	12	6	36	5	0	36	17	6

PRICE PER OUNCE.

	@ 15/- oz.			@ 15/3 oz.			@ 15/6 oz.			@ 15/9 oz.		
GRAINS.—	£	s.	d.	£	s.	d.	£	s.	d.	£	s.	d.
.001 or ½	.	.	.	.	.	.	.	.	.	.	.	.
.002 ,, 1	.	.	.¼	.	.	.¼	.	.	.¼	.	.	.¼
.003 ,, 1½	.	.	.¼	.	.	.¼	.	.	.¼	.	.	.¼
.004 ,, 2	.	.	.¾	.	.	.¾	.	.	.¾	.	.	.¾
.005 ,, 2½	.	.	.¾	.	.	.¾	.	.	.¾	.	.	.¾
.006 ,, 3	.	.	1	.	.	1	.	.	1	.	.	1
.007 ,, 3½	.	.	1	.	.	1	.	.	1	.	.	1
.008 ,, 4	.	.	1½	.	.	1½	.	.	1½	.	.	1½
.009 ,, 4½	.	.	1½	.	.	1½	.	.	1½	.	.	1½
.010 ,, 5	.	.	1¾	.	.	1¾	.	.	1¾	.	.	1¾
.012 ,, 6	.	.	2¼	.	.	2¼	.	.	2¼	.	.	2¼
.014 ,, 7	.	.	2½	.	.	2½	.	.	2½	.	.	2½
.016 ,, 8	.	.	3	.	.	3	.	.	3	.	.	3
.018 ,, 9	.	.	3¼	.	.	3¼	.	.	3¼	.	.	3¼
.020 ,, 10	.	.	3¾	.	.	3¾	.	.	3¾	.	.	3¾
.022 ,, 11	.	.	4	.	.	4	.	.	4	.	.	4
.025 ,, 12	.	.	4½	.	.	4½	.	.	4½	.	.	4½
.027 ,, 13	.	.	4¾	.	.	5	.	.	5	.	.	5
.029 ,, 14	.	.	5¼	.	.	5¼	.	.	5¼	.	.	5¼
.031 ,, 15	.	.	5½	.	.	5¾	.	.	5¾	.	.	5¾
.033 ,, 16	.	.	6	.	.	6	.	.	6	.	.	6
.035 ,, 17	.	.	6½	.	.	6½	.	.	6½	.	.	6½
.037 ,, 18	.	.	6¾	.	.	6¾	.	.	6¾	.	.	6¾
.039 ,, 19	.	.	7	.	.	7	.	.	7	.	.	7¼
.041 ,, 20	.	.	7½	.	.	7½	.	.	7½	.	.	7½
.043 ,, 21	.	.	7¾	.	.	7¾	.	.	7¾	.	.	8
.045 ,, 22	.	.	8	.	.	8	.	.	8¼	.	.	8¼
.048 ,, 23	.	.	8½	.	.	8½	.	.	8¾	.	.	8¾
DWTS.—												
.050 or 1	.	.	9	.	.	9	.	.	9¼	.	.	9¼
.100 ,, 2	.	1	6	.	1	6¼	.	1	6½	.	1	6¾
.150 ,, 3	.	2	3	.	2	3¼	.	2	3¾	.	2	4¼
.200 ,, 4	.	3	0	.	3	0½	.	3	1	.	3	1¾
.250 ,, 5	.	3	9	.	3	9¾	.	3	10½	.	3	11¼
.300 ,, 6	.	4	6	.	4	6¾	.	4	7¾	.	4	8½
.350 ,, 7	.	5	3	.	5	4	.	5	5	.	5	6
.400 ,, 8	.	6	0	.	6	1	.	6	2¼	.	6	3½
.450 ,, 9	.	6	9	.	6	10¼	.	6	11½	.	7	1
.500 ,, 10	.	7	6	.	7	7½	.	7	9	.	7	10½
.550 ,, 11	.	8	3	.	8	4½	.	8	6¼	.	8	7¾
.600 ,, 12	.	9	0	.	9	1¾	.	9	3½	.	9	5¼
.650 ,, 13	.	9	9	.	9	10¾	.	10	0¾	.	10	2¾
.700 ,, 14	.	10	6	.	10	8	.	10	10	.	11	0¼
.750 ,, 15	.	11	3	.	11	5¼	.	11	7½	.	11	9¾
.800 ,, 16	.	12	0	.	12	2¼	.	12	4¾	.	12	7
.850 ,, 17	.	12	9	.	12	11½	.	13	2	.	13	4½
.900 ,, 18	.	13	6	.	13	8½	.	13	11¼	.	14	2
.950 ,, 19	.	14	3	.	14	5¾	.	14	8½	.	14	11½
OUNCES.—												
1.000 or 1	.	15	0	.	15	3	.	15	6	.	15	9
2.000 ,, 2	1	10	0	1	10	6	1	11	0	1	11	6
3.000 ,, 3	2	5	0	2	5	9	2	6	6	2	7	3
4.000 ,, 4	3	0	0	3	1	0	3	2	0	3	3	0
5.000 ,, 5	3	15	0	3	16	3	3	17	6	3	18	9
6.000 ,, 6	4	10	0	4	11	6	4	13	0	4	14	6
7.000 ,, 7	5	5	0	5	6	9	5	8	6	5	10	3
8.000 ,, 8	6	0	0	6	2	0	6	4	0	6	6	0
9.000 ,, 9	6	15	0	6	17	3	6	19	6	7	1	9
10.000 ,, 10	7	10	0	7	12	6	7	15	0	7	17	6
11.000 ,, 11	8	5	0	8	7	9	8	10	6	8	13	3
12.000 ,, 12	9	0	0	9	3	0	9	6	0	9	9	0
13.000 ,, 13	9	15	0	9	18	3	10	1	6	10	4	9
14.000 ,, 14	10	10	0	10	13	6	10	17	0	11	0	6
15.000 ,, 15	11	5	0	11	8	9	11	12	6	11	16	3
16.000 ,, 16	12	0	0	12	4	0	12	8	0	12	12	0
17.000 ,, 17	12	15	0	12	19	3	13	3	6	13	7	9
18.000 ,, 18	13	10	0	13	14	6	13	19	0	14	3	6
19.000 ,, 19	14	5	0	14	9	9	14	14	6	14	19	3
20.000 ,, 20	15	0	0	15	5	0	15	10	0	15	15	0
25.000 ,, 25	18	15	0	19	1	3	19	7	6	19	13	9
30.000 ,, 30	22	10	0	22	17	6	23	5	0	23	12	6
40.000 ,, 40	30	0	0	30	10	0	31	0	0	31	10	0
50.000 ,, 50	37	10	0	38	2	6	38	15	0	39	7	6

PRICE PER OUNCE.

	@ 16/- oz.			@ 16/3 oz.			@ 16/6 oz.			@ 16/9 oz.		
	£	s.	d.	£	s.	d.	£	s.	d.	£	s.	d.
GRAINS.—												
.001 or ½	.	.	.	.	.	.	.	.	.	.	.	.
.002 ,, 1	.	.	.¼	.	.	.¼	.	.	.¼	.	.	.¼
.003 ,, 1½	.	.	.¼	.	.	.¼	.	.	.¼	.	.	.¼
.004 ,, 2	.	.	.¾	.	.	.¾	.	.	.¾	.	.	.¾
.005 ,, 2½	.	.	.¾	.	.	1	.	.	1	.	.	1
.006 ,, 3	.	.	1	.	.	1	.	.	1	.	.	1
.007 ,, 3½	.	.	1¼	.	.	1¼	.	.	1¼	.	.	1¼
.008 ,, 4	.	.	1½	.	.	1½	.	.	1½	.	.	1½
.009 ,, 4½	.	.	1¾	.	.	1¾	.	.	1¾	.	.	1¾
.010 ,, 5	.	.	1¾	.	.	2	.	.	2	.	.	2
.012 ,, 6	.	.	2¼	.	.	2¼	.	.	2¼	.	.	2¼
.014 ,, 7	.	.	2¾	.	.	2¾	.	.	2¾	.	.	2¾
.016 ,, 8	.	.	3	.	.	3¼	.	.	3¼	.	.	3¼
.018 ,, 9	.	.	3½	.	.	3½	.	.	3½	.	.	3¾
.020 ,, 10	.	.	3¾	.	.	4	.	.	4	.	.	4
.022 ,, 11	.	.	4¼	.	.	4¼	.	.	4¼	.	.	4½
.025 ,, 12	.	.	4½	.	.	4¾	.	.	4¾	.	.	5
.027 ,, 13	.	.	5	.	.	5¼	.	.	5¼	.	.	5¼
.029 ,, 14	.	.	5½	.	.	5½	.	.	5½	.	.	5¾
.031 ,, 15	.	.	5¾	.	.	6	.	.	6	.	.	6
.033 ,, 16	.	.	6¼	.	.	6½	.	.	6½	.	.	6½
.035 ,, 17	.	.	6½	.	.	6¾	.	.	6¾	.	.	7
.037 ,, 18	.	.	7	.	.	7¼	.	.	7¼	.	.	7½
.039 ,, 19	.	.	7½	.	.	7½	.	.	7½	.	.	7¾
.041 ,, 20	.	.	7¾	.	.	8	.	.	8	.	.	8¼
.043 ,, 21	.	.	8¼	.	.	8½	.	.	8½	.	.	8¾
.045 ,, 22	.	.	8½	.	.	8¾	.	.	8¾	.	.	9
.048 ,, 23	.	.	9	.	.	9¼	.	.	9¼	.	.	9½
DWTS.—												
.050 or 1	.	.	9½	.	.	9¾	.	.	9¾	.	.	10
.100 ,, 2	.	1	7	.	1	7½	.	1	7¾	.	1	8
.150 ,, 3	.	2	4¾	.	2	5¼	.	2	5½	.	2	6
.200 ,, 4	.	3	2¼	.	3	3	.	3	3½	.	3	4
.250 ,, 5	.	4	0	.	4	0¾	.	4	1½	.	4	2¼
.300 ,, 6	.	4	9½	.	4	10½	.	4	11¼	.	5	0¼
.350 ,, 7	.	5	7	.	5	8¼	.	5	9¼	.	5	10¼
.400 ,, 8	.	6	4¾	.	6	6	.	6	7	.	6	8¼
.450 ,, 9	.	7	2¼	.	7	3¾	.	7	5	.	7	6¼
.500 ,, 10	.	8	0	.	8	1½	.	8	3	.	8	4½
.550 ,, 11	.	8	9½	.	8	11¼	.	9	0¾	.	9	2½
.600 ,, 12	.	9	7	.	9	9	.	9	10¾	.	10	0½
.650 ,, 13	.	10	4¾	.	10	6¾	.	10	8½	.	10	10½
.700 ,, 14	.	11	2¼	.	11	4½	.	11	6½	.	11	8½
.750 ,, 15	.	12	0	.	12	2¼	.	12	4½	.	12	6¾
.800 ,, 16	.	12	9½	.	13	0	.	13	2¼	.	13	4¾
.850 ,, 17	.	13	7	.	13	9¾	.	14	0¼	.	14	2¾
.900 ,, 18	.	14	4¾	.	14	7½	.	14	10	.	15	0¾
.950 ,, 19	.	15	2¼	.	15	5¼	.	15	8	.	15	10¾
OUNCES.—												
1.000 or 1	.	16	0	.	16	3	.	16	6	.	16	9
2.000 ,, 2	1	12	0	1	12	6	1	13	0	1	13	6
3.000 ,, 3	2	8	0	2	8	9	2	9	6	2	10	3
4.000 ,, 4	3	4	0	3	5	0	3	6	0	3	7	0
5.000 ,, 5	4	0	0	4	1	3	4	2	6	4	3	9
6.000 ,, 6	4	16	0	4	17	6	4	19	0	5	0	6
7.000 ,, 7	5	12	0	5	13	9	5	15	6	5	17	3
8.000 ,, 8	6	8	0	6	10	0	6	12	0	6	14	0
9.000 ,, 9	7	4	0	7	6	3	7	8	6	7	10	9
10.000 ,, 10	8	0	0	8	2	6	8	5	0	8	7	6
11.000 ,, 11	8	16	0	8	18	9	9	1	6	9	4	3
12.000 ,, 12	9	12	0	9	15	0	9	18	0	10	1	0
13.000 ,, 13	10	8	0	10	11	3	10	14	6	10	17	9
14.000 ,, 14	11	4	0	11	7	6	11	11	0	11	14	6
15.000 ,, 15	12	0	0	12	3	9	12	7	6	12	11	3
16.000 ,, 16	12	16	0	13	0	0	13	4	0	13	8	0
17.000 ,, 17	13	12	0	13	16	3	14	0	6	14	4	9
18.000 ,, 18	14	8	0	14	12	6	14	17	0	15	1	6
19.000 ,, 19	15	4	0	15	8	9	15	13	6	15	18	3
20.000 ,, 20	16	0	0	16	5	0	16	10	0	16	15	0
25.000 ,, 25	20	0	0	20	6	3	20	12	6	20	18	9
30.000 ,, 30	24	0	0	24	7	6	24	15	0	25	2	6
40.000 ,, 40	32	0	0	32	10	0	33	0	0	33	10	0
50.000 ,, 50	40	0	0	40	12	6	41	5	0	41	17	6

PRICE PER OUNCE.

	@ 17 /- oz.			@ 17 /3 oz.			@ 17 /6 oz.			@ 17 /9 oz.		
GRAINS.—	£	s.	d.	£	s.	d.	£	s.	d.	£	s.	d.
.001 or ½	.	.	.	.	.	.	.	.	.	.	.	.
.002 ,, 1	.	.	.¼	.	.	.¼	.	.	.¼	.	.	.¼
.003 ,, 1½	.	.	.½	.	.	.½	.	.	.½	.	..	.½
.004 ,, 2	.	.	.¾	.	.	.¾	.	.	.¾	.	.	.¾
.005 ,, 2½	.	.	.¾	.	.	.¾	.	.	.¾	.	.	.¾
.006 ,, 3	.	.	1¼	.	.	1¼	.	.	1¼	.	.	1¼
.007 ,, 3½	.	.	1¼	.	.	1½	.	.	1½	.	.	1½
.008 ,, 4	.	.	1½	.	.	1½	.	.	1¾	.	.	1¾
.009 ,, 4½	.	.	1½	.	.	1¾	.	.	1¾	.	.	1¾
.010 ,, 5	.	.	2	.	.	2	.	.	2	.	.	2
.012 ,, 6	.	.	2½	.	.	2½	.	.	2½	.	.	2½
.014 ,, 7	.	.	2¾	.	.	3	.	.	3	.	.	3
.016 ,, 8	.	.	3¼	.	.	3¼	.	.	3½	.	.	3½
.018 ,, 9	.	.	3½	.	.	3¾	.	.	3¾	.	.	3¾
.020 ,, 10	.	.	4	.	.	4¼	.	.	4¼	.	.	4¼
.022 ,, 11	.	.	4½	.	.	4¾	.	.	4¾	.	.	4¾
.025 ,, 12	.	.	5	.	.	5	.	.	5¼	.	.	5¼
.027 ,, 13	.	.	5¼	.	.	5¼	.	.	5½	.	.	5½
.029 ,, 14	.	.	5¾	.	.	5¾	.	.	6	.	.	6
.031 ,, 15	.	.	6¼	.	.	6¼	.	.	6½	.	.	6½
.033 ,, 16	.	.	6½	.	.	6¾	.	.	7	.	.	7
.035 ,, 17	.	.	7	.	.	7	.	.	7¼	.	.	7¼
.037 ,, 18	.	.	7¼	.	.	7½	.	.	7¾	.	.	7¾
.039 ,, 19	.	.	7¾	.	.	8	.	.	8¼	.	.	8¼
.041 ,, 20	.	.	8¼	.	.	8½	.	.	8¾	.	.	8¾
.043 ,, 21	.	.	8½	.	.	8¾	.	.	9	.	.	9
.045 ,, 22	.	.	9	.	.	9¼	.	.	9½	.	.	9½
.048 ,, 23	.	.	9½	.	.	9¾	.	.	10	.	.	10
DWTS.—												
.050 or 1	.	.	10	.	.	10¼	.	.	10½	.	.	10½
.100 ,, 2	.	1	8¼	.	1	8½	.	1	9	.	1	9¼
.150 ,, 3	.	2	6½	.	2	7	.	2	7½	.	2	7¾
.200 ,, 4	.	3	4¾	.	3	5¼	.	3	6	.	3	6½
.250 ,, 5	.	4	3	.	4	3¾	.	4	4½	.	4	5¼
.300 ,, 6	.	5	1	.	5	2	.	5	3	.	5	3¾
.350 ,, 7	.	5	11¼	.	6	0¼	.	6	1½	.	6	2½
.400 ,, 8	.	6	9½	.	6	10¾	.	7	0	.	7	1
.450 ,, 9	.	7	7¾	.	7	9	.	7	10½	.	7	11¾
.500 ,, 10	.	8	6	.	8	7½	.	8	9	.	8	10½
.550 ,, 11	.	9	4	.	9	5¾	.	9	7½	.	9	9
.600 ,, 12	.	10	2¼	.	10	4	.	10	6	.	10	7¾
.650 ,, 13	.	11	0½	.	11	2½	.	11	4½	.	11	6¼
.700 ,, 14	.	11	10¾	.	12	0¾	.	12	3	.	12	5
.750 ,, 15	.	12	9	.	12	11¼	.	13	1½	.	13	3¾
.800 ,, 16	.	13	7	.	13	9½	.	14	0	.	14	2¼
.850 ,, 17	.	14	5¼	.	14	7¾	.	14	10½	.	15	1
.900 ,, 18	.	15	3½	.	15	6¼	.	15	9	.	15	11½
.950 ,, 19	.	16	1¾	.	16	4½	.	16	7½	.	16	10¼
OUNCES.—												
1.000 or 1	.	17	0	.	17	3	.	17	6	.	17	9
2.000 ,, 2	1	14	0	1	14	6	1	15	0	1	15	6
3.000 ,, 3	2	11	0	2	11	9	2	12	6	2	13	3
4.000 ,, 4	3	8	0	3	9	0	3	10	0	3	11	0
5.000 ,, 5	4	5	0	4	6	3	4	7	6	4	8	9
6.000 ,, 6	5	2	0	5	3	6	5	5	0	5	6	6
7.000 ,, 7	5	19	0	6	0	9	6	2	6	6	4	3
8.000 ,, 8	6	16	0	6	18	0	7	0	0	7	2	0
9.000 ,, 9	7	13	0	7	15	3	7	17	6	7	19	9
10.000 ,, 10	8	10	0	8	12	6	8	15	0	8	17	6
11.000 ,, 11	9	7	0	9	9	9	9	12	6	9	15	3
12.000 ,, 12	10	4	0	10	7	0	10	10	0	10	13	0
13.000 ,, 13	11	1	0	11	4	3	11	7	6	11	10	9
14.000 ,, 14	11	18	0	12	1	6	12	5	0	12	8	6
15.000 ,, 15	12	15	0	12	18	9	13	2	6	13	6	3
16.000 ,, 16	13	12	0	13	16	0	14	0	0	14	4	0
17.000 ,, 17	14	9	0	14	13	3	14	17	6	15	1	9
18.000 ,, 18	15	6	0	15	10	6	15	15	0	15	19	6
19.000 ,, 19	16	3	0	16	7	9	16	12	6	16	17	3
20.000 ,, 20	17	0	0	17	5	0	17	10	0	17	15	0
25.000 ,, 25	21	5	0	21	11	3	21	17	6	22	3	9
30.000 ,, 30	25	10	0	25	17	6	26	5	0	26	12	6
40.000 ,, 40	34	0	0	34	10	0	35	0	0	35	10	0
50.000 ,, 50	42	10	0	43	2	6	43	15	0	44	7	6

PRICE PER OUNCE.

	@ 18/-oz.			@ 18/3 oz.			@ 18/6 oz.			@ 18/9 oz.		
	£	s.	d.	£	s.	d.	£	s.	d.	£	s.	d.
GRAINS.—												
.001 or ½	.	.	.	.	.	.	.	.	.	.	.	.
.002 ,, 1	.	.	.¼	.	.	.¼	.	.	.¼	.	.	.¼
.003 ,, 1½	.	.	.½	.	.	.½	.	.	.½	.	.	.½
.004 ,, 2	.	.	.¾	.	.	.¾	.	.	.¾	.	.	.¾
.005 ,, 2½	.	.	.¾	.	.	1	.	.	1	.	.	1
.006 ,, 3	.	.	1¼	.	.	1¼	.	.	1¼	.	.	1¼
.007 ,, 3½	.	.	1½	.	.	1½	.	.	1½	.	.	1½
.008 ,, 4	.	.	1¾	.	.	1¾	.	.	1¾	.	.	1¾
.009 ,, 4½	.	.	2	.	.	2	.	.	2	.	.	2
.010 ,, 5	.	.	2	.	.	2	.	.	2¼	.	.	2¼
.012 ,, 6	.	.	2½	.	.	2½	.	.	2¾	.	.	2¾
.014 ,, 7	.	.	3	.	.	3	.	.	3	.	.	3¼
.016 ,, 8	.	.	3½	.	.	3½	.	.	3½	.	.	3¾
.018 ,, 9	.	.	4	.	.	4	.	.	4	.	.	4
.020 ,, 10	.	.	4¼	.	.	4¼	.	.	4½	.	.	4½
.022 ,, 11	.	.	4¾	.	.	4¾	.	.	5	.	.	5
.025 ,, 12	.		5¼	.	.	5¼	.	.	5½	.	.	5½
.027 ,, 13	.	.	5¾	.	.	5¾	.	.	5¾	.	.	6
.029 ,, 14	.	.	6¼	.	.	6¼	.	.	6¼	.	.	6½
.031 ,, 15	.	.	6½	.	.	6½	.	.	6¾	.	.	7
.033 ,, 16	.	.	7	.	.	7	.	.	7¼	.	.	7½
.035 ,, 17	.	.	7½	.	.	7½	.	.	7¾	.	.	7¾
.037 ,, 18	.	.	8	.	.	8	.	.	8	.	.	8¼
.039 ,, 19	.	.	8½	.	.	8½	.	.	8½	.	.	8¾
.041 ,, 20	.	.	8¾	.	.	9	.	.	9	.	.	9¼
.043 ,, 21	.	.	9¼	.	.	9¼	.	.	9½	.	.	9¾
.045 ,, 22	.	.	9¾	.	.	9¾	.	.	10	.	.	10¼
.048 ,, 23	.	.	10¼	.	.	10¼	.	.	10½	.	.	10¾
DWTS.—												
.050 or 1	.	.	10¾	.	.	10¾	.	.	11	.	.	11¼
.100 ,, 2	.	1	9½	.	1	9¾	.	1	10	.	1	10½
.150 ,, 3	.	2	8¼	.	2	8¾	.	2	9	.	2	9¾
.200 ,, 4	.	3	7	.	3	7¾	.	3	8¼	.	3	9
.250 ,, 5	.	4	6	.	4	6¾	.	4	7½	.	4	8¼
.300 ,, 6	.	5	4¾	.	5	5½	.	5	6½	.	5	7½
.350 ,, 7	.	6	3½	.	6	4½	.	6	5½	.	6	6¾
.400 ,, 8	.	7	2¼	.	7	3½	.	7	4¾	.	7	6
.450 ,, 9	.	8	1	.	8	2½	.	8	3¾	.	8	5¼
.500 ,, 10	.	9	0	.	9	1½	.	9	3	.	9	4½
.550 ,, 11	.	9	10¾	.	10	0¼	.	10	2	.	10	3¾
.600 ,, 12	.	10	9½	.	10	11¼	.	11	1	.	11	3
.650 ,, 13	.	11	8¼	.	11	10¼	.	12	0¼	.	12	2¼
.700 ,, 14	.	12	7	.	12	9¼	.	12	11¼	.	13	1½
.750 ,, 15	.	13	6	.	13	8¼	.	13	10½	.	14	0¾
.800 ,, 16	.	14	4¾	.	14	7	.	14	9½	.	15	0
.850 ,, 17	.	15	3½	.	15	6	.	15	8¾	.	15	11¼
.900 ,, 18	.	16	2¼	.	16	5	.	16	7¾	.	16	10½
.950 ,, 19	.	17	1	.	17	4	.	17	6¾	.	17	9¾
OUNCES.—												
1.000 or 1	.	18	0	.	18	3	.	18	6	.	18	9
2.000 ,, 2	1	16	0	1	16	6	1	17	0	1	17	6
3.000 ,, 3	2	14	0	2	14	9	2	15	6	2	16	3
4.000 ,, 4	3	12	0	3	13	0	3	14	0	3	15	0
5.000 ,, 5	4	10	0	4	11	3	4	12	6	4	13	9
6.000 ,, 6	5	8	0	5	9	6	5	11	0	5	12	6
7.000 ,, 7	6	6	0	6	7	9	6	9	6	6	11	3
8.000 ,, 8	7	4	0	7	6	0	7	8	0	7	10	0
9.000 ,, 9	8	2	0	8	4	3	8	6	6	8	8	9
10.000 ,, 10	9	0	0	9	2	6	9	5	0	9	7	6
11.000 ,, 11	9	18	0	10	0	9	10	3	6	10	6	3
12.000 ,, 12	10	16	0	10	19	0	11	2	0	11	5	0
13.000 ,, 13	11	14	0	11	17	3	12	0	6	12	3	9
14.000 ,, 14	12	12	0	12	15	6	12	19	0	13	2	6
15.000 ,, 15	13	10	0	13	13	9	13	17	6	14	1	3
16.000 ,, 16	14	8	0	14	12	0	14	16	0	15	0	0
17.000 ,, 17	15	6	0	15	10	3	15	14	6	15	18	9
18.000 ,, 18	16	4	0	16	8	6	16	13	0	16	17	6
19.000 ,, 19	17	2	0	17	6	9	17	11	6	17	16	3
20.000 ,, 20	18	0	0	18	5	0	18	10	0	18	15	0
25.000 ,, 25	22	10	0	22	16	3	23	2	6	23	8	9
30.000 ,, 30	27	0	0	27	7	6	27	15	0	28	2	6
40.000 ,, 40	36	0	0	36	10	0	37	0	0	37	10	0
50.000 ,, 50	45	0	0	45	12	6	46	5	0	46	17	6

PRICE PER OUNCE.

	@ 19/- oz.			@ 19/3 oz.			@ 19/6 oz.			@ 19/9 oz.		
	£	s.	d.	£	s.	d.	£	s.	d.	£	s.	d.
GRAINS.—												
.001 or ½	.	.	.	.	.	.	.	.	.	.	.	.
.002 ,, 1	.	.	.¼	.	.	.¼	.	.	.¼	.	.	.¼
.003 ,, 1½	.	.	.½	.	.	.½	.	.	.½	.	.	.½
.004 ,, 2	.	.	.¾	.	.	.¾	.	.	.¾	.	.	.¾
.005 ,, 2½	.	.	1	.	.	1	.	.	1	.	.	1
.006 ,, 3	.	.	1¼	.	.	1¼	.	.	1¼	.	.	1¼
.007 ,, 3½	.	.	1½	.	.	1½	.	.	1½	.	.	1½
.008 ,, 4	.	.	1¾	.	.	1¾	.	.	1¾	.	.	1¾
.009 ,, 4½	.	.	1¾	.	.	1¾	.	.	2	.	.	2
.010 ,, 5	.	.	2¼	.	.	2¼	.	.	2¼	.	.	2¼
.012 ,, 6	.	.	2¾	.	.	2¾	.	.	2¾	.	.	2¾
.014 ,, 7	.	.	3¼	.	.	3¼	.	.	3¼	.	.	3¼
.016 ,, 8	.	.	3¾	.	.	3¾	.	.	3¾	.	.	3¾
.018 ,, 9	.	.	4	.	.	4	.	.	4	.	.	4¼
.020 ,, 10	.	.	4½	.	.	4½	.	.	4½	.	.	4¾
.022 ,, 11	.	.	5	.	.	5	.	.	5	.	.	5¼
.025 ,, 12	.	.	5½	.	.	5½	.	.	5½	.	.	5¾
.027 ,, 13	.	.	6	.	.	6	.	.	6	.	.	6¼
.029 ,, 14	.	.	6½	.	.	6½	.	.	6½	.	.	6¾
.031 ,, 15	.	.	7	.	.	7	.	.	7	.	.	7¼
.033 ,, 16	.	.	7¼	.	.	7¼	.	.	7¼	.	.	7¾
.035 ,, 17	.	.	7¾	.	.	7¾	.	.	7¾	.	.	8¼
.037 ,, 18	.	.	8¼	.	.	8½	.	.	8½	.	.	8¾
.039 ,, 19	.	.	8¾	.	.	9	.	.	9	.	.	9¼
.041 ,, 20	.	.	9¼	.	.	9½	.	.	9½	.	.	9¾
.043 ,, 21	.	.	9¾	.	.	10	.	.	10	.	.	10¼
.045 ,, 22	.	.	10¼	.	.	10½	.	.	10½	.	.	10¾
.048 ,, 23	.	.	10¾	.	.	11	.	.	11	.	.	11¼
DWTS.—												
.050 or 1	.	.	11¼	.	.	11½	.	.	11½	.	.	11¾
.100 ,. 2	.	1	10¾	.	1	11	.	1	11¼	.	1	11½
.150 ,, 3	.	2	10	.	2	10½	.	2	11	.	2	11½
.200 ,, 4	.	3	9½	.	3	10	.	3	10¾	.	3	11¼
.250 ,, 5	.	4	9	.	4	9¾	.	4	10½	.	4	11¼
.300 ,, 6	.	5	8¼	.	5	9¼	.	5	10	.	5	11
.350 ,, 7	.	6	7¾	.	6	8¾	.	6	9¾	.	6	10¾
.400 ,, 8	.	7	7	.	7	8¼	.	7	9½	.	7	10¾
.450 ,, 9	.	8	6½	.	8	7¾	.	8	9¼	.	8	10½
.500 ,, 10	.	9	6	.	9	7½	.	9	9	.	9	10½
.550 ,, 11	.	10	5¼	.	10	7	.	10	8½	.	10	10¼
.600 ,, 12	.	11	4¾	.	11	6½	.	11	8¼	.	11	10
.650 ,, 13	.	12	4	.	12	6	.	12	8	.	12	10
.700 ,, 14	.	13	3½	.	13	5½	.	13	7¾	.	13	9¾
.750 ,, 15	.	14	3	.	14	5¼	.	14	7½	.	14	9¾
.800 ., 16	.	15	2¼	.	15	4¾	.	15	7	.	15	9½
.850 ,, 17	.	16	1¾	.	16	4¼	.	16	6¾	.	16	9¼
.900 ,, 18	.	17	1	.	17	3¾	.	17	6½	.	17	9¼
.950 ,, 19	.	18	0½	.	18	3½	.	18	6¼	.	18	9
OUNCES.—												
1.000 or 1	.	19	0	.	19	3	.	19	6	.	19	9
2.000 ,, 2	1	18	0	1	18	[illegible]	[illegible]	[illegible]	[illegible]	1	19	6
3.000 ,, 3	2	17	0	2	17					2	19	3
4.000 ,, 4	3	16	0	3	17					3	19	0
5.000 ,, 5	4	15	0	4	16		4			4	18	9
6.000 ,, 6	5	14	0	5	15		5			5	18	6
7.000 ,, 7	6	13	0	6	14		[illegible]			6	18	3
8.000 ,, 8	7	12	0	7	14					7	18	0
9.000 ,, 9	8	11	0	8	13					8	17	9
10.000 ,, 10	9	10	0	9	12					9	17	6
11.000 ,, 11	10	9	0	10	11		1			10	17	3
12.000 ,, 12	11	8	0	11	11		[illegible]			11	17	0
13.000 ,, 13	12	7	0	12	10					12	16	9
14.000 ,, 14	13	6	0	13	9					13	16	6
15.000 ,, 15	14	5	0	14	8					14	16	3
16.000 ,, 16	15	4	0	15	8					15	16	0
17.000 ., 17	16	3	0	16	7					16	15	9
18.000 ,, 18	17	2	0	17	6					17	15	6
19.000 ,, 19	18	1	0	18	5					18	15	3
20.000 ,, 20	19	0	0	19	5					19	15	0
25.000 ,, 25	23	15	0	24	1					24	13	9
30.000 ,, 30	28	10	0	28	17					29	12	6
40.000 ,, 40	38	0	0	38	10					39	10	0
50.000 ,, 50	47	10	0	48	2	6		1	0	49	7	6

PRICE PER OUNCE.

	@ 20 /- oz.			@ 20 /3 oz.			@ 20 /6 oz.			@ 20 /9 oz.		
	£	s.	d.	£	s.	d.	£	s.	d.	£	s.	d.
GRAINS.—												
.001 or ½	.	.	.¼	.	.	.¼	.	.	.¼	.	.	.¼
.002 ,, 1	.	.	.½	.	.	.½	.	.	.½	.	.	.½
.003 ,, 1½	.	.	.¾	.	.	.¾	.	.	.¾	.	.	.¾
.004 ,, 2	.	.	1	.	.	1	.	.	1	.	.	1
.005 ,, 2½	.	.	1¼	.	.	1¼	.	.	1¼	.	.	1¼
.006 ,, 3	.	.	1½	.	.	1½	.	.	1½	.	.	1½
.007 ,, 3½	.	.	1¾	.	.	1¾	.	.	1¾	.	.	1¾
.008 ,, 4	.	.	2	.	.	2	.	.	2	.	.	2
.009 ,, 4½	.	.	2¼	.	.	2¼	.	.	2¼	.	.	2¼
.010 ,, 5	.	.	2½	.	.	2½	.	.	2½	.	.	2½
.012 ,, 6	.	.	3	.	.	3	.	.	3	.	.	3
.014 ,, 7	.	.	3½	.	.	3½	.	.	3½	.	.	3½
.016 ,, 8	.	.	4	.	.	4	.	.	4	.	.	4
.018 ,, 9	.	.	4½	.	.	4½	.	.	4½	.	.	4½
.020 ,, 10	.	.	5	.	.	5	.	.	5	.	.	5
.022 ,, 11	.	.	5½	.	.	5½	.	.	5½	.	.	5½
.025 ,, 12	.	.	6	.	.	6	.	.	6	.	.	6
.027 ,, 13	.	.	6½	.	.	6½	.	.	6½	.	.	6½
.029 ,, 14	.	.	7	.	.	7	.	.	7	.	.	7
.031 ,, 15	.	.	7½	.	.	7½	.	.	7½	.	.	7½
.033 ,, 16	.	.	8	.	.	8	.	.	8	.	.	8
.035 ,, 17	.	.	8½	.	.	8½	.	.	8½	.	.	8½
.037 ,, 18	.	.	9	.	.	9	.	.	9	.	.	9
.039 ,, 19	.	.	9½	.	.	9½	.	.	9½	.	.	9½
.041 ,, 20	.	.	10	.	.	10	.	.	10	.	.	10
.043 ,, 21	.	.	10½	.	.	10½	.	.	10½	.		10½
.045 ,, 22	.	.	11	.	.	11	.	.	11	.	.	11
.048 ,, 23	.	.	11½	.	.	11½	.	.	11½	.	.	11½
DWTS.—												
.050 or 1	.	1	0	.	1	0	.	1	0¼	.	1	0¼
.100 ,, 2	.	2	0	.	2	0¼	.	2	0½	.	2	0¾
.150 ,, 3	.	3	0	.	3	0¼	.	3	0¾	.	3	1¼
.200 ,, 4	.	4	0	.	4	0½	.	4	1	.	4	1¾
.250 ,, 5	.	5	0	.	5	0¾	.	5	1½	.	5	2¼
.300 ,, 6	.	6	0	.	6	0¾	.	6	1¾	.	6	2½
.350 ,, 7	.	7	0	.	7	1	.	7	2	.	7	3
.400 ,, 8	.	8	0	.	8	1	.	8	2¼	.	8	3½
.450 ,, 9	.	9	0	.	9	1¼	.	9	2½	.	9	4
.500 ,, 10	.	10	0	.	10	1½	.	10	3	.	10	4½
.550 ,, 11	.	11	0	.	11	1½	.	11	3¼	.	11	4¾
.600 ,, 12	.	12	0	.	12	1¾	.	12	3½	.	12	5¼
.650 ,, 13	.	13	0	.	13	1¾	.	13	3¾	.	13	5¾
.700 ,, 14	.	14	0	.	14	2	.	14	4	.	14	6¼
.750 ,, 15	.	15	0	.	15	2¼	.	15	4½	.	15	6¾
.800 ,, 16	.	16	0	.	16	2¼	.	16	4¾	.	16	7
.850 ,, 17	.	17	0	.	17	2½	.	17	5	.	17	7½
.900 ,, 18	.	18	0	.	18	2½	.	18	5¼	.	18	8
.950 ,, 19	.	19	0	.	19	2¾	.	19	5½	.	19	8½
OUNCES.—												
1.000 or 1	1	0	0	1	0	3	1	0	6	1	0	9
2.000 ,, 2	2	0	0	2	0	6	2	1	0	2	1	6
3.000 ,, 3	3	0	0	3	0	9	3	1	6	3	2	3
4.000 ,, 4	4	0	0	4	1	0	4	2	0	4	3	0
5.000 ,, 5	5	0	0	5	1	3	5	2	6	5	3	9
6.000 ,, 6	6	0	0	6	1	6	6	3	0	6	4	6
7.000 ,, 7	7	0	0	7	1	9	7	3	6	7	5	3
8.000 ,, 8	8	0	0	8	2	0	8	4	0	8	6	0
9.000 ,, 9	9	0	0	9	2	3	9	4	6	9	6	9
10.000 ,, 10	10	0	0	10	2	6	10	5	0	10	7	6
11.000 ,, 11	11	0	0	11	2	9	11	5	6	11	8	3
12.000 ,, 12	12	0	0	12	3	0	12	6	0	12	9	0
13.000 ,, 13	13	0	0	13	3	3	13	6	6	13	9	9
14.000 ,, 14	14	0	0	14	3	6	14	7	0	14	10	6
15.000 ,, 15	15	0	0	15	3	9	15	7	6	15	11	3
16.000 ,, 16	16	0	0	16	4	0	16	8	0	16	12	0
17.000 ,, 17	17	0	0	17	4	3	17	8	6	17	12	9
18.000 ,, 18	18	0	0	18	4	6	18	9	0	18	13	6
19.000 ,, 19	19	0	0	19	4	9	19	9	6	19	14	3
20.000 ,, 20	20	0	0	20	5	0	20	10	0	20	15	0
25.000 ,, 25	25	0	0	25	6	3	25	12	6	25	18	9
30.000 ,, 30	30	0	0	30	7	6	30	15	0	31	2	6
40.000 ,, 40	40	0	0	40	10	0	41	0	0	41	10	0
50.000 ,, 50	50	0	0	50	12	6	51	5	0	51	17	6

PRICE PER OUNCE.

	@ 21/- oz.			@ 21/3 oz.			@ 21/6 oz.			@ 21/9 o		
	£	s.	d.	£	s.	d.	£	s.	d.	£	s.	d.
GRAINS.—												
.001 or ½	.	.	.¼	.	.	.¼	.	.	.¼	.	.	.¼
.002 ,, 1	.	.	.½	.	.	.½	.	.	.½	.	.	.½
.003 ,, 1½	.	.	.½	.	.	.½	.	.	.½	.	.	.½
.004 ,, 2	.	.	1	.	.	1	.	.	1	.	.	1
.005 ,, 2½	.	.	1	.	.	1	.	.	1	.	.	1
.006 ,, 3	.	.	1½	.	.	1½	.	.	1½	.	.	1½
.007 ,, 3½	.	.	1½	.	.	1½	.	.	1¾	.	.	1¾
.008 ,, 4	.	.	2	.	.	2	.	.	2	.	.	2
.009 ,, 4½	.	.	2¼	.	.	2¼	.	.	2¼	.	.	2¼
.010 ,, 5	.	.	2½	.	.	2½	.	.	2½	.	.	2½
.012 ,, 6	.	.	3	.	.	3	.	.	3	.	.	3¼
.014 ,, 7	.	.	3½	.	.	3½	.	.	3½	.	.	3¾
.016 ,, 8	.	.	4	.	.	4¼	.	.	4¼	.	.	4¼
.018 ,, 9	.	.	4½	.	.	4¾	.	.	4¾	.	.	4¾
.020 ,, 10	.	.	5	.	.	5¼	.	.	5¼	.	.	5¼
.022 ,, 11	.	.	5½	.	.	5¾	.	.	5¾	.	.	5¾
.025 ,, 12	.	.	6¼	.	.	6¼	.	.	6¼	.	.	6½
.027 ,, 13	.	.	6¾	.	.	6¾	.	.	6¾	.	.	7
.029 ,, 14	.	.	7¼	.	.	7¼	.	.	7¼	.	.	7½
.031 ,, 15	.	.	7¾	.	.	7¾	.	.	7¾	.	.	8
.033 ,, 16	.	.	8¼	.	.	8½	.	.	8½	.	.	8½
.035 ,, 17	.	.	8¾	.	.	9	.	.	9	.	.	9
.037 ,, 18	.	.	9¼	.	.	9½	.	.	9½	.	.	9½
.039 ,, 19	.	.	9¾	.	.	10	.	.	10	.	.	10¼
.041 ,, 20	.	.	10¼	.	.	10½	.	.	10½	.	.	10¾
.043 ,, 21	.	.	10¾	.	.	11	.	.	11	.	.	11¼
.045 ,, 22	.	.	11¼	.	.	11½	.	.	11½	.	.	11¾
.048 ,, 23	.	.	11¾	.	1	0	.	1	0	.	1	0¼
DWTS.—												
.050 or 1	.	1	0½	.	1	0¾	.	1	0¾	.	1	1
.100 ,, 2	.	2	1	.	2	1½	.	2	1¾	.	2	2
.150 ,, 3	.	3	1¾	.	3	2¼	.	3	2½	.	3	3
.200 ,, 4	.	4	2¼	.	4	3	.	4	3½	.	4	4
.250 ,, 5	.	5	3	.	5	3¾	.	5	4½	.	5	5¼
.300 ,, 6	.	6	3½	.	6	4½	.	6	5¼	.	6	6¼
.350 ,, 7	.	7	4	.	7	5¼	.	7	6	.	7	7¼
.400 ,, 8	.	8	4¾	.	8	6	.	8	7	.	8	8¼
.450 ,, 9	.	9	5¼	.	9	6¾	.	9	8	.	9	9¼
.500 ,, 10	.	10	6	.	10	7½	.	10	9	.	10	10½
.550 ,, 11	.	11	6½	.	11	8¼	.	11	9¾	.	11	11½
.600 ,, 12	.	12	7	.	12	9	.	12	10¾	.	13	0½
.650 ,, 13	.	13	7¾	.	13	9¾	.	13	11¾	.	14	1½
.700 ,, 14	.	14	8¼	.	14	10½	.	15	0½	.	15	2½
.750 ,, 15	.	15	9	.	15	11¼	.	16	1½	.	16	3¾
.800 ,, 16	.	16	9½	.	17	0	.	17	2¼	.	17	4¾
.850 ,, 17	.	17	10	.	18	0¾	.	18	3¼	.	18	5¾
.900 ,, 18	.	18	10¾	.	19	1½	.	19	4	.	19	6¾
.950 ,, 19	.	19	11¼	1	0	2¼	1	0	5	1	0	7¾
OUNCES...												
1.000 or 1	1	1	0	1	1	3	1	1	6	1	1	9
2.000 ,, 2	2	2	0	2	2	6	2	3	0	2	3	6
3.000 ,, 3	3	3	0	3	3	9	3	4	6	3	5	3
4.000 ,, 4	4	4	0	4	5	0	4	6	0	4	7	0
5.000 ,, 5	5	5	0	5	6	3	5	7	6	5	8	9
6.000 ,, 6	6	6	0	6	7	6	6	9	0	6	10	6
7.000 ,, 7	7	7	0	7	8	9	7	10	6	7	12	3
8.000 ,, 8	8	8	0	8	10	0	8	12	0	8	14	0
9.000 ,, 9	9	9	0	9	11	3	9	13	6	9	15	9
10.000 ,, 10	10	10	0	10	12	6	10	15	0	10	17	6
11.000 ,, 11	11	11	0	11	13	9	11	16	6	11	19	3
12.000 ,, 12	12	12	0	12	15	0	12	18	0	13	1	0
13.000 ,, 13	13	13	0	13	16	3	13	19	6	14	2	9
14.000 ,, 14	14	14	0	14	17	6	15	1	0	15	4	6
15.000 ,, 15	15	15	0	15	18	9	16	2	6	16	6	3
16.000 ,, 16	16	16	0	17	0	0	17	4	0	17	8	0
17.000 ,, 17	17	17	0	18	1	3	18	5	6	18	9	9
18.000 ,, 18	18	18	0	19	2	6	19	7	0	19	11	6
19.000 ,, 19	19	19	0	20	3	9	20	8	6	20	13	3
20.000 ,, 20	21	0	0	21	5	0	21	10	0	21	15	0
25.000 ,, 25	26	5	0	26	11	3	26	17	6	27	3	9
30.000 ,, 30	31	10	0	31	17	6	32	5	0	32	12	6
40.000 ,, 40	42	0	0	42	10	0	43	0	0	43	10	0
50.000 ,, 50	52	10	0	53	2	6	53	15	0	54	7	6

PRICE PER OUNCE.

	@ 22/- oz.			@ 22/3 oz.			@ 22/6 oz.			@ 22/9 oz.		
	£	s.	d.	£	s.	d.	£	s.	d.	£	s.	d.
GRAINS.—												
.001 or ½	.	.	¼	.	.	¼	.	.	¼	.	.	¼
.002 ,, 1	.	.	½	.	.	½	.	.	½	.	.	½
.003 ,, 1½	.	.	½	.	.	½	.	.	½	.	.	½
.004 ,, 2	.	.	1	.	.	1	.	.	1	.	.	1
.005 ,, 2½	.	.	1	.	.	1¼	.	.	1¼	.	.	1¼
.006 ,, 3	.	.	1½	.	.	1½	.	.	1½	.	.	1½
.007 ,, 3½	.	.	1¾	.	.	1¾	.	.	1¾	.	.	1¾
.008 ,, 4	.	.	2	.	.	2	.	.	2¼	.	.	2¼
.009 ,, 4½	.	.	2¼	.	.	2¼	.	.	2½	.	.	2½
.010 ,, 5	.	.	2½	.	.	2½	.	.	2¾	.	.	2¾
.012 ,, 6	.	.	3¼	.	.	3¼	.	.	3¼	.	.	3¼
.014 ,, 7	.	.	3¾	.	.	3¾	.	.	3¾	.	.	3¾
.016 ,, 8	.	.	4¼	.	.	4¼	.	.	4½	.	.	4½
.018 ,, 9	.	.	4¾	.	.	4¾	.	.	5	.	.	5
.020 ,, 10	.	.	5¼	.	.	5½	.	.	5½	.	.	5½
.022 ,, 11	.	.	5¾	.	.	6	.	.	6	.	.	6
.025 ,, 12	.	.	6½	.	.	6½	.	.	6¾	.	.	6¾
.027 ,, 13	.	.	7	.	.	7	.	.	7¼	.	.	7¼
.029 ,, 14	.	.	7½	.	.	7½	.	.	7¾	.	.	7¾
.031 ,, 15	.	.	8	.	.	8¼	.	.	8¼	.	.	8¼
.033 ,, 16	.	.	8½	.	.	8¾	.	.	9	.	.	9
.035 ,, 17	.	.	9	.	.	9¼	.	.	9½	.	.	9½
.037 ,, 18	.	.	9½	.	.	9¾	.	.	10	.	.	10
.039 ,, 19	.	.	10¼	.	.	10½	.	.	10½	.	.	10½
.041 ,, 20	.	.	10¾	.	.	11	.	.	11	.	.	11
.043 ,, 21	.	.	11¼	.	.	11½	.	.	11¾	.	.	11¾
.045 ,, 22	.	.	11¾	.	1	0	.	1	0¼	.	1	0¼
.048 ,, 23	.	1	0¼	.	1	0½	.	1	0¾	.	1	0¾
DWTS.—												
.050 or 1	.	1	1	.	1	1¼	.	1	1½	.	1	1½
.100 ,, 2	.	2	2¼	.	2	2½	.	2	3	.	2	3¼
.150 ,, 3	.	3	3½	.	3	4	.	3	4½	.	3	4¾
.200 ,, 4	.	4	4¾	.	4	5¼	.	4	6	.	4	6½
.250 ,, 5	.	5	6	.	5	6¾	.	5	7½	.	5	8¼
.300 ,, 6	.	6	7	.	6	8	.	6	9	.	6	9¾
.350 ,, 7	.	7	8¼	.	7	9¼	.	7	10½	.	7	11½
.400 ,, 8	.	8	9½	.	8	10¾	.	9	0	.	9	1
.450 ,, 9	.	9	10¾	.	10	0	.	10	1½	.	10	2¾
.500 ,, 10	.	11	0	.	11	1½	.	11	3	.	11	4½
.550 ,, 11	.	12	1	.	12	2¾	.	12	4½	.	12	6
.600 ,, 12	.	13	2¼	.	13	4	.	13	6	.	13	7¾
.650 ,, 13	.	14	3½	.	14	5½	.	14	7½	.	14	9¼
.700 ,, 14	.	15	4¾	.	15	6¾	.	15	9	.	15	11
.750 ,, 15	.	16	6	.	16	8¼	.	16	10½	.	17	0¾
.800 ,, 16	.	17	7	.	17	9½	.	18	0	.	18	2¼
.850 ,, 17	.	18	8¼	.	18	10¾	.	19	1½	.	19	4
.900 ,, 18	.	19	9½	1	0	0¼	1	0	3	1	0	5½
.950 ,, 19	1	0	10¾	1	1	1½	1	1	4½	1	1	7¼
OUNCES.—												
1.000 or 1	1	2	0	1	2	3	1	2	6	1	2	9
2.000 ,, 2	2	4	0	2	4	6	2	5	0	2	5	6
3.000 ,, 3	3	6	0	3	6	9	3	7	6	3	8	3
4.000 ,, 4	4	8	0	4	9	0	4	10	0	4	11	0
5.000 ,, 5	5	10	0	5	11	3	5	12	6	5	13	9
6.000 ,, 6	6	12	0	6	13	6	6	15	0	6	16	6
7.000 ,, 7	7	14	0	7	15	9	7	17	6	7	19	3
8.000 ,, 8	8	16	0	8	18	0	9	0	0	9	2	0
9.000 ,, 9	9	18	0	10	0	3	10	2	6	10	4	9
10.000 ,, 10	11	0	0	11	2	6	11	5	0	11	7	6
11.000 ,, 11	12	2	0	12	4	9	12	7	6	12	10	3
12.000 ,, 12	13	4	0	13	7	0	13	10	0	13	13	0
13.000 ,, 13	14	6	0	14	9	3	14	12	6	14	15	9
14.000 ,, 14	15	8	0	15	11	6	15	15	0	15	18	6
15.000 ,, 15	16	10	0	16	13	9	16	17	6	17	1	3
16.000 ,, 16	17	12	0	17	16	0	18	0	0	18	4	0
17.000 ,, 17	18	14	0	18	18	3	19	2	6	19	6	9
18.000 ,, 18	19	16	0	20	0	6	20	5	0	20	9	6
19.000 ,, 19	20	18	0	21	2	9	21	7	6	21	12	3
20.000 ,, 20	22	0	0	22	5	0	22	10	0	22	15	0
25.000 ,, 25	27	10	0	27	16	3	28	2	6	28	8	9
30.000 ,, 30	33	0	0	33	7	6	33	15	0	34	2	6
40.000 ,, 40	44	0	0	44	10	0	45	0	0	45	10	0
50.000 ,, 50	55	0	0	55	12	6	56	5	0	56	17	6

PRICE PER OUNCE.

	@ 23 /- oz.			@ 23 /3 oz.			@ 23 /6 oz.			@ 23 /		
	£	s.	d.	£	s.	d.	£	s.	d.	£	s.	d.
GRAINS.—												
.001 or ½	.	.	.¼	.	.	.¼	.	.	.¼	.	.	.¼
.002 ,, 1	.	.	.½	.	.	.½	.	.	.½	.	.	.½
.003 ,, 1½	.	.	.½	.	.	.¾	.	.	.¾	.	.	.¾
.004 ,, 2	.	.	1	.	.	1	.	.	1	.	.	1
.005 ,, 2½	.	.	1¼	.	.	1¼	.	.	1¼	.	.	1½
.006 ,, 3	.	.	1½	.	.	1½	.	.	1¾	.	.	1¾
.007 ,, 3½	.	.	1¾	.	.	1¾	.	.	1¾	.	.	1¾
.008 ,, 4	.	.	2¼	.	.	2¼	.	.	2¼	.	.	2¼
.009 ,, 4½	.	.	2¼	.	.	2¼	.	.	2½	.	.	2½
.010 ,, 5	.	.	2¾	.	.	2¾	.	.	2¾	.	.	3
.012 ,, 6	.	.	3¼	.	.	3¼	.	.	3½	.	.	3½
.014 ,, 7	.	.	4	.	.	4	.	.	4	.	.	4
.016 ,, 8	.	.	4½	.	.	4½	.	.	4½	.	.	4¾
.018 ,, 9	.	.	5	.	.	5	.	.	5	.	.	5¼
.020 ,, 10	.	.	5½	.	.	5½	.	.	5¾	.	.	6
.022 ,, 11	.	.	6¼	.	.	6¼	.	.	6¼	.	.	6½
.025 ,, 12	.	.	6¾	.	.	6¾	.	.	7	.	.	7
.027 ,, 13	.	.	7¼	.	.	7¼	.	.	7½	.	.	7½
.029 ,, 14	.	.	8	.	.	8	.	.	8	.	.	8
.031 ,, 15	.	.	8½	.	.	8½	.	.	8¾	.	.	8¾
.033 ,, 16	.	.	9	.	.	9	.	.	9¼	.	.	9½
.035 ,, 17	.	.	9½	.	.	9½	.	.	9¾	.	.	10
.037 ,, 18	.	.	10¼	.	.	10¼	.	.	10¼	.	.	10½
.039 ,, 19	.	.	10¾	.	.	10¾	.	.	11	.	.	11
.041 ,, 20	.	.	11¼	.	.	11¼	.	.	11½	.	.	11¾
.043 ,, 21	.	1	0	.	1	0	.	1	0	.	1	0¼
.045 ,, 22	.	1	0½	.	1	0½	.	1	0¾	.	1	1
.048 ,, 23	.	1	1	.	1	1	.	1	1¼	.	1	1½
DWTS.—												
.050 or 1	.	1	1¾	.	1	1¾	.	1	2	.	1	2¼
.100 ,, 2	.	2	3½	.	2	3¾	.	2	4	.	2	4½
.150 ,, 3	.	3	5¼	.	3	5¾	.	3	6¼	.	3	6¾
.200 ,, 4	.	4	7	.	4	7¾	.	4	8¼	.	4	9
.250 ,, 5	.	5	9	.	5	9¾	.	5	10½	.	5	11¼
.300 ,, 6	.	6	10¾	.	6	11½	.	7	0½	.	7	1½
.350 ,, 7	.	8	0½	.	8	1½	.	8	2½	.	8	3¾
.400 ,, 8	.	9	2¼	.	9	3½	.	9	4¾	.	9	6
.450 ,, 9	.	10	4	.	10	5½	.	10	6¾	.	10	8¼
.500 ,, 10	.	11	6	.	11	7½	.	11	9	.	11	10½
.550 ,, 11	.	12	7¾	.	12	9¼	.	12	11	.	13	0¾
.600 ,, 12	.	13	9½	.	13	11¼	.	14	1	.	14	3
.650 ,, 13	.	14	11¼	.	15	1¼	.	15	3¼	.	15	5¼
.700 ,, 14	.	16	1	.	16	3¼	.	16	5¼	.	16	7½
.750 ,, 15	.	17	3	.	17	5¼	.	17	7½	.	17	9¾
.800 ,, 16	.	18	4¾	.	18	7	.	18	9½	.	19	0
.850 ,, 17	.	19	6½	.	19	9	.	19	11½	1	0	2¼
.900 ,, 18	1	0	8¼	1	0	11	1	1	1¾	1	1	4½
.950 ,, 19	1	1	10	1	2	1	1	2	3¾	1	2	6¾
OUNCES.—												
1.000 or 1	1	3	0	1	3	3	1	3	6	1	3	9
2.000 ,, 2	2	6	0	2	6	6	2	7	0	2	7	6
3.000 ,, 3	3	9	0	3	9	9	3	10	6	3	11	3
4.000 ,, 4	4	12	0	4	13	0	4	14	0	4	15	0
5.000 ,, 5	5	15	0	5	16	3	5	17	6	5	18	9
6.000 ,, 6	6	18	0	6	19	6	7	1	0	7	2	6
7.000 ,, 7	8	1	0	8	2	9	8	4	6	8	6	3
8.000 ,, 8	9	4	0	9	6	0	9	8	0	9	10	0
9.000 ,, 9	10	7	0	10	9	3	10	11	6	10	13	9
10.000 ,, 10	11	10	0	11	12	6	11	15	0	11	17	6
11.000 ,, 11	12	13	0	12	15	9	12	18	6	13	1	3
12.000 ,, 12	13	16	0	13	19	0	14	2	0	14	5	0
13.000 ,, 13	14	19	0	15	2	3	15	5	6	15	8	9
14.000 ,, 14	16	2	0	16	5	6	16	9	0	16	12	6
15.000 ,, 15	17	5	0	17	8	9	17	12	6	17	16	3
16.000 ,, 16	18	8	0	18	12	0	18	16	0	19	0	0
17.000 ,, 17	19	11	0	19	15	3	19	19	6	20	3	9
18.000 ,, 18	20	14	0	20	18	6	21	3	0	21	7	6
19.000 ,, 19	21	17	0	22	1	9	22	6	6	22	11	3
20.000 ,, 20	23	0	0	23	5	0	23	10	0	23	15	0
25.000 ,, 25	28	15	0	29	1	3	29	7	6	29	13	9
30.000 ,, 30	34	10	0	34	17	6	35	5	0	35	12	6
40.000 ,, 40	46	0	0	46	10	0	47	0	0	47	10	0
50.000 ,, 50	57	10	0	58	2	6	58	15	0	59	7	6

PRICE PER OUNCE.

	@ 24/- oz.			@ 24/3 oz.			@ 24/6 oz.			@ 24/9 oz.		
	£	s.	d.	£	s.	d.	£	s.	d.	£	s.	d.
RAINS.—												
.001 or ½	.	.	.¼	.	.	.¼	.	.	.¼	.	.	.¼
.002 ,, 1	.	.	.½	.	.	.½	.	.	.½	.	.	.½
.003 ,, 1½	.	.	.¾	.	.	.¾	.	.	.¾	.	.	.¾
.004 ,, 2	.	.	1	.	.	1	.	.	1	.	.	1
.005 ,, 2½	.	.	1½	.	.	1½	.	.	1½	.	.	1½
.006 ,, 3	.	.	1¾	.	.	1¾	.	.	1¾	.	.	1¾
.007 ,, 3½	.	.	1¾	.	.	1¾	.	.	2	.	.	2
.008 ,, 4	.	.	2¼	.	.	2¼	.	.	2¼	.	.	2¼
.009 ,, 4½	.	.	2½	.	.	2½	.	.	2½	.	.	2¾
.010 ,, 5	.	.	3	.	.	3	.	.	3	.	.	3
.012 ,, 6	.	.	3½	.	.	3½	.	.	3½	.	.	3½
.014 ,, 7	.	.	4	.	.	4	.	.	4	.	.	4¼
.016 ,, 8	.	.	4¾	.	.	4¾	.	.	4¾	.	.	4¾
.018 ,, 9	.	.	5¼	.	.	5¼	.	.	5¼	.	.	5½
.020 ,, 10	.	.	6	.	.	6	.	.	6	.	.	6
.022 ,, 11	.	.	6½	.	.	6½	.	.	6½	.	.	6¾
.025 ,, 12	.	.	7	.	.	7	.	.	7	.	.	7¼
.027 ,, 13	.	.	7½	.	.	7¾	.	.	7¾	.	.	7¾
.029 ,, 14	.	.	8	.	.	8¼	.	.	8¼	.	.	8½
.031 ,, 15	.	.	8¾	.	.	9	.	.	9	.	.	9
.033 ,, 16	.	.	9½	.	.	9½	.	.	9½	.	.	9¾
.035 ,, 17	.	.	10	.	.	10¼	.	.	10¼	.	.	10¼
.037 ,, 18	.	.	10½	.	.	10¾	.	.	10¾	.	.	11
.039 ,, 19	.	.	11	.	.	11¼	.	.	11¼	.	.	11½
.041 ,, 20	.	.	11¾	.	1	0	.	1	0	.	1	0¼
.043 ,, 21	.	1	0¼	.	1	0½	.	1	0½	.	1	0¾
.045 ,, 22	.	1	1	.	1	1¼	.	1	1¼	.	1	1½
.048 ,, 23	.	1	1½	.	1	1¾	.	1	1¾	.	1	2
WTS.—												
.050 or 1	.	1	2¼	.	1	2½	.	1	2½	.	1	2¾
.100 ,, 2	.	2	4¾	.	2	5	.	2	5¼	.	2	5½
.150 ,, 3	.	3	7	.	3	7½	.	3	8	.	3	8½
.200 ,, 4	.	4	9½	.	4	10	.	4	10¾	.	4	11¼
.250 ,, 5	.	6	0	.	6	0¾	.	6	1½	.	6	2¼
.300 ,, 6	.	7	2¼	.	7	3¼	.	7	4	.	7	5
.350 ,, 7	.	8	4¾	.	8	5¾	.	8	6¾	.	8	7¾
.400 ,, 8	.	9	7	.	9	8¼	.	9	9½	.	9	10¾
.450 ,, 9	.	10	9½	.	10	10¾	.	11	0¼	.	11	1½
.500 ,, 10	.	12	0	.	12	1½	.	12	3	.	12	4½
.550 ,, 11	.	13	2¼	.	13	4	.	13	5½	.	13	7¼
.600 ,, 12	.	14	4¾	.	14	6½	.	14	8¼	.	14	10
.650 ,, 13	.	15	7	.	15	9	.	15	11	.	16	1
.700 ,, 14	.	16	9½	.	16	11½	.	17	1¾	.	17	3¾
.750 ,, 15	.	18	0	.	18	2¼	.	18	4½	.	18	6¾
.800 ,, 16	.	19	2½	.	19	4¾	.	19	7	.	19	9½
.850 ,, 17	1	0	4¾	1	0	7¼	1	0	9¾	1	1	0¼
.900 ,, 18	1	1	7	1	1	9¾	1	2	0½	1	2	3¼
.950 ,, 19	1	2	9½	1	3	0¼	1	3	3¼	1	3	6
UNCES.—												
1.000 or 1	1	4	0	1	4	3	1	4	6	1	4	9
2.000 ,, 2	2	8	0	2	8	6	2	9	0	2	9	6
3.000 ,, 3	3	12	0	3	12	9	3	13	6	3	14	3
.000 ,, 4	4	16	0	4	17	0	4	18	0	4	19	0
.000 ,, 5	6	0	0	6	1	3	6	2	6	6	3	9
.000 ,, 6	7	4	0	7	5	6	7	7	0	7	8	6
.000 ,, 7	8	8	0	8	9	9	8	11	6	8	13	3
.000 ,, 8	9	12	0	9	14	0	9	16	0	9	18	0
.000 ,, 9	10	16	0	10	18	3	11	0	6	11	2	9
.000 ,, 10	12	0	0	12	2	6	12	5	0	12	7	6
.000 ,, 11	13	4	0	13	6	9	13	9	6	13	12	3
.000 ,, 12	14	8	0	14	11	0	14	14	0	14	17	0
.000 ,, 13	15	12	0	15	15	3	15	18	6	16	1	9
.000 ,, 14	16	16	0	16	19	6	17	3	0	17	6	6
.000 ,, 15	18	0	0	18	3	9	18	7	6	18	11	3
.000 ,, 16	19	4	0	19	8	0	19	12	0	19	16	0
.000 ,, 17	20	8	0	20	12	3	20	16	6	21	0	9
.000 ,, 18	21	12	0	21	16	6	22	1	0	22	5	6
.000 ,, 19	22	16	0	23	0	9	23	5	6	23	10	3
.000 ,, 20	24	0	0	24	5	0	24	10	0	24	15	0
.000 ,, 25	30	0	0	30	6	3	30	12	6	30	18	9
.000 ,, 30	36	0	0	36	7	6	36	15	0	37	2	6
.000 ,, 40	48	0	0	48	10	0	49	0	0	49	10	0
.000 ,, 50	60	0	0	60	12	6	61	5	0	61	17	6

PRICE PER OUNCE.

	@ 25/- oz.			@ 25/3 oz.			@ 25/6 oz.			@ 25/9 oz.		
	£	s.	d.	£	s.	d.	£	s.	d.	£	s.	d.
GRAINS.—												
.001 or ½	.	.	.¼	.	.	.¼	.	.	.¼	.	.	.¼
.002 ,, 1	.	.	.½	.	.	.½	.	.	.½	.	.	.½
.003 ,, 1½	.	.	.¾	.	.	.¾	.	.	.¾	.	.	.¾
.004 ,, 2	.	.	1¼	.	.	1¼	.	.	1¼	.	.	1¼
.005 ,, 2½	.	.	1¼	.	.	1¼	.	.	1¼	.	.	1¼
.006 ,, 3	.	.	1¾	.	.	1¾	.	.	1¾	.	.	1¾
.007 ,, 3½	.	.	2	.	.	2	.	.	2¼	.	.	2¼
.008 ,, 4	.	.	2½	.	.	2½	.	.	2½	.	.	2½
.009 ,, 4½	.	.	2¾	.	.	2¾	.	.	2¾	.	.	2¾
.010 ,, 5	.	.	3	.	.	3	.	.	3	.	.	3
.012 ,, 6	.	.	3¾	.	.	3¾	.	.	3¾	.	.	3¾
.014 ,, 7	.	.	4¼	.	.	4¼	.	.	4½	.	.	4½
.016 ,, 8	.	.	5	.	.	5	.	.	5	.	.	5
.018 ,, 9	.	.	5½	.	.	5½	.	.	5½	.	.	5½
.020 ,, 10	.	.	6¼	.	.	6¼	.	.	6¼	.	.	6¼
.022 ,, 11	.	.	6¾	.	.	6¾	.	.	7	.	.	7
.025 ,, 12	.	.	7½	.	.	7½	.	.	7½	.	.	7½
.027 ,, 13	.	.	8	.	.	8	.	.	8¼	.	.	8¼
.029 ,, 14	.	.	8¾	.	.	8¾	.	.	8¾	.	.	8¾
.031 ,, 15	.	.	9¼	.	.	9¼	.	.	9½	.	.	9½
.033 ,, 16	.	.	10	.	.	10	.	.	10¼	.	.	10¼
.035 ,, 17	.	.	10½	.	.	10½	.	.	10¾	.	.	10¾
.037 ,, 18	.	.	11¼	.	.	11¼	.	.	11½	.	.	11½
.039 ,, 19	.	.	11¾	.	.	11¾	.	1	0	.	1	0
.041 ,, 20	.	1	0½	.	1	0½	.	1	0½	.	1	0½
.043 ,, 21	.	1	1	.	1	1	.	1	1¼	.	1	1¼
.045 ,, 22	.	1	1½	.	1	1½	.	1	1¾	.	1	1¾
.048 ,, 23	.	1	2¼	.	1	2¼	.	1	2½	.	1	2½
DWTS.—												
.050 or 1	.	1	3	.	1	3	.	1	3¼	.	1	3¼
.100 ,, 2	.	2	6	.	2	6¼	.	2	6½	.	2	6¾
.150 ,, 3	.	3	9	.	3	9¼	.	3	9¾	.	3	10¼
.200 ,, 4	.	5	0	.	5	0½	.	5	1	.	5	1¾
.250 ,, 5	.	6	3	.	6	3¾	.	6	4½	.	6	5¼
.300 ,, 6	.	7	6	.	7	6¾	.	7	7¾	.	7	8½
.350 ,, 7	.	8	9	.	8	10	.	8	11	.	9	0
.400 ,, 8	.	10	0	.	10	1	.	10	2¼	.	10	3½
.450 ,, 9	.	11	3	.	11	4¼	.	11	5½	.	11	7
.500 ,, 10	.	12	6	.	12	7½	.	12	9	.	12	10½
.550 ,, 11	.	13	9	.	13	10½	.	14	0¼	.	14	1¾
.600 ,, 12	.	15	0	.	15	1¾	.	15	3½	.	15	5¼
.650 ,, 13	.	16	3	.	16	4¾	.	16	6¾	.	16	8¾
.700 ,, 14	.	17	6	.	17	8	.	17	10	.	18	0¼
.750 ,, 15	.	18	9	.	18	11¼	.	19	1½	.	19	3¾
.800 ,, 16	1	0	0	1	0	2¼	1	0	4¾	1	0	7
.850 ,, 17	1	1	3	1	1	5½	1	1	8	1	1	10½
.900 ,, 18	1	2	6	1	2	8½	1	2	11¼	1	3	2
.950 ,, 19	1	3	9	1	3	11¾	1	4	2½	1	4	5½
OUNCES.—												
1.000 or 1	1	5	0	1	5	3	1	5	6	1	5	9
2.000 ,, 2	2	10	0	2	10	6	2	11	0	2	11	6
3.000 ,, 3	3	15	0	3	15	9	3	16	6	3	17	3
4.000 ,, 4	5	0	0	5	1	0	5	2	0	5	3	0
5.000 ,, 5	6	5	0	6	6	3	6	7	6	6	8	9
6.000 ,, 6	7	10	0	7	11	6	7	13	0	7	14	6
7.000 ,, 7	8	15	0	8	16	9	8	18	6	9	0	3
8.000 ,, 8	10	0	0	10	2	0	10	4	0	10	6	0
9.000 ,, 9	11	5	0	11	7	3	11	9	6	11	11	9
10.000 ,, 10	12	10	0	12	12	6	12	15	0	12	17	6
11.000 ,, 11	13	15	0	13	17	9	14	0	6	14	3	3
12.000 ,, 12	15	0	0	15	3	0	15	6	0	15	9	0
13.000 ,, 13	16	5	0	16	8	3	16	11	6	16	14	9
14.000 ,, 14	17	10	0	17	13	6	17	17	0	18	0	6
15.000 ,, 15	18	15	0	18	18	9	19	2	6	19	6	3
16.000 ,, 16	20	0	0	20	4	0	20	8	0	20	12	0
17.000 ,, 17	21	5	0	21	9	3	21	13	6	21	17	9
18.000 ,, 18	22	10	0	22	14	6	22	19	0	23	3	6
19.000 ,, 19	23	15	0	23	19	9	24	4	6	24	9	3
20.000 ,, 20	25	0	0	25	5	0	25	10	0	25	15	0
25.000 ,, 25	31	5	0	31	11	3	31	17	6	32	3	9
30.000 ,, 30	37	10	0	37	17	6	38	5	0	38	12	6
40.000 ,, 40	50	0	0	50	10	0	51	0	0	51	10	0
50.000 ,, 50	62	10	0	63	2	6	63	15	0	64	7	6

PRICE PER OUNCE.

	@ 26/- oz.			@ 26/3 oz.			@ 26/6 oz.			@ 26/9 oz.		
	£	s.	d.	£	s.	d.	£	s.	d.	£	s.	d.
RAINS.—												
.001 or ½	.	.	.¼	.	.	.¼	.	.	.¼	.	.	.¼
.002 ,, 1	.	.	.½	.	.	.½	.	.	.½	.	.	.½
.003 ,, 1½	.	.	.¾	.	.	.¾	.	.	.¾	.	.	1
.004 ,, 2	.	.	1¼	.	.	1¼	.	.	1¼	.	.	1¼
.005 ,, 2½	.	.	1¼	.	.	1¼	.	.	1½	.	.	1½
.006 ,, 3	.	.	1¾	.	.	1¾	.	.	1¾	.	.	2
.007 ,, 3½	.	.	2¼	.	.	2¼	.	.	2¼	.	.	2¼
.008 ,, 4	.	.	2½	.	.	2½	.	.	2½	.	.	2½
.009 ,, 4½	.	.	2¾	.	.	2¾	.	.	2¾	.	.	2¾
.010 ,, 5	.	.	3	.	.	3	.	.	3	.	.	3¼
.012 ,, 6	.	.	3¾	.	.	3¾	.	.	3¾	.	.	4
.014 ,, 7	.	.	4½	.	.	4½	.	.	4½	.	.	4½
.016 ,, 8	.	.	5	.	.	5¼	.	.	5¼	.	.	5¼
.018 ,, 9	.	.	5¾	.	.	5¾	.	.	5¾	.	.	5¾
.020 ,, 10	.	.	6¼	.	.	6½	.	.	6½	.	.	6½
.022 ,, 11	.	.	7	.	.	7	.	.	7	.	.	7¼
.025 ,, 12	.	.	7¾	.	.	7¾	.	.	7¾	.	.	8
.027 ,, 13	.	.	8¼	.	.	8½	.	.	8½	.	.	8½
.029 ,, 14	.	.	9	.	.	9	.	.	9	.	.	9¼
.031 ,, 15	.	.	9½	.	.	9¾	.	.	9¾	.	.	10
.033 ,, 16	.	.	10¼	.	.	10½	.	.	10½	.	.	10½
.035 ,, 17	.	.	10¾	.	.	11	.	.	11	.	.	11¼
.037 ,, 18	.	.	11½	.	.	11¾	.	.	11¾	.	1	0
.039 ,, 19	.	1	0¼	.	1	0½	.	1	0½	.	1	0½
.041 ,, 20	.	1	0¾	.	1	1	.	1	1	.	1	1¼
.043 ,, 21	.	1	1½	.	1	1¾	.	1	1¾	.	1	1¾
.045 ,, 22	.	1	2	.	1	2¼	.	1	2¼	.	1	2½
.048 ,, 23	.	1	2¾	.	1	3	.	1	3	.	1	3
WTS.—												
.050 or 1	.	1	3½	.	1	3¾	.	1	3¾	.	1	4
.100 ,, 2	.	2	7	.	2	7½	.	2	7¾	.	2	8
.150 ,, 3	.	3	10½	.	3	11¼	.	3	11½	.	4	0
.200 ,, 4	.	5	2¼	.	5	3	.	5	3½	.	5	4
.250 ,, 5	.	6	6		6	6¾	.	6	7½	.	6	8¼
.300 ,, 6	.	7	9½	.	7	10½	.	7	11¼	.	8	0¼
.350 ,, 7	.	9	1	.	9	2¼	.	9	3¼	.	9	4¼
.400 ,, 8	.	10	4½	.	10	6	.	10	7	.	10	8¼
.450 ,, 9	.	11	8	.	11	9¾	.	11	11	.	12	0¼
.500 ,, 10	.	13	0	.	13	1½	.	13	3	.	13	4½
.550 ,, 11	.	14	3½	.	14	5¼	.	14	6¾	.	14	8½
.600 ,, 12	.	15	7	.	15	9	.	15	10¾	.	16	0½
.650 ,, 13	.	16	10½	.	17	0¾	.	17	2½	.	17	4½
.700 ,, 14	.	18	2¼	.	18	4½	.	18	6½	.	18	8½
.750 ,, 15	.	19	6	.	19	8¼	.	19	10½	1	0	0¾
.800 ,, 16	1	0	9½	1	1	0	1	1	2¼	1	1	4¾
.850 ,, 17	1	2	1	1	2	3¾	1	2	6¼	1	2	8¾
.900 ,, 18	1	3	4½	1	3	7½	1	3	10	1	4	0¾
.950 ,, 19	1	4	8	1	4	11¼	1	5	2	1	5	4¾
UNCES.—												
1.000 or 1	1	6	0	1	6	3	1	6	6	1	6	9
2.000 ,, 2	2	12	0	2	12	6	2	13	0	2	13	6
3.000 ,, 3	3	18	0	3	18	9	3	19	6	4	0	3
4.000 ,, 4	5	4	0	5	5	0	5	6	0	5	7	0
5.000 ,, 5	6	10	0	6	11	3	6	12	6	6	13	0
6.000 ,, 6	7	16	0	7	17	6	7	19	0	8	0	6
7.000 ,, 7	9	2	0	9	3	9	9	5	6	9	7	3
8.000 ,, 8	10	8	0	10	10	0	10	12	0	10	14	0
9.000 ,, 9	11	14	0	11	16	3	11	18	6	12	0	9
0.000 ,, 10	13	0	0	13	2	6	13	5	0	13	7	6
1.000 ,, 11	14	6	0	14	8	9	14	11	6	14	14	3
2.000 ,, 12	15	12	0	15	15	0	15	18	0	16	1	0
3.000 ,, 13	16	18	0	17	1	3	17	4	6	17	7	9
4.000 ,, 14	18	4	0	18	7	6	18	11	0	18	14	6
5.000 ,, 15	19	10	0	19	13	9	19	17	6	20	1	3
6.000 ,, 16	20	16	0	21	0	0	21	4	0	21	8	0
7.000 ,, 17	22	2	0	22	6	3	22	10	6	22	14	9
8.000 ,, 18	23	8	0	23	12	6	23	17	0	24	1	6
9.000 ,, 19	24	14	0	24	18	9	25	3	6	25	8	3
0.000 ,, 20	26	0	0	26	5	0	26	10	0	26	15	0
5.000 ,, 25	32	10	0	32	16	3	33	2	6	33	8	9
0.000 ,, 30	39	0	0	39	7	6	39	15	0	40	2	6
.000 ,, 40	52	0	0	52	10	0	53	0	0	53	10	0
.000 ,, 50	65	0	0	65	12	6	66	5	0	66	17	6

PRICE PER OUNCE.

	@ 27 /- oz.			@ 27 /3 oz.			@ 27 /6 oz.			@ 27 /9 oz.		
GRAINS.—	£	s.	d.	£	s.	d.	£	s.	d.	£	s.	d.
.001 or ½	.	.	.¼	.	.	.¼	.	.	.¼	.	.	.¼
.002 ,, 1	.	.	.½	.	.	.½	.	.	.½	.	.	.½
.003 ,, 1½	.	.	.¾	.	.	.¾	.	.	.¾	.	.	.¾
.004 ,, 2	.	.	1¼	.	.	1¼	.	.	1¼	.	.	1¼
.005 ,, 2½	.	.	1½	.	.	1½	.	.	1½	.	.	1½
.006 ,, 3	.	.	1¾	.	.	2	.	.	2	.	.	2
.007 ,, 3½	.	.	2¼	.	.	2¼	.	.	2¼	.	.	2¼
.008 ,, 4	.	.	2½	.	.	2½	.	.	2¾	.	.	2¾
.009 ,, 4½	.	.	2¾	.	.	3	.	.	3	.	.	3
.010 ,, 5	.	.	3¼	.	.	3¼	.	.	3¼	.	.	3¼
.012 ,, 6	.	.	4	.	.	4	.	.	4	.	.	4
.014 ,, 7	.	.	4½	.	.	4¾	.	.	4¾	.	.	4¾
.016 ,, 8	.	.	5¼	.	.	5¼	.	.	5½	.	.	5½
.018 ,, 9	.	.	5¾	.	.	6	.	.	6	.	.	6
.020 ,, 10	.	.	6½	.	.	6¾	.	.	6¾	.	.	6¾
.022 ,, 11	.	.	7¼	.	.	7¼	.	.	7½	.	.	7½
.025 ,, 12	.	.	8	.	.	8	.	.	8¼	.	.	8¼
.027 ,, 13	.	.	8½	.	.	8¾	.	.	8¾	.	.	8¾
.029 ,, 14	.	.	9¼	.	.	9¼	.	.	9½	.	.	9½
.031 ,, 15	.	.	9¾	.	.	10	.	.	10¼	.	.	10¼
.033 ,, 16	.	.	10½	.	.	10¾	.	.	11	.	.	11
.035 ,, 17	.	.	11¼	.	.	11¼	.	.	11½	.	.	11½
.037 ,, 18	.	1	0	.	1	0	.	1	0¼	.	1	0¼
.039 ,, 19	.	1	0½	.	1	0¾	.	1	1	.	1	1
.041 ,, 20	.	1	1¼	.	1	1½	.	1	1¾	.	1	1¾
.043 ,, 21	.	1	1¾	.	1	2	.	1	2¼	.	1	2¼
.045 ,, 22	.	1	2½	.	1	2¾	.	1	3	.	1	3
.048 ,, 23	.	1	3	.	1	3½	.	1	3¾	.	1	3¾
DWTS.—												
.050 or 1	.	1	4	.	1	4¼	.	1	4½	.	1	4½
.100 ,, 2	.	2	8¼	.	2	8½	.	2	9	.	2	9¼
.150 ,, 3	.	4	0½	.	4	0¾	.	4	1½	.	4	1¾
.200 ,, 4	.	5	4¾	.	5	5¼	.	5	6	.	5	6½
.250 ,, 5	.	6	9	.	6	9¾	.	6	10½	.	6	11¼
.300 ,, 6	.	8	1	.	8	2	.	8	3	.	8	3¾
.350 ,, 7	.	9	5¼	.	9	6¼	.	9	7½	.	9	8½
.400 ,, 8	.	10	9½	.	10	10½	.	11	0	.	11	1
.450 ,, 9	.	12	1¾	.	12	3	.	12	4½	.	12	5¾
.500 ,, 10	.	13	6	.	13	7½	.	13	9	.	13	10½
.550 ,, 11	.	14	10	.	14	11¾	.	15	1½	.	15	3
.600 ,, 12	.	16	2¼	.	16	4	.	16	6	.	16	7¾
.650 ,, 13	.	17	6½	.	17	8¼	.	17	10½	.	18	0¼
.700 ,, 14	.	18	10¾	.	19	0¾	.	19	3	.	19	5
.750 ,, 15	1	0	3	1	0	5¼	1	0	7½	1	0	9¾
.800 ,, 16	1	1	7	1	1	9½	1	2	0	1	2	2¼
.850 ,, 17	1	2	11¼	1	3	1¾	1	3	4½	1	3	7
.900 ,, 18	1	4	3½	1	4	6	1	4	9	1	4	11½
.950 ,, 19	1	5	7¾	1	5	10½	1	6	1½	1	6	4¼
OUNCES.—												
1.000 or 1	1	7	0	1	7	3	1	7	6	1	7	9
2.000 ,, 2	2	14	0	2	14	6	2	15	0	2	15	6
3.000 ,, 3	4	1	0	4	1	9	4	2	6	4	3	3
4.000 ,, 4	5	8	0	5	9	0	5	10	0	5	11	0
5.000 ,, 5	6	15	0	6	16	3	6	17	6	6	18	9
6.000 ,, 6	8	2	0	8	3	6	8	5	0	8	6	6
7.000 ,, 7	9	9	0	9	10	9	9	12	6	9	14	3
8.000 ,, 8	10	16	0	10	18	0	11	0	0	11	2	0
9.000 ,, 9	12	3	0	12	5	3	12	7	6	12	9	9
10.000 ,, 10	13	10	0	13	12	6	13	15	0	13	17	6
11.000 ,, 11	14	17	0	14	19	9	15	2	6	15	5	3
12.000 ,, 12	16	4	0	16	7	0	16	10	0	16	13	0
13.000 ,, 13	17	11	0	17	14	3	17	17	6	18	0	9
14.000 ,, 14	18	18	0	19	1	6	19	5	0	19	8	6
15.000 ,, 15	20	5	0	20	8	9	20	12	6	20	16	3
16.000 ,, 16	21	12	0	21	16	0	22	0	0	22	4	0
17.000 ,, 17	22	19	0	23	3	3	23	7	6	23	11	9
18.000 ,, 18	24	6	0	24	10	6	24	15	0	24	19	6
19.000 ,, 19	25	13	0	25	17	9	26	2	6	26	7	3
20.000 ,, 20	27	0	0	27	5	0	27	10	0	27	15	0
25.000 ,, 25	33	15	0	34	1	3	34	7	6	34	13	9
30.000 ,, 30	40	10	0	40	17	6	41	5	0	41	12	6
40.000 ,, 40	54	0	0	54	10	0	55	0	0	55	10	0
50.000 ,, 50	67	10	0	68	2	6	68	15	0	69	7	6

PRICE PER OUNCE.

	@ 28/- oz.			@ 28/3 oz.			@ 28/6 oz.			@ 28/9 oz.		
	£	s.	d.	£	s.	d.	£	s.	d.	£	s.	d.
GRAINS.—												
.001 or ½	.	.	.¼	.	.	.¼	.	.	.¼	.	.	.¼
.002 ,, 1	.	.	.½	.	.	.½	.	.	.½	.	.	.½
.003 ,, 1½	.	.	.¾	.	.	.¾	.	.	.¾	.	.	.¾
.004 ,, 2	.	.	1¼	.	.	1¼	.	.	1¼	.	.	1¼
.005 ,, 2½	.	.	1½	.	.	1½	.	.	1½	.	.	1½
.006 ,, 3	.	.	2	.	.	2	.	.	2	.	.	2
.007 ,, 3½	.	.	2¼	.	.	2¼	.	.	2¼	.	.	2½
.008 ,, 4	.	.	2¾	.	.	2¾	.	.	2¾	.	.	2¾
.009 ,, 4½	.	.	3	.	.	3	.	.	3	.	.	3
.010 ,, 5	.	.	3¼	.	.	3¼	.	.	3½	.	.	3½
.012 ,, 6	.	.	4	.	.	4	.	.	4	.	.	4¼
.014 ,, 7	.	.	4¾	.	.	4¾	.	.	4¾	.	.	5
.016 ,, 8	.	.	5½	.	.	5½	.	.	5½	.	.	5¾
.018 ,, 9	.	.	6¼	.	.	6¼	.	.	6¼	.	.	6½
.020 ,, 10	.	.	6¾	.	.	6¾	.	.	7	.	.	7¼
.022 ,, 11	.	.	7½	.	.	7½	.	.	7¾	.	.	8
.025 ,, 12	.	.	8¼	.	.	8¼	.	.	8½	.	.	8½
.027 ,, 13	.	.	9	.	.	9	.	.	9¼	.	.	9¼
.029 ,, 14	.	.	9¾	.	.	9¾	.	.	10	.	.	10
.031 ,, 15	.	.	10¼	.	.	10¼	.	.	10½	.	.	10½
.033 ,, 16	.	.	11	.	.	11	.	.	11¼	.	.	11½
.035 ,, 17	.	.	11¾	.	.	11¾	.	1	0	.	1	0¼
.037 ,, 18	.	1	0½	.	1	0½	.	1	0¾	.	1	0¾
.039 ,, 19	.	1	1¼	.	1	1¼	.	1	1¼	.	1	1½
.041 ,, 20	.	1	1¾	.	1	1¾	.	1	2	.	1	2¼
.043 ,, 21	.	1	2½	.	1	2½	.	1	2¾	.	1	3
.045 ,, 22	.	1	3¼	.	1	3¼	.	1	3½	.	1	3¾
.048 ,, 23	.	1	4	.	1	4	.	1	4¼	.	1	4½
DWTS.—												
.050 or 1	.	1	4¾	.	1	4¾	.	1	5	.	1	5¼
.100 ,, 2	.	2	9½	.	2	9¾	.	2	10	.	2	10½
.150 ,, 3	.	4	2¼	.	4	2¾	.	4	3¼	.	4	3¾
.200 ,, 4	.	5	7	.	5	7¾	.	5	8¼	.	5	9
.250 ,, 5	.	7	0	.	7	0¾	.	7	1½	.	7	2¼
.300 ,, 6	.	8	4¾	.	8	5½	.	8	6½	.	8	7½
.350 ,, 7	.	9	9½	.	9	10½	.	9	11½	.	10	0¾
.400 ,, 8	.	11	2¼	.	11	3½	.	11	4¾	.	11	6
.450 ,, 9	.	12	7	.	12	8½	.	12	9¾	.	12	11¼
.500 ,, 10	.	14	0	.	14	1½	.	14	3	.	14	4½
.550 ,, 11	.	15	4¾	.	15	6¼	.	15	8	.	15	9¾
.600 ,, 12	.	16	9½	.	16	11¼	.	17	1	.	17	3
.650 ,, 13	.	18	2¼	.	18	4¼	.	18	6¼	.	18	8¼
.700 ,, 14	.	19	7	.	19	9¼	.	19	11¼	1	0	1½
.750 ,, 15	1	1	0	1	1	2¼	1	1	4½	1	1	6¾
.800 ,, 16	1	2	4¾	1	2	7	1	2	9½	1	3	0
.850 ,, 17	1	3	9½	1	4	0	1	4	2½	1	4	5¼
.900 ,, 18	1	5	2¼	1	5	5	1	5	7¾	1	5	10½
.950 ,, 19	1	6	7	1	6	10	1	7	0¾	1	7	3¾
OUNCES.—												
1.000 or 1	1	8	0	1	8	3	1	8	6	1	8	9
2.000 ,, 2	2	16	0	2	16	6	2	17	0	2	17	6
3.000 ,, 3	4	4	0	4	4	9	4	5	6	4	6	3
4.000 ,, 4	5	12	0	5	13	0	5	14	0	5	15	0
5.000 ,, 5	7	0	0	7	1	3	7	2	6	7	3	9
6.000 ,, 6	8	8	0	8	9	6	8	11	0	8	12	6
7.000 ,, 7	9	16	0	9	17	9	9	19	6	10	1	3
8.000 ,, 8	11	4	0	11	6	0	11	8	0	11	10	0
9.000 ,, 9	12	12	0	12	14	3	12	16	6	12	18	9
10.000 ,, 10	14	0	0	14	2	6	14	5	0	14	7	6
11.000 ,, 11	15	8	0	15	10	9	15	13	6	15	6	3
12.000 ,, 12	16	16	0	16	19	0	17	2	0	17	5	0
13.000 ,, 13	18	4	0	18	7	3	18	10	6	18	13	9
14.000 ,, 14	19	12	0	19	15	6	19	19	0	20	2	6
15.000 ,, 15	21	0	0	21	3	9	21	7	6	21	11	3
16.000 ,, 16	22	8	0	22	12	0	22	16	0	23	0	0
17.000 ,, 17	23	16	0	24	0	3	24	4	6	24	8	9
18.000 ,, 18	25	4	0	25	8	6	25	13	0	25	17	6
19.000 ,, 19	26	12	0	26	16	9	27	1	6	27	6	3
20.000 ,, 20	28	0	0	28	5	0	28	10	0	28	15	0
25.000 ,, 25	35	0	0	35	6	3	35	12	6	35	18	9
30.000 ,, 30	42	0	0	42	7	6	42	15	0	43	2	6
40.000 ,, 40	56	0	0	56	10	0	57	0	0	57	10	0
50.000 ,, 50	70	0	0	70	12	6	71	5	0	71	17	6

PRICE PER OUNCE.

	@ 29/- oz.			@ 29/3 oz.			@ 29/6 oz.			@ 29/9 oz.		
GRAINS.—	£	s.	d.	£	s.	d.	£	s.	d.	£	s.	d.
.001 or ½	.	.	.¼	.	.	.¼	.	.	.¼	.	.	.¼
.002 ,, 1	.	.	.½	.	.	.½	.	.	.½	.	.	.½
.003 ,, 1½	.	.	.¾	.	.	.¾	.	.	.¾	.	.	.¾
.004 ,, 2	.	.	1¼	.	.	1¼	.	.	1¼	.	.	1¼
.005 ,, 2½	.	.	1½	.	.	1½	.	.	1½	.	.	1½
.006 ,, 3	.	.	2	.	.	2	.	.	2	.	.	2
.007 ,, 3½	.	.	2¼	.	.	2¼	.	.	2¼	.	.	2¼
.008 ,, 4	.	.	2¾	.	.	2¾	.	.	2¾	.	.	2¾
.009 ,, 4½	.	.	3	.	.	3	.	.	3	.	.	3¼
.010 ,, 5	.	.	3½	.	.	3½	.	.	3½	.	.	3½
.012 ,, 6	.	.	4¼	.	.	4¼	.	.	4¼	.	.	4¼
.014 ,, 7	.	.	5	.	.	5	.	.	5	.	.	5
.016 ,, 8	.	.	5¾	.	.	5¾	.	.	5¾	.	.	5¾
.018 ,, 9	.	.	6½	.	.	6½	.	.	6½	.	.	6½
.020 ,, 10	.	.	7	.	.	7¼	.	.	7¼	.	.	7¼
.022 ,, 11	.	.	8	.	.	8	.	.	8	.	.	8
.025 ,, 12	.	.	8½	.	.	8¾	.	.	8¾	.	.	8¾
.027 ,, 13	.	.	9	.	.	9¼	.	.	9½	.	.	9½
.029 ,, 14	.	.	9¾	.	.	10	.	.	10¼	.	.	10¼
.031 ,, 15	.	.	10½	.	.	10¾	.	.	10¾	.	.	11
.033 ,, 16	.	.	11½	.	.	11½	.	.	11¾	.	.	11¾
.035 ,, 17	.	1	0¼	.	1	0¼	.	1	0½	.	1	0½
.037 ,, 18	.	1	0¾	.	1	1	.	1	1¼	.	1	1¼
.039 ,, 19	.	1	1½	.	1	1¾	.	1	1¾	.	1	2
.041 ,, 20	.	1	2¼	.	1	2½	.	1	2½	.	1	2¾
.043 ,, 21	.	1	3	.	1	3¼	.	1	3¼	.	1	3½
.045 ,, 22	.	1	3¾	.	1	4	.	1	4	.	1	4¼
.048 ,, 23	.	1	4½	.	1	4¾	.	1	4¾	.	1	5
DWTS.—												
.050 or 1	.	1	5¼	.	1	5½	.	1	5½	.	1	5¾
.100 ,, 2	.	2	10¾	.	2	11	.	[illegible]	11	.	2	11½
.150 ,, 3	.	4	4	.	4	[illegible]½	.		15	.	4	5½
.200 ,, 4	.	5	9¼	.	5	1	.		0¾	.	5	11¼
.250 ,, 5	.	7	3	.	7	3¾	.		4½	.	7	5¼
.300 ,, 6	.	8	8¼	.	8	9¼	.		0	.	8	11
.350 ,, 7	.	10	1½	.	10	2¾	.	1	3¾	.	10	4¾
.400 ,, 8	.	11	7	.	11	8	.	1	9½	.	11	10¾
.450 ,, 9	.	13	0½	.	13		.		3	.	13	4½
.500 ,, 10	.	14	6	.	14	7½	.		9	.	14	10½
.550 ,, 11	.	15	11¼	.	16	1	.		2½	.	16	4¼
.600 ,, 12	.	17	4¾	.	17	[illegible]½	.		8¼	.	17	10
.650 ,, 13	.	18	10¼	.	19		.		2	.	19	4
.700 ,, 14	1	0	3½	1	0	¼	1		7¾	1	0	9¾
.750 ,, 15	1	1	9	1	1	1	1		1½	1	2	3¾
.800 ,, 16	1	3	2½	1	3				7	1	3	9½
.850 ,, 17	1	4	7¾	1	4	1			0½	1	5	3¼
.900 ,, 18	1	6	1	1	6	4			6	1	6	9
.950 ,, 19	1	7	6½	1	7	9½			0¼	1	8	3
OUNCES.—												
1.000 or 1	1	9	0	1	9	3	1	9	6	1	9	9
2.000 ,, 2	2	18	0	2	18	[illegible]	[illegible]	1[illegible]	0	2	19	6
3.000 ,, 3	4	7	0	4	7				6	4	9	3
4.000 ,, 4	5	16	0	5	17			1	0	5	19	0
5.000 ,, 5	7	5	0	7	6	3			6	7	8	9
6.000 ,, 6	8	14	0	8	15	6		1	0	8	18	6
7.000 ,, 7	10	3	0	10	4	[illegible]	1		6	10	8	3
8.000 ,, 8	11	12	0	11	14		[illegible]	1	0	11	18	0
9.000 ,, 9	13	1	0	13	3				6	13	7	9
10.000 ,, 10	14	10	0	14	12			1	0	14	17	6
11.000 ,, 11	15	19	0	16	1				6	16	7	3
12.000 ,, 12	17	8	0	17	11			1	0	17	17	0
13.000 ,, 13	18	17	0	19	0				6	19	6	9
14.000 ,, 14	20	6	0	20	9			1	0	20	16	6
15.000 ,, 15	21	15	0	21	18				6	22	6	3
16.000 ,, 16	23	4	0	23	8			1	0	23	16	0
17.000 ,, 17	24	13	0	24	17				6	25	5	9
18.000 ,, 18	26	2	0	26	6			1	0	26	15	6
19.000 ,, 19	27	11	0	27	15				6	28	5	3
20.000 ,, 20	29	0	0	29	5			1	0	29	15	0
25.000 ,, 25	36	5	0	36	11			1	6	37	3	9
30.000 ,, 30	43	10	0	43	17				0	44	12	6
40.000 ,, 40	58	0	0	58	10				0	59	10	0
50.000 ,, 50	72	10	0	73	2			1	0	74	7	6

PRICE PER OUNCE.

	@ 30/- oz.			@ 30/3 oz.			@ 30/6 oz.			@ 30/9 oz.		
	£	s.	d.	£	s.	d.	£	s.	d.	£	s.	d.
GRAINS.—												
.001 or ½	.	.	.¼	.	.	.¼	.	.	.¼	.	.	.¼
.002 ,, 1	.	.	.¾	.	.	.¾	.	.	.¾	.	.	.¾
.003 ,, 1½	.	.	1	.	.	1	.	.	1	.	.	1
.004 ,, 2	.	.	1½	.	.	1½	.	.	1½	.	.	1½
.005 ,, 2½	.	.	1¾	.	.	1¾	.	.	1¾	.	.	1¾
.006 ,, 3	.	.	2¼	.	.	2¼	.	.	2¼	.	.	2¼
.007 ,, 3½	.	.	2½	.	.	2½	.	.	2½	.	.	2½
.008 ,, 4	.	.	3	.	.	3	.	.	3	.	.	3
.009 ,, 4½	.	.	3¼	.	.	3¼	.	.	3¼	.	.	3¼
.010 ,, 5	.	.	3¾	.	.	3¾	.	.	3¾	.	.	3¾
.012 ,, 6	.	.	4½	.	.	4½	.	.	4½	.	.	4½
.014 ,, 7	.	.	5¼	.	.	5¼	.	.	5¼	.	.	5¼
.016 ,, 8	.	.	6	.	.	6	.	.	.6	.	.	6
.018 ,, 9	.	.	6¾	.	.	6¾	.	.	6¾	.	.	.6¾
.020 ,, 10	.	.	7½	.	.	7½	.	.	7½	.	.	7½
.022 ,, 11	.	.	8¼	.	.	8¼	.	.	8¼	.	.	8¼
.025 ,, 12	.	.	9	.	.	9	.	.	9	.	.	9
.027 ,, 13	.	.	9¾	.	.	9¾	.	.	9¾	.	.	9¾
.029 ,, 14	.	.	10½	.	.	10½	.	.	10½	.	.	10½
.031 ,, 15	.	.	11¼	.	.	11¼	.	.	11¼	.	.	11¼
.033 ,, 16	.	1	0	.	1	0	.	1	0	.	1	0
.035 ,, 17	.	1	0¾	.	1	0¾	.	1	0¾	.	1	0¾
.037 ,, 18	.	1	1½	.	1	1½	.	1	1½	.	1	1½
.039 ,, 19	.	1	2¼	.	1	2¼	.	1	2¼	.	1	2¼
.041 ,, 20	.	1	3	.	1	3	.	1	3	.	1	3
.043 ,, 21	.	1	3¾	.	1	3¾	.	1	3¾	.	1	3¾
.045 ,, 22	.	1	4½	.	1	4½	.	1	4½	.	1	4½
.048 ,, 23	.	1	5¼	.	1	5¼	.	1	5¼	.	1	5¼
DWTS.—												
.050 or 1	.	1	6	.	1	6	.	1	6¼	.	1	6¼
.100 ,, 2	.	3	0	.	3	0¼	.	3	0½	.	3	0¾
.150 ,, 3	.	4	6	.	4	6¼	.	4	6¾	.	4	7¼
.200 ,, 4	.	6	0	.	6	0½	.	6	1	.	6	1¾
.250 ,, 5	.	7	6	.	7	6¾	.	7	7½	.	7	8¼
.300 ,, 6	.	9	0	.	9	0¾	.	9	1¾	.	9	2½
.350 ,, 7	.	10	6	.	10	7	.	10	8	.	10	9
.400 ,, 8	.	12	0	.	12	1	.	12	2¼	.	12	3½
.450 ,, 9	.	13	6	.	13	7¼	.	13	8½	.	13	10
.500 ,, 10	.	15	0	.	15	1½	.	15	3	.	15	4½
.550 ,, 11	.	16	6	.	16	7½	.	16	9¼	.	16	10¾
.600 ,, 12	.	18	0	.	18	1¾	.	18	3½	.	18	5¼
.650 ,, 13	.	19	6	.	19	7¾	.	19	9¾	.	19	11¾
.700 ,, 14	1	1	0	1	1	2	1	1	4	1	1	6¼
.750 ,, 15	1	2	6	1	2	8¼	1	2	10½	1	3	0¾
.800 ,, 16	1	4	0	1	4	2¼	1	4	4¾	1	4	7
.850 ,, 17	1	5	6	1	5	8½	1	5	11	1	6	1½
.900 ,, 18	1	7	0	1	7	2½	1	7	5¼	1	7	8
.950 ,, 19	1	8	6	1	8	8¾	1	8	11½	1	9	2½
OUNCES.—												
1.000 or 1	1	10	0	1	10	3	1	10	6	1	10	9
2.000 ,, 2	3	0	0	3	0	6	3	1	0	3	1	6
3.000 ,, 3	4	10	0	4	10	9	4	11	6	4	12	3
4.000 ,, 4	6	0	0	6	1	0	6	2	0	6	3	0
5.000 ,, 5	7	10	0	7	11	3	7	12	6	7	13	9
6.000 ,, 6	9	0	0	9	1	6	9	3	0	9	4	6
7.000 ,, 7	10	10	0	10	11	9	10	13	6	10	15	3
8.000 ,, 8	12	0	0	12	2	0	12	4	0	12	6	0
9.000 ,, 9	13	10	0	13	12	3	13	14	6	13	16	9
10.000 ,, 10	15	0	0	15	2	6	15	5	0	15	7	6
11.000 ,, 11	16	10	0	16	12	9	16	15	6	16	18	3
12.000 ,, 12	18	0	0	18	3	0	18	6	0	18	9	0
13.000 ,, 13	19	10	0	19	13	3	19	16	0	19	19	9
14.000 ,, 14	21	0	0	21	3	6	21	7	0	21	10	6
15.000 ,, 15	22	10	0	22	13	9	22	17	6	23	1	3
16.000 ,, 16	24	0	0	24	4	0	24	8	0	24	12	0
17.000 ,, 17	25	10	0	25	14	3	25	18	6	26	2	9
18.000 ,, 18	27	0	0	27	4	6	27	9	0	27	13	6
19.000 ,, 19	28	10	0	28	14	9	28	19	6	29	4	3
20.000 ,, 20	30	0	0	30	5	0	30	10	0	30	15	0
25.000 ,, 25	37	10	0	37	16	3	38	2	6	38	8	9
30.000 ,, 30	45	0	0	45	7	6	45	15	0	46	2	6
40.000 ,, 40	60	0	0	60	10	0	61	0	0	61	10	0
50.000 ,, 50	75	0	0	75	12	6	76	5	0	76	17	6

PRICE PER OUNCE.

	@ 31/- oz.			@ 31/3 oz.			@ 31/6 oz.					
	£	s.	d.	£	s.	d.	£	s.	d.	£	s.	d.
GRAINS.—												
.001 or ½	.	.	.¼	.	.	.¼	.	.	.¼	.	.	.
.002 ,, 1	.	.	.¾	.	.	.¾	.	.	.¾	.	.	.¾
.003 ,, 1½	.	.	1	.	.	1	.	.	1	.	.	1
.004 ,, 2	.	.	1½	.	.	1½	.	.	1½	.	.	1½
.005 ,, 2½	.	.	1¾	.	.	1¾	.	.	1¾	.	.	1¾
.006 ,, 3	.	.	2¼	.	.	2¼	.	.	2¼	.	.	2¼
.007 ,, 3½	.	.	2½	.	.	2½	.	.	2½	.	.	2½
.008 ,, 4	.	.	3	.	.	3	.	.	3	.	.	3
.009 ,, 4½	.	.	3¼	.	.	3¼	.	.	3¼	.	.	3¼
.010 ,, 5	.	.	3¾	.	.	3¾	.	.	3¾	.	.	3¾
.012 ,, 6	.	.	4½	.	.	4½	.	.	4½	.	.	4¾
.014 ,, 7	.	.	5¼	.	.	5¼	.	.	5¼	.	.	5½
.016 ,, 8	.	.	6	.	.	6¼	.	.	6¼	.	.	6¼
.018 ,, 9	.	.	6¾	.	.	7	.	.	7	.	.	7
.020 ,, 10	.	.	7½	.	.	7¾	.	.	7¾	.	.	7¾
.022 ,, 11	.	.	8¼	.	.	8½	.	.	8½	.	.	8½
.025 ,, 12	.	.	9¼	.	.	9¼	.	.	9¼	.	.	9½
.027 ,, 13	.	.	10	.	.	10	.	.	10	.	.	10¼
.029 ,, 14	.	.	10¾	.	.	10¾	.	.	10¾	.	.	11
.031 ,, 15	.	.	11½	.	.	11½	.	.	11½	.	.	11¾
.033 ,, 16	.	1	0¼	.	1	0½	.	1	0½	.	1	0½
.035 ,, 17	.	1	1	.	1	1¼	.	1	1¼	.	1	1¼
.037 ,, 18	.	1	1¾	.	1	2	.	1	2	.	1	2
.039 ,, 19	.	1	2½	.	1	2¾	.	1	2¾	.	1	3
.041 ,, 20	.	1	3¼	.	1	3½	.	1	3½	.	1	3¾
.043 ,, 21	.	1	4	.	1	4¼	.	1	4¼	.	1	4½
.045 ,, 22	.	1	4¾	.	1	5	.	1	5	.	1	5¼
.048 ,, 23	.	1	5½	.	1	5¾	.	1	5¾	.	1	6
DWTS.												
.050 or 1	.	1	6½	.	1	6¾	.	1	6¾	.	1	7
.100 ,, 2	.	3	1	.	3	1½	.	3	1¾	.	3	2
.150 ,, 3	.	4	7¾	.	4	8¼	.	4	8½	.	4	9
.200 ,, 4	.	6	2¼	.	6	3	.	6	3½	.	6	4
.250 ,, 5	.	7	9	.	7	9¾	.	7	10½	.	7	11¼
.300 ,, 6	.	9	3½	.	9	4½	.	9	5¼	.	9	6¼
.350 ,, 7	.	10	10	.	10	11¼	.	11	0¼	.	11	1¼
.400 ,, 8	.	12	4¾	.	12	6	.	12	7¼	.	12	8¼
.450 ,, 9	.	13	11¼	.	14	0¾	.	14	2	.	14	3¼
.500 ,, 10	.	15	6	.	15	7½	.	15	9	.	15	10½
.550 ,, 11	.	17	0½	.	17	2¼	.	17	3¾	.	17	5½
.600 ,, 12	.	18	7	.	18	9	.	18	10½	.	19	0½
.650 ,, 13	1	0	1¾	1	0	3¾	1	0	5½	1	0	7½
.700 ,, 14	1	1	8¼	1	1	10½	1	2	0½	1	2	2½
.750 ,, 15	1	3	3	1	3	5¼	1	3	7½	1	3	9¾
.800 ,, 16	1	4	9½	1	5	0	1	5	2¼	1	5	4¾
.850 ,, 17	1	6	4	1	6	6¾	1	6	9¼	1	6	11¾
.900 ,, 18	1	7	10¾	1	8	1½	1	8	4	1	8	6¾
.950 ,, 19	1	9	5¼	1	9	8¼	1	9	11	1	10	1¾
OUNCES.—												
1.000 or 1	1	11	0	1	11	3	1	11	6	1	11	9
2.000 ,, 2	3	2	0	3	2	6	3	3	0	3	3	6
3.000 ,, 3	4	13	0	4	13	9	4	14	6	4	15	3
4.000 ,, 4	6	4	0	6	5	0	6	6	0	6	7	0
5.000 ,, 5	7	15	0	7	16	3	7	17	6	7	18	9
6.000 ,, 6	9	6	0	9	7	6	9	9	0	9	10	6
7.000 ,, 7	10	17	0	10	18	9	11	0	6	11	2	3
8.000 ,, 8	12	8	0	12	10	0	12	12	0	12	14	0
9.000 ,, 9	13	19	0	14	1	3	14	3	6	14	5	9
10.000 ,, 10	15	10	0	15	12	6	15	15	0	15	17	6
11.000 ,, 11	17	1	0	17	3	9	17	6	6	17	9	3
12.000 ,, 12	18	12	0	18	15	0	18	18	0	19	1	0
13.000 ,, 13	20	3	0	20	6	3	20	9	6	20	12	9
14.000 ,, 14	21	14	0	21	17	6	22	1	0	22	4	6
15.000 ,, 15	23	5	0	23	8	9	23	12	6	23	16	3
16.000 ,, 16	24	16	0	25	0	0	25	4	0	25	8	0
17.000 ,, 17	26	7	0	26	11	3	26	15	6	26	19	9
18.000 ,, 18	27	18	0	28	2	6	28	7	0	28	11	6
19.000 ,, 19	29	9	0	29	13	9	29	18	6	30	3	3
20.000 ,, 20	31	0	0	31	5	0	31	10	0	31	15	0
25.000 ,, 25	38	15	0	39	1	3	39	7	6	39	13	9
30.000 ,, 30	46	10	0	46	17	6	47	5	0	47	12	6
40.000 ,, 40	62	0	0	62	10	0	63	0	0	63	10	0
50.000 ,, 50	77	10	0	78	2	6	78	15	0	79	7	6

PRICE PER OUNCE.

	@ 32/- oz.			@ 32/3 oz.			@ 32/6 oz.			@ 32/9 oz.		
	£	s.	d.	£	s.	d.	£	s.	d.	£	s.	d.
GRAINS.—												
.001 or ½	.	.	.¼	.	.	.¼	.	.	.¼	.	.	.¼
.002 ,, 1	.	.	.¾	.	.	.¾	.	.	.¾	.	.	.¾
.003 ,, 1½	.	.	1	.	.	1	.	.	1	.	.	1
.004 ,, 2	.	.	1½	.	.	1½	.	.	1½	.	.	1½
.005 ,, 2½	.	.	1¾	.	.	1¾	.	.	1¾	.	.	1¾
.006 ,, 3	.	.	2¼	.	.	2¼	.	.	2¼	.	.	2¼
.007 ,, 3½	.	.	2½	.	.	2½	.	.	2½	.	.	2½
.008 ,, 4	.	.	3	.	.	3	.	.	3¼	.	.	3¼
.009 ,, 4½	.	.	3¼	.	.	3¼	.	.	3¼	.	.	3¼
.010 ,, 5	.	.	3¾	.	.	4	.	.	4	.	.	4
.012 ,, 6	.	.	4¾	.	.	4¾	.	.	4¾	.	.	4¾
.014 ,, 7	.	.	5½	.	.	5½	.	.	5½	.	.	5½
.016 ,, 8	.	.	6¼	.	.	6¼	.	.	6½	.	.	6½
.018 ,, 9	.	.	7	.	.	7	.	.	7	.	.	7
.020 ,, 10	.	.	7¾	.	.	8	.	.	8	.	.	8
.022 ,, 11	.	.	8¾	.	.	8¾	.	.	8¾	.	.	8¾
.025 ,, 12	.	.	9½	.	.	9½	.	.	9½	.	.	9½
.027 ,, 13	.	.	10¼	.	.	10¼	.	.	10¼	.	.	10¼
.029 ,, 14	.	.	11	.	.	11	.	.	11	.	.	11
.031 ,, 15	.	.	11¾	.	1	0	.	1	0	.	1	0
.033 ,, 16	.	1	0¾	.	1	0¾	.	1	1	.	1	1
.035 ,, 17	.	1	1½	.	1	1½	.	1	1¾	.	1	1¾
.037 ,, 18	.	1	2¼	.	1	2¼	.	1	2½	.	1	2½
.039 ,, 19	.	1	3	.	1	3	.	1	3¼	.	1	3¼
.041 ,, 20	.	1	3¾	.	1	4	.	1	4	.	1	4
.043 ,, 21	.	1	4½	.	1	4¾	.	1	5	.	1	5
.045 ,, 22	.	1	5¼	.	1	5½	.	1	5¾	.	1	5¾
.048 ,, 23	.	1	6	.	1	6¼	.	1	6½	.	1	6½
DWTS.—												
.050 or 1	.	1	7	.	1	7¼	.	1	7½	.	1	7½
.100 ,, 2	.	3	2¼	.	3	2½	.	3	3	.	3	3¼
.150 ,, 3	.	4	9½	.	4	10	.	4	10½	.	4	10¾
.200 ,, 4	.	6	4¾	.	6	5¼	.	6	6	.	6	6½
.250 ,, 5	.	8	0	.	8	0¾	.	8	1½	.	8	2¼
.300 ,, 6	.	9	7	.	9	8	.	9	9	.	9	9¾
.350 ,, 7	.	11	2¼	.	11	3¼	.	11	4½	.	11	5½
.400 ,, 8	.	12	9½	.	12	10¾	.	13	0	.	13	1
.450 ,, 9	.	14	4¾	.	14	6	.	14	7½	.	14	8¾
.500 ,, 10	.	16	0	.	16	1½	.	16	3	.	16	4½
.550 ,, 11	.	17	7	.	17	8¾	.	17	10½	.	18	0
.600 ,, 12	.	19	2¼	.	19	4	.	19	6	.	19	7¾
.650 ,, 13	1	0	9½	1	0	11½	1	1	1½	1	1	3¼
.700 ,, 14	1	2	4¾	1	2	6¾	1	2	9	1	2	11
.750 ,, 15	1	4	0	1	4	2¼	1	4	4½	1	4	6¾
.800 ,, 16	1	5	7	1	5	9½	1	6	0	1	6	2¼
.850 ,, 17	1	7	2¼	1	7	4¾	1	7	7½	1	7	10
.900 ,, 18	1	8	9½	1	9	0¼	1	9	3	1	9	5½
.950 ,, 19	1	10	4¾	1	10	7½	1	10	10½	1	11	1¼
OUNCES.—												
1.000 or 1	1	12	0	1	12	3	1	12	6	1	12	9
2.000 ,, 2	3	4	0	3	4	6	3	5	0	3	5	6
3.000 ,, 3	4	16	0	4	16	9	4	17	6	4	18	3
4.000 ,, 4	6	8	0	6	9	0	6	10	0	6	11	0
5.000 ,, 5	8	0	0	8	1	3	8	2	6	8	3	9
6.000 ,, 6	9	12	0	9	13	6	9	15	0	9	16	6
7.000 ,, 7	11	4	0	11	5	9	11	7	6	11	9	3
8.000 ,, 8	12	16	0	12	18	0	13	0	0	13	2	0
9.000 ,, 9	14	8	0	14	10	3	14	12	6	14	14	9
10.000 ,, 10	16	0	0	16	2	6	16	5	0	16	7	6
11.000 ,, 11	17	12	0	17	14	9	17	17	6	18	0	3
12.000 ,, 12	19	4	0	19	7	0	19	10	0	19	13	0
13.000 ,, 13	20	16	0	20	19	3	21	2	6	21	5	9
14.000 ,, 14	22	8	0	22	11	6	22	15	0	22	18	6
15.000 ,, 15	24	0	0	24	3	9	24	7	6	24	11	3
16.000 ,, 16	25	12	0	25	16	0	26	0	0	26	4	0
17.000 ,, 17	27	4	0	27	8	3	27	12	6	27	16	9
18.000 ,, 18	28	16	0	29	0	6	29	5	0	29	9	6
19.000 ,, 19	30	8	0	30	12	9	30	17	6	31	2	3
20.000 ,, 20	32	0	0	32	5	0	32	10	0	32	15	0
25.000 ,, 25	40	0	0	40	6	3	40	12	6	40	18	9
30.000 ,, 30	48	0	0	48	7	6	48	15	0	49	2	6
40.000 ,, 40	64	0	0	64	10	0	65	0	0	65	10	0
50.000 ,, 50	80	0	0	80	12	6	81	5	0	81	17	6

PRICE PER OUNCE.

	@ 33/- oz.			@ 33/3 oz.			@ 33/6 oz.					
	£	s.	d.	£	s.	d.	£	s.	d.	£	s.	d.
GRAINS.—												
.001 or ½	.	.	¼	.	.	¼	.	.	¼	.	.	¼
.002 ,, 1	.	.	¾	.	.	¾	.	.	¾	.	.	¾
.003 ,, 1½	.	.	1	.	.	1	.	.	1	.	.	1
.004 ,, 2	.	.	1½	.	.	1½	.	.	1½	.	.	1½
.005 ,, 2½	.	.	1¾	.	.	1¾	.	.	1¾	.	.	1¾
.006 ,, 3	.	.	2¼	.	.	2¼	.	.	2½	.	.	2½
.007 ,, 3½	.	.	2½	.	.	2¾	.	.	2¾	.	.	2¾
.008 ,, 4	.	.	3¼	.	.	3¼	.	.	3¼	.	.	3¼
.009 ,, 4½	.	.	3½	.	.	3½	.	.	3½	.	.	3½
.010 ,, 5	.	.	4	.	.	4	.	.	4	.	.	4
.012 ,, 6	.	.	4¾	.	.	4¾	.	.	5	.	.	5
.014 ,, 7	.	.	5½	.	.	5½	.	.	5¾	.	.	5¾
.016 ,, 8	.	.	6½	.	.	6½	.	.	6½	.	.	6¾
.018 ,, 9	.	.	7¼	.	.	7¼	.	.	7¼	.	.	7½
.020 ,, 10	.	.	8	.	.	8	.	.	8	.	.	8¼
.022 ,, 11	.	.	9	.	.	9	.	.	9	.	.	9¼
.025 ,, 12	.	.	9¾	.	.	9¾	.	.	10	.	.	10
.027 ,, 13	.	.	10½	.	.	10½	.	.	10¾	.	.	10¾
.029 ,, 14	.	.	11½	.	.	11½	.	.	11½	.	.	11¾
.031 ,, 15	.	1	0¼	.	1	0¼	.	1	0½	.	1	0½
.033 ,, 16	.	1	1	.	1	1	.	1	1¼	.	1	1½
.035 ,, 17	.	1	2	.	1	2	.	1	2	.	1	2¼
.037 ,, 18	.	1	2¾	.	1	2¾	.	1	3	.	1	3
.039 ,, 19	.	1	3½	.	1	3½	.	1	3¾	.	1	4
.041 ,, 20	.	1	4¼	.	1	4¼	.	1	4½	.	1	4¾
.043 ,, 21	.	1	5¼	.	1	5¼	.	1	5¼	.	1	5½
.045 ,, 22	.	1	6	.	1	6	.	1	6¼	.	1	6½
.048 ,, 23	.	1	6¾	.	1	6¾	.	1	7	.	1	7¼
DWTS.—												
.050 or 1	.	1	7¾	.	1	7¾	.	1	8	.	1	8¼
.100 ,, 2	.	3	3½	.	3	3¾	.	3	4	.	3	4½
.150 ,, 3	.	4	11¼	.	4	11¾	.	5	0	.	5	0¾
.200 ,, 4	.	6	7	.	6	7¾	.	6	8¼	.	6	9
.250 ,, 5	.	8	3	.	8	3¾	.	8	4½	.	8	5¼
.300 ,, 6	.	9	10¾	.	9	11½	.	10	0½	.	10	1½
.350 ,, 7	.	11	6½	.	11	7½	.	11	8½	.	11	9¾
.400 ,, 8	.	13	2¼	.	13	3½	.	13	4¾	.	13	6
.450 ,, 9	.	14	10	.	14	11½	.	15	0¾	.	15	2¼
.500 ,, 10	.	16	6	.	16	7½	.	16	9	.	16	10½
.550 ,, 11	.	18	1¾	.	18	3¼	.	18	5	.	18	6¾
.600 ,, 12	.	19	9½	.	19	11¼	1	0	1	1	0	3
.650 ,, 13	1	1	5¼	1	1	7¼	1	1	9¼	1	1	11¼
.700 ,, 14	1	3	1	1	3	3¼	1	3	5¼	1	3	7½
.750 ,, 15	1	4	9	1	4	11¼	1	5	1½	1	5	3¾
.800 ,, 16	1	6	4¾	1	6	7	1	6	9½	1	7	0
.850 ,, 17	1	8	0½	1	8	3	1	8	5¾	1	8	8¼
.900 ,, 18	1	9	8¼	1	9	11	1	10	1¾	1	10	4½
.950 ,, 19	1	11	4	1	11	7	1	11	9¾	1	12	0¾
OUNCES.—												
1.000 or 1	1	13	0	1	13	3	1	13	6	1	13	9
2.000 ,, 2	3	6	0	3	6	6	3	7	0	3	7	6
3.000 ,, 3	4	19	0	4	19	9	5	0	6	5	1	3
4.000 ,, 4	6	12	0	6	13	0	6	14	0	6	15	0
5.000 ,, 5	8	5	0	8	6	3	8	7	6	8	8	9
6.000 ,, 6	9	18	0	9	19	6	10	1	0	10	2	6
7.000 ,, 7	11	11	0	11	12	9	11	14	6	11	16	3
8.000 ,, 8	13	4	0	13	6	0	13	8	0	13	10	0
9.000 ,, 9	14	17	0	14	19	3	15	1	6	15	3	9
10.000 ,, 10	16	10	0	16	12	6	16	15	0	16	17	6
11.000 ,, 11	18	3	0	18	5	9	18	8	6	18	11	3
12.000 ,, 12	19	16	0	19	19	0	20	2	0	20	5	0
13.000 ,, 13	21	9	0	21	12	3	21	15	6	21	18	9
14.000 ,, 14	23	2	0	23	5	6	23	9	0	23	12	6
15.000 ,, 15	24	15	0	24	18	9	25	2	6	25	6	3
16.000 ,, 16	26	8	0	26	12	0	26	16	0	27	0	0
17.000 ,, 17	28	1	0	28	5	3	28	9	6	28	13	9
18.000 ,, 18	29	14	0	29	18	6	30	3	0	30	7	6
19.000 ,, 19	31	7	0	31	11	9	31	16	6	32	1	3
20.000 ,, 20	33	0	0	33	5	0	33	10	0	33	15	0
25.000 ,, 25	41	5	0	41	11	3	41	17	6	42	3	9
30.000 ,, 30	49	10	0	49	17	6	50	5	0	50	12	6
40.000 ,, 40	66	0	0	66	10	0	67	0	0	67	10	0
50.000 ,, 50	82	10	0	83	2	6	83	15	0	84	7	6

PRICE PER OUNCE.

	@ 34/- oz.			@ 34/3 oz.			@ 34/6 oz.			@ 34/9 oz.		
	£	s.	d.	£	s.	d.	£	s.	d.	£	s.	d.
GRAINS.—												
.001 or ½	.	.	.¼	.	.	.¼	.	.	.¼	.	.	.¼
.002 ,, 1	.	.	.¾	.	.	.¾	.	.	.¾	.	.	.¾
.003 ,, 1½	.	.	1	.	.	1	.	.	1	.	.	[illegible]
.004 ,, 2	.	.	1½	.	.	1½	.	.	1½	.	.	½
.005 ,, 2½	.	.	1¾	.	.	2	.	.	2	.	.	
.006 ,, 3	.	.	2½	.	.	2½	.	.	2½	.	.	[illegible]
.007 ,, 3½	.	.	2¾	.	.	2¾	.	.	2¾	.	.	
.008 ,, 4	.	.	3¼	.	.	3¼	.	.	3	.	.	
.009 ,, 4½	.	.	3½	.	.	3¾	.	.	3	.	.	
.010 ,, 5	.	.	4	.	.	4	.	.	4	.	.	
.012 ,, 6	.	.	5	.	.	5	.	.	5	.	.	
.014 ,, 7	.	.	5¾	.	.	5¾	.	.	6	.	.	
.016 ,, 8	.	.	6¾	.	.	6¾	.	.	6¾	.	.	¾
.018 ,, 9	.	.	7½	.	.	7½	.	.	7	.	.	
.020 ,, 10	.	.	8¼	.	.	8¼	.	.	8	.	.	
.022 ,, 11	.	.	9¼	.	.	9¼	.	.	9	.	.	
.025 ,, 12	.	.	10	.	.	10	.	.	10	.	.	1
.027 ,, 13	.	.	10¾	.	.	10¾	.	.	11	.	.	1
.029 ,, 14	.	.	11¾	.	1	0	.	1	0	.	1	
.031 ,, 15	.	1	0½	.	1	0¾	.		0¾	.		0¾
.033 ,, 16	.	1	1½	.	1	1½	.		1	.		1¾
.035 ,, 17	.	1	2¼	.	1	2½	.		2	.		[illegible]
.037 ,, 18	.	1	3	.	1	3	.		3	.		
.039 ,, 19	.	1	4	.	1	4	.		4	.		
.041 ,, 20	.	1	4¾	.	1	5	.		5	.		
.043 ,, 21	.	1	5½	.	1	5¾	.		5¾	.		
.045 ,, 22	.	1	6½	.	1	6¾	.		6¾	.		
.048 ,, 23	.	1	7¼	.	1	7½	.		7½	.		7¾
DWTS.—												
.050 or 1	.	1	8¼	.	1	8½	.	1	8½	.	1	8¾
.100 ,, 2	.	3	4¾	.	3	5	.	[illegible]	[illegible]¼	.	[illegible]	[illegible]
.150 ,, 3	.	5	1	.	5	1½	.			.		
.200 ,, 4	.	6	9½	.	6	10	.		1 ¾	.		1
.250 ,, 5	.	8	6	.	8	6¾	.		½	.		
.300 ,, 6	.	10	2¼	.	10	3	.	1		.	1	
.350 ,, 7	.	11	10¾	.	11	11¾	.	1	¾	.	1	¾
.400 ,, 8	.	13	7	.	13	8¼	.		½	.		1
.450 ,, 9	.	15	3½	.	15	4¾	.		¼	.		
.500 ,, 10	.	17	0	.	17	1½	.			.		
.550 ,, 11	.	18	8¼	.	18	10	.		1 ½			
.600 ,, 12	1	0	4¾	1	0	6½	1		8¼	1		1
.650 ,, 13	1	2	1	1	2	3	1	2	[illegible]			
.700 ,, 14	1	3	9½	1	3	11½		4	¾			¾
.750 ,, 15	1	5	6	1	5	8¼		5	1			¾
.800 ,, 16	1	7	2¼	1	7	4¾		[illegible]	[illegible]			½
.850 ,, 17	1	8	10¾	1	9	1¼			¾			¼
.900 ,, 18	1	10	7	1	10	9¾		1	½		1	¼
.950 ,, 19	1	12	3½	1	12	6¼		1	¼		1	
OUNCES.—												
1.000 or 1	1	14	0	1	14	3	1	14	6	1	14	9
2.000 ,, 2	3	8	0	3	8	6	3	9	0	3	9	6
3.000 ,, 3	5	2	0	5	2	9	5	3	6	5	4	3
4.000 ,, 4	6	16	0	6	17	0	6	18	0	6	19	0
5.000 ,, 5	8	10	0	8	11	3	8	12	6	8	13	9
6.000 ,, 6	10	4	0	10	5	6	10	7	0	10	8	6
7.000 ,, 7	11	18	0	11	19	9	12	1	6	12	3	3
8.000 ,, 8	13	12	0	13	14	0	13	16	0	13	18	0
9.000 ,, 9	15	6	0	15	8	3	15	10	6	15	12	9
10.000 ,, 10	17	0	0	17	2	6	17	5	0	17	7	6
11.000 ,, 11	18	14	0	18	16	9	18	19	6	19	2	3
12.000 ,, 12	20	8	0	20	11	0	20	14	0	20	17	0
13.000 ,, 13	22	2	0	22	5	3	22	8	6	22	11	9
14.000 ,, 14	23	16	0	23	19	6	24	3	0	24	6	6
15.000 ,, 15	25	10	0	25	13	9	25	17	6	26	1	3
16.000 ,, 16	27	4	0	27	8	0	27	12	0	27	16	0
17.000 ,, 17	28	18	0	29	2	3	29	6	6	29	10	9
18.000 ,, 18	30	12	0	30	16	6	31	1	0	31	5	6
19.000 ,, 19	32	6	0	32	10	9	32	15	6	33	0	3
20.000 ,, 20	34	0	0	34	5	0	34	10	0	34	15	0
25.000 ,, 25	42	10	0	42	16	3	43	2	6	43	8	9
30.000 ,, 30	51	0	0	51	7	6	51	15	0	52	2	6
40.000 ,, 40	68	0	0	68	10	0	69	0	0	69	10	0
50.000 ,, 50	85	0	0	85	12	6	86	5	0	86	17	6

PRICE PER OUNCE.

	@ 35/- oz.			@ 35/3 oz.			@ 35/6 oz.			@ 35/9 oz.		
	£	s.	d.	£	s.	d.	£	s.	d.	£	s.	d.
GRAINS.—												
.001 or ½	.	.	¼	.	.	¼	.	.	¼	.	.	¼
.002 ,, 1	.	.	¾	.	.	¾	.	.	¾	.	.	¾
.003 ,, 1½	.	.	1	.	.	1	.	.	1	.	.	1
.004 ,, 2	.	.	1¾	.	.	1¾	.	.	1¾	.	.	1¾
.005 ,, 2½	.	.	2	.	.	2	.	.	2	.	.	2
.006 ,, 3	.	.	2½	.	.	2½	.	.	2½	.	.	2½
.007 ,, 3½	.	.	2¾	.	.	2¾	.	.	2¾	.	.	3
.008 ,, 4	.	.	3½	.	.	3½	.	.	3½	.	.	3½
.009 ,, 4½	.	.	3¾	.	.	3¾	.	.	3¾	.	.	3¾
.010 ,, 5	.	.	4¼	.	.	4¼	.	.	4¼	.	.	4¼
.012 ,, 6	.	.	5¼	.	.	5¼	.	.	5¼	.	.	5¼
.014 ,, 7	.	.	6	.	.	6	.	.	6	.	.	6
.016 ,, 8	.	.	7	.	.	7	.	.	7	.	.	7
.018 ,, 9	.	.	7¾	.	.	7¾	.	.	7¾	.	.	7¾
.020 ,, 10	.	.	8¾	.	.	8¾	.	.	8¾	.	.	8¾
.022 ,, 11	.	.	9½	.	.	9½	.	.	9½	.	.	9½
.025 ,, 12	.	.	10½	.	.	10½	.	.	10½	.	.	10½
.027 ,, 13	.	.	11¼	.	.	11¼	.	.	11½	.	.	11½
.029 ,, 14	.	1	0¼	.	1	0¼	.	1	0¼	.	1	0¼
.031 ,, 15	.	1	1	.	1	1	.	1	1¼	.	1	1¼
.033 ,, 16	.	1	2	.	1	2	.	1	2	.	1	2
.035 ,, 17	.	1	2¾	.	1	2¾	.	1	3	.	1	3
.037 ,, 18	.	1	3½	.	1	3½	.	1	3¾	.	1	3¾
.039 ,, 19	.	1	4½	.	1	4½	.	1	4¾	.	1	4¾
.041 ,, 20	.	1	5¼	.	1	5¼	.	1	5½	.	1	5½
.043 ,, 21	.	1	6¼	.	1	6¼	.	1	6½	.	1	6½
.045 ,, 22	.	1	7	.	1	7	.	1	7¼	.	1	7¼
.048 ,, 23	.	1	8	.	1	8	.	1	8¼	.	1	8¼
DWTS.—												
.050 or 1	.	1	9	.	1	9	.	1	9¼	.	1	9¼
.100 ,, 2	.	3	6	.	3	6¼	.	3	6½	.	3	6¾
.150 ,, 3	.	5	3	.	5	3¼	.	5	3¾	.	5	4¼
.200 ,, 4	.	7	0	.	7	0½	.	7	1	.	7	1¾
.250 ,, 5	.	8	9	.	8	9¾	.	8	10½	.	8	11¼
.300 ,, 6	.	10	6	.	10	6¾	.	10	7¾	.	10	8½
.350 ,, 7	.	12	3	.	12	4	.	12	5	.	12	6
.400 ,, 8	.	14	0	.	14	[illegible]	.	14	2¼	.	14	3½
.450 ,, 9	.	15	9	.	15	1 ¼	.	15	11½	.	16	1
.500 ,, 10	.	17	6	.	17	½	.	17	9	.	17	10½
.550 ,, 11	.	19	3	.	19	½	.	19	6¼	.	19	7¾
.600 ,, 12	1	1	0	1	1	¾	1	1	3½	1	1	5¼
.650 ,, 13	1	2	9	1	2	1 ¾		3	0¾	1	3	2¾
.700 ,, 14	1	4	6	1	4			4	10	1	5	0¼
.750 ,, 15	1	6	3	1	6	¼		6	7½	1	6	9¾
.800 ,, 16	1	8	0	1	8	¼		8	4¾	1	8	7
.850 ,, 17	1	9	9	1	9	1 ½		10	2	1	10	4½
.900 ,, 18	1	11	6	1	11	½		11	11¼	1	12	2
.950 ,, 19	1	13	3	1	13	¾		3	8½	1	13	11½
OUNCES.—												
1.000 or 1	1	15	0	1	15	3	1	15	6	1	15	9
2.000 ,, 2	3	10	0	3	10	[illegible]	3	[illegible]	[illegible]	3	11	6
3.000 ,, 3	5	5	0	5	5		5			5	7	3
4.000 ,, 4	7	0	0	7	1		7			7	3	0
5.000 ,, 5	8	15	0	8	16		8	1		8	18	9
6.000 ,, 6	10	10	0	10	11		10	1		10	14	6
7.000 ,, 7	12	5	0	12	6		12			12	10	3
8.000 ,, 8	14	0	0	14	2		4			14	6	0
9.000 ,, 9	15	15	0	15	17		5	1		16	1	9
10.000 ,, 10	17	10	0	17	12		7	1		17	17	6
11.000 ,, 11	19	5	0	19	7		9	1		19	13	3
12.000 ,, 12	21	0	0	21	3		1			21	9	0
13.000 ,, 13	22	15	0	22	18		3			23	4	9
14.000 ,, 14	24	10	0	24	13		24	1		25	0	6
15.000 ,, 15	26	5	0	26	8		26	1		26	16	3
16.000 ,, 16	28	0	0	28	4		28			28	12	0
17.000 ,, 17	29	15	0	29	19		30			30	7	9
18.000 ,, 18	31	10	0	31	14		31	1		32	3	6
19.000 ,, 19	33	5	0	33	9		33	1		33	19	3
20.000 ,, 20	35	0	0	35	5		35	1		35	15	0
25.000 ,, 25	43	15	0	44	1		44			44	13	9
30.000 ,, 30	52	10	0	52	17		53			53	12	6
40.000 ,, 40	70	0	0	70	10		1			71	10	0
50.000 ,, 50	87	10	0	88	2		80	1		89	7	6

PRICE PER OUNCE.

	@ 36/- oz.			@ 36/3 oz.			@ 36/6 oz.					
	£	s.	d.	£	s.	d.	£	s.	d.			
GRAINS.—												
.001 or ½	.	.	.¼	.	.	.¼	.	.	.¼			
.002 ,, 1	.	.	.¾	.	.	.¾	.	.	.¾			
.003 ,, 1½	.	.	1	.	.	1	.	.	1			
.004 ,, 2	.	.	1¾	.	.	1¾	.	.	1¾	.	.	1¾
.005 ,, 2½	.	.	2	.	.	2	.	.	2	.	.	2
.006 ,, 3	.	.	2½	.	.	2½	.	.	2½	.	.	2½
.007 ,, 3½	.	.	3	.	.	3	.	.	3	.	.	3
.008 ,, 4	.	.	3½	.	.	3½	.	.	3½	.	.	3½
.009 ,, 4½	.	.	3¾	.	.	3¾	.	.	3¾	.	.	3¾
.010 ,, 5	.	.	4¼	.	.	4½	.	.	4½	.	.	4½
.012 ,, 6	.	.	5¼	.	.	5¼	.	.	5¼	.	.	5¼
.014 ,, 7	.	.	6¼	.	.	6¼	.	.	6¼	.	.	6¼
.016 ,, 8	.	.	7	.	.	7	.	.	7	.	.	7
.018 ,, 9	.	.	8	.	.	8	.	.	8	.	.	8
.020 ,, 10	.	.	8¾	.	.	9	.	.	9	.	.	9
.022 ,, 11	.	.	9¾	.	.	9¾	.	.	9¾	.	.	10
.025 ,, 12	.	.	10¾	.	.	10¾	.	.	10¾	.	.	11
.027 ,, 13	.	.	11½	.	.	11¾	.	.	11¾	.	1	0
.029 ,, 14	.	1	0½	.	1	0½	.	1	0½	.	1	0¾
.031 ,, 15	.	1	1¼	.	1	1½	.	1	1½	.	1	1¾
.033 ,, 16	.	1	2¼	.	1	2½	.	1	2½	.	1	2¾
.035 ,, 17	.	1	3	.	1	3¼	.	1	3¼	.	1	3½
.037 ,, 18	.	1	4	.	1	4¼	.	1	4¼	.	1	4½
.039 ,, 19	.	1	5	.	1	5	.	1	5	.	1	5¼
.041 ,, 20	.	1	5¾	.	1	6	.	1	6	.	1	6¼
.043 ,, 21	.	1	6¾	.	1	7	.	1	7	.	1	7¼
.045 ,, 22	.	1	7½	.	1	7¾	.	1	7¾	.	1	8
.048 ,, 23	.	1	8½	.	1	8¾	.	1	8¾	.	1	9
DWTS.—												
.050 or 1	.	1	9½	.	1	9¾	.	1	9¾	.	1	10
.100 ,, 2	.	3	7	.	3	7½	.	3	7¾	.	3	8
.150 ,, 3	.	5	4¾	.	5	5¼	.	5	5½	.	5	6
.200 ,, 4	.	7	2¼	.	7	3	.	7	3½	.	7	4
.250 ,, 5	.	9	0	.	9	0¾	.	9	1½	.	9	2¼
.300 ,, 6	.	10	9½	.	10	10½	.	10	11¼	.	11	0¼
.350 ,, 7	.	12	7	.	12	8¼	.	12	9¼	.	12	10¼
.400 ,, 8	.	14	4¾	.	14	6	.	14	7	.	14	8¼
.450 ,, 9	.	16	2¼	.	16	3¾	.	16	5	.	16	6¼
.500 ,, 10	.	18	0	.	18	1½	.	18	3	.	18	4½
.550 ,, 11	.	19	9½	.	19	11¼	1	0	0¾	1	0	2½
.600 ,, 12	1	1	7	1	1	9	1	1	10¾	1	2	0½
.650 ,, 13	1	3	4¾	1	3	6¾	1	3	8½	1	3	10½
.700 ,, 14	1	5	2¼	1	5	4½	1	5	6½	1	5	8½
.750 ,, 15	1	7	0	1	7	2¼	1	7	4½	1	7	6¾
.800 ,, 16	1	8	9½	1	9	0	1	9	2¼	1	9	4¾
.850 ,, 17	1	10	7	1	10	9¾	1	11	0¼	1	11	2¾
.900 ,, 18	1	12	4¾	1	12	7½	1	12	10	1	13	0¾
.950 ,, 19	1	14	2¼	1	14	5¼	1	14	8	1	14	10¾
OUNCES.—												
1.000 or 1	1	16	0	1	16	3	1	16	6	1	16	9
2.000 ,, 2	3	12	0	3	12	6	3	13	0	3	13	6
3.000 ,, 3	5	8	0	5	8	9	5	9	6	5	10	3
4.000 ,, 4	7	4	0	7	5	0	7	6	0	7	7	0
5.000 ,, 5	9	0	0	9	1	3	9	2	6	9	3	9
6.000 ,, 6	10	16	0	10	17	6	10	19	0	11	0	6
7.000 ,, 7	12	12	0	12	13	9	12	15	6	12	17	3
8.000 ,, 8	14	8	0	14	10	0	14	12	0	14	14	0
9.000 ,, 9	16	4	0	16	6	3	16	8	6	16	10	9
10.000 ,, 10	18	0	0	18	2	6	18	5	0	18	7	6
11.000 ,, 11	19	16	0	19	18	9	20	1	6	20	4	3
12.000 ,, 12	21	12	0	21	15	0	21	18	0	22	1	0
13.000 ,, 13	23	8	0	23	11	3	23	14	6	23	17	9
14.000 ,, 14	25	4	0	25	7	6	25	11	0	25	14	6
15.000 ,, 15	27	0	0	27	3	9	27	7	6	27	11	3
16.000 ,, 16	28	16	0	29	0	0	29	4	0	29	8	0
17.000 ,, 17	30	12	0	30	16	3	31	0	6	31	4	9
18.000 ,, 18	32	8	0	32	12	6	32	17	0	33	1	6
19.000 ,, 19	34	4	0	34	8	9	34	13	6	34	18	3
20.000 ,, 20	36	0	0	36	5	0	36	10	0	36	15	0
25.000 ,, 25	45	0	0	45	6	3	45	12	6	45	18	9
30.000 ,, 30	54	0	0	54	7	6	54	15	0	55	2	6
40.000 ,, 40	72	0	0	72	10	0	73	0	0	73	10	0
50.000 ,, 50	90	0	0	90	12	6	91	5	0	91	17	6

PRICE PER OUNCE.

	@ 37 /- oz.			@ 37 /3 oz.			@ 37 /6 oz.			@ 37 /9 oz.		
	£	s.	d.	£	s.	d.	£	s.	d.	£	s.	d.
GRAINS.—												
.001 or ½	.	.	.¼	.	.	.¼	.	.	.¼	.	.	.¼
.002 ,, 1	.	.	.¾	.	.	.¾	.	.	.¾	.	.	.¾
.003 ,, 1½	.	.	1¼	.	.	1¼	.	.	1¼	.	.	1¼
.004 ,, 2	.	.	1¾	.	.	1¾	.	.	1¾	.	.	1¾
.005 ,, 2½	.	.	2	.	.	2	.	.	2	.	.	2
.006 ,, 3	.	.	2¾	.	.	2¾	.	.	2¾	.	.	2¾
.007 ,, 3½	.	.	3	.	.	3	.	.	3	.	.	3
.008 ,, 4	.	.	3½	.	.	3½	.	.	3¾	.	.	3¾
.009 ,, 4½	.	.	3¾	.	.	4	.	.	4	.	.	4
.010 ,, 5	.	.	4½	.	.	4½	.	.	4½	.	.	4½
.012 ,, 6	.	.	5¼	.	.	5½	.	.	5½	.	.	5½
.014 ,, 7	.	.	6¼	.	.	6¼	.	.	6½	.	.	6½
.016 ,, 8	.	.	7¼	.	.	7¼	.	.	7½	.	.	7½
.018 ,, 9	.	.	8	.	.	8¼	.	.	8¼	.	.	8¼
.020 ,, 10	.	.	9	.	.	9¼	.	.	9¼	.	.	9¼
.022 ,, 11	.	.	10	.	.	10	.	.	10¼	.	.	10¼
.025 ,, 12	.	.	11	.	.	11	.	.	11¼	.	.	11¼
.027 ,, 13	.	1	0	.	1	0	.	1	0¼	.	1	0¼
.029 ,, 14	.	1	0¾	.	1	1	.	1	1	.	1	1
.031 ,, 15	.	1	1¾	.	1	1¾	.	1	2	.	1	2
.033 ,, 16	.	1	2½	.	1	2¾	.	1	3	.	1	3
.035 ,, 17	.	1	3½	.	1	3¾	.	1	4	.	1	4
.037 ,, 18	.	1	4½	.	1	4½	.	1	4¾	.	1	4¾
.039 ,, 19	.	1	5¼	.	1	5½	.	1	5¾	.	1	5¾
.041 ,, 20	.	1	6¼	.	1	6½	.	1	6¾	.	1	6¾
.043 ,, 21	.	1	7¼	.	1	7¼	.	1	7½	.	1	7½
.045 ,, 22	.	1	8	.	1	8¼	.	1	8½	.	1	8½
.048 ,, 23	.	1	9	.	1	9¼	.	1	9½	.	1	9½
DWTS.—												
.050 or 1	.	1	10	.	1	10¼	.	1	10½	.	1	10½
.100 ,, 2	.	3	8¼	.	3	8½	.	3	9	.	3	9¼
.150 ,, 3	.	5	6½	.	5	7	.	5	7½	.	5	7¾
.200 ,, 4	.	7	4¾	.	7	5¼	.	7	6	.	7	6½
.250 ,, 5	.	9	3	.	9	3¾	.	9	4½	.	9	5¼
.300 ,, 6	.	11	1	.	11	2	.	11	3	.	11	3¾
.350 ,, 7	.	12	11¼	.	13	0¼	.	13	1½	.	13	2½
.400 ,, 8	.	14	9½	.	14	10¾	.	15	0	.	15	1
.450 ,, 9	.	16	7¾	.	16	9	.	16	10½	.	16	11¾
.500 ,, 10	.	18	6	.	18	7½	.	18	9	.	18	10½
.550 ,, 11	1	0	4	1	0	5¾	1	0	7½	1	0	9
.600 ,, 12	1	2	2¼	1	2	4	1	2	6	1	2	7¾
.650 ,, 13	1	4	0½	1	4	2½	1	4	4½	1	4	6¼
.700 ,, 14	1	5	10¾	1	6	0¾	1	6	3	1	6	5
.750 ,, 15	1	7	9	1	7	11¼	1	8	1½	1	8	3¾
.800 ,, 16	1	9	7	1	9	9½	1	10	0	1	10	2¼
.850 ,, 17	1	11	5¼	1	11	7¾	1	11	10½	1	12	1
.900 ,, 18	1	13	3½	1	13	6¼	1	13	9	1	13	11½
.950 ,, 19	1	15	1¾	1	15	4½	1	15	7½	1	15	10¼
OUNCES.—												
1.000 or 1	1	17	0	1	17	3	1	17	6	1	17	9
2.000 ,, 2	3	14	0	3	14	6	3	15	0	3	15	6
3.000 ,, 3	5	11	0	5	11	9	5	12	6	5	13	3
4.000 ,, 4	7	8	0	7	9	0	7	10	0	7	11	0
5.000 ,, 5	9	5	0	9	6	3	9	7	6	9	8	9
6.000 , 6	11	2	0	11	3	6	11	5	0	11	6	6
7.000 ,, 7	12	19	0	13	0	9	13	2	6	13	4	3
8.000 ,, 8	14	16	0	14	18	0	15	0	0	15	2	0
9.000 ,, 9	16	13	0	16	15	3	16	17	6	16	19	9
10.000 ,, 10	18	10	0	18	12	6	18	15	0	18	17	6
11.000 ,, 11	20	7	0	20	9	9	20	12	6	20	15	3
12.000 ,, 12	22	4	0	22	7	0	22	10	0	22	13	0
13.000 ,, 13	24	1	0	24	4	3	24	7	6	24	10	9
14.000 ,, 14	25	18	0	26	1	6	26	5	0	26	8	6
15.000 ,, 15	27	15	0	27	18	9	28	2	6	28	6	3
16.000 ,, 16	29	12	0	29	16	0	30	0	0	30	4	0
17.000 ,, 17	31	9	0	31	13	3	31	17	6	32	1	9
18.000 ,, 18	33	6	0	33	10	6	33	15	0	33	19	6
19.000 ,, 19	35	3	0	35	7	9	35	12	6	35	17	3
20.000 ,, 20	37	0	0	37	5	0	37	10	0	37	15	0
25.000 ,, 25	46	5	0	46	11	3	46	17	6	47	3	9
30.000 ,, 30	55	10	0	55	17	6	56	5	0	56	12	6
40.000 ,, 40	74	0	0	74	10	0	75	0	0	75	10	0
50.000 ,, 50	92	10	0	93	2	6	93	15	0	94	7	6

PRICE PER OUNCE.

	@ 38/- oz.			@ 38/3 oz.			@ 38/6 oz.			@ 38/9 oz.		
	£	s.	d.	£	s.	d.	£	s.	d.	£	s.	d.
GRAINS.—												
.001 or ½	.	.	.¼	.	.	.¼	.	.	.¼	.	.	.¼
.002 ,, 1	.	.	.¾	.	.	.¾	.	.	.¾	.	.	.¾
.003 ,, 1½	.	.	1¼	.	.	1¼	.	.	1¼	.	.	1¼
.004 ,, 2	.	.	1¾	.	.	1¾	.	.	1¾	.	.	1¾
.005 ,, 2½	.	.	2	.	.	2¼	.	.	2¼	.	.	2¼
.006 ,, 3	.	.	2¾	.	.	2¾	.	.	2¾	.	.	2¾
.007 ,, 3½	.	.	3	.	.	3	.	.	3¼	.	.	3¼
.008 ,, 4	.	.	3¾	.	.	3¾	.	.	3¾	.	.	3¾
.009 ,, 4½	.	.	4	.	.	4	.	.	4	.	.	4
.010 ,, 5	.	.	4½	.	.	4½	.	.	4¾	.	.	4¾
.012 ,, 6	.	.	5½	.	.	5½	.	.	5¾	.	.	5¾
.014 ,, 7	.	.	6½	.	.	6½	.	.	6½	.	.	6¾
.016 ,, 8	.	.	7½	.	.	7½	.	.	7½	.	.	7¾
.018 ,, 9	.	.	8½	.	.	8½	.	.	8½	.	.	8½
.020 ,, 10	.	.	9¼	.	.	9¼	.	.	9½	.	.	9½
.022 ,, 11	.	.	10¼	.	.	10¼	.	.	10½	.	.	10½
.025 ,, 12	.	.	11¼	.	.	11¼	.	.	11½	.	.	11½
.027 ,, 13	.	1	0¼	.	1	0¼	.	1	0¼	.	1	0½
.029 ,, 14	.	1	1¼	.	1	1¼	.	1	1¼	.	1	1½
.031 ,, 15	.	1	2	.	1	2	.	1	2¼	.	1	2½
.033 ,, 16	.	1	3	.	1	3	.	1	3¼	.	1	3½
.035 ,, 17	.	1	4	.	1	4	.	1	4¼	.	1	4¼
.037 ,, 18	.	1	5	.	1	5	.	1	5	.	1	5¼
.039 ,, 19	.	1	6	.	1	6	.	1	6	.	1	6¼
.041 ,, 20	.	1	6¾	.	1	6¾	.	1	7	.	1	7¼
.043 ,, 21	.	1	7¾	.	1	7¾	.	1	8	.	1	8¼
.045 ,, 22	.	1	8¾	.	1	8¾	.	1	9	.	1	9¼
.048 ,, 23	.	1	9¾	.	1	9¾	.	1	10	.	1	10¼
DWTS.—												
.050 or 1	.	1	10¾	.	1	10¾	.	1	11	.	1	11¼
.100 ,, 2	.	3	9½	.	3	9¾	.	3	10	.	3	10½
.150 ,, 3	.	5	8¼	.	5	8¾	.	5	9¼	.	5	9¾
.200 ,, 4	.	7	7	.	7	7¾	.	7	8¼	.	7	9
.250 ,, 5	.	9	6	.	9	6¾	.	9	7½	.	9	8¼
.300 ,, 6	.	11	4¾	.	11	5½	.	11	6½	.	11	7½
.350 ,, 7	.	13	3½	.	13	4½	.	13	5½	.	13	6¾
.400 ,, 8	.	15	2¼	.	15	3½	.	15	4¾	.	15	6
.450 ,, 9	.	17	1	.	17	2½	.	17	3¾	.	17	5¼
.500 ,, 10	.	19	0	.	19	1½	.	19	3	.	19	4½
.550 ,, 11	1	0	10¾	1	1	0¼	1	1	2	1	1	3¾
.600 ,, 12	1	2	9½	1	2	11¼	1	3	1	1	3	3
.650 ,, 13	1	4	8¼	1	4	10¼	1	5	0¼	1	5	2¼
.700 ,, 14	1	6	7	1	6	9¼	1	6	11¼	1	7	1½
.750 ,, 15	1	8	6	1	8	8¼	1	8	10½	1	9	0¾
.800 ,, 16	1	10	4¾	1	10	7	1	10	9½	1	11	0
.850 ,, 17	1	12	3½	1	12	6	1	12	8½	1	12	11¼
.900 ,, 18	1	14	2¼	1	14	5	1	14	7¾	1	14	10½
.950 ,, 19	1	16	1	1	16	4	1	16	6¾	1	16	9¾
OUNCES.—												
1.000 or 1	1	18	0	1	18	3	1	18	6	1	18	9
2.000 ,, 2	3	16	0	3	16	6	3	17	0	3	17	6
3.000 ,, 3	5	14	0	5	14	9	5	15	6	5	16	3
4.000 ,, 4	7	12	0	7	13	0	7	14	0	7	15	0
5.000 ,, 5	9	10	0	9	11	3	9	12	6	9	13	9
6.000 ,, 6	11	8	0	11	9	6	11	11	0	11	12	6
7.000 ,, 7	13	6	0	13	7	9	13	9	6	13	11	3
8.000 ,, 8	15	4	0	15	6	0	15	8	0	15	10	0
9.000 ,, 9	17	2	0	17	4	3	17	6	6	17	8	9
10.000 ,, 10	19	0	0	19	2	6	19	5	0	19	7	6
11.000 ,, 11	20	18	0	21	0	9	21	3	6	21	6	3
12.000 ,, 12	22	16	0	22	19	0	23	2	0	23	5	0
13.000 ,, 13	24	14	0	24	17	3	25	0	6	25	3	9
14.000 ,, 14	26	12	0	26	15	6	26	19	0	27	2	6
15.000 ,, 15	28	10	0	28	13	9	28	17	6	29	1	3
16.000 ,, 16	30	8	0	30	12	0	30	16	0	31	0	0
17.000 ,, 17	32	6	0	32	10	3	32	14	6	32	18	9
18.000 ,, 18	34	4	0	34	8	6	34	13	0	34	17	6
19.000 ,, 19	36	2	0	36	6	9	36	11	6	36	16	3
20.000 ,, 20	38	0	0	38	5	0	38	10	0	38	15	0
25.000 ,, 25	47	10	0	47	16	3	48	2	6	48	8	9
30.000 ,, 30	57	0	0	57	7	6	57	15	0	58	2	6
40.000 ,, 40	76	0	0	76	10	0	77	0	0	77	10	0
50.000 ,, 50	95	0	0	95	12	6	96	5	0	96	17	6

PRICE PER OUNCE.

	@ 39/- oz.			@ 39/3 oz.			@ 39/6 oz.			@ 39		
GRAINS.—	£	s.	d.	£	s.	d.	£	s.	d.	£	s.	d.
.001 or ½	.	.	.¼	.	.	.¼	.	.	.¼	.	.	.
.002 ,, 1	.	.	.¾	.	.	.¾	.	.	.¾	.	.	.
.003 ,, 1½	.	.	1¼	.	.	1¼	.	.	1¼	.	.	1
.004 ,, 2	.	.	1¾	.	.	1¾	.	.	1¾	.	.	1
.005 ,, 2½	.	.	2¼	.	.	2¼	.	.	2¼	.	.	2
.006 ,, 3	.	.	2¾	.	.	2¾	.	.	2¾	.	.	2
.007 ,, 3½	.	.	3¼	.	.	3¼	.	.	3¼	.	.	3
.008 ,, 4	.	.	3¾	.	.	3¾	.	.	3¾	.	.	3
.009 ,, 4½	.	.	4¼	.	.	4¼	.	.	4¼	.	.	4
.010 ,, 5	.	.	4¾	.	.	4¾	.	.	4¾	.	.	4
.012 ,, 6	.	.	5¾	.	.	5¾	.	.	5¾	.	.	5
.014 ,, 7	.	.	6¾	.	.	6¾	.	.	6¾	.	.	6
.016 ,, 8	.	.	7¾	.	.	7¾	.	.	7¾	.	.	7
.018 ,, 9	.	.	8½	.	.	8¾	.	.	8¾	.	.	8
.020 ,, 10	.	.	9½	.	.	9¾	.	.	9¾	.	.	9
.022 ,, 11	.	.	10½	.	.	10¾	.	.	10¾	.	.	10
.025 ,, 12	.	.	11½	.	.	11¾	.	.	11¾	.	.	11
.027 ,, 13	.	1	0½	.	1	0½	.	1	0½	.	1	0
.029 ,, 14	.	1	1½	.	1	1½	.	1	1½	.	1	1
.031 ,, 15	.	1	2½	.	1	2½	.	1	2½	.	1	2
.033 ,, 16	.	1	3½	.	1	3½	.	1	3½	.	1	3
.035 ,, 17	.	1	4¼	.	1	4½	.	1	4½	.	1	4
.037 ,, 18	.	1	5¼	.	1	5½	.	1	5½	.	1	5
.039 ,, 19	.	1	6¼	.	1	6½	.	1	6½	.	1	6
.041 ,, 20	.	1	7¼	.	1	7½	.	1	7½	.	1	7
.043 ,, 21	.	1	8¼	.	1	8½	.	1	8½	.	1	8
.045 ,, 22	.	1	9¼	.	1	9½	.	1	9½	.	1	9
.048 ,, 23	.	1	10¼	.	1	10½	.	1	10½	.	1	10¾
DWTS.—												
.050 or 1	.	1	11¼	.	1	11½	.	1	11½	.	1	11¾
.100 ,, 2	.	3	10¾	.	3	11	.	3	11¼	.	3	11½
.150 ,, 3	.	5	10	.	5	10½	.	5	11	.	5	11¼
.200 ,, 4	.	7	9½	.	7	10	.	7	10¾	.	7	11¼
.250 ,, 5	.	9	9	.	9	9¾	.	9	10½	.	9	11¼
.300 ,, 6	.	11	8¼	.	11	9¼	.	11	10	.	11	11
.350 ,, 7	.	13	7¾	.	13	8¾	.	13	9¾	.	13	10¾
.400 ,, 8	.	15	7	.	15	8¼	.	15	9½	.	15	10¾
.450 ,, 9	.	17	6½	.	17	7¾	.	17	9¼	.	17	10½
.500 ,, 10	.	19	6	.	19	7½	.	19	9	.	19	10½
.550 ,, 11	1	1	5¼	1	1	7	1	1	8½	1	1	10¼
.600 ,, 12	1	3	4¾	1	3	6½	1	3	8¼	1	3	10
.650 ,, 13	1	5	4	1	5	6	1	5	8	1	5	10
.700 ,, 14	1	7	3½	1	7	5½	1	7	7¾	1	7	9¾
.750 ,, 15	1	9	3	1	9	5¼	1	9	7½	1	9	9¾
.800 ,, 16	1	11	2¼	1	11	4¾	1	11	7	1	11	9½
.850 ,, 17	1	13	1¾	1	13	4¼	1	13	6¾	1	13	9½
.900 ,, 18	1	15	1	1	15	3¾	1	15	6½	1	15	9¼
.950 ,, 19	1	17	0½	1	17	3¼	1	17	6¼	1	17	9
OUNCES.—												
1.000 or 1	1	19	0	1	19	3	1	19	6	1	19	9
2.000 ,, 2	3	18	0	3	18	6	3	19	0	3	19	6
3.000 ,, 3	5	17	0	5	17	9	5	18	6	5	19	3
4.000 ,, 4	7	16	0	7	17	0	7	18	0	7	19	0
5.000 ,, 5	9	15	0	9	16	3	9	17	6	9	18	9
6.000 ,, 6	11	14	0	11	15	6	11	17	0	11	18	6
7.000 ,, 7	13	13	0	13	14	9	13	16	6	13	18	3
8.000 ,, 8	15	12	0	15	14	0	15	16	0	15	18	0
9.000 ,, 9	17	11	0	17	13	3	17	15	6	17	17	9
10.000 ,, 10	19	10	0	19	12	6	19	15	0	19	17	6
11.000 ,, 11	21	9	0	21	11	9	21	14	6	21	17	3
12.000 ,, 12	23	8	0	23	11	0	23	14	0	23	17	0
13.000 ,, 13	25	7	0	25	10	3	25	13	6	25	16	9
14.000 ,, 14	27	6	0	27	9	6	27	13	0	27	16	6
15.000 ,, 15	29	5	0	29	8	9	29	12	6	29	16	3
16.000 ,, 16	31	4	0	31	8	0	31	12	0	31	16	0
17.000 ,, 17	33	3	0	33	7	3	33	11	6	33	15	9
18.000 ,, 18	35	2	0	35	6	6	35	11	0	35	15	6
19.000 ,, 19	37	1	0	37	5	9	37	10	6	37	15	3
20.000 ,, 20	39	0	0	39	5	0	39	10	0	39	15	0
25.000 ,, 25	48	15	0	49	1	3	49	7	6	49	13	9
30.000 ,, 30	58	10	0	58	17	6	59	5	0	59	12	6
40.000 ,, 40	78	0	0	78	10	0	79	0	0	79	10	0
50.000 ,, 50	97	10	0	98	2	6	98	15	0	99	7	6

PRICE PER OUNCE.

	@ 40 /- oz.			@ 40 /3 oz.			@ 40 /6 oz.			@ 40 /9 oz.		
	£	s.	d.	£	s.	d.	£	s.	d.	£	s.	d.
RAINS.—												
.001 or ½	.	.	.¼	.	.	.¼	.	.	.¼	.	.	.¼
.002 ,, 1	.	.	1	.	.	1	.	.	1	.	.	1
.003 ,, 1½	.	.	1¼	.	.	1¼	.	.	1¼	.	.	1¼
.004 ,, 2	.	.	2	.	.	2	.	.	2	.	.	2
.005 ,, 2½	.	.	2¼	.	.	2¼	.	.	2¼	.	.	2¼
.006 ,, 3	.	.	3	.	.	3	.	.	3	.	.	3
.007 ,, 3½	.	.	3¼	.	.	3¼	.	.	3¼	.	.	3¼
.008 ,, 4	.	.	4	.	.	4	.	.	4	.	.	4
.009 ,, 4½	.	.	4¼	.	.	4¼	.	.	4¼	.	.	4¼
.010 ,, 5	.	.	5	.	.	5	.	.	5	.	.	5
.012 ,, 6	.	.	6	.	.	6	.	.	6	.	.	6
.014 ,, 7	.	.	7	.	.	7	.	.	7	.	.	7
.016 ,, 8	.	.	8	.	.	8	.	.	8	.	.	8
.018 ,, 9	.	.	9	.	.	9	.	.	9	.	.	9
.020 ,, 10	.	.	10	.	.	10	.	.	10	.	.	10
.022 ,, 11	.	.	11	.	.	11	.	.	11	.	.	11
.025 ,, 12	.	1	0	.	1	0	.	1	0	.	1	0
.027 ,, 13	.	1	1	.	1	1	.	1	1	.	1	1
.029 ,, 14	.	1	2	.	1	2	.	1	2	.	1	2
.031 ,, 15	.	1	3	.	1	3	.	1	3	.	1	3
.033 ,, 16	.	1	4	.	1	4	.	1	4	.	1	4
.035 ,, 17	.	1	5	.	1	5	.	1	5	.	1	5
.037 ,, 18	.	1	6	.	1	6	.	1	6	.	1	6
.039 ,, 19	.	1	7	.	1	7	.	1	7	.	1	7
.041 ,, 20	.	1	8	.	1	8	.	1	8	.	1	8
.043 ,, 21	.	1	9	.	1	9	.	1	9	.	1	9
.045 ,, 22	.	1	10	.	1	10	.	1	10	.	1	10
.048 ,, 23	.	1	11	.	1	11	.	1	11	.	1	11
WTS.—												
.050 or 1	.	2	0	.	2	0	.	2	0¼	.	2	0¼
.100 ,, 2	.	4	0	.	4	0¼	.	4	0½	.	4	0¾
.150 ,, 3	.	6	0	.	6	0¼	.	6	0¾	.	6	1¼
.200 ,, 4	.	8	0	.	8	0½	.	8	1	.	8	1¾
.250 ,, 5	.	10	0	.	10	0¾	.	10	1½	.	10	2¼
.300 ,, 6	.	12	0	.	12	0¾	.	12	1¾	.	12	2½
.350 ,, 7	.	14	0	.	14	1	.	14	2	.	14	3
.400 ,, 8	.	16	0	.	16	1	.	16	2¼	.	16	3½
.450 ,, 9	.	18	0	.	18	1¼	.	18	2½	.	18	4
.500 ,, 10	1	0	0	1	0	1½	1	0	3	1	0	4½
.550 ,, 11	1	2	0	1	2	1½	1	2	3¼	1	2	4¾
.600 ,, 12	1	4	0	1	4	1¾	1	4	3½	1	4	5¼
.650 ,, 13	1	6	0	1	6	1¾	1	6	3¾	1	6	5¾
.700 ,, 14	1	8	0	1	8	2	1	8	4	1	8	6¼
.750 ,, 15	1	10	0	1	10	2¼	1	10	4½	1	10	6¾
.800 ,, 16	1	12	0	1	12	2¼	1	12	4¾	1	12	7
.850 ,, 17	1	14	0	1	14	2½	1	14	5	1	14	7½
.900 ,, 18	1	16	0	1	16	2½	1	16	5¼	1	16	8
.950 ,, 19	1	18	0	1	18	2¾	1	18	5½	1	18	8½
UNCES.—												
1.000 or 1	2	0	0	2	0	3	2	0	6	2	0	9
2.000 ,, 2	4	0	0	4	0	6	4	1	0	4	1	6
3.000 ,, 3	6	0	0	6	0	9	6	1	6	6	2	3
4.000 ,, 4	8	0	0	8	1	0	8	2	0	8	3	0
5.000 ,, 5	10	0	0	10	1	3	10	2	6	10	3	9
6.000 ,, 6	12	0	0	12	1	6	12	3	0	12	4	6
7.000 ,, 7	14	0	0	14	1	9	14	3	6	14	5	3
8.000 ,, 8	16	0	0	16	2	0	16	4	0	16	6	0
9.000 ,, 9	18	0	0	18	2	3	18	4	6	18	6	9
0.000 ,, 10	20	0	0	20	2	6	20	5	0	20	7	6
1.000 ,, 11	22	0	0	22	2	9	22	5	6	22	8	3
2.000 ,, 12	24	0	0	24	3	0	24	6	0	24	9	0
3.000 ,, 13	26	0	0	26	3	3	26	6	6	26	9	9
4.000 ,, 14	28	0	0	28	3	6	28	7	0	28	10	6
5.000 ,, 15	30	0	0	30	3	9	30	7	6	30	11	3
6.000 ,, 16	32	0	0	32	4	0	32	8	0	32	12	0
7.000 ,, 17	34	0	0	34	4	3	34	8	6	34	12	9
8.000 ,, 18	36	0	0	36	4	6	36	9	0	36	13	6
9.000 ,, 19	38	0	0	38	4	9	38	9	6	38	14	3
0.000 ,, 20	40	0	0	40	5	0	40	10	0	40	15	0
5.000 ,, 25	50	0	0	50	6	3	50	12	6	50	18	9
0.000 ,, 30	60	0	0	60	7	6	60	15	0	61	2	6
0.000 ,, 40	80	0	0	80	10	0	81	0	0	81	10	0
0.000 ,, 50	100	0	0	100	12	6	101	5	0	101	17	6

PRICE PER OUNCE.

	@ 41/- oz.			@ 41/3 oz.			@ 41/6 oz.			@ 41/9 o		
GRAINS.—	£	s.	d.	£	s.	d.	£	s.	d.	£	s.	d
.001 or ½	.	.	. ¼	.	.	. ¼	.	.	. ¼	.	.	
.002 ,, 1	.	.	1	.	.	1	.	.	1	.	.	
.003 ,, 1½	.	.	1¼	.	.	1¼	.	.	1¼	.	.	
.004 ,, 2	.	.	2	.	.	2	.	.	2	.	.	
.005 ,, 2½	.	.	2¼	.	.	2¼	.	.	2½	.	.	
.006 ,, 3	.	.	3	.	.	3	.	.	3	.	.	
.007 ,, 3½	.	.	3¼	.	.	3¼	.	.	3½	.	.	
.008 ,, 4	.	.	4	.	.	4	.	.	4	.	.	
.009 ,, 4½	.	.	4½	.	.	4½	.	.	4½	.	.	
.010 ,, 5	.	.	5	.	.	5	.	.	5	.	.	
.012 ,, 6	.	.	6	.	.	6	.	.	6	.	.	
.014 ,, 7	.	.	7	.	.	7	.	.	7	.	.	
.016 ,, 8	.	.	8	.	.	8¼	.	.	8¼	.	.	
.018 ,, 9	.	.	9	.	.	9¼	.	.	9¼	.	.	
.020 ,, 10	.	.	10	.	.	10¼	.	.	10¼	.	.	1
.022 ,, 11	.	.	11	.	.	11¼	.	.	11¼	.	.	1
.025 ,, 12	.	1	0¼	.	1	0¼	.	1	0¼	.	1	
.027 ,, 13	.	1	1¼	.	1	1¼	.	1	1¼	.	1	
.029 ,, 14	.	1	2¼	.	1	2¼	.	1	2¼	.	1	
.031 ,, 15	.	1	3¼	.	1	3¼	.	1	3¼	.	1	
.033 ,, 16	.	1	4¼	.	1	4½	.	1	4½	.	1	
.035 ,, 17	.	1	5¼	.	1	5½	.	1	5½	.	1	
.037 ,, 18	.	1	6¼	.	1	6½	.	1	6½	.	1	
.039 ,, 19	.	1	7¼	.	1	7½	.	1	7½	.	1	
.041 ,, 20	.	1	8¼	.	1	8½	.	1	8½	.	1	
.043 ,, 21	.	1	9¼	.	1	9½	.	1	9½	.	1	
.045 ,, 22	.	1	10¼	.	1	10½	.	1	10½	.	1	1
.048 ,, 23	.	1	11¼	.	1	11½	.	1	11½	.	1	1
DWTS.—												
.050 or 1	.	2	0½	.	2	0¾	.	2	0¾	.	2	
.100 ,, 2	.	[illegible]	[illegible]	.	[illegible]	[illegible]	.	[illegible]	[illegible]	.	[illegible]	
.150 ,, 3	.		¾	.			.			.		
.200 ,, 4	.		¼	.			.			.		
.250 ,, 5	.	1		.	1	3¾	.	1		.	1	
.300 ,, 6	.	1	3½	.	1	4¼	.	1		.	1	
.350 ,, 7	.		4	.		[illegible]	.	14	¼	.		
.400 ,, 8	.		4¾	.			.	16		.		
.450 ,, 9	.		5¼	.		¾	.	1[illegible]	7¾	.		
.500 ,, 10	1		6	1			1		9	1		1
.550 ,, 11	1		6½	1	2	8¼	1		[illegible]¾	1		1
.600 ,, 12			7		4	9	1		1			
.650 ,, 13			7¾		6	9¾	1		1			
.700 ,, 14			8¼		[illegible]	10½	1					
.750 ,, 15		1	[illegible]		1	11¼	1	1			1	
.800 ,, 16		1	½		1	[illegible]	1	1			1	
.850 ,, 17		1	1			¾	1					
.900 ,, 18	1	1	1 ¾			-	1					
.950 ,, 19	1	1	¼				1		¾			
OUNCES.—												
1.000 or 1	2	1	0	2	1	3	2	1	6	2	1	
2.000 ,, 2	[illegible]	2	0	4	2	[illegible]	4	3	0	[illegible]	[illegible]	
3.000 ,, 3		3	0	6	3		6	4	6			
4.000 ,, 4		4	0	[illegible]	5		8	6	0			
5.000 ,, 5	[illegible]	5	0	1	6		10	7	6	1		
6.000 ,, 6		6	0	1	7		[illegible]2	9	0	1	1	
7.000 ,, 7		7	0	1	8		4	10	6		12	
8.000 ,, 8		8	0	1	10		6	12	0	16	14	
9.000 ,, 9		9	0	1	11		8	3	6	18	15	
10.000 ,, 10		10	0	2	2		0	5	0	20	17	
11.000 ,, 11		11	0	2	3		2	6	6	22	19	
12.000 ,, 12	24	2	0	2	5		4	8	0	25	1	
13.000 ,, 13	26	3	0	2	6		6	9	6	27	2	
14.000 ,, 14	2[illegible]	4	0	2	7		9	1	0	29	4	
15.000 ,, 15	3	5	0	30	8		1	2	6	31	6	
16.000 ,, 16	3	6	0	33	0		3	4	0	33	8	
17.000 ,, 17	3	7	0	[illegible]	1		5	5	6	35	9	
18.000 ,, 18	3	8	0		2		7	[illegible]	0	37	11	
19.000 ,, 19	3	9	0		3		9		6	39	13	
20.000 ,, 20	4	0	0		5		1	1	0	41	15	
25.000 ,, 25	5	5	0		11		1	1	6	52	3	
30.000 ,, 30	6	10	0		17		2		0	62	12	
40.000 ,, 40	8	0	0		0		3		0	83	10	
50.000 ,, 50	102	10	0	1	2		1 3	1	0	104	7	

PRICE PER OUNCE.

	@ 42/- oz.			@ 42/3 oz.			@ 42/6 oz.			@ 42/9 oz.		
	£	s.	d.	£	s.	d.	£	s.	d.	£	s.	d.
GRAINS.—												
.001 or ½	.	.	.¼	.	.	.¼	.	.	.¼	.	.	.¼
.002 ,, 1	.	.	1	.	.	1	.	.	1	.	.	1
.003 ,, 1½	.	.	1¼	.	.	1¼	.	.	1¼	.	.	1¼
.004 ,, 2	.	.	2	.	.	2	.	.	2	.	.	2
.005 ,, 2½	.	.	2¼	.	.	2½	.	.	2½	.	.	2½
.006 ,, 3	.	.	3	.	.	3	.	.	3	.	.	3
.007 ,, 3½	.	.	3½	.	.	3½	.	.	3½	.	.	3½
.008 ,, 4	.	.	4	.	.	4	.	.	4¼	.	.	4¼
.009 ,, 4½	.	.	4½	.	.	4½	.	.	4½	.	.	4½
.010 ,, 5	.	.	5	.	.	5¼	.	.	5¼	.	.	5¼
.012 ,, 6	.	.	6	.	.	6¼	.	.	6¼	.	.	6¼
.014 ,, 7	.	.	7¼	.	.	7¼	.	.	7¼	.	.	7¼
.016 ,, 8	.	.	8¼	.	.	8¼	.	.	8½	.	.	8½
.018 ,, 9	.	.	9¼	.	.	9¼	.	.	9½	.	.	9½
.020 ,, 10	.	.	10¼	.	.	10½	.	.	10½	.	.	10½
.022 ,, 11	.	.	11¼	.	.	11½	.	.	11½	.	.	11½
.025 ,, 12	.	1	0½	.	1	0½	.	1	0¾	.	1	0¾
.027 ,, 13	.	1	1½	.	1	1½	.	1	1¾	.	1	1¾
.029 ,, 14	.	1	2½	.	1	2½	.	1	2¾	.	1	2¾
.031 ,, 15	.	1	3½	.	1	3¾	.	1	3¾	.	1	3¾
.033 ,, 16	.	1	4½	.	1	4¾	.	1	5	.	1	5
.035 ,, 17	.	1	5½	.	1	5¾	.	1	6	.	1	6
.037 ,, 18	.	1	6½	.	1	7	.	1	7	.	1	7
.039 ,, 19	.	1	7½	.	1	8	.	1	8	.	1	8
.041 ,, 20	.	1	8¾	.	1	9	.	1	9¼	.	1	9¼
.043 ,, 21	.	1	9¾	.	1	10	.	1	10¼	.	1	10¼
.045 ,, 22	.	1	10¾	.	1	11	.	1	11¼	.	1	11¼
.048 ,, 23	.	1	11¾	.	2	0	.	2	0¼	.	2	0¼
DWTS.—												
.050 or 1	.	2	1	.	2	1¼	.	2	1½	.	2	1½
.100 ,, 2	.	4	2¼	.	4	2½	.	4	3	.	4	3
.150 ,, 3	.	6	3¼	.	6	4	.	6	4½	.	6	4¾
.200 ,, 4	.	8	4¾	.	8	5¼	.	8	6	.	8	6½
.250 ,, 5	.	10	6	.	10	6¾	.	10	7½	.	10	8¼
.300 ,, 6	.	12	7	.	12	8	.	12	9	.	12	9¾
.350 ,, 7	.	14	8¼	.	14	9¼	.	14	10½	.	14	11½
.400 ,, 8	.	16	9½	.	16	10¾	.	17	0	.	17	1
.450 ,, 9	.	18	10¾	.	19	0	.	19	1½	.	19	2¾
.500 ,, 10	1	1	0	1	1	1½	1	1	3	1	1	4½
.550 ,, 11	1	3	1	1	3	2¾	1	3	4½	1	3	6
.600 ,, 12	1	5	2¼	1	5	4	1	5	6	1	5	7¾
.650 ,, 13	1	7	3½	1	7	5½	1	7	7½	1	7	9¼
.700 ,, 14	1	9	4¾	1	9	6¾	1	9	9	1	9	11
.750 ,, 15	1	11	6	1	11	8¼	1	11	10½	1	12	0¾
.800 ,, 16	1	13	7	1	13	9½	1	14	0	1	14	2¼
.850 ,, 17	1	15	8½	1	15	10¾	1	16	1½	1	16	4
.900 ,, 18	1	17	9½	1	18	0¼	1	18	3	1	18	5¾
.950 ,, 19	1	19	10¾	2	0	1½	2	0	4½	2	0	7¼
OUNCES.—												
1.000 or 1	2	2	0	2	2	3	2	2	6	2	2	9
2.000 ,, 2	4	4	0	4	4	6	4	5	0	4	5	6
3.000 ,, 3	6	6	0	6	6	9	6	7	6	6	8	3
4.000 ,, 4	8	8	0	8	9	0	8	10	0	8	11	0
5.000 ,, 5	10	10	0	10	11	3	10	12	6	10	13	9
6.000 ,, 6	12	12	0	12	13	6	12	15	0	12	16	6
7.000 ,, 7	14	14	0	14	15	9	14	17	6	14	19	3
8.000 ,, 8	16	16	0	16	18	0	17	0	0	17	2	0
9.000 ,, 9	18	18	0	19	0	3	19	2	6	19	4	9
10.000 ,, 10	21	0	0	21	2	6	21	5	0	21	7	6
11.000 ,, 11	23	2	0	23	4	9	23	7	6	23	10	3
12.000 ,, 12	25	4	0	25	7	0	25	10	0	25	13	0
13.000 ,, 13	27	6	0	27	9	3	27	12	6	27	15	9
14.000 ,, 14	29	8	0	29	11	6	29	15	0	29	18	6
15.000 ,, 15	31	10	0	31	13	9	31	17	6	32	1	3
16.000 ,, 16	33	12	0	33	16	0	34	0	0	34	4	0
17.000 ,, 17	35	14	0	35	18	3	36	2	6	36	6	9
18.000 ,, 18	37	16	0	38	0	6	38	5	0	38	9	6
19.000 ,, 19	39	18	0	40	2	9	40	7	6	40	12	3
20.000 ,, 20	42	0	0	42	5	0	42	10	0	42	15	0
25.000 ,, 25	52	10	0	52	16	3	53	2	6	53	8	9
30.000 ,, 30	63	0	0	63	7	6	63	15	0	64	2	6
40.000 ,, 40	84	0	0	84	10	0	85	0	0	85	10	0
50.000 ,, 50	105	0	0	105	12	6	106	5	0	106	17	6

PRICE PER OUNCE.

	@ 43/- oz.			@ 43/3oz.			@ 43/6 oz.			@ 43/9 oz.		
GRAINS.—	£	s.	d.	£	s.	d.	£	s.	d.	£	s.	d.
.001 or ½	.	.	. ¼	.	.	. ¼	.	.	. ¼	.	.	. ¼
.002 ,, 1	.	.	1	.	.	1	.	.	1	.	.	1
.003 ,, 1½	.	.	1¼	.	.	1½	.	.	1½	.	.	1½
.004 ,, 2	.	.	2	.	.	2	.	.	2	.	.	2
.005 ,, 2½	.	.	2½	.	.	2½	.	.	2½	.	.	2½
.006 ,, 3	.	.	3	.	.	3	.	.	3¼	.	.	3¼
.007 ,, 3½	.	.	3½	.	.	3½	.	.	3½	.	.	3½
.008 ,, 4	.	.	4¼	.	.	4¼	.	.	4¼	.	.	4¼
.009 ,, 4½	.	.	4½	.	.	4½	.	.	4¾	.	.	4¾
.010 ,, 5	.	.	5¼	.	.	5¼	.	.	5¼	.	.	5¼
.012 ,, 6	.	.	6¼	.	.	6¼	.	.	6½	.	.	6½
.014 ,, 7	.	.	7½	.	.	7½	.	.	7½	.	.	7½
.016 ,, 8	.	.	8½	.	.	8½	.	.	8½	.	.	8¾
.018 ,, 9	.	.	9½	.	.	9½	.	.	9½	.	.	9¾
.020 ,, 10	.	.	10½	.	.	10½	.	.	10¾	.	.	10¾
.022 ,, 11	.	.	11¾	.	.	11¾	.	.	11¾	.	1	0
.025 ,, 12	.	1	0¾	.	1	0¾	.	1	1	.	1	1
.027 ,, 13	.	1	1¾	.	1	1¾	.	1	2	.	1	2
.029 ,, 14	.	1	3	.	1	3	.	1	3	.	1	3¼
.031 ,, 15	.	1	4	.	1	4	.	1	4¼	.	1	4¼
.033 ,, 16	.	1	5	.	1	5	.	1	5¼	.	1	5½
.035 ,, 17	.	1	6	.	1	6	.	1	6¼	.	1	6½
.037 ,, 18	.	1	7¼	.	1	7¼	.	1	7¼	.	1	7½
.039 ,, 19	.	1	8¼	.	1	8¼	.	1	8½	.	1	8¾
.041 ,, 20	.	1	9¼	.	1	9¼	.	1	9½	.	1	9¾
.043 ,, 21	.	1	10½	.	1	10½	.	1	10½	.	1	10¾
.045 ,, 22	.	1	11½	.	1	11½	.	1	11¾	.	2	0
.048 ,, 23	.	2	0½	.	2	0½	.	2	0¾	.	2	1
DWTS.—												
.050 or 1	.	2	1¾	.	2	1¾	.	2	2	.	2	2¼
.100 ,, 2	.	4	3½	.	4	3¾	.	[illegible]	[illegible]	.	[illegible]	[illegible]½
.150 ,, 3	.	6	5¼	.	6	5¾	.		¼	.		¾
.200 ,, 4	.	8	7	.	8	7¾	.			.		
.250 ,, 5	.	10	9	.	10	9¾	.	1	1	.	1	1 ¼
.300 ,, 6	.	12	10¾	.	12	11½	.	1		.	1	
.350 ,, 7	.	15	0½	.	15	1½	.			.		
.400 ,, 8	.	17	2¼	.	17	3½	.			.		
.450 ,, 9	.	19	4	.	19	5½	.			.		8
.500 ,, 10	1	1	6	1	1	7½	[illegible]			1	1	10
.550 ,, 11	1	3	7¾	1	3	9¼			1	[illegible]	4	0
.600 ,, 12	1	5	9½	1	5	11¼					6	3
.650 ,, 13	1	7	11¼	1	8	1¼			[illegible]		8	5
.700 ,, 14	1	10	1	1	10	3¼		1			10	7
.750 ,, 15	1	12	3	1	12	5¼		1			12	9
.800 ,, 16	1	14	4¾	1	14	7					15	0
.850 ,, 17	1	16	6½	1	16	9			1		17	2
.900 ,, 18	1	18	8¼	1	18	11					19	4
.950 ,, 19	2	0	10	2	1	1					1	6
OUNCES.—												
1.000 or 1	2	3	0	2	3	3	2	3	6	2	3	9
2.000 ,, 2	4	6	0	4	6	6	4	7	0	4	7	6
3.000 ,, 3	6	9	0	6	9	9	6	10	6	6	11	3
4.000 ,, 4	8	12	0	8	13	0	8	14	0	8	15	0
5.000 ,, 5	10	15	0	10	16	3	10	17	6	10	18	9
6.000 ,, 6	12	18	0	12	19	6	13	1	0	13	2	6
7.000 ,, 7	15	1	0	15	2	9	15	4	6	15	6	3
8.000 ,, 8	17	4	0	17	6	0	17	8	0	17	10	0
9.000 ,, 9	19	7	0	19	9	3	19	11	6	19	13	9
10.000 ,, 10	21	10	0	21	12	6	21	15	0	21	17	6
11.000 ,, 11	23	13	0	23	15	9	23	18	6	24	1	3
12.000 ,, 12	25	16	0	25	19	0	26	2	0	26	5	0
13.000 ,, 13	27	19	0	28	2	3	28	5	6	28	8	9
14.000 ,, 14	30	2	0	30	5	6	30	9	0	30	12	6
15.000 ,, 15	32	5	0	32	8	9	32	12	6	32	16	3
16.000 ,, 16	34	8	0	34	12	0	34	16	0	35	0	0
17.000 ,, 17	36	11	0	36	15	3	36	19	6	37	3	9
18.000 ,, 18	38	14	0	38	18	6	39	3	0	39	7	6
19.000 ,, 19	40	17	0	41	1	9	41	6	6	41	11	3
20.000 ,, 20	43	0	0	43	5	0	43	10	0	43	15	0
25.000 ,, 25	53	15	0	54	1	3	54	7	6	54	13	9
30.000 ,, 30	64	10	0	64	17	6	65	5	0	65	12	6
40.000 ,, 40	86	0	0	86	10	0	87	0	0	87	10	0
50.000 .. 50	107	10	0	108	2	6	108	15	0	109	7	6

PRICE PER OUNCE.

	@ 44 /- oz.			@ 44 /3 oz.			@ 44 /6 oz.			@ 44 /9 oz.		
	£	s.	d.	£	s.	d.	£	s.	d.	£	s.	d.
GRAINS.—												
.001 or ½	.	.	.¼	.	.	.¼	.	.	.¼	.	.	.¼
.002 ,, 1	.	.	1	.	.	1	.	.	1	.	.	1
.003 ,, 1½	.	.	1½	.	.	1½	.	.	1½	.	.	1½
.004 ,, 2	.	.	2	.	.	2	.	.	2	.	.	2
.005 ,, 2½	.	.	2½	.	.	2½	.	.	2½	.	.	2½
.006 ,, 3	.	.	3¼	.	.	3¼	.	.	3¼	.	.	3¼
.007 ,, 3½	.	.	3½	.	.	3½	.	.	3¾	.	.	3¾
.008 ,, 4	.	.	4¼	.	.	4¼	.	.	4¼	.	.	4¼
.009 ,, 4½	.	.	4¾	.	.	4¾	.	.	4¾	.	.	4¾
.010 ,, 5	.	.	5¼	.	.	5½	.	.	5½	.	.	5½
.012 ,, 6	.	.	6½	.	.	6½	.	.	6½	.	.	6½
.014 ,, 7	.	.	7½	.	.	7½	.	.	7½	.	.	7¾
.016 ,, 8	.	.	8¾	.	.	8¾	.	.	8¾	.	.	8¾
.018 ,, 9	.	.	9¾	.	.	9¾	.	.	9¾	.	.	10
.020 ,, 10	.	.	10¾	.	.	11	.	.	11	.	.	11
.022 ,, 11	.	1	0	.	1	0	.	1	0	.	1	0¼
.025 ,, 12	.	1	1	.	1	1¼	.	1	1¼	.	1	1¼
.027 ,, 13	.	1	2	.	1	2¼	.	1	2¼	.	1	2½
.029 ,, 14	.	1	3¼	.	1	3¼	.	1	3¼	.	1	3½
.031 ,, 15	.	1	4¼	.	1	4½	.	1	4½	.	1	4½
.033 ,, 16	.	1	5¼	.	1	5½	.	1	5½	.	1	5¾
.035 ,, 17	.	1	6½	.	1	6¾	.	1	6¾	.	1	6¾
.037 ,, 18	.	1	7½	.	1	7¾	.	1	7¾	.	1	8
.039 ,, 19	.	1	8¾	.	1	8¾	.	1	8¾	.	1	9
.041 ,, 20	.	1	9¾	.	1	10	.	1	10	.	1	10¼
.043 ,, 21	.	1	10¾	.	1	11	.	1	11	.	1	11¼
.045 ,, 22	.	2	0	.	2	0¼	.	2	0¼	.	2	0½
.048 ,, 23	.	2	1	.	2	1¼	.	2	1¼	.	2	1½
DWTS.—												
.050 or 1	.	2	2¼	.	2	2½	.	2	2½	.	2	2¾
.100 ,, 2	.	4	4	.	[illegible]	5	.	4	5¼	.	4	5½
.150 ,, 3	.	6	7	.		7½	.	6	8	.	6	8½
.200 ,, 4	.	8	9½	.		10	.	8	10¾	.	8	11¼
.250 ,, 5	.	11	0	.	11	0¾	.	11	1½	.	11	2¼
.300 ,, 6	.	13	2¼	.	13	3¼	.	13	4	.	13	5
.350 ,, 7	.	15	4¾	.	15	5¾	.	15	6¾	.	15	7¾
.400 ,, 8	.	17	7	.	17	8¼	.	17	9½	.	17	10
.450 ,, 9	.	19	9½	.	19	10¾	1	0	0¼	1	0	1
.500 ,, 10	1	2	0	1	2	1½	1	2	3	1	2	4
.550 ,, 11	1	4	2¼	1	4	4	1	4	5½	1	4	7
.600 ,, 12	1	6	4¾	1	6	6½	1	6	8¼	1	6	10
.650 ,, 13	1	8	7	1	8	9	1	8	11	1	9	1
.700 ,, 14	1	10	9½	1	10	11½	1	11	1¾	1	11	3¾
.750 ,, 15	1	13	0	1	13	2¼	1	13	4½	1	13	6¾
.800 ,, 16	1	15	2¼	1	15	4¾	1	15	7	1	15	9½
.850 ,, 17	1	17	4¾	1	17	7¼	1	17	9¾	1	18	0¼
.900 ,, 18	1	19	7	1	19	9¾	2	0	0½	2	0	3¼
.950 ,, 19	2	1	9½	2	2	0¼	2	2	3¼	2	2	6
OUNCES.—												
1.000 or 1	2	4	0	2	4	3	2	4	6	2	4	9
2.000 ,, 2	4	8	0	4	8	6	4	9	0	4	9	6
3.000 ,, 3	6	12	0	6	12	9	6	13	6	6	14	3
4.000 ,, 4	8	16	0	8	17	0	8	18	0	8	19	0
5.000 ,, 5	11	0	0	11	1	3	11	2	6	11	3	9
6.000 ,, 6	13	4	0	13	5	6	13	7	0	13	8	6
7.000 ,, 7	15	8	0	15	9	9	15	11	6	15	13	3
8.000 ,, 8	17	12	0	17	14	0	17	16	0	17	18	0
9.000 ,, 9	19	16	0	19	18	3	20	0	6	20	2	9
10.000 ,, 10	22	0	0	22	2	6	22	5	0	22	7	6
11.000 ,, 11	24	4	0	24	6	9	24	9	6	24	12	3
12.000 ,, 12	26	8	0	26	11	0	26	14	0	26	17	0
13.000 ,, 13	28	12	0	28	15	3	28	18	6	29	1	9
14.000 ,, 14	30	16	0	30	19	6	31	3	0	31	6	6
5.000 ,, 15	33	0	0	33	3	9	33	7	6	33	11	3
6.000 ,, 16	35	4	0	35	8	0	35	12	0	35	16	0
7.000 ,, 17	37	8	0	37	12	3	37	16	6	38	0	9
8.000 ,, 18	39	12	0	39	16	6	40	1	0	40	5	6
9.000 ,, 19	41	16	0	42	0	9	42	5	6	42	10	3
0.000 ,, 20	44	0	0	44	5	0	44	10	0	44	15	0
5.000 ,, 25	55	0	0	55	6	3	55	12	6	55	18	9
0.000 ,, 30	66	0	0	66	7	6	66	15	0	67	2	6
0.000 ,, 40	88	0	0	88	10	0	89	0	0	89	10	0
0.000 ,, 50	110	0	0	110	12	6	111	5	0	111	17	6

PRICE PER OUNCE.

	@ 45/- oz.			@ 45/3 oz.			@ 45/6 oz.			@ 45/9 oz.		
	£	s.	d.	£	s.	d.	£	s.	d.	£	s.	d.
GRAINS.—												
.001 or ½	.	.	.¼	.	.	.¼	.	.	.¼	.	.	.
.002 ,, 1	.	.	1	.	.	1	.	.	1	.	.	1
.003 ,, 1½	.	.	1½	.	.	1½	.	.	1½	.	.	1
.004 ,, 2	.	.	2¼	.	.	2¼	.	.	2¼	.	.	2
.005 ,, 2½	.	.	2½	.	.	2½	.	.	2½	.	.	2
.006 ,, 3	.	.	3¼	.	.	3¼	.	.	3¼	.	.	3
.007 ,, 3½	.	.	3¾	.	.	3¾	.	.	3¾	.	.	3
.008 ,, 4	.	.	4½	.	.	4½	.	.	4½	.	.	4
.009 ,, 4½	.	.	4¾	.	.	4¾	.	.	4¾	.	.	5
.010 ,, 5	.	.	5½	.	.	5½	.	.	5½	.	.	5
.012 ,, 6	.	.	6¾	.	.	6¾	.	.	6¾	.	.	6
.014 ,, 7	.	.	7¾	.	.	7¾	.	.	7¾	.	.	7
.016 ,, 8	.	.	9	.	.	9	.	.	9	.	.	9
.018 ,, 9	.	.	10	.	.	10	.	.	10	.	.	10
.020 ,, 10	.	.	11¼	.	.	11¼	.	.	11¼	.	.	11
.022 ,, 11	.	1	0¼	.	1	0¼	.	1	0¼	.	1	0
.025 ,, 12	.	1	1½	.	1	1½	.	1	1½	.	1	1
.027 ,, 13	.	1	2½	.	1	2½	.	1	2½	.	1	2
.029 ,, 14	.	1	3¾	.	1	3¾	.	1	3¾	.	1	3
.031 ,, 15	.	1	4¾	.	1	4¾	.	1	5	.	1	5
.033 ,, 16	.	1	6	.	1	6	.	1	6	.	1	6
.035 ,, 17	.	1	7	.	1	7	.	1	7¼	.	1	7
.037 ,, 18	.	1	8	.	1	8	.	1	8¼	.	1	8
.039 ,, 19	.	1	9¼	.	1	9¼	.	1	9½	.	1	9
.041 ,, 20	.	1	10¼	.	1	10¼	.	1	10½	.	1	10
.043 ,, 21	.	1	11½	.	1	11½	.	1	11¾	.	1	11
.045 ,, 22	.	2	0½	.	2	0½	.	2	0¾	.	2	0
.048 ,, 23	.	2	1¾	.	2	1¾	.	2	2	.	2	2
DWTS.—												
.050 or 1	.	2	3	.	2	3	.	2	3¼	.	2	3
.100 ,, 2	.	4	6	.	[illegible]	6¼	.	4	6½	.	4	6
.150 ,, 3	.	6	9	.		9¼	.	6	9¾	.	6	10
.200 ,, 4	.	9	0	.		0½	.	9	1	.	9	1
.250 ,, 5	.	11	3	.	1	3¾	.	11	4½	.	11	5
.300 ,, 6	.	13	6	.	1	6¾	.	13	7¾	.	13	8
.350 ,, 7	.	15	9	.		10	.	5	11	.	16	0
.400 ,, 8	.	18	0			1		8	2¼	.	18	3
.450 ,, 9	1	0	3	[illegible]		4¼	[illegible]	0	5½	1	0	7
.500 ,, 10	1	2	6			7½		2	9	1	2	10
.550 ,, 11	1	4	9		4	10[illegible]		5	0¼	1	5	1
.600 ,, 12	1	7	0		7	1		7	3½	1	7	5
.650 ,, 13	1	9	3		[illegible]	4¾		9	6¾	1	9	8
.700 ,, 14	1	11	6		1	8		11	10	1	12	0
.750 ,, 15	1	13	9		1	11¼		14	1½	1	14	3
.800 ,, 16	1	16	0			[illegible]		6	4¾	1	16	7
.850 ,, 17	1	18	3					8	8	1	18	10
.900 ,, 18	2	0	6			8½		0	11¼	2	1	2
.950 ,, 19	2	2	9			11¾		3	2½	2	3	5
OUNCES.—												
1.000 or 1	2	5	0	2	5	3	2	5	6	2	5	9
2.000 ,, 2	4	10	0	4	10	6	4	11	0	4	11	6
3.000 ,, 3	6	15	0	6	15	9	6	16	6	6	17	3
4.000 ,, 4	9	0	0	9	1	0	9	2	0	9	3	0
5.000 ,, 5	11	5	0	11	6	3	11	7	6	11	8	9
6.000 ,, 6	13	10	0	13	11	6	13	13	0	13	14	6
7.000 ,, 7	15	15	0	15	16	9	15	18	6	16	0	3
8.000 ,, 8	18	0	0	18	2	0	18	4	0	18	6	0
9.000 ,, 9	20	5	0	20	7	3	20	9	6	20	11	9
10.000 ,, 10	22	10	0	22	12	6	22	15	0	22	17	6
11.000 ,, 11	24	15	0	24	17	9	25	0	6	25	3	3
12.000 ,, 12	27	0	0	27	3	0	27	6	0	27	9	0
13.000 ,, 13	29	5	0	29	8	3	29	11	6	29	14	9
14.000 ,, 14	31	10	0	31	13	6	31	17	0	32	0	
15.000 ,, 15	33	15	0	33	18	9	34	2	6	34	6	
16.000 ,, 16	36	0	0	36	4	0	36	8	0	36	12	
17.000 ,, 17	38	5	0	38	9	3	38	13	6	38	17	
18.000 ,, 18	40	10	0	40	14	6	40	19	0	41	3	
19.000 ,, 19	42	15	0	42	19	9	43	4	6	43	9	
20.000 ,, 20	45	0	0	45	5	0	45	10	0	45	15	
25.000 ,, 25	56	5	0	56	11	3	56	17	6	57	3	
30.000 ,, 30	67	10	0	67	17	6	68	5	0	68	12	
40.000 ,, 40	90	0	0	90	10	0	91	0	0	91	10	
50.000 ,, 50	112	10	0	113	2	6	113	15	0	114	7	

PRICE PER OUNCE.

	@ 46/- oz.			@ 46/3 oz.			@ 46/6 oz.			@ 46/9 oz.		
	£	s.	d.	£	s.	d.	£	s.	d.	£	s.	d.
GRAINS.—												
.001 or ½	.	.	.¼	.	.	.¼	.	.	.¼	.	.	.¼
.002 ,, 1	.	.	1	.	.	1	.	.	1	.	.	1
.003 ,, 1½	.	.	1½	.	.	1½	.	.	1½	.	.	1½
.004 ,, 2	.	.	2¼	.	.	2¼	.	.	2¼	.	.	2¼
.005 ,, 2½	.	.	2¾	.	.	2¾	.	.	2¾	.	.	2¾
.006 ,, 3	.	.	3¼	.	.	3¼	.	.	3¼	.	.	3½
.007 ,, 3½	.	.	3¾	.	.	3¾	.	.	3¾	.	.	3¾
.008 ,, 4	.	.	4½	.	.	4½	.	.	4½	.	.	4½
.009 ,, 4½	.	.	5	.	.	5	.	.	5	.	.	5
.010 ,, 5	.	.	5½	.	.	5¾	.	.	5¾	.	.	5¾
.012 ,, 6	.	.	6¾	.	.	6¾	.	.	6¾	.	.	7
.014 ,, 7	.	.	8	.	.	8	.	.	8	.	.	8
.016 ,, 8	.	.	9	.	.	9¼	.	.	9¼	.	.	9¼
.018 ,, 9	.	.	10¼	.	.	10¼	.	.	10¼	.	.	10¼
.020 ,, 10	.	.	11¼	.	.	11½	.	.	11½	.	.	11½
.022 ,, 11	.	1	0½	.	1	0½	.	1	0½	.	1	0¾
.025 ,, 12	.	1	1¾	.	1	1¾	.	1	1¾	.	1	2
.027 ,, 13	.	1	2¾	.	1	3	.	1	3	.	1	3
.029 ,, 14	.	1	4	.	1	4	.	1	4	.	1	4¼
.031 ,, 15	.	1	5	.	1	5¼	.	1	5¼	.	1	5½
.033 ,, 16	.	1	6¼	.	1	6½	.	1	6½	.	1	6½
.035 ,, 17	.	1	7¼	.	1	7½	.	1	7½	.	1	7¾
.037 ,, 18	.	1	8½	.	1	8¾	.	1	8¾	.	1	8¾
.039 ,, 19	.	1	9¾	.	1	9¾	.	1	9¾	.	1	10
.041 ,, 20	.	1	10¾	.	1	11	.	1	11	.	1	11¼
.043 ,, 21	.	2	0	.	2	0¼	.	2	0¼	.	2	0¼
.045 ,, 22	.	2	1	.	2	1¼	.	2	1¼	.	2	1½
.048 ,, 23	.	2	2¼	.	2	2½	.	2	2½	.	2	2¾
WTS.—												
.050 or 1	.	2	3½	.	2	3¾	.	2	3¾	.	2	4
.100 ,, 2	.	4	7	.	4	7½	.	4	7½	.	4	8
.150 ,, 3	.	6	10¾	.	6	11¼	.	6	11½	.	7	0
.200 ,, 4	.	9	2¼	.	9	3	.	9	3½	.	9	4
.250 ,, 5	.	11	6	.	11	6¾	.	11	7½	.	11	8¼
.300 ,, 6	.	13	9½	.	13	10½	.	13	11¼	.	14	0¼
.350 ,, 7	.	16	1	.	16	2¼	.	16	3¼	.	16	4¼
.400 ,, 8	.	18	4¾	.	18	6	.	18	7	.	18	8¼
.450 ,, 9	1	0	8¼	1	0	9¾	1	0	11	1	1	0¼
.500 ,, 10	1	3	0	1	3	1½	1	3	3	1	3	4½
.550 ,, 11	1	5	3½	1	5	5¼	1	5	6¾	1	5	8½
.600 ,, 12	1	7	7	1	7	9	1	7	10¾	1	8	0½
.650 ,, 13	1	9	10¾	1	10	0¾	1	10	2½	1	10	4½
.700 ,, 14	1	12	2¼	1	12	4½	1	12	6½	1	12	8½
.750 ,, 15	1	14	6	1	14	8¼	1	14	10½	1	15	0¾
.800 ,, 16	1	16	9½	1	17	0	1	17	2¼	1	17	4¾
.850 ,, 17	1	19	1	1	19	3¾	1	19	6¼	1	19	8¾
.900 ,, 18	2	1	4¾	2	1	7½	2	1	10¼	2	2	0¾
.950 ,, 19	2	3	8¼	2	3	11¼	2	4	2	2	4	4¾
OUNCES.—												
1.000 or 1	2	6	0	2	6	3	2	6	6	2	6	9
2.000 ,, 2	4	12	0	4	12	6	4	13	0	4	13	6
3.000 ,, 3	6	18	0	6	18	9	6	19	6	7	0	3
4.000 ,, 4	9	4	0	9	5	0	9	6	0	9	7	0
5.000 ,, 5	11	10	0	11	11	3	11	12	6	11	13	9
6.000 ,, 6	13	16	0	13	17	6	13	19	0	14	0	6
7.000 ,, 7	16	2	0	16	3	9	16	5	6	16	7	3
8.000 ,, 8	18	8	0	18	10	0	18	12	0	18	14	0
9.000 ,, 9	20	14	0	20	16	3	20	18	6	21	0	9
10.000 ,, 10	23	0	0	23	2	6	23	5	0	23	7	6
11.000 ,, 11	25	6	0	25	8	9	25	11	6	25	14	3
12.000 ,, 12	27	12	0	27	15	0	27	18	0	28	1	0
13.000 ,, 13	29	18	0	30	1	3	30	4	6	30	7	9
14.000 ,, 14	32	4	0	32	7	6	32	11	0	32	14	6
15.000 ,, 15	34	10	0	34	13	9	34	17	6	35	1	3
16.000 ,, 16	36	16	0	37	0	0	37	4	0	37	8	0
17.000 ,, 17	39	2	0	39	6	3	39	10	6	39	14	9
18.000 ,, 18	41	8	0	41	12	6	41	17	0	42	1	6
19.000 ,, 19	43	14	0	43	18	9	44	3	6	44	8	3
20.000 ,, 20	46	0	0	46	5	0	46	10	0	46	15	0
25.000 ,, 25	57	10	0	57	16	3	58	2	6	58	8	9
30.000 ,, 30	69	0	0	69	7	6	69	15	0	70	2	6
40.000 ,, 40	92	0	0	92	10	0	93	0	0	93	10	0
50.000 ,, 50	115	0	0	115	12	6	116	5	0	116	17	6

PRICE PER OUNCE.

	@ 47/- oz.			@ 47/3 oz.			@ 47/6 oz.			@ 47/9 oz.		
GRAINS—	£	s	d	£	s.	d.	£	s.	d.	£	s.	d.
.001 or ½	.	.	¼	.	.	¼	.	.	¼	.	.	¼
.002 ,, 1	.	.	1	.	.	1	.	.	1	.	.	1
.003 ,, 1½	.	.	1½	.	.	1½	.	.	1½	.	.	1½
.004 ,, 2	.	.	2¼	.	.	2¼	.	.	2¼	.	.	2¼
.005 ,, 2½	.	.	2¾	.	.	2¾	.	.	2¾	.	.	2¾
.006 ,, 3	.	.	3½	.	.	3½	.	.	3½	.	.	3½
.007 ,, 3½	.	.	3¾	.	.	4	.	.	4	.	.	4
.008 ,, 4	.	.	4½	.	.	4½	.	.	4¾	.	.	4¾
.009 ,, 4½	.	.	5	.	.	5	.	.	5	.	.	5¼
.010 ,, 5	.	.	5¾	.	.	5¾	.	.	5¾	.	.	5¾
.012 ,, 6	.	.	7	.	.	7	.	.	7	.	.	7
.014 ,, 7	.	.	8	.	.	8	.	.	8¼	.	.	[illegible]
.016 ,, 8	.	.	9¼	.	.	9¼	.	.	9½	.	.	
.018 ,, 9	.	.	10¼	.	.	10½	.	.	10½	.	.	1
.020 ,, 10	.	.	11½	.	.	11¾	.	.	11¾	.		
.022 ,, 11	.	1	0¾	.	1	0¾	.	1	1	.	2	
.025 ,, 12	.	1	2	.	1	2	.	1	2¼	.		¼
.027 ,, 13	.	1	3	.	1	3¼	.	1	3¼	.		
.029 ,, 14	.	1	4¼	.	1	4¼	.	1	4½	.		
.031 ,, 15	.	1	5½	.	1	5½	.	1	5¾	.		
.033 ,, 16	.	1	6½	.	1	6¾	.	1	7	.		
.035 ,, 17	.	1	7¾	.	1	8	.	1	8	.		
.037 ,, 18	.	1	8¾	.	1	9	.	1	9¼	.		¼
.039 ,, 19	.	1	10	.	1	10¼	.	1	10½	.		1
.041 ,, 20	.	1	11¼	.	1	11½	.	1	11½	.		1
.043 ,, 21	.	2	0¼	.	2	0½	.	2	0¾	.		
.045 ,, 22	.	2	1½	.	2	1¾	.	2	2	.		
.048 ,, 23	.	2	2¾	.	2	3	.	2	3¼	.		¼
DWTS.—												
.050 or 1	.	2	4	.	2	4¼	.	2	4½	.	2	4½
.100 ,, 2	.	4	8¼	.	4	8	.	[illegible]	9	.	4	[illegible]¼
.150 ,, 3	.	7	0½	.	7	1	.		1½	.	7	¾
.200 ,, 4	.	9	4¾	.	9	5¼	.		6	.	9	½
.250 ,, 5	.	11	9	.	11	9	.	1	10½	.	11	1 ¼
.300 ,, 6	.	14	1	.	14	2	.	1	3	.	14	¾
.350 ,, 7	.	16	5¼	.	6	6¼	.		7½	.	6	½
.400 ,, 8	.	18	9½		8	10			0		9	
.450 ,, 9	1	1	1¾	[illegible]	1	3	1		4½	[illegible]	1	¾
.500 ,, 10	1	3	6		3	7¼			9		3	1 ½
.550 ,, 11	1	5	10		5	11			1½		6	
.600 ,, 12	1	8	2¼		8	4			6		8	7¾
.650 ,, 13	1	10	6½		10	8¼		1	10½		11	0¼
.700 ,, 14	1	12	10¾		13	0		1	3		13	[illegible]
.750 ,, 15	1	15	3		5	5			7½		5	¾
.800 ,, 16	1	17	7		7	9			0		8	
.850 ,, 17	1	19	11¼		0	1	2		4½		0	
.900 ,, 18	2	2	3		2	6	2		9		2	1 ½
.950 ,, 19	2	4	7		4	10	2		1½		5	
OUNCES.												
1.000 or 1	2	7	0	2	7	3	2	7	6	2	7	9
2.000 ,, 2	4	14	0	4	14	6	4	15	0	[illegible]	1[illegible]	6
3.000 ,, 3	7	1	0	7	1	9	7	2	6			3
4.000 ,, 4	9	8	0	9	9	0	9	10	0		1	0
5.000 ,, 5	11	15	0	11	16	3	11	17	6	1	1	9
6.000 ,, 6	14	2	0	14	3	6	14	5	0	1		6
7.000 ,, 7	16	9	0	16	10	9	16	12	6	1	1	3
8.000 ,, 8	18	16	0	18	18	0	19	0	0	1	2	0
9.000 ,, 9	21	3	0	21	5	3	21	7	6	2	9	9
10.000 ,, 10	23	10	0	23	12	6	23	15	0	2	17	6
11.000 ,, 11	25	17	0	25	19	9	26	2	6	2	[illegible]	3
12.000 ,, 12	28	4	0	28	7	0	28	10	0	2	1	0
13.000 ,, 13	30	11	0	30	14	3	30	17	6	3		9
14.000 ,, 14	32	18	0	33	1	6	33	5	0	3		6
15.000 ,, 15	35	5	0	35	8	9	35	12	6	3	1	3
16.000 ,, 16	37	12	0	37	16	0	38	0	0	3		0
17.000 ,, 17	39	19	0	40	3	3	40	7	6	4	1	9
18.000 ,, 18	42	6	0	42	10	6	42	15	0	4	1	6
19.000 ,, 19	44	13	0	44	17	9	45	2	6	4		3
20.000 ,, 20	47	0	0	47	5	0	47	10	0	4	1	0
25.000 ,, 25	58	15	0	59	1	3	59	7	6	5	1	9
30.000 ,, 30	70	10	0	70	17	6	71	5	0	7		6
40.000 ,, 40	94	0	0	94	10	0	95	0	0	9		0
50.000 ,, 50	117	10	0	118	2	6	118	15	0	119	7	6

PRICE PER OUNCE.

	@ 48/- oz.			@ 48/3 oz.			@ 48/6 oz.			@ 48/9 oz.		
	£	s.	d.	£	s.	d.	£	s.	d.	£	s.	d.
GRAINS.—												
.001 or ½	.	.	.¼	.	.	.¼	.	.	.¼	.	.	.¼
.002 ,, 1	.	.	1	.	.	1	.	.	1	.	.	1
.003 ,, 1½	.	.	1½	.	.	1½	.	.	1½	.	.	1½
.004 ,, 2	.	.	2¼	.	.	2¼	.	.	2¼	.	.	2¼
.005 ,, 2½	.	.	2¾	.	.	2¾	.	.	2¾	.	.	2¾
.006 ,, 3	.	.	3½	.	.	3½	.	.	3½	.	.	3½
.007 ,, 3½	.	.	4	.	.	4	.	.	4	.	.	4
.008 ,, 4	.	.	4¾	.	.	4¾	.	.	4¾	.	.	4¾
.009 ,, 4½	.	.	5¼	.	.	5¼	.	.	5¼	.	.	5¼
.010 ,, 5	.	.	5¾	.	.	5¾	.	.	6	.	.	6
.012 ,, 6	.	.	7	.	.	7	.	.	7¼	.	.	7¼
.014 ,, 7	.	.	8¼	.	.	8¼	.	.	8¼	.	.	8½
.016 ,, 8	.	.	9½	.	.	9½	.	.	9½	.	.	9¾
.018 ,, 9	.	.	10¾	.	.	10¾	.	.	10¾	.	.	10¾
.020 ,, 10	.	.	11¾	.	.	11¾	.	1	0	.	1	0
.022 ,, 11	.	1	1	.	1	1	.	1	1¼	.	1	1¼
.025 ,, 12	.	1	2¼	.	1	2¼	.	1	2½	.	1	2½
.027 ,, 13	.	1	3½	.	1	3½	.	1	3½	.	1	3¾
.029 ,, 14	.	1	4¾	.	1	4¾	.	1	4¾	.	1	5
.031 ,, 15	.	1	5¾	.	1	5¾	.	1	6	.	1	6¼
.033 ,, 16	.	1	7	.	1	7	.	1	7¼	.	1	7½
.035 ,, 17	.	1	8¼	.	1	8¼	.	1	8½	.	1	8½
.037 ,, 18	.	1	9½	.	1	9½	.	1	9½	.	1	9¾
.039 ,, 19	.	1	10¾	.	1	10¾	.	1	10¾	.	1	11
.041 ,, 20	.	1	11¾	.	1	11¾	.	2	0	.	2	0¼
.043 ,, 21	.	2	1	.	2	1	.	2	1¼	.	2	1½
.045 ,, 22	.	2	2¼	.	2	2¼	.	2	2½	.	2	2¾
.048 ,, 23	.	2	3½	.	2	3½	.	2	3¾	.	2	4
DWTS.—												
.050 or 1	.	2	4¾	.	2	4¾	.	2	5	.	2	5¼
.100 ,, 2	.	4	9½	.	4	9¾	.	4	10	.	4	10½
.150 ,, 3	.	7	2¼	.	7	2¾	.	7	3¼	.	7	3¾
.200 ,, 4	.	9	7	.	9	7¾	.	9	8¼	.	9	9
.250 ,, 5	.	12	0	.	12	0¾	.	12	1½	.	12	2¼
.300 ,, 6	.	14	4¾	.	14	5½	.	14	6½	.	14	7½
.350 ,, 7	.	16	9½	.	16	10½	.	16	11½	.	17	0¾
.400 ,, 8	.	19	2¼	.	19	3½	.	19	4¾	.	19	6
.450 ,, 9	1	1	7	1	1	8½	1	1	9¾	1	1	11¼
.500 ,, 10	1	4	0	1	4	1½	1	4	3	1	4	4½
.550 ,, 11	1	6	4¾	1	6	6¼	1	6	8	1	6	9¾
.600 ,, 12	1	8	9½	1	8	11¼	1	9	1	1	9	3
.650 ,, 13	1	11	2¼	1	11	4½	1	11	6¼	1	11	8¼
.700 ,, 14	1	13	7	1	13	9¼	1	13	11¼	1	14	1½
.750 ,, 15	1	16	0	1	16	2¼	1	16	4½	1	16	6¾
.800 ,, 16	1	18	4¾	1	18	7	1	18	9½	1	19	0
.850 ,, 17	2	0	9½	2	1	0	2	1	2½	2	1	5¼
.900 ,, 18	2	3	2¼	2	3	5	2	3	7¾	2	3	10½
.950 ,, 19	2	5	7	2	5	10	2	6	0¾	2	6	3¾
OUNCES.—												
1.000 or 1	2	8	0	2	8	3	2	8	6	2	8	9
2.000 ,, 2	4	16	0	4	16	6	4	17	0	4	17	6
3.000 ,, 3	7	4	0	7	4	9	7	5	6	7	6	3
4.000 ,, 4	9	12	0	9	13	0	9	14	0	9	15	0
5.000 ,, 5	12	0	0	12	1	3	12	2	6	12	3	9
6.000 ,, 6	14	8	0	14	9	6	14	11	0	14	12	6
7.000 ,, 7	16	16	0	16	17	9	16	19	6	17	1	3
8.000 ,, 8	19	4	0	19	6	0	19	8	0	19	10	0
9.000 ,, 9	21	12	0	21	14	3	21	16	6	21	18	9
10.000 ,, 10	24	0	0	24	2	6	24	5	0	24	7	6
11.000 ,, 11	26	8	0	26	10	9	26	13	6	26	16	3
12.000 ,, 12	28	16	0	28	19	0	29	2	0	29	5	0
13.000 ,, 13	31	4	0	31	7	3	31	10	6	31	13	9
14.000 ,, 14	33	12	0	33	15	6	33	19	0	34	2	6
15.000 ,, 15	36	0	0	36	3	9	36	7	6	36	11	3
16.000 ,, 16	38	8	0	38	12	0	38	16	0	39	0	0
17.000 ,, 17	40	16	0	41	0	3	41	4	6	41	8	9
18.000 ,, 18	43	4	0	43	8	6	43	13	0	43	17	6
19.000 ,, 19	45	12	0	45	16	9	46	1	6	46	6	3
20.000 ,, 20	48	0	0	48	5	0	48	10	0	48	15	0
25.000 ,, 25	60	0	0	60	6	3	60	12	6	60	18	9
30.000 ,, 30	72	0	0	72	7	6	72	15	0	73	2	6
40.000 ,, 40	96	0	0	96	10	0	97	0	0	97	10	0
50.000 ,, 50	120	0	0	120	12	6	121	5	0	121	17	6

PRICE PER OUNCE.

	@ 49/- oz.			@ 49/3 oz.			@ 49/6 oz.			@ 49/9 oz.		
GRAINS.—	£	s.	d.	£	s.	d.	£	s.	d.	£	s.	d.
.001 or ½	.	.	.¼	.	.	.¼	.	.	.¼	.	.	.¼
.002 ,, 1	.	.	1	.	.	1	.	.	1	.	.	1
.003 ,, 1½	.	.	1½	.	.	1½	.	.	1½	.	.	1½
.004 ,, 2	.	.	2¼	.	.	2¼	.	.	2¼	.	.	2¼
.005 ,, 2½	.	.	2¾	.	.	2¾	.	.	2¾	.	.	2¾
.006 ,, 3	.	.	3½	.	.	3½	.	.	3½	.	.	3½
.007 ,, 3½	.	.	4	.	.	4	.	.	4	.	.	4
.008 ,, 4	.	.	4¾	.	.	4¾	.	.	4¾	.	.	4¾
.009 ,, 4½	.	.	5¼	.	.	5¼	.	.	5¼	.	.	5¼
.010 ,, 5	.	.	6	.	.	6	.	.	6	.	.	6
.012 ,, 6	.	.	7¼	.	.	7¼	.	.	7¼	.	.	7¼
.014 ,, 7	.	.	8½	.	.	8½	.	.	8½	.	.	8½
.016 ,, 8	.	.	9¾	.	.	9¾	.	.	9¾	.	.	9¾
.018 ,, 9	.	.	10¾	.	.	11	.	.	11	.	.	11
.020 ,, 10	.	1	0	.	1	0¼	.	1	0¼	.	1	0¼
.022 ,, 11	.	1	1¼	.	1	1½	.	1	1½	.	1	1½
.025 ,, 12	.	1	2½	.	1	2¾	.	1	2¾	.	1	2¾
.027 ,, 13	.	1	3¾	.	1	3¾	.	1	3¾	.	1	4
.029 ,, 14	.	1	5	.	1	5	.	1	5	.	1	5¼
.031 ,, 15	.	1	6¼	.	1	6¼	.	1	6¼	.	1	6½
.033 ,, 16	.	1	7¼	.	1	7½	.	1	7½	.	1	7¾
.035 ,, 17	.	1	8½	.	1	8¾	.	1	8¾	.	1	9
.037 ,, 18	.	1	9¾	.	1	10	.	1	10	.	1	10¼
.039 ,, 19	.	1	11	.	1	11¼	.	1	11¼	.	1	11½
.041 ,, 20	.	2	0¼	.	2	0½	.	2	0½	.	2	0¾
.043 ,, 21	.	2	1½	.	2	1¾	.	2	1¾	.	2	2
.045 ,, 22	.	2	2¾	.	2	3	.	2	3	.	2	3¼
.048 ,, 23	.	2	4	.	2	4¼	.	2	4¼	.	2	4½
DWTS.—												
.050 or 1	.	2	5¼	.	2	5½	.	2	5½	.	2	5¾
.100 ,, 2	.	4	10¾	.	4	11	.	4	11¼	.	4	11½
.150 ,, 3	.	7	4	.	7	4½	.	7	5	.	7	5½
.200 ,, 4	.	9	9½	.	9	10	.	9	10¾	.	9	11¼
.250 ,, 5	.	12	3	.	12	3¾	.	12	4½	.	12	5¼
.300 ,, 6	.	14	8¼	.	14	9¼	.	14	10	.	14	11
.350 ,, 7	.	17	1¾	.	17	2¾	.	17	3¾	.	17	4¾
.400 ,, 8	.	19	7	.	19	8¼	.	19	9½	.	19	10¾
.450 ,, 9	1	2	0½	1	2	1¾	1	2	3¼	1	2	4½
.500 ,, 10	1	4	6	1	4	7½	1	4	9	1	4	10½
.550 ,, 11	1	6	11¼	1	7	1	1	7	2½	1	7	4¼
.600 ,, 12	1	9	4¾	1	9	6½	1	9	8¼	1	9	10
.650 ,, 13	1	11	10	1	12	0	1	12	2	1	12	4
.700 ,, 14	1	14	3½	1	14	5½	1	14	7¾	1	14	9¾
.750 ,, 15	1	16	9	1	16	11¼	1	17	1½	1	17	3¾
.800 ,, 16	1	19	2¼	1	19	4¾	1	19	7	1	19	9½
.850 ,, 17	2	1	7¾	2	1	10¼	2	2	0¾	2	2	3¼
.900 ,, 18	2	4	1	2	4	3¾	2	4	6½	2	4	9¼
.950 ,, 19	2	6	6½	2	6	9¼	2	7	0¼	2	7	3
OUNCES.—												
1.000 or 1	2	9	0	2	9	3	2	9	6	2	9	9
2.000 ,, 2	4	18	0	4	18	6	4	19	0	4	19	6
3.000 ,, 3	7	7	0	7	7	9	7	8	6	7	9	3
4.000 ,, 4	9	16	0	9	17	0	9	18	0	9	19	0
5.000 ,, 5	12	5	0	12	6	3	12	7	6	12	8	9
6.000 ,, 6	14	14	0	14	15	6	14	17	0	14	18	6
7.000 ,, 7	17	3	0	17	4	9	17	6	6	17	8	3
8.000 ,, 8	19	12	0	19	14	0	19	16	0	19	18	0
9.000 ,, 9	22	1	0	22	3	3	22	5	6	22	7	9
10.000 ,, 10	24	10	0	24	12	6	24	15	0	24	17	6
11.000 , 11	26	19	0	27	1	9	27	4	6	27	7	3
12.000 ,, 12	29	8	0	29	11	0	29	14	0	29	17	0
13.000 ,, 13	31	17	0	32	0	3	32	3	6	32	6	9
14.000 ,, 14	34	6	0	34	9	6	34	13	0	34	16	6
15.000 ,, 15	36	15	0	36	18	9	37	2	6	37	6	3
16.000 ,, 16	39	4	0	39	8	0	39	12	0	39	16	0
17.000 ,, 17	41	13	0	41	17	3	42	1	6	42	5	9
18.000 ,, 18	44	2	0	44	6	6	44	11	0	44	15	6
19.000 ,, 19	46	11	0	46	15	9	47	0	6	47	5	3
20.000 ,, 20	49	0	0	49	5	0	49	10	0	49	15	0
25.000 ,, 25	61	5	0	61	11	3	61	17	6	62	3	9
30.000 ,, 30	73	10	0	73	17	6	74	5	0	74	12	6
40.000 ,, 40	98	0	0	98	10	0	99	0	0	99	10	0
50.000 ,, 50	122	10	0	123	2	6	123	15	0	124	7	6

PRICE PER OUNCE.

	@ 50/- oz.			@ 50/3 oz.			@ 50/6 oz.			@ 50/9 oz.		
	£	s.	d.	£	s.	d.	£	s.	d.	£	s.	d.
RAINS.—												
.001 or ½	.	.	½	.	.	½	.	.	½	.	.	½
.002 ,, 1	.	.	1¼	.	.	1¼	.	.	1¼	.	.	1¼
.003 ,, 1½	.	.	1¾	.	.	1¾	.	.	1¾	.	.	1¾
.004 ,, 2	.	.	2½	.	.	2½	.	.	2½	.	.	2½
.005 ,, 2½	.	.	3	.	.	3	.	.	3	.	.	3
.006 ,, 3	.	.	3¾	.	.	3¾	.	.	3¾	.	.	3¾
.007 ,, 3½	.	.	4¼	.	.	4¼	.	.	4¼	.	.	4¼
.008 ,, 4	.	.	5	.	.	5	.	.	5	.	.	5
.009 ,, 4½	.	.	5½	.	.	5½	.	.	5½	.	.	5½
.010 ,, 5	.	.	6¼	.	.	6¼	.	.	6¼	.	.	6¼
.012 ,, 6	.	.	7½	.	.	7½	.	.	7½	.	.	7½
.014 ,, 7	.	.	8¾	.	.	8¾	.	.	8¾	.	.	8¾
.016 ,, 8	.	.	10	.	.	10	.	.	10	.	.	10
.018 ,, 9	.	.	11¼	.	.	11¼	.	.	11¼	.	.	11¼
.020 ,, 10	.	1	0½	.	1	0½	.	1	0½	.	1	0½
.022 ,, 11	.	1	1¾	.	1	1¾	.	1	1¾	.	1	1¾
.025 ,, 12	.	1	3	.	1	3	.	1	3	.	1	3
.027 ,, 13	.	1	4¼	.	1	4¼	.	1	4¼	.	1	4¼
.029 ,, 14	.	1	5½	.	1	5½	.	1	5½	.	1	5½
.031 ,, 15	.	1	6¾	.	1	6¾	.	1	6¾	.	1	6¾
.033 ,, 16	.	1	8	.	1	8	.	1	8	.	1	8
.035 ,, 17	.	1	9¼	.	1	9¼	.	1	9¼	.	1	9¼
.037 ,, 18	.	1	10½	.	1	10½	.	1	10½	.	1	10½
.039 ,, 19	.	1	11¾	.	1	11¾	.	1	11¾	.	1	11¾
.041 ,, 20	.	2	1	.	2	1	.	2	1	.	2	1
.043 ,, 21	.	2	2¼	.	2	2¼	.	2	2¼	.	2	2¼
.045 ,, 22	.	2	3½	.	2	3½	.	2	3½	.	2	3½
.048 ,, 23	.	2	4¾	.	2	4¾	.	2	4¾	.	2	4¾
DWTS.—												
.050 or 1	.	2	6	.	2	6	.	2	6¼	.	2	6¼
.100 ,, 2	.	5	0	.	5	0¼	.	5	0½	.	5	0¾
.150 ,, 3	.	7	6	.	7	6¼	.	7	6¾	.	7	7¼
.200 ,, 4	.	10	0	.	10	0½	.	10	1	.	10	1¾
.250 ,, 5	.	12	6	.	12	6¾	.	12	7½	.	12	8¼
.300 ,, 6	.	15	0	.	15	0¾	.	15	1¾	.	15	2½
.350 ,, 7	.	17	6	.	17	7	.	17	8	.	17	9
.400 ,, 8	1	0	0	1	0	1	1	0	2¼	1	0	3½
.450 ,, 9	1	2	6	1	2	7¼	1	2	8	1	2	10
.500 ,, 10	1	5	0	1	5	1	1	5	3	1	5	4½
.550 ,, 11	1	7	6	1	7	7	1	7	9¼	1	7	10
.600 ,, 12	1	10	0	1	10	1½	1	10	3	1	10	5-
.650 ,, 13	1	12	6	1	12	7¾	1	2	9	1	2	11
.700 ,, 14	1	15	0	1	15	2	1	5	4	1	5	6
.750 ,, 15	1	17	6	1	17	¼	1	7	10½	1	8	0¾
.800 ,, 16	2	0	0	2	0		2	0	4	2	0	7
.850 ,, 17	2	2	6	2	2		2	2	11	2	3	1½
.900 ,, 18	2	5	0	2	5		2	5	5½	2	5	8
.950 ,, 19	2	7	6	2	7	8¾	2	7	11	2	8	2½
OUNCES.—												
1.000 or 1	2	10	0	2	10	3	2	10	6	2	10	9
2.000 ,, 2	5	0	0	5	0	6	5	1	0	5	1	6
3.000 ,, 3	7	10	0	7	10	9	7	11	6	7	12	3
4.000 ,, 4	10	0	0	10	1	0	10	2	0	10	3	0
5.000 ,, 5	12	10	0	12	11	3	2	12	6	12	13	9
6.000 ,, 6	15	0	0	15	1	6	5	3	0	15	4	6
7.000 ,, 7	17	10	0	17	11	9	7	13	6	17	15	3
8.000 ,, 8	20	0	0	20	2	0	0	4	0	20	6	0
9.000 ,, 9	22	10	0	22	12	3	2	14	6	22	16	9
10.000 ,, 10	25	0	0	25	2	6	5	5	0	25	7	6
11.000 ,, 11	27	10	0	27	12	9	7	15	6	27	18	3
12.000 ,, 12	30	0	0	30	3	0	30	6	0	30	9	0
13.000 ,, 13	32	10	0	32	13	3	2	16	6	32	19	9
14.000 ,, 14	35	0	0	35	3	6	5	7	0	35	0	6
15.000 ,, 15	37	10	0	37	13	9	7	17	6	38	1	3
16.000 ,, 16	40	0	0	40	4	0	0	8	0	40	12	0
17.000 ,, 17	42	10	0	42	14	3	2	18	6	43	2	9
18.000 ,, 18	45	0	0	45	4	6	45	9	0	45	13	6
19.000 ,, 19	47	10	0	47	14	9	47	19	6	48	4	3
20.000 ,, 20	50	0	0	50	5	0	50	0	0	50	15	0
25.000 ,, 25	62	10	0	62	16	3	63	2	6	63	8	9
30.000 ,, 30	75	0	0	75	7	6	75	15	0	76	2	6
40.000 ,, 40	100	0	0	100	10	0	101	0	0	101	10	0
50.000 ,, 50	125	0	0	125	12	6	126	5	0	126	7	6

PRICE PER OUNCE.

	@ 51/- oz.			@ 51/3 oz.			@ 51/6 oz.			@ 51/9 oz.		
GRAINS.—	£	s.	d.	£	s.	d.	£	s.	d.	£	s.	d.
.001 or ½	.	.	.½	.	.	.½	.	.	.½	.	.	.½
.002 ,, 1	.	.	1¼	.	.	1¼	.	.	1¼	.	.	1¼
.003 ,, 1½	.	.	1¾	.	.	1¾	.	.	1¾	.	.	1¾
.004 ,, 2	.	.	2½	.	.	2½	.	.	2½	.	.	2½
.005 ,, 2½	.	.	3	.	.	3	.	.	3	.	.	3
.006 ,, 3	.	.	3¾	.	.	3¾	.	.	3¾	.	.	3¾
.007 ,, 3½	.	.	4¼	.	.	4¼	.	.	4¼	.	.	4¼
.008 ,, 4	.	.	5	.	.	5	.	.	5	.	.	5
.009 ,, 4½	.	.	5½	.	.	5½	.	.	5½	.	.	5½
.010 ,, 5	.	.	6¼	.	.	6¼	.	.	6¼	.	.	6¼
.012 ,, 6	.	.	7½	.	.	7½	.	.	7½	.	.	7¾
.014 ,, 7	.	.	8¾	.	.	8¾	.	.	8¾	.	.	9
.016 ,, 8	.	.	10	.	.	10¼	.	.	10¼	.	.	10¼
.018 ,, 9	.	.	11¼	.	.	11½	.	.	11½	.	.	11½
.020 ,, 10	.	1	0½	.	1	0¾	.	1	0¾	.	1	0¾
.022 ,, 11	.	1	1¾	.	1	2	.	1	2	.	1	2
.025 ,, 12	.	1	3¼	.	1	3¼	.	1	3¼	.	1	3½
.027 ,, 13	.	1	4½	.	1	4½	.	1	4½	.	1	4¾
.029 ,, 14	.	1	5¾	.	1	5¾	.	1	5¾	.	1	6
.031 ,, 15	.	1	7	.	1	7	.	1	7	.	1	7¼
.033 ,, 16	.	1	8¼	.	1	8½	.	1	8½	.	1	8½
.035 ,, 17	.	1	9½	.	1	9¾	.	1	9¾	.	1	9¾
.037 ,, 18	.	1	10¾	.	1	11	.	1	11	.	1	11
.039 ,, 19	.	2	0	.	2	0¼	.	2	0¼	.	2	0½
.041 ,, 20	.	2	1¼	.	2	1½	.	2	1½	.	2	1¾
.043 ,, 21	.	2	2½	.	2	2¾	.	2	2¾	.	2	3
.045 ,, 22	.	2	3¾	.	2	4	.	2	4	.	2	4¼
.048 ,, 23	.	2	5	.	2	5¼	.	2	5¼	.	2	5½
DWTS.—												
.050 or 1	.	2	6½	.	2	6¾	.	2	6¾	.	2	7
.100 ,, 2	.	5	1	.	5	1½	.	5	1¾	.	5	2
.150 ,, 3	.	7	7¾	.	7	8¼	.	7	8	.	7	9
.200 ,, 4	.	10	2¼	.	10	3	.	10	3	.	10	4
.250 ,, 5	.	12	9	.	12	9¾	.	2	10	.	2	11¼
.300 ,, 6	.	15	3½	.	15	4½	.	5	5	.	15	6¼
.350 ,, 7	.	17	10	.	17	11¼	.	8	0¼	.	18	1
.400 ,, 8	1	0	4¾	1	0	6	1	0	7	1	0	8
.450 ,, 9	1	2	11¼	1	3	0¾	1	3	2	1	3	3
.500 ,, 10	1	5	6	1	5	7½	1	5	9	1	5	10
.550 ,, 11	1	8	0½	1	8	2¼	1	8	3¾	1	8	5
.600 ,, 12	1	10	7	1	10	9	1	10	10¾	1	11	0
.650 ,, 13	1	13	1¾	1	13	3¾	1	3	5	1	13	7
.700 ,, 14	1	15	8¼	1	15	10½	1	6	0	1	6	2
.750 ,, 15	1	18	3	1	18	5¼	1	8	7½	1	8	9
.800 ,, 16	2	0	9½	2	1	0	2	1	2½	2	1	4¾
.850 ,, 17	2	3	4	2	3	6¾	2	3	9	2	3	11¾
.900 ,, 18	2	5	10¾	2	6	1½	2	6	4	2	6	6
.950 ,, 19	2	8	5¼	2	8	8¼	2	8	11	2	9	1
OUNCES.—												
1.000 or 1	2	11	0	2	11	3	2	11	6	2	11	9
2.000 ,, 2	5	2	0	5	2	6	5	3	0	5	3	6
3.000 ,, 3	7	13	0	7	13	9	7	14	6	7	15	3
4.000 ,, 4	10	4	0	10	5	0	10	6	0	10	7	0
5.000 ,, 5	12	15	0	12	16	3	12	17	6	12	18	9
6.000 ,, 6	15	6	0	15	7	6	15	9	0	5	10	6
7.000 ,, 7	17	17	0	17	18	9	18	0	6	8	2	3
8.000 ,, 8	20	8	0	20	10	0	20	12	0	0	14	0
9.000 ,, 9	22	19	0	23	1	3	23	3	6	3	5	9
10.000 ,, 10	25	10	0	25	12	6	25	15	0	5	17	6
11.000 ,, 11	28	1	0	28	3	9	28	6	6	8	9	3
12.000 ,, 12	30	12	0	30	15	0	30	18	0	1	1	0
13.000 ,, 13	33	3	0	33	6	3	33	9	6	3	12	9
14.000 ,, 14	35	14	0	35	17	6	36	1	0	36	4	6
15.000 ,, 15	38	5	0	38	8	9	38	12	6	38	16	3
16.000 ,, 16	40	16	0	41	0	0	41	4	0	41	8	0
17.000 ,, 17	43	7	0	43	11	3	43	15	6	3	19	9
18.000 ,, 18	45	18	0	46	2	6	46	7	0	6	1	6
19.000 ,, 19	48	9	0	48	13	9	48	18	6	49	3	3
20.000 ,, 20	51	0	0	51	5	0	51	10	0	51	15	0
25.000 ,, 25	63	15	0	64	1	3	64	7	6	64	13	9
30.000 ,, 30	76	10	0	76	17	6	77	5	0	7	12	6
40.000 ,, 40	102	0	0	102	10	0	103	0	0	103	10	0
50.000 ,, 50	127	10	0	128	2	6	128	15	0	129	7	6

PRICE PER OUNCE.

	@ 52/- oz.			@ 52/3 oz.			@ 52/6 oz.			@ 52/9 oz.		
	£	s.	d.	£	s.	d.	£	s.	d.	£	s.	d.
GRAINS.—												
.001 or ½	.	.	.½	.	.	.½	.	.	.½	.	.	.½
.002 ,, 1	.	.	1¼	.	.	1¼	.	.	1¼	.	.	1¼
.003 ,, 1½	.	.	1¾	.	.	1¾	.	.	1¾	.	.	1¾
.004 ,, 2	.	.	2½	.	.	2½	.	.	2½	.	.	2½
.005 ,, 2½	.	.	3	.	.	3	.	.	3	.	.	3
.006 ,, 3	.	.	3¾	.	.	3¾	.	.	3¾	.	.	3¾
.007 ,, 3½	.	.	4¼	.	.	4¼	.	.	4¼	.	.	4¼
.008 ,, 4	.	.	5	.	.	5	.	.	5¼	.	.	5¼
.009 ,, 4½	.	.	5½	.	.	5¾	.	.	5¾	.	.	5¾
.010 ,, 5	.	.	6¼	.	.	6½	.	.	6½	.	.	6½
.012 ,, 6	.	.	7¾	.	.	7¾	.	.	7¾	.	.	7¾
.014 ,, 7	.	.	9	.	.	9	.	.	9	.	.	9
.016 ,, 8	.	.	10¼	.	.	10¼	.	.	10½	.	.	10½
.018 ,, 9	.	.	11½	.	.	11½	.	.	11¾	.	.	11¾
.020 ,, 10	.	1	0¾	.	1	1	.	1	1	.	1	1
.022 ,, 11	.	1	2	.	1	2¼	.	1	2¼	.	1	2¼
.025 ,, 12	.	1	3½	.	1	3½	.	1	3¾	.	1	3¾
.027 ,, 13	.	1	4¾	.	1	4¾	.	1	5	.	1	5
.029 ,, 14	.	1	6	.	1	6	.	1	6¼	.	1	6¼
.031 ,, 15	.	1	7¼	.	1	7½	.	1	7½	.	1	7½
.033 ,, 16	.	1	8½	.	1	8¾	.	1	9	.	1	9
.035 ,, 17	.	1	9¾	.	1	10	.	1	10¼	.	1	10¼
.037 ,, 18	.	1	11	.	1	11¼	.	1	11½	.	1	11½
.039 ,, 19	.	2	0½	.	2	0½	.	2	0¾	.	2	0¾
.041 ,, 20	.	2	1¾	.	2	2	.	2	2	.	2	2
.043 ,, 21	.	2	3	.	2	3¼	.	2	3½	.	2	3½
.045 ,, 22	.	2	4¼	.	2	4½	.	2	4¾	.	2	4¾
.048 ,, 23	.	2	5½	.	2	5¾	.	2	6	.	2	6
DWTS.—												
.050 or 1	.	2	7	.	2	7¼	.	2	7½	.	2	7½
.100 ,, 2	.	5	2¼	.	5	2½	.	5	3	.	5	3¼
.150 ,, 3	.	7	9½	.	7	10	.	7	10½	.	7	10¾
.200 ,, 4	.	10	4¾	.	10	5¼	.	10	6	.	10	6½
.250 ,, 5	.	13	0	.	13	0¾	.	13	1½	.	13	2¼
.300 ,, 6	.	15	7	.	15	8	.	15	9	.	15	9¾
.350 ,, 7	.	18	2¼	.	18	3¼	.	18	4½	.	18	5½
.400 ,, 8	1	0	9½	1	0	10¾	1	1	0	1	1	1
.450 ,, 9	1	3	4¾	1	3	6	1	3	7½	1	3	8¾
.500 ,, 10	1	6	0	1	6	1½	1	6	3	1	6	4½
.550 ,, 11	1	8	7	1	8	8¾	1	8	10½	1	9	0
.600 ,, 12	1	11	2¼	1	11	4	1	11	6	1	11	7¾
.650 ,, 13	1	13	9½	1	13	11½	1	14	1½	1	14	3¼
.700 ,, 14	1	16	4¾	1	16	6¾	1	16	9	1	16	11
.750 ,, 15	1	19	0	1	19	2¼	1	19	4½	1	19	6¾
.800 ,, 16	2	1	7	2	1	9½	2	2	0	2	2	2¼
.850 ,, 17	2	4	2¼	2	4	4¾	2	4	7½	2	4	10
.900 ,, 18	2	6	9½	2	7	0¼	2	7	3	2	7	5½
.950 ,, 19	2	9	4¾	2	9	7½	2	9	10½	2	10	1¼
OUNCES.—												
1.000 or 1	2	12	0	2	12	3	2	12	6	2	12	9
2.000 ,, 2	5	4	0	5	4	6	5	5	0	5	5	6
3.000 ,, 3	7	16	0	7	16	9	7	17	6	7	18	3
4.000 ,, 4	10	8	0	10	9	0	10	10	0	10	11	0
5.000 ,, 5	13	0	0	13	1	3	13	2	6	13	3	9
6.000 ,, 6	15	12	0	15	13	6	15	15	0	15	16	6
7.000 ,, 7	18	4	0	18	5	9	18	7	6	18	9	3
8.000 ,, 8	20	16	0	20	18	0	21	0	0	21	2	0
9.000 ,, 9	23	8	0	23	10	3	23	12	6	23	14	9
10.000 ,, 10	26	0	0	26	2	6	6	5	0	26	7	6
11.000 ,, 11	28	12	0	28	14	9	28	17	6	29	0	3
12.000 ,, 12	31	4	0	31	7	0	31	10	0	31	13	0
13.000 ,, 13	33	16	0	33	19	3	34	2	6	34	5	9
14.000 ,, 14	36	8	0	36	11	6	36	15	0	36	18	6
15.000 ,, 15	39	0	0	39	3	9	39	7	6	39	11	3
16.000 ,, 16	41	12	0	41	16	0	42	0	0	42	4	0
17.000 ,, 17	44	4	0	44	8	3	44	12	6	44	12	9
18.000 ,, 18	46	16	0	47	0	6	47	5	0	47	9	6
19.000 ,, 19	49	8	0	49	12	9	49	17	6	50	2	3
20.000 ,, 20	52	0	0	52	5	0	52	10	0	52	15	0
25.000 ,, 25	65	0	0	65	6	3	65	12	6	65	18	9
30.000 ,, 30	78	0	0	78	7	6	78	15	0	79	2	6
40.000 ,, 40	104	0	0	104	10	0	105	0	0	105	10	0
50.000 ,, 50	130	0	0	130	12	6	131	5	0	131	17	6

PRICE PER OUNCE.

	@ 53/- oz.			@ 53/3 oz.			@ 53/6 oz.			@ 53/9 oz.		
GRAINS.—	£	s.	d.	£	s.	d.	£	s.	d.	£	s.	d.
.001 or ½	.	.	.½	.	.	.½	.	.	.½	.	.	.½
.002 ,, 1	.	.	1¼	.	.	1¼	.	.	1¼	.	.	1¼
.003 ,, 1½	.	.	1¾	.	.	1¾	.	.	1¾	.	.	1¾
.004 ,, 2	.	.	2½	.	.	2½	.	.	2½	.	.	2½
.005 ,, 2½	.	.	3	.	.	3	.	.	3	.	.	3
.006 ,, 3	.	.	3¾	.	.	3¾	.	.	3¾	.	.	4
.007 ,, 3½	.	.	4½	.	.	4½	.	.	4½	.	.	4½
.008 ,, 4	.	.	5¼	.	.	5¼	.	.	5¼	.	.	5¼
.009 ,, 4½	.	.	5¾	.	.	5¾	.	.	5¾	.	.	5¾
.010 ,, 5	.	.	6½	.	.	6½	.	.	6½	.	.	6½
.012 ,, 6	.	.	7¾	.	.	7¾	.	.	8	.	.	8
.014 ,, 7	.	.	9¼	.	.	9¼	.	.	9¼	.	.	9¼
.016 ,, 8	.	.	10½	.	.	10½	.	.	10½	.	.	10¾
.018 ,, 9	.	.	11¾	.	.	11¾	.	.	11¾	.	1	0
.020 ,, 10	.	1	1	.	1	1	.	1	1¼	.	1	1¼
.022 ,, 11	.	1	2½	.	1	2½	.	1	2½	.	1	2½
.025 ,, 12	.	1	3¾	.	1	3¾	.	1	4	.	1	4
.027 ,, 13	.	1	5¼	.	1	5¼	.	1	5¼	.	1	5½
.029 ,, 14	.	1	6½	.	1	6½	.	1	6½	.	1	6¾
.031 ,, 15	.	1	7¾	.	1	7¾	.	1	8	.	1	8
.033 ,, 16	.	1	9¼	.	1	9¼	.	1	9¼	.	1	9½
.035 ,, 17	.	1	10½	.	1	10½	.	1	10½	.	1	10¾
.037 ,, 18	.	1	11¾	.	1	11¾	.	1	11¾	.	2	0
.039 ,, 19	.	2	1	.	2	1	.	2	1¼	.	2	1½
.041 ,, 20	.	2	2¼	.	2	2¼	.	2	2½	.	2	2¾
.043 ,, 21	.	2	3¾	.	2	3¾	.	2	4	.	2	4
.045 ,, 22	.	2	5	.	2	5	.	2	5¼	.	2	5½
.048 ,, 23	.	2	6¼	.	2	6¼	.	2	6½	.	2	6¾
DWTS.—												
.050 or 1	.	2	7¾	.	2	7¾	.	2	8	.	2	8¼
.100 ,, 2	.	5	3½	.	5	3¾	.	5	4	.	5	4½
.150 ,, 3	.	7	11¼	.	7	11¾	.	8	0¼	.	8	0¾
.200 ,, 4	.	10	7	.	10	7¾	.	10	8¼	.	10	9
.250 ,, 5	.	13	3	.	13	3¾	.	13	4½	.	13	5¼
.300 ,, 6	.	15	10¾	.	15	11½	.	16	0½	.	16	1½
.350 ,, 7	.	18	6½	.	18	7½	.	18	8½	.	18	9¾
.400 ,, 8	1	1	2¼	1	1	3½	1	1	4¾	1	1	6
.450 ,, 9	1	3	10	1	3	11½	1	4	0¾	1	4	2¼
.500 ,, 10	1	6	6	1	6	7½	1	6	9	1	6	10½
.550 ,, 11	1	9	1¾	1	9	3¼	1	9	5	1	9	6¾
.600 ,, 12	1	11	9½	1	11	11¼	1	12	1	1	12	3
.650 ,, 13	1	14	5¼	1	14	7¼	1	14	9¼	1	14	11¼
.700 ,, 14	1	17	1	1	17	3¼	1	17	5¼	1	17	7½
.750 ,, 15	1	19	9	1	19	11¼	2	0	1½	2	0	3¾
.800 ,, 16	2	2	4¾	2	2	7	2	2	9½	2	3	0
.850 ,, 17	2	5	0½	2	5	3	2	5	5½	2	5	8¼
.900 ,, 18	2	7	8¼	2	7	11	2	8	1¾	2	8	4½
.950 ,, 19	2	10	4	2	10	7	2	10	9¾	2	11	0¾
OUNCES.—												
1.000 or 1	2	13	0	2	13	3	2	13	6	2	13	9
2.000 ,, 2	5	6	0	5	6	6	5	7	0	5	7	6
3.000 ,, 3	7	19	0	7	19	9	8	0	6	8	1	3
4.000 ,, 4	10	12	0	10	13	0	10	14	0	10	15	0
5.000 ,, 5	13	5	0	13	6	3	13	7	6	13	8	9
6.000 ,, 6	15	18	0	15	19	6	16	1	0	16	2	6
7.000 ,, 7	18	11	0	18	12	9	18	14	6	18	16	3
8.000 ,, 8	21	4	0	21	6	0	21	8	0	21	10	0
9.000 ,, 9	23	17	0	23	19	3	24	1	6	24	3	9
10.000 ,, 10	26	10	0	26	12	6	26	15	0	26	17	6
11.000 ,, 11	29	3	0	29	5	9	29	8	6	29	11	3
12.000 ,, 12	31	16	0	31	19	0	32	2	0	32	5	0
13.000 ,, 13	34	9	0	34	12	3	34	15	6	34	18	9
14.000 ,, 14	37	2	0	37	5	6	37	9	0	37	12	6
15.000 ,, 15	39	15	0	39	18	9	40	2	6	40	6	3
16.000 ,, 16	42	8	0	42	12	0	42	16	0	43	0	0
17.000 ,, 17	45	1	0	45	5	3	45	9	6	45	13	9
18.000 ,, 18	47	14	0	47	18	6	48	3	0	48	7	6
19.000 ,, 19	50	7	0	50	11	9	50	16	6	51	1	3
20.000 ,, 20	53	0	0	53	5	0	53	10	0	53	15	0
25.000 ,, 25	66	5	0	66	11	3	66	17	6	67	3	9
30.000 ,, 30	79	10	0	79	17	6	80	5	0	80	12	6
40.000 ,, 40	106	0	0	106	10	0	107	0	0	107	10	0
50.000 ,, 50	132	10	0	133	2	6	133	15	0	134	7	6

PRICE PER OUNCE.

	@ 54/- oz.			@ 54/3 oz.			@ 54/6 oz.			@ 54/9 oz.		
	£	s.	d.	£	s.	d.	£	s.	d.	£	s.	d.
GRAINS.—												
.001 or ½	.	.	.½	.	.	.½	.	.	.½	.	.	.½
.002 ,, 1	.	.	1¼	.	.	1¼	.	.	1¼	.	.	1¼
.003 ,, 1½	.	.	1¾	.	.	1¾	.	.	1¾	.	.	1¾
.004 ,, 2	.	.	2½	.	.	2½	.	.	2½	.	.	2½
.005 ,, 2½	.	.	3¼	.	.	3¼	.	.	3¼	.	.	3¼
.006 ,, 3	.	.	4	.	.	4	.	.	4	.	.	4
.007 ,, 3½	.	.	4½	.	.	4½	.	.	4½	.	.	4½
.008 ,, 4	.	.	5¼	.	.	5¼	.	.	5¼	.	.	5¼
.009 ,, 4½	.	.	5¾	.	.	5¾	.	.	6	.	.	6
.010 ,, 5	.	.	6½	.	.	6¾	.	.	6¾	.	.	6¾
.012 ,, 6	.	.	8	.	.	8	.	.	8	.	.	8
.014 ,, 7	.	.	9¼	.	.	9¼	.	.	9¼	.	.	9½
.016 ,, 8	.	.	10¾	.	.	10¾	.	.	10¾	.	.	10¾
.018 ,, 9	.	1	0	.	1	0	.	1	0	.	1	0¼
.020 ,, 10	.	1	1¼	.	1	1½	.	1	1½	.	1	1½
.022 ,, 11	.	1	2¾	.	1	2¾	.	1	2¾	.	1	3
.025 ,, 12	.	1	4	.	1	4¼	.	1	4¼	.	1	4¼
.027 ,, 13	.	1	5¼	.	1	5½	.	1	5½	.	1	5½
.029 ,, 14	.	1	6¾	.	1	6¾	.	1	6¾	.	1	7
.031 ,, 15	.	1	8	.	1	8¼	.	1	8¼	.	1	8¼
.033 ,, 16	.	1	9¼	.	1	9½	.	1	9½	.	1	9¾
.035 ,, 17	.	1	10¾	.	1	11	.	1	11	.	1	11
.037 ,, 18	.	2	0	.	2	0¼	.	2	0¼	.	2	0½
.039 ,, 19	.	2	1½	.	2	1½	.	2	1½	.	2	1¾
.041 ,, 20	.	2	2¾	.	2	3	.	2	3	.	2	3¼
.043 ,, 21	.	2	4	.	2	4¼	.	2	4¼	.	2	4½
.045 ,, 22	.	2	5½	.	2	5¾	.	2	5¾	.	2	6
.048 , 23	.	2	6¾	.	2	7	.	2	7	.	2	7¼
DWTS.—												
.050 or 1	.	2	8¼	.	2	8½	.	2	8½	.	2	8¾
.100 ,, 2	.	5	4¾	.	5	5	.	5	5¼	.	5	5½
.150 ,, 3	.	8	1	.	8	1½	.	8	2	.	8	2½
.200 ,, 4	.	10	9½	.	10	10	.	10	10¾	.	10	11¼
.250 ,, 5	.	13	6	.	13	6¾	.	13	7½	.	13	8¼
.300 ,, 6	.	16	2¼	.	16	3¼	.	16	4	.	16	5
.350 ,, 7	.	18	10¾	.	18	11¾	.	19	0¾	.	19	1¾
.400 ,, 8	1	1	7	1	1	8¼	1	1	9½	1	1	10¾
.450 ,, 9	1	4	3½	1	4	4¾	1	4	6¼	1	4	7½
.500 ,, 10	1	7	0	1	7	1½	1	7	3	1	7	4½
.550 ,, 11	1	9	8¼	1	9	10	1	9	11½	1	10	1¼
.600 ,, 12	1	12	4¾	1	12	6½	1	12	8¼	1	12	10
.650 ,, 13	1	15	1	1	15	3	1	15	5	1	15	7
.700 ,, 14	1	17	9½	1	17	11½	1	18	1¾	1	18	3¾
.750 ,, 15	2	0	6	2	0	8¼	2	0	10½	2	1	0¾
.800 ,, 16	2	3	2¼	2	3	4¾	2	3	7	2	3	9½
.850 ,, 17	2	5	10¾	2	6	1¼	2	6	3¾	2	6	6¼
.900 ,, 18	2	8	7	2	8	9¾	2	9	0½	2	9	3¼
.950 ,, 19	2	11	3½	2	11	6¼	2	11	9¼	2	12	0
OUNCES.—												
1.000 or 1	2	14	0	2	14	3	2	14	6	2	14	9
2.000 ,, 2	5	8	0	5	8	6	5	9	0	5	9	6
3.000 ,, 3	8	2	0	8	2	9	8	3	6	8	4	3
4.000 ,, 4	10	16	0	10	17	0	10	18	0	10	19	0
5.000 ,, 5	13	10	0	13	11	3	13	12	6	13	13	9
6.000 ,, 6	16	4	0	16	5	6	16	7	0	16	8	6
7.000 ,, 7	18	18	0	18	19	9	19	1	6	19	3	3
8.000 ,, 8	21	12	0	21	14	0	21	16	0	21	18	0
9.000 ,, 9	24	6	0	24	8	3	24	10	6	24	12	9
10.000 ,, 10	27	0	0	27	2	6	27	5	0	27	7	6
11.000 ,, 11	29	14	0	29	16	9	29	19	6	30	2	3
12.000 ,, 12	32	8	0	32	11	0	32	14	0	32	17	0
13.000 ,, 13	35	2	0	35	5	3	35	8	6	35	11	9
14.000 ,, 14	37	16	0	37	19	6	38	3	0	38	6	6
15.000 ,, 15	40	10	0	40	13	9	40	17	6	41	1	3
16.000 ,, 16	43	4	0	43	8	0	43	12	0	43	16	0
17.000 ,, 17	45	18	0	46	2	3	46	6	6	46	10	9
18.000 ,, 18	48	12	0	48	16	6	49	1	0	49	5	6
19.000 ,, 19	51	6	0	51	10	9	51	15	6	52	0	3
20.000 ,, 20	54	0	0	54	5	0	54	10	0	54	15	0
25.000 ,, 25	67	10	0	67	16	3	68	2	6	68	8	9
30.000 ,, 30	81	0	0	81	7	6	81	15	0	82	2	6
40.000 ,, 40	108	0	0	108	10	0	109	0	0	109	10	0
50.000 ,, 50	135	0	0	135	12	6	136	5	0	136	17	6

PRICE PER OUNCE.

	@ 55/- oz.			@ 55/3 oz.			@ 55/6 oz.			@ 55/9 oz.		
GRAINS.—	£	s.	d.	£	s.	d.	£	s.	d.	£	s.	d.
.001 or ½	.	.	. ½	.	.	. ½	.	.	. ½	.	.	. ½
.002 ,, 1	.	.	1¼	.	.	1¼	.	.	1¼	.	.	1¼
.003 ,, 1½	.	.	1¾	.	.	1¾	.	.	1¾	.	.	1¾
.004 ,, 2	.	.	2¾	.	.	2¾	.	.	2¾	.	.	2¾
.005 ,, 2½	.	.	3¼	.	.	3¼	.	.	3¼	.	.	3¼
.006 ,, 3	.	.	4	.	.	4	.	.	4	.	.	4
.007 ,, 3½	.	.	4½	.	.	4½	.	.	4½	.	.	4½
.008 ,, 4	.	.	5½	.	.	5½	.	.	5½	.	.	5½
.009 ,, 4½	.	.	6	.	.	6	.	.	6	.	.	6
.010 ,, 5	.	.	6¾	.	.	6¾	.	.	6¾	.	.	6¾
.012 ,, 6	.	.	8¼	.	.	8¼	.	.	8¼	.	.	8¼
.014 ,, 7	.	.	9½	.	.	9½	.	.	9½	.	.	9½
.016 ,, 8	.	.	11	.	.	11	.	.	11	.	.	11
.018 ,, 9	.	1	0¼	.	1	0¼	.	1	0¼	.	1	0¼
.020 ,, 10	.	1	1¾	.	1	1¾	.	1	1¾	.	1	1¾
.022 ,, 11	.	1	3	.	1	3	.	1	3	.	1	3
.025 ,, 12	.	1	4½	.	1	4½	.	1	4½	.	1	4½
.027 ,, 13	.	1	5¾	.	1	5¾	.	1	6	.	1	6
.029 ,, 14	.	1	7¼	.	1	7¼	.	1	7¼	.	1	7¼
.031 ,, 15	.	1	8½	.	1	8½	.	1	8¾	.	1	8¾
.033 ,, 16	.	1	10	.	1	10	.	1	10	.	1	10
.035 ,, 17	.	1	11¼	.	1	11¼	.	1	11½	.	1	11½
.037 ,, 18	.	2	0½	.	2	0½	.	2	0¾	.	2	0¾
.039 ,, 19	.	2	2	.	2	2	.	2	2¼	.	2	2¼
.041 ,, 20	.	2	3¼	.	2	3¼	.	2	3½	.	2	3½
.043 ,, 21	.	2	4¾	.	2	4¾	.	2	5	.	2	5
.045 ,, 22	.	2	6	.	2	6	.	2	6¼	.	2	6¼
.048 ,, 23	.	2	7½	.	2	7½	.	2	7¾	.	2	7¾
DWTS.—												
.050 or 1	.	2	9	.	2	9	.	2	9¼	.	2	9¼
.100 ,, 2	.	5	6	.	5	6¼	.	5	6½	.	5	6¾
.150 ,, 3	.	8	3	.	8	3¼	.	8	3¾	.	8	4¼
.200 ,, 4	.	11	0	.	11	0½	.	1	1	.	11	[illegible]¾
.250 ,, 5	.	13	9	.	13	9¾	.		10¼	.	13	1 ¼
.300 ,, 6	.	16	6	.	6	6¾	.	16	7	.	6	½
.350 ,, 7	.	19	3	.	9	4	.	19	5	.	9	
.400 ,, 8	1	2	0	1	2	1	1	2	2¼	1	2	½
.450 ,, 9	1	4	9	1	4	10¼	1	4	11	1	5	
.500 ,, 10	1	7	6	1	7	7½	1	7	9	1	7	1 ¼
.550 ,, 11	1	10	3	1	10	4½	1	10	6¼	1	10	
.600 ,, 12	1	13	0	1	13	1¾	1	3	3	1	13	
.650 ,, 13	1	15	9	1	5	10¾	1	6	0	1	16	2¾
.700 ,, 14	1	18	6	1	8	8	1	8	10	1	19	0¼
.750 ,, 15	2	1	3	2	1	5¼	2	1	7¼	2	1	9¾
.800 ,, 16	2	4	0	2	4	2¼	2	4	4	2	4	[illegible]
.850 ,, 17	2	6	9	2	6	11¼	2	7	2	2	7	½
.900 ,, 18	2	9	6	2	9	8¼	2		11¼	2	0	
.950 ,, 19	2	12	3	2	12	5¾	2	1	8	2	2	1 ½
OUNCES.—												
1.000 or 1	2	15	0		15	3	2	15	6	2	15	9
2.000 ,, 2	5	10	0		10	6	5	11	0	5	1	6
3.000 ,, 3	8	5	0	2	5	9	8	6	6	8	7	3
4.000 ,, 4	11	0	0	11	1	0	11	2	0	11	3	0
5.000 ,, 5	13	15	0	13	16	3	3	17	6	3	18	9
6.000 ,, 6	16	10	0	16	1	6	6	13	0	6	14	6
7.000 ,, 7	19	5	0	19	6	9	9	8	6	9	0	3
8.000 ,, 8	22	0	0	22	2	0	2	4	0	2	6	0
9.000 ,, 9	24	15	0	24	17	3	24	19	6	25	1	9
10.000 ,, 10	27	10	0	27	2	6	27	15	0	27	17	6
11.000 ,, 11	30	5	0	30	7	9	30	0	6	30	13	3
12.000 ,, 12	33	0	0	33	3	0	33	6	0	3	9	0
13.000 ,, 13	35	15	0	35	18	3	36	1	6	6	4	9
14.000 ,, 14	38	10	0	38	3	6	38	17	0	9	0	6
15.000 ,, 15	41	5	0	41	8	9	41	12	6	1	16	3
16.000 ,, 16	44	0	0	44	4	0	44	8	0	44	12	0
17.000 ,, 17	46	15	0	46	19	3	47	3	6	47	7	9
18.000 ,, 18	49	10	0	49	4	6	49	19	0	0	3	6
19.000 ,, 19	52	5	0	52	9	9	52	14	6	2	19	3
20.000 ,, 20	55	0	0	55	5	0	55	0	0	5	15	0
25.000 ,, 25	68	15	0	69	1	3	69	7	6	9	13	9
30.000 ,, 30	82	10	0	82	17	6	83	5	0	3	12	6
40.000 ,, 40	110	0	0	110	10	0	111	0	0	1 1	0	0
50.000 ,, 50	137	10	0	138	2	6	38	15	0	139	7	6

PRICE PER OUNCE.

	@ 56/- oz.			@ 56/3 oz.			@ 56/6 oz.			@ 56/9 oz.		
	£	s.	d.	£	s.	d.	£	s.	d.	£	s.	d.
GRAINS.—												
.001 or ½	.	.	.½	.	.	.½	.	.	.½	.	.	.½
.002 ,, 1	.	.	1¼	.	.	1¼	.	.	1¼	.	.	1¼
.003 ,, 1½	.	.	1¾	.	.	1¾	.	.	1¾	.	.	2
.004 ,, 2	.	.	2¾	.	.	2¾	.	.	2¾	.	.	2¾
.005 ,, 2½	.	.	3¼	.	.	3¼	.	.	3¼	.	.	3¼
.006 ,, 3	.	.	4	.	.	4	.	.	4	.	.	4¼
.007 ,, 3½	.	.	4¾	.	.	4¾	.	.	4¾	.	.	4¾
.008 ,, 4	.	.	5½	.	.	5½	.	.	5½	.	.	5½
.009 ,, 4½	.	.	6	.	.	6	.	.	6	.	.	6
.010 ,, 5	.	.	6¾	.	.	7	.	.	7	.	.	7
.012 ,, 6	.	.	8¼	.	.	8¼	.	.	8¼	.	.	8½
.014 ,, 7	.	.	9½	.	.	9¾	.	.	9¾	.	.	9¾
.016 ,, 8	.	.	11	.	.	11¼	.	.	11¼	.	.	11¼
.018 ,, 9	.	1	0½	.	1	0½	.	1	0½	.	1	0½
.020 ,, 10	.	1	1¾	.	1	2	.	1	2	.	1	2
.022 ,, 11	.	1	3¼	.	1	3¼	.	1	3¼	.	1	3½
.025 ,, 12	.	1	4½	.	1	4¾	.	1	4¾	.	1	5
.027 ,, 13	.	1	6	.	1	6¼	.	1	6¼	.	1	6¼
.029 ,, 14	.	1	7½	.	1	7½	.	1	7½	.	1	7¾
.031 ,, 15	.	1	8¾	.	1	9	.	1	9	.	1	9¼
.033 ,, 16	.	1	10¼	.	1	10½	.	1	10½	.	1	10½
.035 ,, 17	.	1	11¾	.	1	11¾	.	1	11¾	.	2	0
.037 ,, 18	.	2	1	.	2	1¼	.	2	1¼	.	2	1¼
.039 ,, 19	.	2	2½	.	2	2½	.	2	2½	.	2	2¾
.041 ,, 20	.	2	3¾	.	2	4	.	2	4	.	2	4¼
.043 ,, 21	.	2	5¼	.	2	5½	.	2	5½	.	2	5½
.045 ,, 22	.	2	6½	.	2	6¾	.	2	6¾	.	2	7
.048 ,, 23	.	2	8	.	2	8¼	.	2	8¼	.	2	8½
DWTS.—												
.050 or 1	.	2	9½	.	2	9¾	.	2	9¾	.	2	10
.100 ,, 2	.	5	7	.	5	7½	.	5	7¾	.	5	8
.150 ,, 3	.	8	4½	.	8	5¼	.	8	5½	.	8	6
.200 ,, 4	.	11	2¼	.	11	3	.	11	3½	.	11	4
.250 ,, 5	.	14	0	.	14	0¾	.	14	1½	.	14	2¼
.300 ,, 6	.	16	9½	.	16	10½	.	16	11¼	.	17	0¼
.350 ,, 7	.	19	7	.	19	8¼	.	19	9¼	.	19	10¼
.400 ,, 8	1	2	4¾	1	2	6	1	2	7	1	2	8¼
.450 ,, 9	1	5	2¼	1	5	3¾	1	5	5	1	5	6¼
.500 ,, 10	1	8	0	1	8	1½	1	8	3	1	8	4½
.550 ,, 11	1	10	9½	1	10	11¼	1	11	0¾	1	11	2½
.600 ,, 12	1	13	7	1	13	9	1	13	10¾	1	14	0½
.650 ,, 13	1	16	4¾	1	16	6¾	1	16	8½	1	16	10½
.700 ,, 14	1	19	2¼	1	19	4½	1	19	6½	1	19	8½
.750 ,, 15	2	2	0	2	2	2¼	2	2	4½	2	2	6¾
.800 ,, 16	2	4	9½	2	5	0	2	5	2¼	2	5	4¾
.850 ,, 17	2	7	7¼	2	7	9¾	2	8	0¼	2	8	2¾
.900 ,, 18	2	10	4¾	2	10	7½	2	10	10	2	11	0¾
.950 ,, 19	2	13	2¼	2	13	5¼	2	13	8	2	13	10¾
OUNCES.—												
1.000 or 1	2	16	0	2	16	3	2	16	6	2	16	9
2.000 ,, 2	5	12	0	5	12	6	5	13	0	5	13	6
3.000 ,, 3	8	8	0	8	8	9	8	9	6	8	10	3
4.000 ,, 4	11	4	0	11	5	0	11	6	0	11	7	0
5.000 ,, 5	14	0	0	14	1	3	14	2	6	14	3	9
6.000 ,, 6	16	16	0	16	17	6	16	19	0	17	0	6
7.000 ,, 7	19	12	0	19	13	9	19	15	6	19	17	3
8.000 ,, 8	22	8	0	22	10	0	22	12	0	22	14	0
9.000 ,, 9	25	4	0	25	6	3	25	8	6	25	10	9
10.000 ,, 10	28	0	0	28	2	6	28	5	0	28	7	6
11.000 ,, 11	30	16	0	30	18	9	31	1	6	31	4	3
12.000 ,, 12	33	12	0	33	15	0	33	18	0	34	1	0
13.000 ,, 13	36	8	0	36	11	3	36	14	6	36	17	9
14.000 ,, 14	39	4	0	39	7	6	39	11	0	39	14	6
15.000 ,, 15	42	0	0	42	3	9	42	7	6	42	11	3
16.000 ,, 16	44	16	0	45	0	0	45	4	0	45	8	0
17.000 ,, 17	47	12	0	47	16	3	48	0	6	48	4	9
18.000 ,, 18	50	8	0	50	12	6	50	17	0	51	1	6
19.000 ,, 19	53	4	0	53	8	9	53	13	6	53	18	3
20.000 ,, 20	56	0	0	56	5	0	56	10	0	56	15	0
25.000 ,, 25	70	0	0	70	6	3	70	12	6	70	18	9
30.000 ,, 30	84	0	0	84	7	6	84	15	0	85	2	6
40.000 ,, 40	112	0	0	112	10	0	113	0	0	113	10	0
50.000 ,, 50	140	0	0	140	12	6	141	5	0	141	17	6

PRICE PER OUNCE.

	@ 57 /- oz.			@ 57 /3 oz.			@ 57 /6 oz.			@ 57 /9 oz.		
	£	s.	d.	£	s.	d.	£	s.	d.	£	s.	d.
GRAINS.—												
.001 or ½	.	.	½	.	.	½	.	.	½	.	.	½
.002 ,, 1	.	.	1¼	.	.	1¼	.	.	1¼	.	.	1¼
.003 ,, 1½	.	.	2	.	.	2	.	.	2	.	.	2
.004 ,, 2	.	.	2¾	.	.	2¾	.	.	2¾	.	.	2¾
.005 ,, 2½	.	.	3¼	.	.	3¼	.	.	3¼	.	.	3¼
.006 ,, 3	.	.	4¼	.	.	4¼	.	.	4¼	.	.	4¼
.007 ,, 3½	.	.	4¾	.	.	4¾	.	.	4¾	.	.	4¾
.008 ,, 4	.	.	5½	.	.	5½	.	.	5¾	.	.	5¾
.009 ,, 4½	.	.	6¼	.	.	6¼	.	.	6¼	.	.	6¼
.010 ,, 5	.	.	7	.	.	7	.	.	7	.	.	7
.012 ,, 6	.	.	8½	.	.	8½	.	.	8½	.	.	8½
.014 ,, 7	.	.	9¾	.	.	9¾	.	.	10	.	.	10
.016 ,, 8	.	.	11¼	.	.	11¼	.	.	11½	.	.	11½
.018 ,, 9	.	1	0½	.	1	0¾	.	1	0¾	.	1	0¾
.020 ,, 10	.	1	2	.	1	2¼	.	1	2¼	.	1	2¼
.022 ,, 11	.	1	3½	.	1	3¾	.	1	3¾	.	1	3¾
.025 ,, 12	.	1	5	.	1	5	.	1	5¼	.	1	5¼
.027 ,, 13	.	1	6¼	.	1	6½	.	1	6½	.	1	6½
.029 ,, 14	.	1	7¾	.	1	7¾	.	1	8	.	1	8
.031 ,, 15	.	1	9¼	.	1	9¼	.	1	9½	.	1	9½
.033 ,, 16	.	1	10½	.	1	10¾	.	1	11	.	1	11
.035 ,, 17	.	2	0	.	2	0¼	.	2	0¼	.	2	0¼
.037 ,, 18	.	2	1½	.	2	1½	.	2	1¾	.	2	1¾
.039 ,, 19	.	2	2¾	.	2	3	.	2	3¼	.	2	3¼
.041 ,, 20	.	2	4¼	.	2	4½	.	2	4¾	.	2	4¾
.043 ,, 21	.	2	5½	.	2	5¾	.	2	6	.	2	6
.045 ,, 22	.	2	7	.	2	7¼	.	2	7½	.	2	7½
.048 ,, 23	.	2	8½	.	2	8¾	.	2	9	.	2	9
DWTS.—												
.050 or 1	.	2	10	.	2	10¼	.	2	10½	.	2	10¼
.100 ,, 2	.	5	8¼	.	5	8	.	5	9	.	5	9
.150 ,, 3	.	8	6	.	8	7	.	8	7½	.	8	7
.200 ,, 4	.	11	4	.	11	5¼	.	11	6	.	11	6
.250 ,, 5	.	4	3	.	4	3¾	.	4	4½	.	14	5
.300 ,, 6	.	7	1	.	7	2	.	7	3	.	7	3
.350 ,, 7	.	9	11½	1	0	0¼	1	0	1½	1	0	2
.400 ,, 8		2	9	1	2	10	1	3	0	1	3	1
.450 ,, 9		5	7¾	1	5	9	1	5	10½	1	5	11¾
.500 ,, 10		8	6	1	8	7¼	1	8	9	1	8	0½
.550 ,, 11		11	4	1	11	5	1	11	7½	1	11	9
.600 ,, 12		4	2¼	1	4	4	1	14	6	1	14	7¾
.650 ,, 13		7	0	1	7	2¼	1	7	4½	1	7	6
.700 ,, 14		9	10	2	0	0	2	0	3	2	0	5
.750 ,, 15		2	9	2	2	11	2	3	1½	2	3	3¾
.800 ,, 16	2	5	7	2	5	9½	2	6	0	2	6	2
.850 ,, 17	2	8	5¼	2	8	7¾	2	8	10½	2	9	1
.900 ,, 18	2	11	2¼	2	11	6	2	11	9	2	11	11¼
.950 ,, 19	2	4		2	4	4	2	4	7½	2	14	0
OUNCES.—												
1.000 or 1	2	17	0	2	17	3	2	17	6	2	17	9
2.000 ,, 2	5	14	0	[illegible]	[illegible]	6	5	5	0	5	15	6
3.000 ,, 3	8	11	0			9	8	12	6	8		3
4.000 ,, 4	11	8	0	1		0	11	10	0	11		0
5.000 ,, 5	14	5	0	2		3	14	7	6	14		9
6.000 ,, 6	17	2	0			6	17	5	0	17		6
7.000 ,, 7	19	19	0			9	20	2	6	20		3
8.000 ,, 8	22	16	0		1	0	23	0	0	23		0
9.000 ,, 9	25	13	0	25		3	25	17	6	25	1	9
10.000 ,, 10	28	10	0	28		6	28	5	0	28	17	6
11.000 ,, 11	31	7	0	[illegible]		9	31	2	6	31	15	3
12.000 ,, 12	34	4	0			0	34	0	0	34	13	0
13.000 ,, 13	37	1	0			3	37	7	6	37	10	9
14.000 ,, 14	39	18	0			6	40	5	0	40		6
15.000 ,, 15	42	15	0		1	9	43	2	6	43		3
16.000 ,, 16	45	12	0			0	46	0	0	46		0
17.000 ,, 17	48	9	0			3	48	17	6	49		9
18.000 ,, 18	51	6	0			6	51	5	0	51	1	6
19.000 ,, 19	54	3	0			9	54	2	6	54		3
20.000 ,, 20	57	0	0			0	57	0	0	57	15	0
25.000 ,, 25	71	5	0		1	3	71	7	6	72	3	9
30.000 ,, 30	85	10	0			6	86	5	0	86	10	6
40.000 ,, 40	114	0	0	1		0	115	0	0	115		0
50.000 ,, 50	142	10	0	143	2	6	43	15	0	144	7	6

PRICE PER OUNCE.

	@ 58/- oz.			@ 58/3 oz.			@ 58/6 oz.			@ 58/9 oz.		
	£	s.	d.	£	s.	d.	£	s.	d.	£	s.	d.
GRAINS.—												
.001 or ½	.	.	.½	.	.	.½	.	.	.½	.	.	.½
.002 ,, 1	.	.	1¼	.	.	1¼	.	.	1¼	.	.	1¼
.003 ,, 1½	.	.	2	.	.	2	.	.	2	.	.	2
.004 ,, 2	.	.	2¾	.	.	2¾	.	.	2¾	.	.	2¾
.005 ,, 2½	.	.	3¼	.	.	3½	.	.	3½	.	.	3½
.006 ,, 3	.	.	4¼	.	.	4¼	.	.	4¼	.	.	4¼
.007 ,, 3½	.	.	4¾	.	.	4¾	.	.	5	.	.	5
.008 ,, 4	.	.	5¾	.	.	5¾	.	.	5¾	.	.	5¾
.009 ,, 4½	.	.	6¼	.	.	6¼	.	.	6¼	.	.	6¼
.010 ,, 5	.	.	7	.	.	7	.	.	7¼	.	.	7¼
.012 ,, 6	.	.	8½	.	.	8½	.	.	8¾	.	.	8¾
.014 ,, 7	.	.	10	.	.	10	.	.	10	.	.	10¼
.016 ,, 8	.	.	11½	.	.	11½	.	.	11½	.	.	11¾
.018 ,, 9	.	1	1	.	1	1	.	1	1	.	1	1
.020 ,, 10	.	1	2¼	.	1	2¼	.	1	2½	.	1	2½
.022 ,, 11	.	1	3¾	.	1	3¾	.	1	4	.	1	4
.025 ,, 12	.	1	5¼	.	1	5¼	.	1	5½	.	1	5½
.027 ,, 13	.	1	6¾	.	1	6¾	.	1	6¾	.	1	7
.029 ,, 14	.	1	8¼	.	1	8¼	.	1	8¼	.	1	8½
.031 ,, 15	.	1	9½	.	1	9½	.	1	9¾	.	1	10
.033 ,, 16	.	1	11	.	1	11	.	1	11	.	1	11½
.035 ,, 17	.	2	0½	.	2	0½	.	2	0½	.	2	0¾
.037 ,, 18	.	2	2	.	2	2	.	2	2	.	2	2¼
.039 ,, 19	.	2	3½	.	2	3½	.	2	3½	.	2	3¾
.041 ,, 20	.	2	4¾	.	2	4¾	.	2	5	.	2	5¼
.043 ,, 21	.	2	6¼	.	2	6¼	.	2	6½	.	2	6¾
.045 ,, 22	.	2	7¾	.	2	7¾	.	2	8	.	2	8¼
.048 ,, 23	.	2	9¼	.	2	9¼	.	2	9½	.	2	9¾
DWTS.—												
.050 or 1	.	2	10¾	.	2	10¾	.	2	11	.	2	11¼
.100 ,, 2	.	5	9½	.	5	9¾	.	5	10	.	5	10½
.150 ,, 3	.	8	8¼	.	8	8¾	.	8	9¼	.	8	9¾
.200 ,, 4	.	11	7	.	11	7¾	.	11	8¼	.	11	9
.250 ,, 5	.	14	6	.	14	6¾	.	14	7½	.	14	8¼
.300 ,, 6	.	17	4¾	.	17	5½	.	17	6½	.	17	7½
.350 ,, 7	1	0	3½	1	0	4½	1	0	5½	1	0	6¾
.400 ,, 8	1	3	2¼	1	3	3½	1	3	4¾	1	3	6
.450 ,, 9	1	6	1	1	6	2½	1	6	3¾	1	6	5¼
.500 ,, 10	1	9	0	1	9	1½	1	9	3	1	9	4½
.550 ,, 11	1	11	10¾	1	12	0¼	1	12	2	1	12	3¾
.600 ,, 12	1	14	9½	1	14	11¼	1	15	1	1	15	3
.650 ,, 13	1	17	8¼	1	17	10¼	1	18	0¼	1	18	2¼
.700 ,, 14	2	0	7	2	0	9¼	2	0	11¼	2	1	1½
.750 ,, 15	2	3	6	2	3	8¼	2	3	10½	2	4	0¾
.800 ,, 16	2	6	4¾	2	6	7	2	6	9½	2	7	0
.850 ,, 17	2	9	3½	2	9	6	2	9	8½	2	9	11¼
.900 ,, 18	2	12	2¼	2	12	5	2	12	7¾	2	12	10½
.950 ,, 19	2	15	1	2	15	4	2	15	6¾	2	15	9¾
OUNCES.—												
1.000 or 1	2	18	0	2	18	3	2	18	6	2	18	9
2.000 ,, 2	5	16	0	5	16	6	5	17	0	5	17	6
3.000 ,, 3	8	14	0	8	14	9	8	15	6	8	16	3
4.000 ,, 4	11	12	0	11	13	0	11	14	0	11	15	0
5.000 ,, 5	14	10	0	14	11	3	14	12	6	14	13	9
6.000 ,, 6	17	8	0	17	9	6	17	11	0	17	12	6
7.000 ,, 7	20	6	0	20	7	9	20	9	6	20	11	3
8.000 ,, 8	23	4	0	23	6	0	23	8	0	23	10	0
9.000 ,, 9	26	2	0	26	4	3	26	6	6	26	8	9
10.000 ,, 10	29	0	0	29	2	6	29	5	0	29	7	6
11.000 ,, 11	31	18	0	32	0	9	32	3	6	32	6	3
12.000 ,, 12	34	16	0	34	19	0	35	2	0	35	5	0
13.000 ,, 13	37	14	0	37	17	3	38	0	6	38	3	9
14.000 ,, 14	40	12	0	40	15	6	40	19	0	41	2	6
15.000 ,, 15	43	10	0	43	13	9	43	17	6	44	1	3
16.000 ,, 16	46	8	0	46	12	0	46	16	0	47	0	0
17.000 ,, 17	49	6	0	49	10	3	49	14	6	49	18	9
18.000 ,, 18	52	4	0	52	8	6	52	13	0	52	17	6
19.000 ,, 19	55	2	0	55	6	9	55	11	6	55	16	3
20.000 ,, 20	58	0	0	58	5	0	58	10	0	58	15	0
25.000 ,, 25	72	10	0	72	16	3	73	2	6	73	8	9
30.000 ,, 30	87	0	0	87	7	6	87	15	0	88	2	6
40.000 ,, 40	116	0	0	116	10	0	117	0	0	117	10	0
50.000 ,, 50	145	0	0	145	12	6	146	5	0	146	17	6

PRICE PER OUNCE.

	@ 59/- oz.			@ 59/3 oz.			@ 59/6 oz.			@ 59/9 oz.		
GRAINS.—	£	s.	d.	£	s.	d.	£	s.	d.	£	s.	d.
.001 or ½	.	.	.½	.	.	.½	.	.	.½	.	.	.½
.002 ,, 1	.	.	1¼	.	.	1¼	.	.	1¼	.	.	1¼
.003 ,, 1½	.	.	2	.	.	2	.	.	2	.	.	2
.004 ,, 2	.	.	2¾	.	.	2¾	.	.	2¾	.	.	2¾
.005 ,, 2½	.	.	3½	.	.	3½	.	.	3½	.	.	3½
.006 ,, 3	.	.	4¼	.	.	4¼	.	.	4¼	.	.	4¼
.007 ,, 3½	.	.	5	.	.	5	.	.	5	.	.	5
.008 ,, 4	.	.	5¾	.	.	5¾	.	.	5¾	.	.	5¾
.009 ,, 4½	.	.	6½	.	.	6½	.	.	6½	.	.	6½
.010 ,, 5	.	.	7¼	.	.	7¼	.	.	7¼	.	.	7¼
.012 ,, 6	.	.	8¾	.	.	8¾	.	.	8¾	.	.	8¾
.014 ,, 7	.	.	10¼	.	.	10¼	.	.	10¼	.	.	10¼
.016 ,, 8	.	.	11¾	.	.	11¾	.	.	11¾	.	.	11¾
.018 ,, 9	.	1	1	.	1	1¼	.	1	1¼	.	1	1¼
.020 ,, 10	.	1	2½	.	1	2¾	.	1	2¾	.	1	2¾
.022 ,, 11	.	1	4	.	1	4¼	.	1	4¼	.	1	4¼
.025 ,, 12	.	1	5½	.	1	5½	.	1	5½	.	1	5¾
.027 ,, 13	.	1	7	.	1	7	.	1	7	.	1	7¼
.029 ,, 14	.	1	8½	.	1	8½	.	1	8½	.	1	8¾
.031 ,, 15	.	1	10	.	1	10	.	1	10	.	1	10¼
.033 ,, 16	.	1	11¼	.	1	11½	.	1	11½	.	1	11¾
.035 ,, 17	.	2	0¾	.	2	1	.	2	1	.	2	1¼
.037 ,, 18	.	2	2¼	.	2	2½	.	2	2½	.	2	2¾
.039 ,, 19	.	2	3¾	.	2	4	.	2	4	.	2	4¼
.041 ,, 20	.	2	5¼	.	2	5½	.	2	5½	.	2	5¾
.043 ,, 21	.	2	6¾	.	2	7	.	2	7	.	2	7¼
.045 ,, 22	.	2	8¼	.	2	8½	.	2	8½	.	2	8¾
.048 ,, 23	.	2	9¾	.	2	10	.	2	10	.	2	10¼
DWTS.—												
.050 or 1	.	2	11¼	.	2	11½	.	2	11½	.	2	11¾
.100 ,, 2	.	5	10¾	.	5	11	.	5	11¼	.	5	11½
.150 ,, 3	.	8	10	.	8	10½	.	8	11	.	8	11½
.200 ,, 4	.	11	9½	.	11	10	.	11	10¾	.	11	11¼
.250 ,, 5	.	14	9	.	14	9¾	.	14	10½	.	14	11¼
.300 ,, 6	.	17	8¼	.	17	9¼	.	17	10	.	17	11
.350 ,, 7	1	0	7¾	1	0	8[illegible]	1	0	9¾	1	0	10¾
.400 ,, 8	1	3	7	[illegible]	[illegible]	8	1	[illegible]	9½	1	3	10¾
.450 ,, 9	1	6	6½			7	1		9¼	1	6	10½
.500 ,, 10	1	9	6			7	1		9	1	9	10½
.550 ,, 11	1	12	5¼		1	7	1	1	8½	1	12	10¼
.600 ,, 12	1	15	4¾		1	6½	1	1	8¼	1	15	10
.650 ,, 13	1	18	4			6	1		8	1	18	10
.700 ,, 14	2	1	3½			5½	2		7¾	2	1	9¾
.750 ,, 15	2	4	3			5¼	2		7½	2	4	9¾
.800 ,, 16	2	7	2¼			4¾	2		7	2	7	9½
.850 ,, 17	2	10	1¾		1	4¼	2	1	6¾	2	10	9¼
.900 ,, 18	2	13	1		1	3¾	2	1	6½	2	13	9¼
.950 ,, 19	2	16	0½		1	3¼	2		6¼	2	16	9
OUNCES.—												
1.000 or 1	2	19	0	2	19	3	2	19	6	2	19	9
2.000 ,, 2	5	18	0	5	18	6	5	19	0	5	19	6
3.000 ,, 3	8	17	0	8	17	9	8	18	6	8	19	3
4.000 ,, 4	11	16	0	11	17	0	11	18	0	11	19	0
5.000 ,, 5	14	15	0	14	16	3	14	17	6	14	18	9
6.000 ,, 6	17	14	0	17	15	6	17	17	0	17	18	6
7.000 ,, 7	20	13	0	20	14	9	20	16	6	20	18	3
8.000 ,, 8	23	12	0	23	14	0	23	16	0	23	18	0
9.000 ,, 9	26	11	0	26	13	3	26	15	6	26	17	9
10.000 ,, 10	29	10	0	29	12	6	29	15	0	29	17	6
11.000 ,, 11	32	9	0	32	11	9	32	14	6	32	17	3
12.000 ,, 12	35	8	0	35	11	0	35	14	0	35	17	0
13.000 ,, 13	38	7	0	38	10	3	38	13	6	38	16	9
14.000 ,, 14	41	6	0	41	9	6	41	13	0	41	16	6
15.000 ,, 15	44	5	0	44	8	9	44	12	6	44	16	3
16.000 ,, 16	47	4	0	47	8	0	47	12	0	47	16	0
17.000 ,, 17	50	3	0	50	7	3	50	11	6	50	15	9
18.000 ,, 18	53	2	0	53	6	6	53	11	0	53	15	6
19.000 ,, 19	56	1	0	56	5	9	56	10	6	56	15	3
20.000 ,, 20	59	0	0	59	5	0	59	10	0	59	15	0
25.000 ,, 25	73	15	0	74	1	3	74	7	6	74	13	9
30.000 ,, 30	88	10	0	88	17	6	89	5	0	89	12	6
40.000 ,, 40	118	0	0	118	10	0	119	0	0	119	10	0
50.000 ,, 50	147	10	0	148	2	6	148	15	0	149	7	6

PRICE PER OUNCE.

	@ 60/- oz.			@ 60/3 oz.			@ 60/6 oz.			@ 60/9 oz.		
GRAINS.—	£	s.	d.	£	s.	d.	£	s.	d.	£	s.	d.
.001 or ½	.	.	¾	.	.	¾	.	.	¾	.	.	¾
.002 ,, 1	.	.	1½	.	.	1½	.	.	1½	.	.	1½
.003 ,, 1½	.	.	2¼	.	.	2¼	.	.	2¼	.	.	2¼
.004 ,, 2	.	.	3	.	.	3	.	.	3	.	.	3
.005 ,, 2½	.	.	3¾	.	.	3¾	.	.	3¾	.	.	3¾
.006 ,, 3	.	.	4½	.	.	4½	.	.	4½	.	.	4½
.007 ,, 3½	.	.	5¼	.	.	5¼	.	.	5¼	.	.	5¼
.008 ,, 4	.	.	6	.	.	6	.	.	6	.	.	6
.009 ,, 4½	.	.	6¾	.	.	6¾	.	.	6¾	.	.	6¾
.010 ,, 5	.	.	7½	.	.	7½	.	.	7½	.	.	7½
.012 ,, 6	.	.	9	.	.	9	.	.	9	.	.	9
.014 ,, 7	.	.	10½	.	.	10½	.	.	10½	.	.	10½
.016 ,, 8	.	1	0	.	1	0	.	1	0	.	1	0
.018 ,, 9	.	1	1½	.	1	1½	.	1	1½	.	1	1½
.020 ,, 10	.	1	3	.	1	3	.	1	3	.	1	3
.022 ,, 11	.	1	4½	.	1	4½	.	1	4½	.	1	4½
.025 ,, 12	.	1	6	.	1	6	.	1	6	.	1	6
.027 ,, 13	.	1	7½	.	1	7½	.	1	7½	.	1	7½
.029 ,, 14	.	1	9	.	1	9	.	1	9	.	1	9
.031 ,, 15	.	1	10½	.	1	10½	.	1	10½	.	1	10½
.033 ,, 16	.	2	0	.	2	0	.	2	0	.	2	0
.035 ,, 17	.	2	1½	.	2	1½	.	2	1½	.	2	1½
.037 ,, 18	.	2	3	.	2	3	.	2	3	.	2	3
.039 ,, 19	.	2	4½	.	2	4½	.	2	4½	.	2	4½
.041 ,, 20	.	2	6	.	2	6	.	2	6	.	2	6
.043 ,, 21	.	2	7½	.	2	7½	.	2	7½	.	2	7½
.045 ,, 22	.	2	9	.	2	9	.	2	9	.	2	9
.048 ,, 23	.	2	10½	.	2	10½	.	2	10½	.	2	10½
DWTS.—												
.050 or 1	.	3	0	.	3	0	.	3	0¼	.	3	0¼
.100 ,, 2	.	6	0	.	6	0¼	.	6	0½	.	6	0¾
.150 ,, 3	.	9	0	.	9	0¼	.	9	0¾	.	9	1¼
.200 ,, 4	.	12	0	.	12	0½	.	12	1	.	12	1¾
.250 ,, 5	.	15	0	.	15	0¾	.	15	1½	.	15	2¼
.300 ,, 6	.	18	0	.	18	0¾	.	18	1¾	.	18	2½
.350 ,, 7	1	1	0	1	1	1	1	1	2	1	1	3
.400 ,, 8	1	4	0	1	4	1	1	4	2¼	1	4	3½
.450 ,, 9	1	7	0	1	7	1¼	1	7	2½	1	7	4
.500 ,, 10	1	10	0	1	10	1½	1	10	3	1	10	4½
.550 ,, 11	1	13	0	1	13	1½	1	13	3¼	1	13	4¾
.600 ,, 12	1	16	0	1	16	1¾	1	16	3½	1	16	5¼
.650 ,, 13	1	19	0	1	19	1¾	1	19	3¾	1	19	5¾
.700 ,, 14	2	2	0	2	2	2	2	2	4	2	2	6¼
.750 ,, 15	2	5	0	2	5	2¼	2	5	4½	2	5	6¾
.800 ,, 16	2	8	0	2	8	2¼	2	8	4¾	2	8	7
.850 ,, 17	2	11	0	2	11	2½	2	11	5	2	11	7½
.900 ,, 18	2	14	0	2	14	2½	2	14	5¼	2	14	8
.950 ,, 19	2	17	0	2	17	2¾	2	17	5½	2	17	8½
OUNCES.—												
1.000 or 1	3	0	0	3	0	3	3	0	6	3	0	9
2.000 ,, 2	6	0	0	6	0	6	6	1	0	6	1	6
3.000 ,, 3	9	0	0	9	0	9	9	1	6	9	2	3
4.000 ,, 4	12	0	0	12	1	0	12	2	0	12	3	0
5.000 ,, 5	15	0	0	15	1	3	15	2	6	15	3	9
6.000 ,, 6	18	0	0	18	1	6	18	3	0	18	4	6
7.000 ,, 7	21	0	0	21	1	9	21	3	6	21	5	3
8.000 ,, 8	24	0	0	24	2	0	24	4	0	24	6	0
9.000 ,, 9	27	0	0	27	2	3	27	4	6	27	6	9
10.000 ,, 10	30	0	0	30	2	6	30	5	0	30	7	6
11.000 ,, 11	33	0	0	33	2	9	33	5	6	33	8	3
12.000 ,, 12	36	0	0	36	3	0	36	6	0	36	9	0
13.000 ,, 13	39	0	0	39	3	3	39	6	6	39	9	9
14.000 ,, 14	42	0	0	42	3	6	42	7	0	42	10	6
15.000 ,, 15	45	0	0	45	3	9	45	7	6	45	11	3
16.000 ,, 16	48	0	0	48	4	0	48	8	0	48	12	0
17.000 ,, 17	51	0	0	51	4	3	51	8	6	51	12	9
18.000 ,, 18	54	0	0	54	4	6	54	9	0	54	13	6
19.000 ,, 19	57	0	0	57	4	9	57	9	6	57	14	3
20.000 ,, 20	60	0	0	60	5	0	60	10	0	60	15	0
25.000 ,, 25	75	0	0	75	6	3	75	12	6	75	18	9
30.000 ,, 30	90	0	0	90	7	6	90	15	0	91	2	6
40.000 ,, 40	120	0	0	120	10	0	121	0	0	121	10	0
50.000 ,, 50	150	0	0	150	12	6	151	5	0	151	17	6

PRICE PER OUNCE.

	@ 61/- oz.			@ 61/3 oz.			@ 61/6 oz.			@ 61/9 oz.		
	£	s.	d.	£	s.	d.	£	s.	d.	£	s.	d.
GRAINS.—												
.001 or ½	.	.	.¾	.	.	.¾	.	.	.¾	.	.	.¾
.002 ,, 1	.	.	1½	.	.	1½	.	.	1½	.	.	1½
.003 ,, 1½	.	.	2¼	.	.	2¼	.	.	2¼	.	.	2¼
.004 ,, 2	.	.	3	.	.	3	.	.	3	.	.	3
.005 ,, 2½	.	.	3¾	.	.	3¾	.	.	3¾	.	.	3¾
.006 ,, 3	.	.	4½	.	.	4½	.	.	4½	.	.	4½
.007 ,, 3½	.	.	5¼	.	.	5¼	.	.	5¼	.	.	5¼
.008 ,, 4	.	.	6	.	.	6	.	.	6	.	.	6
.009 ,, 4½	.	.	6¾	.	.	6¾	.	.	6¾	.	.	6¾
.010 ,, 5	.	.	7½	.	.	7½	.	.	7½	.	.	7½
.012 ,, 6	.	.	9	.	.	9	.	.	9	.	.	9¼
.014 ,, 7	.	.	10½	.	.	10½	.	.	10½	.	.	10¾
.016 ,, 8	.	1	0	.	1	0¼	.	1	0¼	.	1	0¼
.018 ,, 9	.	1	1½	.	1	1¾	.	1	1¾	.	1	1¾
.020 ,, 10	.	1	3	.	1	3¼	.	1	3¼	.	1	3¼
.022 ,, 11	.	1	4½	.	1	4¾	.	1	4¾	.	1	4¾
.025 ,, 12	.	1	6¼	.	1	6¼	.	1	6¼	.	1	6¼
.027 ,, 13	.	1	7¾	.	1	7¾	.	1	7¾	.	1	8
.029 ,, 14	.	1	9¼	.	1	9¼	.	1	9¼	.	1	9½
.031 ,, 15	.	1	10¾	.	1	10¾	.	1	10¾	.	1	11
.033 ,, 16	.	2	0¼	.	2	0½	.	2	0½	.	2	0½
.035 ,, 17	.	2	1¾	.	2	2	.	2	2	.	2	2
.037 ,, 18	.	2	3¼	.	2	3½	.	2	3½	.	2	3½
.039 ,, 19	.	2	4¾	.	2	5	.	2	5	.	2	5¼
.041 ,, 20	.	2	6¼	.	2	6½	.	2	6½	.	2	6¾
.043 ,, 21	.	2	7¾	.	2	8	.	2	8	.	2	8¼
.045 ,, 22	.	2	9¼	.	2	9½	.	2	9½	.	2	9¾
.048 ,, 23	.	2	10¾	.	2	11	.	2	11	.	2	11¼
DWTS.—												
.050 or 1	.	3	0½	.	3	0¾	.	3	0¾	.	3	1
.100 ,, 2	.	6	1	.	6	1½	.	6	1¾	.	6	2
.150 ,, 3	.	9	1¾	.	9	2¼	.	9	2½	.	9	3
.200 ,, 4	.	12	2¼	.	12	3	.	12	3½	.	12	4
.250 ,, 5	.	15	3	.	15	3¾	.	15	4½	.	15	5¼
.300 ,, 6	.	18	3½	.	18	4½	.	18	5¼	.	18	6¼
.350 ,, 7	1	1	4	1	1	5¼	1	1	6	1	1	7¼
.400 ,, 8	1	4	4¾	1	4	6	1	4	7	1	4	8¼
.450 ,, 9	1	7	5¼	1	7	6¾	1	7	8	1	7	9¼
.500 ,, 10	1	10	6	1	10	7½	1	10	9	1	10	10½
.550 ,, 11	1	13	6½	1	13	8¼	1	13	9¾	1	13	11½
.600 ,, 12	1	16	7	1	16	9	1	16	10¾	1	17	0½
.650 ,, 13	1	19	7¾	1	19	9¾	1	19	11¾	2	0	1¼
.700 ,, 14	2	2	8¼	2	2	10½	2	3	0½	2	3	2½
.750 ,, 15	2	5	9	2	5	11¼	2	6	1½	2	6	3¾
.800 ,, 16	2	8	9½	2	9	0	2	9	2¼	2	9	4¾
.850 ,, 17	2	11	10	2	12	0¾	2	12	3¼	2	12	5¾
.900 ,, 18	2	14	10¾	2	15	1½	2	15	4	2	15	6¾
.950 ,, 19	2	17	11¼	2	18	2¼	2	18	5	2	18	7¾
OUNCES.—												
1.000 or 1	3	1	0	3	1	3	3	1	6	3	1	9
2.000 ,, 2	6	2	0	6	2	6	6	3	0	6	3	6
3.000 ,, 3	9	3	0	9	3	9	9	4	6	9	5	3
4.000 ,, 4	12	4	0	12	5	0	12	6	0	12	7	0
5.000 ,, 5	15	5	0	15	6	3	15	7	6	15	8	9
6.000 ,, 6	18	6	0	18	7	6	18	9	0	18	10	6
7.000 ,, 7	21	7	0	21	8	9	21	10	6	21	12	3
8.000 ,, 8	24	8	0	24	10	0	24	12	0	24	14	0
9.000 ,, 9	27	9	0	27	11	3	27	13	6	27	15	9
10.000 ,, 10	30	10	0	30	12	6	30	15	0	30	17	6
11.000 ,, 11	33	11	0	33	13	9	33	16	6	33	19	3
12.000 ,, 12	36	12	0	36	15	0	36	18	0	37	1	0
13.000 ,, 13	39	13	0	39	16	3	39	19	6	40	2	9
14.000 ,, 14	42	14	0	42	17	6	43	1	0	43	4	6
15.000 ,, 15	45	15	0	45	18	9	46	2	6	46	6	3
16.000 ,, 16	48	16	0	49	0	0	49	4	0	49	8	0
17.000 ,, 17	51	17	0	52	1	3	52	5	6	52	9	9
18.000 ,, 18	54	18	0	55	2	6	55	7	0	55	11	6
19.000 ,, 19	57	19	0	58	3	9	58	8	6	58	13	3
20.000 ,, 20	61	0	0	61	5	0	61	10	0	61	15	0
25.000 ,, 25	76	5	0	76	11	3	76	17	6	77	3	9
30.000 ,, 30	91	10	0	91	17	6	92	5	0	92	12	6
40.000 ,, 40	122	0	0	122	10	0	123	0	0	123	10	0
50.000 ,, 50	152	10	0	153	2	6	153	15	0	154	7	6

PRICE PER OUNCE.

	@ 62/- oz.			@ 62/3 oz.			@ 62/6 oz.			@ 62/9 oz.		
	£	s.	d.	£	s.	d.	£	s.	d.	£	s.	d.
GRAINS.—												
.001 or ½	.	.	¾	.	.	[illegible]	.	.	.	.	.	.
.002 ,, 1	.	.	[illegible]	.	.	[illegible]	.	.	1	.	.	1
.003 ,, [illegible]½	.	.		.	.		.	.	2	.	.	2
.004 ,,	.	.		.	.		.	.	3	.	.	3
.005 ,, ½	.	.	¾	.	.	¾	.	.	3¾	.	.	3¼
.006 ,,	.	.		.	.		.	.	4	.	.	4½
.007 ,, ½	.	.		.	.		.	.	5	.	.	5¼
.008 ,,	.	.		.	.		.	.	6	.	.	6
.009 ,, ½	.	.	¾	.	.	¾	.	.	6¾	.	.	6¾
.010 ,,	.	.		.	.		.	.	7	.	.	7
.012 ,,	.	.		.	.		.	.	9	.	.	9
.014 ,,	.	.	1	.	.	1	.	.	10	.	.	10
.016 ,,	.	1		.	1		.	1	0	.	[illegible]	0
.018 ,,	.	1		.	1		.	1	2			2
.020 ,, 1	.	1		.	1		.	1	3½	.		3½
.022 ,, [illegible]	.	1		.	1		.	1	5	.		5
.025 ,,	.	1		.	1	½	.	1	6¾	.		6¾
.027 ,,	.	1		.	1		.	1	8	.		8¼
.029 ,,	.	1	½	.	1	¾	.	1	9	.		9¾
.031 ,,	.	1	1	.	1	1	.	1	11	.		11¼
.033 ,,	.	2	½	.	2	1	.	2	1	.		
.035 ,,	.	2		.	2		.	2	2½	.		2½
.037 ,,	.	2	¼	.	2		.	2	4	.		4
.039 ,,	.	2		.	2	5½	.	2	5¼	.		5½
.041 ,,	.	2		.	2	7	.	2	[illegible]	.		7¼
.043 ,,	.	2		.	2	[illegible]½	.	2		.	2	[illegible]¾
.045 ,,	.	2		.	2		.	2	1	.	2	1
.048 ,,	.	2	1	.	2	½	.	2	1	.	2	1
DWTS.—												
.050 or 1	.	3	1	.	3	1½	.	3	1½	.	3	1¼
.100 ,, [illegible]	.	[illegible]	[illegible]¼	.	6	[illegible]	.	[illegible]	[illegible]	.	[illegible]	[illegible]
.150 ,,	.			.	9		.		½	.		
.200 ,,	.	1		.	12	¼	.	1		.	1	
.250 ,,	.	1		.	15		.	1	7½	.	1	
.300 ,,	.			.	8		.		9	.		
.350 ,,	1		¼	1	1	¼	1		1[illegible]½	1		1
.400 ,,	1			[illegible]	4	1	1			1		
.450 ,,	1		1		8		1		½	1		¾
.500 ,, 1	1	1			11	1½	1	1		1	1	½
.550 ,, 1	1	1			14	2¾	1	1	½	1	1	
.600 ,,	1		¼		7	[illegible]	1			1		¾
.650 ,	2				0	¼	2		½	2		¼
.700 ,,	2				3		2			2		1
.750 ,,	2				6		2		1 ½	2		¾
.800 ,,	2				9		2	1		2	1	
.850 ,,	2	1	¼		12	1	2	1	½	2	1	
.900 ,,	2	1			16		2			2		½
.950 ,,	2		1		9		2		4½	2		¼
OUNCES.												
1.000 or 1	3	2	0	3	2	3	3	2	6	3	2	9
2.000 ,, [illegible]	[illegible]	4	0	[illegible]	4	[illegible]	[illegible]	5	0	[illegible]	5	[illegible]
3.000 ,,		6			6			7	6		8	
4.000 ,,	1	8		1	9		1	10	0	1	11	
5.000 ,,	1	10		[illegible]	11		[illegible]	12	6	[illegible]	13	
6.000 ,,	1	12			13			5	0		6	
7.000 ,,	2	4			5			7	6		9	
8.000 ,,	2	6		[illegible]	8			0	0		2	
9.000 ,,	2	8			0			2	6		4	
10.000 ,, 1	3	0			2			5	0		7	
[illegible]1.000 ,, [illegible]	3	2		34	4		34	7	6		10	
2.000 ,,	3	4		37	7		37	10	0		13	
3.000 ,,	4	6		[illegible]	9		[illegible]	12	6		5	
4.000 ,,	4	8			11			5	0		8	
5.000 ,,	4	10			13			7	6		1	
6.000 ,,	4	12			6			0	0		4	
7.000 ,,	5	4			8			2	6		6	
8.000 ,,	5	6			0			5	0		9	
9.000 ,,	5	8			2			7	6		12	
0.000 ,,	6	0			5			10	0		15	
5.000 ,,	7	10			16			2	6		8	
0.000 ,,	9	0			7			15	0		2	
0.000 ,,	12	0		1	10		1	0	0	1	10	
0.000 ,,	155	0	0	1	12	6	156	5	0	156	17	6

PRICE PER OUNCE.

	@ 63/- oz.			@ 63/3 oz.			@ 63/6 oz.			@ 63/9 oz.		
GRAINS.—	£	s.	d.	£	s.	d.	£	s.	d.	£	s.	d.
.001 or ½	.	.	.¾	.	.	.¾	.	.	.¾	.	.	.¾
.002 ,, 1	.	.	1½	.	.	1½	.	.	1½	.	.	1½
.003 ,, 1½	.	.	2¼	.	.	2¼	.	.	2¼	.	.	2¼
.004 ,, 2	.	.	3	.	.	3	.	.	3	.	.	3
.005 ,, 2½	.	.	3¾	.	.	3¾	.	.	3¾	.	.	3¾
.006 ,, 3	.	.	4½	.	.	4½	.	.	4½	.	.	4¾
.007 ,, 3½	.	.	5¼	.	.	5¼	.	.	5¼	.	.	5½
.008 ,, 4	.	.	6¼	.	.	6¼	.	.	6¼	.	.	6¼
.009 ,, 4½	.	.	7	.	.	7	.	.	7	.	.	7
.010 ,, 5	.	.	7¾	.	.	7¾	.	.	7¾	.	.	7¾
.012 ,, 6	.	.	9¼	.	.	9¼	.	.	9¼	.	.	9½
.014 ,, 7	.	.	11	.	.	11	.	.	11	.	.	11
.016 ,, 8	.	1	0½	.	1	0½	.	1	0½	.	1	0¾
.018 ,, 9	.	1	2	.	1	2	.	1	2	.	1	2¼
.020 ,, 10	.	1	3½	.	1	3½	.	1	3½	.	1	3¾
.022 ,, 11	.	1	5¼	.	1	5¼	.	1	5¼	.	1	5½
.025 ,, 12	.	1	6¾	.	1	6¾	.	1	6¾	.	1	7
.027 ,, 13	.	1	8¼	.	1	8¼	.	1	8¼	.	1	8½
.029 ,, 14	.	1	9¾	.	1	9¾	.	1	9¾	.	1	10¼
.031 ,, 15	.	1	11½	.	1	11½	.	1	11½	.	1	11¾
.033 ,, 16	.	2	1	.	2	1	.	2	1	.	2	1½
.035 ,, 17	.	2	2½	.	2	2½	.	2	2½	.	2	3
.037 ,, 18	.	2	4¼	.	2	4¼	.	2	4½	.	2	4½
.039 ,, 19	.	2	5¾	.	2	5¾	.	2	6	.	2	6¼
.041 ,, 20	.	2	7¼	.	2	7¼	.	2	7½	.	2	7¾
.043 ,, 21	.	2	9	.	2	9	.	2	9¼	.	2	9¼
.045 ,, 22	.	2	10½	.	2	10½	.	2	10¾	.	2	11
.048 ,, 23	.	3	0	.	3	0	.	3	0¼	.	3	0½
DWTS.—												
.050 or 1	.	3	1¾	.	3	1¾	.	3	2	.	3	2¼
.100 ,, 2	.	6	3½	.	6	3¾	.	6	4	.	6	4½
.150 ,, 3	.	9	5¼	.	9	5¾	.	9	6¼	.	9	6¾
.200 ,, 4	.	12	7	.	12	7¾	.	12	8¼	.	12	9
.250 ,, 5	.	15	9	.	15	9¾	.	15	10½	.	15	11¼
.300 ,, 6	.	18	10¾	.	18	11½	.	19	0½	.	19	1½
.350 ,, 7	1	2	0½	1	2	1½	1	2	2½	1	2	3¾
.400 ,, 8	1	5	2¼	1	5	3½	1	5	4¾	1	5	6
.450 ,, 9	1	8	4	1	8	5½	1	8	6¾	1	8	8¼
.500 ,, 10	1	11	6	1	11	7½	1	11	9	1	11	10½
.550 ,, 11	1	14	7¾	1	14	9¼	1	14	11	1	15	0¾
.600 ,, 12	1	17	9½	1	17	11¼	1	18	1	1	18	3
.650 ,, 13	2	0	11¼	2	1	1¼	2	1	3¼	2	1	5¼
.700 ,, 14	2	4	1	2	4	3¼	2	4	5¼	2	4	7½
.750 ,, 15	2	7	3	2	7	5¼	2	7	7½	2	7	9¾
.800 ,, 16	2	10	4¾	2	10	7	2	10	9½	2	11	0
.850 ,, 17	2	13	6½	2	13	9	2	13	11½	2	14	2¼
.900 ,, 18	2	16	8¼	2	16	11	2	17	1¾	2	17	4½
.950 ,, 19	2	19	10	3	0	1	3	0	3¾	3	0	6¾
OUNCES.—												
1.000 or 1	3	3	0	3	3	3	3	3	6	3	3	9
2.000 ,, 2	6	6	0	6	6	6	6	7	0	6	7	6
3.000 ,, 3	9	9	0	9	9	9	9	10	6	9	11	3
4.000 ,, 4	12	12	0	12	13	0	12	14	0	12	15	0
5,000 ,, 5	15	15	0	15	16	3	15	17	6	15	18	9
6.000 ,, 6	18	18	0	18	19	6	19	1	0	19	2	6
7.000 ,, 7	22	1	0	22	2	9	22	4	6	22	6	3
8.000 ,, 8	25	4	0	25	6	0	25	8	0	25	10	0
9.000 ,, 9	28	7	0	28	9	3	28	11	6	28	13	9
10.000 ,, 10	31	10	0	31	12	6	31	15	0	31	17	6
11.000 ,, 11	34	13	0	34	15	9	34	18	6	35	1	3
12.000 ,, 12	37	16	0	37	19	0	38	2	0	38	5	0
13.000 ,, 13	40	19	0	41	2	3	41	5	6	41	8	9
14.000 ,, 14	44	2	0	44	5	6	44	9	0	44	12	6
15.000 ,, 15	47	5	0	47	8	9	47	12	6	47	16	3
16.000 ,, 16	50	8	0	50	12	0	50	16	0	51	0	0
17.000 ,, 17	53	11	0	53	15	3	53	19	6	54	3	9
18.000 ,, 18	56	14	0	56	18	6	57	3	0	57	7	6
19.000 ,, 19	59	17	0	60	1	9	60	6	6	60	11	3
20.000 ,, 20	63	0	0	63	5	0	63	10	0	63	15	0
25.000 ,, 25	78	15	0	79	1	3	79	7	6	79	13	9
30.000 ,, 30	94	10	0	94	17	6	95	5	0	95	12	6
40.000 ,, 40	126	0	0	126	10	0	127	0	0	127	10	0
50.000 ,, 50	157	10	0	158	2	6	158	15	0	159	7	6

PRICE PER OUNCE.

	@ 64/- oz.			@ 64/3 oz.			@ 64/6 oz.			@ 64/9 oz.		
	£	s.	d.	£	s.	d.	£	s.	d.	£	s.	d.
GRAINS.—												
.001 or ½	.	.	.¾	.	.	.¾	.	.	.¾	.	.	.¾
.002 ,, 1	.	.	1½	.	.	1½	.	.	1½	.	.	1½
.003 ,, 1½	.	.	2¼	.	.	2¼	.	.	2¼	.	.	2¼
.004 ,, 2	.	.	3	.	.	3	.	.	3	.	.	3
.005 ,, 2½	.	.	3¾	.	.	3¾	.	.	3¾	.	.	3¾
.006 ,, 3	.	.	4¾	.	.	4¾	.	.	4¾	.	.	4¾
.007 ,, 3½	.	.	5½	.	.	5½	.	.	5½	.	.	5½
.008 ,, 4	.	.	6¼	.	.	6¼	.	.	6¼	.	.	6¼
.009 ,, 4½	.	.	7	.	.	7	.	.	7	.	.	7
.010 ,, 5	.	.	7¾	.	.	8	.	.	8	.	.	8
.012 ,, 6	.	.	9½	.	.	9½	.	.	9½	.	.	9½
.014 ,, 7	.	.	11	.	.	11	.	.	11	.	.	11¼
.016 ,, 8	.	1	0¾	.	1	0¾	.	1	0¾	.	1	0¾
.018 ,, 9	.	1	2¼	.	1	2¼	.	1	2¼	.	1	2½
.020 ,, 10	.	1	3¾	.	1	4	.	1	4	.	1	4
.022 ,, 11	.	1	5½	.	1	5½	.	1	5½	.	1	5¾
.025 ,, 12	.	1	7	.	1	7¼	.	1	7¼	.	1	7¼
.027 ,, 13	.	1	8½	.	1	8¾	.	1	8¾	.	1	8¾
.029 ,, 14	.	1	10¼	.	1	10¼	.	1	10¼	.	1	10½
.031 ,, 15	.	1	11¾	.	2	0	.	2	0	.	2	0
.033 ,, 16	.	2	1¼	.	2	1½	.	2	1½	.	2	1¾
.035 ,, 17	.	2	3	.	2	3¼	.	2	3¼	.	2	3¼
.037 ,, 18	.	2	4½	.	2	4¾	.	2	4¾	.	2	5
.039 ,, 19	.	2	6¼	.	2	6¼	.	2	6¼	.	2	6½
.041 ,, 20	.	2	7¾	.	2	8	.	2	8	.	2	8¼
.043 ,, 21	.	2	9¼	.	2	9½	.	2	9½	.	2	9¾
.045 ,, 22	.	2	11	.	2	11¼	.	2	11¼	.	2	11½
.048 ,, 23	.	3	0½	.	3	0¾	.	3	0¾	.	3	1
DWTS.—												
.050 or 1	.	3	2¼	.	3	2½	.	3	2½	.	3	2¾
.100 ,, 2	.	6	4¾	.	6	5	.	6	5¼	.	6	5½
.150 ,, 3	.	9	7	.	9	7½	.	9	8	.	9	8½
.200 ,, 4	.	12	9½	.	12	10	.	12	10¾	.	12	11¼
.250 ,, 5	.	16	0	.	16	0¾	.	16	1½	.	16	2¼
.300 ,, 6	.	19	2¼	.	19	3½	.	19	4	.	19	5
.350 ,, 7	1	2	4¾	1	2	5¾	1	2	6¾	1	2	7¾
.400 ,, 8	1	5	7	1	5	8¼	1	5	9½	1	5	10¾
.450 ,, 9	1	8	9½	1	8	10¼	1	9	0¼	1	9	1½
.500 ,, 10	1	12	0	1	12	1½	1	12	3	1	12	4½
.550 ,, 11	1	15	2¼	1	15	4	1	15	5½	1	15	7¼
.600 ,, 12	1	18	4¾	1	18	6½	1	18	8¼	1	18	10
.650 ,, 13	2	1	7¼	2	1	9	2	1	11	2	2	1
.700 ,, 14	2	4	9½	2	4	11½	2	5	1¾	2	5	3¾
.750 ,, 15	2	8	0	2	8	2¼	2	8	4½	2	8	6¾
.800 ,, 16	2	11	2¼	2	11	4¾	2	11	7	2	11	9½
.850 ,, 17	2	14	4¾	2	14	7¼	2	14	9¾	2	15	0¼
.900 ,, 18	2	17	7	2	17	9¾	2	18	0½	2	18	3¼
.950 ,, 19	3	0	9½	3	1	0¼	3	1	3¼	3	1	6
OUNCES.—												
1.000 or 1	3	4	0	3	4	3	3	4	6	3	4	9
2.000 ,, 2	6	8	0	6	8	6	6	9	0	6	9	6
3.000 ,, 3	9	12	0	9	12	9	9	13	6	9	14	3
4.000 ,, 4	12	16	0	12	17	0	12	18	0	12	19	0
5.000 ,, 5	16	0	0	16	1	3	16	2	6	16	3	9
6.000 ,, 6	19	4	0	19	5	6	19	7	0	19	8	6
7.000 ,, 7	22	8	0	22	9	9	22	11	6	22	13	3
8.000 ,, 8	25	12	0	25	14	0	25	16	0	25	18	0
9.000 ,, 9	28	16	0	28	18	3	29	0	6	29	2	9
10.000 ,, 10	32	0	0	32	2	6	32	5	0	32	7	6
11.000 ,, 11	35	4	0	35	6	9	35	9	6	35	12	3
12.000 ,, 12	38	8	0	38	11	0	38	14	0	38	17	0
13.000 ,, 13	41	12	0	41	15	3	41	18	6	42	1	9
14.000 ,, 14	44	16	0	44	19	6	45	3	0	45	6	6
15.000 ,, 15	48	0	0	48	3	9	48	7	6	48	11	3
16.000 ,, 16	51	4	0	51	8	0	51	12	0	51	16	0
17.000 ,, 17	54	8	0	54	12	3	54	16	6	55	0	9
18.000 ,, 18	57	12	0	57	16	6	58	1	0	58	5	6
19.000 ,, 19	60	16	0	61	0	9	61	5	6	61	10	3
20.000 ,, 20	64	0	0	64	5	0	64	10	0	64	15	0
25.000 ,, 25	80	0	0	80	6	3	80	12	6	80	18	9
30.000 ,, 30	96	0	0	96	7	6	96	15	0	97	2	6
40.000 ,, 40	128	0	0	128	10	0	129	0	0	129	10	0
50.000 ,, 50	160	0	0	160	12	6	161	5	0	161	17	6

PRICE PER OUNCE.

	@ 65/- oz.			@ 65/3 oz.			@ 65/6 oz.			@ 65/9 oz.		
	£	s.	d.	£	s.	d.	£	s.	d.	£	s.	d.
GRAINS.—												
.001 or ½	.	.	.¾	.	.	.¾	.	.	.¾	.	.	.¾
.002 ,, 1	.	.	1½	.	.	1½	.	.	1½	.	.	1½
.003 ,, 1½	.	.	2¼	.	.	2¼	.	.	2¼	.	.	2¼
.004 ,, 2	.	.	3¼	.	.	3¼	.	.		.	.	3¼
.005 ,, 2½	.	.	4	.	.	4	.	.		.	.	4
.006 ,, 3	.	.	4¾	.	.	4¾	.	.	¾	.	.	4¾
.007 ,, 3½	.	.	5	.	.	5½	.	.	½	.	.	5
.008 ,, 4	.	.	6	.	.	6½	.	.	¼	.	.	6
.009 ,, 4½	.	.	7	.	.	7¼	.	.		.	.	7
.010 ,, 5	.	.	8	.	.	8	.	.		.	.	8
.012 ,, 6	.	.	9¾	.	.	9¾	.	.	¾	.	.	9¾
.014 ,, 7	.	.	11¼	.	.	11¼	.	.	1 ¼	.	.	11¼
.016 ,, 8	.	1	1	.	[illegible]	11	.	[illegible]	1	.	1	1
.018 ,, 9	.	1	2½	.		2½	.		½	.	1	2½
.020 ,, 10	.	1	4¼	.		4	.		¼	.	1	4
.022 ,, 11	.	1	5¾	.		5	.		¾	.	1	5
.025 ,, 2	.	1	7½	.		7	.		½	.	1	7
.027 ,, 3	.	1	[illegible]	.		9	.			.	1	9
.029 ,, 4	.	1	1 ¾	.		10¾	.		1 ¾	.	1	10¾
.031 ,, 5	.	2		.		0	.			.	2	0¼
.033 ,, 6	.	2		.		2	.			.	2	2
.035 ,, 7	.	2	½	.		3½	.		½	.	2	3½
.037 ,, 8	.	2		.		5	.			.	2	5
.039 ,, 9	.	2	¾	.		6¾	.			.	2	7
.041 ,, 0	.	2	¼	.		8	.		½	.	2	8½
.043 ,, 1	.	2	1	.		0	.		¼	.	2	10
.045 ,, 2	.	2	1 ½	.		1½	.		¾	.	2	11¾
.048 ,, 3	.	3	¼	.		1	.		½	.	3	1½
DWTS.—												
.050 or 1	.	3	3	.	3	3	.	3	3¼	.	3	3¼
.100 ,, 2	.	6	6	.	6	6½	.	6	6½	.	6	6½
.150 ,, 3	.			.			.		¾	.	9	1
.200 ,, 4	.	1		.	1		.	1		.	13	
.250 ,, 5	.	1		.	1		.	1	½	.	16	
.300 ,, 6	.			.			.	1	¾	.	9	8½
.350 ,, 7	1			1		1	1	2	1	1	3	0
.400 ,, 8	1			1			1	6	¼	[illegible]	6	3½
.450 ,, 9	1			1		¼	1	[illegible]			9	7
.500 ,, 10	1	1		1	1	½	1	1			12	10½
.550 ,, 11	1	1		1	1	1 ½	1	1	¼		16	1¾
.600 ,, 12	1	1		1		¾	1				19	5¼
.650 ,, 13	2			2		¾	2				2	8¾
.700 ,, 14	2			2			2		1		6	0¼
.750 ,, 15	2			2		1 ½	2		½		9	3¾
.800 ,, 16	2	1		2	1		2	1			12	7
.850 ,, 17	2	1		2	1		2	1			15	10½
.900 ,, 18	2	1		2			2		1 ½		19	2
.950 ,, 19	3			3		1	3				2	5½
OUNCES.—												
1.000 or 1	3	5	0	3	5	3	3	5	6	3	5	9
2.000 ,, 2	6	10	0	6	10	6	6	11	0	6	11	6
3.000 ,, 3	9	15	0		15	9		16	6		17	
4.000 ,, 4	13	0	0	1	1	0	1	2	0	1	3	
5.000 ,, 5	16	5	0	[illegible]	6	3	1	7	6	[illegible]	8	
6.000 ,, 6	19	10	0		11	6	1	13	0		14	
7.000 ,, 7	22	15	0		16	9	2	18	6		0	
8.000 ,, 8	26	0	0		2	0	2	4	0		6	
9.000 ,, 9	29	5	0		7	3	2	9	6		11	
10.000 ,, 10	32	10	0		12	6	3	15	0		17	
11.000 ,, 11	35	15	0		17	9	3	0	6		3	
12.000 ,, 12	39	0	0		3	0	3	6	0		9	
13.000 ,, 13	42	5	0		8	3	4	11	6	42	14	
14.000 ,, 14	45	10	0		13	6	4	17	0	46	0	
15.000 ,, 15	48	15	0		18	9	4	2	6	[illegible]	6	
16.000 ,, 16	52	0	0		4	0	52	8	0		12	
17.000 ,, 17	55	5	0	55	9	3	55	13	6		17	
18.000 ,, 18	58	10	0	58	14	6	68	19	0	.	3	
19.000 ,, 19	61	15	0	61	19	9		4	6		9	
20.000 ,, 20	65	0	0		5	0	65	0	0		15	
25.000 ,, 25	81	5	0		11	3	81	7	6		[illegible]	
30.000 ,, 30	97	10	0	97	17	6	98	5	0		1	
40.000 ,, 40	130	0	0	130	0	0	1.	0	0	1	1	
50.000 ,, 50	162	10	0	163	2	6	163	15	0	164	7	6

PRICE PER OUNCE.

	@ 66/- oz.			@ 66/3 oz.			@ 66/6 oz.			@ 66/9 oz.		
	£	s.	d.	£	s.	d.	£	s.	d.	£	s.	d.
GRAINS.—												
.001 or ½	.	.	.¾	.	.	.¾	.	.	.¾	.	.	.¾
.002 ,, 1	.	.	1½	.	.	1½	.	.	1½	.	.	1½
.003 ,, 1½	.	.	2¼	.	.	2¼	.	.	2¼	.	.	2¼
.004 ,, 2	.	.	3¼	.	.	3¼	.	.	3¼	.	.	3¼
.005 ,, 2½	.	.	4	.	.	4	.	.	4	.	.	4
.006 ,, 3	.	.	4¾	.	.	4¾	.	.	4¾	.	.	5
.007 ,, 3½	.	.	5½	.	.	5½	.	.	5½	.	.	5½
.008 ,, 4	.	.	6½	.	.	6½	.	.	6½	.	.	6½
.009 ,, 4½	.	.	7¼	.	.	7¼	.	.	7¼	.	.	7¼
.010 ,, 5	.	.	8¼	.	.	8¼	.	.	8¼	.	.	8¼
.012 ,, 6	.	.	9¾	.	.	9¾	.	.	9¾	.	.	10
.014 ,, 7	.	.	11½	.	.	11½	.	.	11½	.	.	11½
.016 ,, 8	.	1	1	.	1	1¼	.	1	1¼	.	1	1¼
.018 ,, 9	.	1	2¾	.	1	2¾	.	1	2¾	.	1	2¾
.020 ,, 10	.	1	4¼	.	1	4½	.	1	4½	.	1	4½
.022 ,, 11	.	1	6	.	1	6	.	1	6	.	1	6¼
.025 ,, 12	.	1	7¾	.	1	7¾	.	1	7¾	.	1	8
.027 ,, 13	.	1	9¼	.	1	9¼	.	1	9¼	.	1	9½
.029 ,, 14	.	1	10¾	.	1	10¾	.	1	10¾	.	1	11¼
.031 ,, 15	.	2	0½	.	2	0½	.	2	0¾	.	2	1
.033 ,, 16	.	2	2¼	.	2	2½	.	2	2½	.	2	2½
.035 ,, 17	.	2	3¾	.	2	4	.	2	4	.	2	4¼
.037 ,, 18	.	2	5½	.	2	5¾	.	2	5¾	.	2	5¾
.039 ,, 19	.	2	7	.	2	7¼	.	2	7¼	.	2	7½
.041 ,, 20	.	2	8¾	.	2	9	.	2	9	.	2	9¼
.043 ,, 21	.	2	10½	.	2	10¾	.	2	10¾	.	2	10¾
.045 ,, 22	.	3	0	.	3	0¼	.	3	0¼	.	3	0½
.048 ,, 23	.	3	1¾	.	3	2	.	3	2	.	3	2¼
DWTS.—												
.050 or 1	.	3	3½	.	3	3¾	.	3	3¾	.	3	4
.100 ,, 2	.	6	7	.	6	7½	.	6	7¾	.	6	8
.150 ,, 3	.	9	10¾	.	9	11¼	.	9	11½	.	10	0
.200 ,, 4	.	13	2¼	.	13	3	.	13	3½	.	13	4
.250 ,, 5	.	16	6	.	16	6¾	.	16	7½	.	16	8¼
.300 ,, 6	.	19	9½	.	19	10½	.	19	11¼	1	0	0¼
.350 ,, 7	1	3	1	1	3	2¼	1	3	3¼	1	3	4¼
.400 ,, 8	1	6	4¾	1	6	6	1	6	7	1	6	8¼
.450 ,, 9	1	9	8¼	1	9	9¾	1	9	11	1	10	0¼
.500 ,, 10	1	13	0	1	13	1½	1	13	3	1	13	4½
.550 ,, 11	1	16	3½	1	16	5¼	1	16	6¾	1	16	8½
.600 ,, 12	1	19	7	1	19	9	1	19	10¾	2	0	0½
.650 ,, 13	2	2	10¾	2	3	0¾	2	3	2½	2	3	4½
.700 ,, 14	2	6	2¼	2	6	4½	2	6	6½	2	6	8½
.750 ,, 15	2	9	6	2	9	8¼	2	9	10½	2	10	0¾
.800 ,, 16	2	12	9½	2	13	0	2	13	2¼	2	13	4¾
.850 ,, 17	2	16	1	2	16	3¾	2	16	6¼	2	16	8¾
.900 ,, 18	2	19	4¾	2	19	7½	2	19	10	3	0	0¾
.950 ,, 19	3	2	8¼	3	2	11¼	3	3	2	3	3	4¾
OUNCES.—												
1.000 or 1	3	6	0	3	6	3	3	6	6	3	6	9
2.000 ,, 2	6	12	0	6	12	6	6	13	0	6	13	6
3.000 ,, 3	9	18	0	9	18	9	9	19	6	10	0	3
4.000 ,, 4	13	4	0	13	5	0	13	6	0	13	7	0
5.000 ,, 5	16	10	0	16	11	3	16	12	6	16	13	9
6.000 ,, 6	19	16	0	19	17	6	19	19	0	20	0	6
7.000 ,, 7	23	2	0	23	3	9	23	5	6	23	7	3
8.000 ,, 8	26	8	0	26	10	0	26	12	0	26	14	0
9.000 ,, 9	29	14	0	29	16	3	29	18	6	30	0	9
10.000 ,, 10	33	0	0	33	2	6	33	5	0	33	7	6
11.000 ,, 11	36	6	0	36	8	9	36	11	6	36	14	3
12.000 ,, 12	39	12	0	39	15	0	39	18	0	40	1	0
13.000 ,, 13	42	18	0	43	1	3	43	4	6	43	7	9
14.000 ,, 14	46	4	0	46	7	6	46	11	0	46	14	6
15.000 ,, 15	49	10	0	49	13	9	49	17	6	50	1	3
16.000 ,, 16	52	16	0	53	0	0	53	4	0	53	8	0
17.000 ,, 17	56	2	0	56	6	3	56	10	6	56	14	9
18.000 ,, 18	59	8	0	59	12	6	59	17	0	60	1	6
19.000 ,, 19	62	14	0	62	18	9	63	3	6	63	8	3
20.000 ,, 20	66	0	0	66	5	0	66	10	0	66	15	0
25.000 ,, 25	82	10	0	82	16	3	83	2	6	83	8	9
30.000 ,, 30	99	0	0	99	7	6	99	15	0	100	2	6
40.000 ,, 40	132	0	0	132	10	0	133	0	0	133	10	0
50.000 ,, 50	165	0	0	165	12	6	166	5	0	166	17	6

PRICE PER OUNCE.

	@ 67/- oz.			@ 67/3 oz.			@ 67/6 oz.			@ 67/9 oz.		
GRAINS.—	£	s.	d.	£	s.	d.	£	s.	d.	£	s.	d.
.001 or ½	.	.	¾	.	.	¾	.	.	¾	.	.	¾
.002 ,, 1	.	.	1½	.	.	[illegible]	.	.	1	.	.	1½
.003 ,, 1½	.	.	2¼	.	.		.	.	2	.	.	2¼
.004 ,, 2	.	.	3¼	.	.		.	.	3	.	.	3¼
.005 ,, 2½	.	.	4	.	.		.	.	4	.	.	[illegible]
.006 ,, 3	.	.	5	.	.		.	.	5	.	.	
.007 ,, 3½	.	.	5½	.	.	¾	.	.	5¾	.	.	¾
.008 ,, 4	.	.	6½	.	.	½	.	.	6½	.	.	½
.009 ,, 4½	.	.	7¼	.	.	¼	.	.	7¼	.	.	¼
.010 ,, 5	.	.	8¼	.	.	¼	.	.	8¼	.	.	¼
.012 ,, 6	.	.	10	.	.	1	.	.	10	.	.	1
.014 ,, 7	.	.	11½	.	.	1 ½	.	.	11¾	.	.	1 ¾
.016 ,, 8	.	[illegible]	1¼	.	1		.	[illegible]	1	.	1	
.018 ,, 9	.		2¾	.	1		.		3	.	1	
.020 ,, 10	.		4½	.	1	¾	.		4¾	.	1	¾
.022 ,, 11	.		6¼	.	1	¼	.		6	.	1	½
.025 ,, 12	.		8	.	1		.		8	.	1	¼
.027 ,, 13	.		9½	.	1	9¾	.		9	.	1	¾
.029 ,, 14	.		11	.	1	11¼	.		11	.	1	1½
.031 ,, 15	.		1	.	2	1	.		1	.	2	¼
.033 ,, 16	.		2½	.	2	2¾	.		3	.	2	
.035 ,, 17	.	2	4½	.	2	4½	.		4½	.	2	¼
.037 ,, 18	.	2	5	.	2	[illegible]	.		6¼	.	2	
.039 ,, 19	.	2	7½	.	2	¾	.		8	.	2	
.041 ,, 20	.	[illegible]	9¼	.	2	½	.		9¾	.	2	¾
.043 ,, 21	.		10¾	.	2	1	.		11¼	.	2	1
.045 ,, 22	.		0½	.	3	¾	.		1	.	3	
.048 ,, 23	.		2¼	.	3	½	.		2¾	.	3	¾
DWTS.—												
.050 or 1	.	3	4	.	3	4¼	.	3	4½	.	3	4½
.100 ,, 2	.	6	8¼	.	[illegible]	8½	.	[illegible]	6	.	[illegible]	[illegible]
.150 ,, 3	.	1	0½	.	1	1	.	1	½	.	1	
.200 ,, 4	.	1	4¾	.	1	5¼	.	1		.	1	
.250 ,, 5	.		9	.		9¾	.		1 ½	.		1
.300 ,, 6	1		1	1		2	1			1		
.350 ,, 7	[illegible]		5¼	[illegible]		[illegible]¼	1		7½	1		
.400 ,, 8			9			1 ¾	1		0	1		
.450 ,, 9		1	1		1		1	1	[illegible]½	1	1	¾
.500 ,, 10		1	6		1	½	1	1		1	1	1
.550 ,, 11			10			11¾	1		½	1		
.600 ,, 12			2½			4	2	0		2		7¾
.650 ,, 13			6			8½	2	3	1 ½	2		0¼
.700 ,, 14			10			0¾	2	[illegible]		2		[illegible]
.750 ,, 15		1	3		1	[illegible]¼	2	1	½	2	1	¾
.800 ,, 16		1	7		1	½	2	1		2	1	
.850 ,, 17			11¼			¾	2		½	2		
.900 ,, 18			3½			¼	3			3		1 ½
.950 ,, 19			7¾			10½	3		1½	3		¼
OUNCES.—												
1.000 or 1	3	7	0	3	7	3	3	7	6	3	7	9
2.000 ,, 2	6	1[illegible]	0	6	14	[illegible]	6	1[illegible]	6	[illegible]	1[illegible]	[illegible]
3.000 ,, 3	1			1	1		1			1		
4.000 ,, 4	[illegible]			13	9		[illegible]	1		[illegible]	1	
5.000 ,, 5		1		16	16			1			1	
6.000 ,, 6				2[illegible]	3							
7.000 ,, 7	23			2	10		23	1			1	
8.000 ,, 8	26	1		2	18		27					
9.000 ,, 9	30			3	5		[illegible]					
10.000 ,, 10	[illegible]	1		3	12			1			1	
11.000 ,, 11		1		3	19							
12.000 ,, 12				4	7			1			1	
13.000 ,, 13	43	1		4	14			1				
14.000 ,, 14	46	1		4	1							
15.000 ,, 15	50			5	8		50	1			1	
16.000 ,, 16	53	1		5	16		54					
17.000 ,, 17	56	1		5	3		[illegible]				1	
18.000 ,, 18	60			6	10			1			1	
19.000 ,, 19	63	1		6	17					64		
20.000 ,, 20	7			6	5			1		67	1	
25.000 ,, 25	3	1		8	1					[illegible]	1	
30.000 ,, 30	100	1		10	17		1			1		
40.000 ,, 40	134			13	10		1			1		
50.000 ,, 50	167	10	0	168	2	6	168	15	0	169	7	6

PRICE PER OUNCE.

	@ 68/- oz.			@ 68/3 oz.			@ 68/6 oz.			@ 68/9 oz.		
	£	s.	d.	£	s.	d.	£	s.	d.	£	s.	d.
GRAINS.—												
.001 or ½	.	.	.¾	.	.	.¾	.	.	.¾	.	.	.¾
.002 ,, 1	.	.	1½	.	.	1½	.	.	1½	.	.	1½
.003 ,, 1½	.	.	2¼	.	.	2¼	.	.	2¼	.	.	2¼
.004 ,, 2	.	.	3¼	.	.	3¼	.	.	3¼	.	.	3¼
.005 ,, 2½	.	.	4	.	.	4	.	.	4	.	.	4
.006 ,, 3	.	.	5	.	.	5	.	.	5	.	.	5
.007 ,, 3½	.	.	5¾	.	.	5¾	.	.	5¾	.	.	5¾
.008 ,, 4	.	.	6¾	.	.	6¾	.	.	6¾	.	.	6¾
.009 ,, 4½	.	.	7½	.	.	7½	.	.	7½	.	.	7½
.010 ,, 5	.	.	8¼	.	.	8¼	.	.	8½	.	.	8½
.012 ,, 6	.	.	10	.	.	10	.	.	10¼	.	.	10¼
.014 ,, 7	.	.	11¾	.	.	11¾	.	.	11¾	.	1	0
.016 ,, 8	.	1	1½	.	1	1½	.	1	1½	.	1	1¾
.018 ,, 9	.	1	3¼	.	1	3¼	.	1	3¼	.	1	3¼
.020 ,, 10	.	1	4¾	.	1	4¾	.	1	5	.	1	5
.022 ,, 11	.	1	6½	.	1	6½	.	1	6¾	.	1	6¾
.025 ,, 12	.	1	8¼	.	1	8¼	.	1	8½	.	1	8½
.027 ,, 13	.	1	10	.	1	10	.	1	10	.	1	10¼
.029 ,, 14	.	1	11¾	.	1	11¾	.	1	11¾	.	2	0
.031 ,, 15	.	2	1¼	.	2	1¼	.	2	1½	.	2	1¾
.033 ,, 16	.	2	3	.	2	3	.	2	3¼	.	2	3½
.035 ,, 17	.	2	4¾	.	2	4¾	.	2	5	.	2	5
.037 ,, 18	.	2	6½	.	2	6½	.	2	6½	.	2	6¾
.039 ,, 19	.	2	8¼	.	2	8¼	.	2	8¼	.	2	8½
.041 ,, 20	.	2	9¾	.	2	9¾	.	2	10	.	2	10¼
.043 ,, 21	.	2	11½	.	2	11½	.	2	11¾	.	3	0
.045 ,, 22	.	3	1¼	.	3	1¼	.	3	1½	.	3	1¾
.048 ,, 23	.	3	3	.	3	3	.	3	3¼	.	3	3½
DWTS.—												
.050 or 1	.	3	4¾	.	3	4¾	.	3	5	.	3	5¼
.100 ,, 2	.	6	9½	.	6	9¾	.	6	10	.	6	10½
.150 ,, 3	.	10	2¼	.	10	2¾	.	10	3¼	.	10	3¾
.200 ,, 4	.	13	7	.	13	7¾	.	13	8¼	.	13	9
.250 ,, 5	.	17	0	.	17	0¾	.	17	1½	.	17	2¼
.300 ,, 6	1	0	4¾	1	0	5½	1	0	6½	1	0	7½
.350 ,, 7	1	3	9½	1	3	10½	1	3	11½	1	4	0¾
.400 ,, 8	1	7	2¼	1	7	3½	1	7	4¾	1	7	6
.450 ,, 9	1	10	7	1	10	8½	1	10	9¾	1	10	11¼
.500 ,, 10	1	14	0	1	14	1½	1	14	3	1	14	4½
.550 ,, 11	1	17	4¾	1	17	6¼	1	17	8	1	17	9¾
.600 ,, 12	2	0	9½	2	0	11¼	2	1	1	2	1	3
.650 ,, 13	2	4	2¼	2	4	4¼	2	4	6¼	2	4	8¼
.700 ,, 14	2	7	7	2	7	9¼	2	7	11¼	2	8	1½
.750 ,, 15	2	11	0	2	11	2¼	2	11	4½	2	11	6¾
.800 ,, 16	2	14	4¾	2	14	7	2	14	9½	2	15	0
.850 ,, 17	2	17	9½	2	18	0	2	18	2½	2	18	5¼
.900 ,, 18	3	1	2¼	3	1	5	3	1	7¾	3	1	10½
.950 ,, 19	3	4	7	3	4	10	3	5	0¾	3	5	3¾
OUNCES.—												
1.000 or 1	3	8	0	3	8	3	3	8	6	3	8	9
2.000 ,, 2	6	16	0	6	16	6	6	17	0	6	17	6
3.000 ,, 3	10	4	0	10	4	9	10	5	6	10	6	3
4.000 ,, 4	13	12	0	13	13	0	13	14	0	13	15	0
5.000 ,, 5	17	0	0	17	1	3	17	2	6	17	3	9
6.000 ,, 6	20	8	0	20	9	6	20	11	0	20	12	6
7.000 ,, 7	23	16	0	23	17	9	23	19	6	24	1	3
8.000 ,, 8	27	4	0	27	6	0	27	8	0	27	10	0
9.000 ,, 9	30	12	0	30	14	3	30	16	6	30	18	9
10.000 ,, 10	34	0	0	34	2	6	34	5	0	34	7	6
11.000 ,, 11	37	8	0	37	10	9	37	13	6	37	16	3
12.000 ,, 12	40	16	0	40	19	0	41	2	0	41	5	0
13.000 ,, 13	44	4	0	44	7	3	44	10	6	44	13	9
14.000 ,, 14	47	12	0	47	15	6	47	19	0	48	2	6
15.000 ,, 15	51	0	0	51	3	9	51	7	6	51	11	3
16.000 ,, 16	54	8	0	54	12	0	54	16	0	55	0	0
17.000 ,, 17	57	16	0	58	0	3	58	4	6	58	8	9
18.000 ,, 18	61	4	0	61	8	6	61	13	0	61	17	6
19.000 ,, 19	64	12	0	64	16	9	65	1	6	65	6	3
20.000 ,, 20	68	0	0	68	5	0	68	10	0	68	15	0
25.000 ,, 25	85	0	0	85	6	3	85	12	6	85	18	9
30.000 ,, 30	102	0	0	102	7	6	102	15	0	103	2	6
40.000 ,, 40	136	0	0	136	10	0	137	0	0	137	10	0
50.000 ,, 50	170	0	0	170	12	6	171	5	0	171	17	6

PRICE PER OUNCE.

	@ 69/- oz.			@ 69/3 oz.			@ 69/6 oz.			@ 69/9 oz.		
GRAINS.—	£	s.	d.	£	s.	d.	£	s.	d.	£	s.	d.
.001 or ½	.	.	.¾	.	.	.¾	.	.	.¾	.	.	.¾
.002 ,, 1	.	.	1½	.	.	1½	.	.	1	.	.	1½
.003 ,, 1½	.	.	2¼	.	.	2¼	.	.	[illegible]	.	.	2½
.004 ,, 2	.	.	3¼	.	.	3¼	.	.		.	.	3¼
.005 ,, 2½	.	.	4	.	.	4	.	.		.	.	4
.006 ,, 3	.	.	5	.	.	5	.	.		.	.	5
.007 ,, 3½	.	.	5¾	.	.	5¾	.	.	¾	.	.	5¾
.008 ,, 4	.	.	6¾	.	.	6¾	.	.		.	.	6
.009 ,, 4½	.	.	7½	.	.	7½	.	.		.	.	7
.010 ,, 5	.	.	8[illegible]	.	.	8½	.	.	8½	.	.	8
.012 ,, 6	.	.	10	.	.	10¼	.	.	10¼	.	.	10
.014 ,, 7	.	[illegible]	0	.	1	0	.	[illegible]	0	.	[illegible]	0
.016 ,, 8	.		1¾	.	1	1¾	.		1¾	.		1¾
.018 ,, 9	.		3¼	.	1	3½	.		3½	.		3½
.020 ,, 10	.			.	1	5¼	.		5	.		5¼
.022 ,, 11	.		6¾	.	1		.			.		7
.025 ,, 12	.		8½	.	1	8¾	.		8¾	.		8¾
.027 ,, 13	.		10	.	1	10¼	.		10¼	.		10½
.029 ,, 14	.		0	.	2	[illegible]	.		0	.		0¼
.031 ,, 15	.		1¾	.	2	¾	.		1¾	.		2
.033 ,, 16	.		3½	.	2	½	.		3½	.		3¾
.035 ,, 17	.		5	.	2	¼	.		[illegible]	.		5½
.037 ,, 18	.		6¾	.	2		.			.		7
.039 ,, 19	.	2	8½	.	2	¾	.		¾	.		9
.041 ,, 20	.	2	10¼	.	2	1	.	2	1	.		10¾
.043 ,, 21	.	3	0	.	3		.	3		.		0½
.045 ,, 22	.	3	1¾	.	3		.	3		.		2¼
.048 ,, 23	.	3	3½	.	3	¾	.	3	¾	.		4
DWTS.—												
.050 or 1	.	3	5¼	.	3	5½	.	3	5¼	.	3	5¾
.100 ,, 2	.	6	10¾	.	[illegible]	11	.	[illegible]	11	.	[illegible]	11
.150 ,, 3	.	10	4	.	1	4½	.	1	5	.	1	5
.200 ,, 4	.	13	9½	.	1	10	.	1	10¾	.	1	11
.250 ,, 5	.	17	3	.		3¾	.		4½	.		5
.300 ,, 6	1	[illegible]	8¼	1	0	9¼	[illegible]		10	1		11
.350 ,, 7	[illegible]		1¾	2	[illegible]	2¾			[illegible]	[illegible]		4¾
.400 ,, 8			7			8¼						10
.450 ,, 9		1	0½			1		1			1	4
.500 ,, 10		1	6			7½		1			1	10
.550 ,, 11			11¼			1			½			4
.600 ,, 12			4¾			6½						10
.650 ,, 13			10									4
.700 ,, 14			3½			5½			7¾			9¾
.750 ,, 15		1	9	2	1	11¼		1	1½		1	3
.800 ,, 16		15	2¼	2	1	[illegible]		1	7		1	9
.850 ,, 17		18	7¾	2		1			6¾			3
.900 ,, 18		[illegible]	1	3	2							9
.950 ,, 19			6½		5							3
OUNCES.—												
1.000 or 1	3	9	0	3	9	3	3	9	6	3	9	9
2.000 ,, 2	6	18	0	[illegible]	1[illegible]	[illegible]	[illegible]	1[illegible]	6	[illegible]	1[illegible]	6
3.000 ,, 3	10	7	0	1			1	1		1		3
4.000 ,, 4	13	16	0	[illegible]	1		[illegible]			[illegible]	1	0
5.000 ,, 5	17	5	0								1	9
6.000 ,, 6	20	14	0		1			17				6
7.000 ,, 7	24	3	0					6				3
8.000 ,, 8	27	12	0	27	1			1[illegible]				0
9.000 ,, 9	31	1	0	31				1				9
10.000 ,, 10	34	10	0	34	1							6
11.000 ,, 11	37	19	0	[illegible]								3
12.000 ,, 12	41	8	0		1							0
13.000 ,, 13	44	17	0									9
14.000 ,, 14	48	6	0				48					6
15.000 ,, 15	51	15	0	51	1		52					3
16.000 ,, 16	55	4	0	55			55					0
17.000 ,, 17	58	13	0	[illegible]	1		59					9
18.000 ,, 18	62	2	0				62					6
19.000 ,, 19	65	11	0		1		[illegible]					3
20.000 ,, 20	69	0	0								15	0
25.000 ,, 25	86	5	0		1				6		3	9
30.000 ,, 30	103	10	0	1	1		1		0	1	1[illegible]	6
40.000 ,, 40	138	0	0	1			139		0	1	1	0
50.000 ,, 50	172	1	0	173			173	1				6

PRICE PER OUNCE.

	@ 70 /- oz.			@ 70 /3 oz.			@ 70 /6 oz.			@ 70 /9 oz.		
	£	s.	d.	£	s.	d.	£	s.	d.	£	s.	d.
GRAINS.—												
.001 or ½	.	.	·¾	.	.	·¾	.	.	[illegible]¾	.	.	·¾
.002 ,, 1	.	.	1¾	.	.	1¾	.	.		.	.	1¾
.003 ,, 1½	.	.	2½	.	.	2½	.	.		.	.	2½
.004 ,, 2	.	.	3½	.	.	3½	.	.		.	.	3½
.005 ,, 2½	.	.	4¼	.	.	4¼	.	.		.	.	4¼
.006 ,, 3	.	.	5¼	.	.	5¼	.	.		.	.	5¼
.007 ,, 3½	.	.	6	.	.	6	.	.		.	.	6
.008 ,, 4	.	.	7	.	.	7	.	.		.	.	7
.009 ,, 4½	.	.	7¾	.	.	7¾	.	.	¾	.	.	7¾
.010 ,, 5	.	.	8¾	.	.	8¾	.	.		.	.	8¾
.012 ,, 6	.	.	10½	.	.	10½	.	.	1	.	.	1[illegible]
.014 ,, 7	.	1	0¼	.	1	0¼	.	1		.	[illegible]	
.016 ,, 8	.	1	2	.	1	2	.	1		.		
.018 ,, 9	.	1	3¾	.	1	3¾	.	1	¾	.		¾
.020 ,, 10	.	1	5½	.	1	5½	.	1	½	.		
.022 ,, 11	.	1	7¼	.	1	7¼	.	1	¼	.		
.025 ,, 12	.	1	9	.	1	9	.	1		.		
.027 ,, 13	.	1	10¾	.	1	10¾	.	1	1 ¾	.		1 ¾
.029 ,, 14	.	2	0½	.	2	0½	.	2	½	.		0½
.031 ,, 15	.	2	2¼	.	2	2¼	.	2	¼	.		2¼
.033 ,, 16	.	2	4	.	2	4	.	2		.		[illegible]
.035 ,, 17	.	2	5¾	.	2	5¾	.	2	¾	.	2	¾
.037 ,, 18	.	2	7½	.	2	7½	.	2	½	.	2	½
.039 ,, 19	.	2	9¼	.	2	9¼	.	2	¼	.	2	9¼
.041 ,, 20	.	2	11	.	2	11	.	2	1	.	[illegible]	11
.043 ,, 21	.	3	0¾	.	3	0¾	.	3	¾	.		0¾
.045 ,, 22	.	3	2½	.	3	2½	.	3	½	.		2½
.048 ,, 23	.	3	4¼	.	3	4¼	.	3	¼	.		4½
DWTS.—												
.050 or 1	.	3	6	.	3	6	.	3	6¼	.	3	6¼
.100 ,, 2	.	7	0	.	7	0¼	.	7	[illegible]½	.	[illegible]	[illegible]
.150 ,, 3	.	10	6	.	10	6¼	.	10	¾	.	1	
.200 ,, 4	.	14	0	.	14	0½	.	14		.	1	
.250 ,, 5	.	17	6	.	17	6¾	.	17	¼	.		
.300 ,, 6	1	1	0	1	1	0¾	1	1		1		2½
.350 ,, 7	1	4	6	1	4	7	1	4		[illegible]		9
.400 ,, 8	1	8	0	1	8	1	1	8	¼			0½
.450 ,, 9	1	11	6	1	11	7¼	1	11	½		1	1
.500 ,, 10	1	15	0	1	15	1½	1	15			1	4½
.550 ,, 11	1	18	6	1	18	7½	1	18	[illegible]			10¾
.600 ,, 12	2	2	0	2	2	1¾	2	2				[illegible]
.650 ,, 13	2	5	6	2	5	7¾	2	5				1
.700 ,, 14	2	9	0	2	9	2	2	9				
.750 ,, 15	2	12	6	2	12	8¼	2	12	1 ½		1	0¾
.800 ,, 16	2	16	0	2	16	2¼	2	16	4¾		1	7
.850 ,, 17	2	19	6	2	19	8½	2	19	11			1½
.900 ,, 18	3	3	0	3	3	2½	3	3	[illegible]¼			8
.950 ,, 19	3	6	6	3	6	8¾	3	6	1 ½			2½
OUNCES.—												
1.000 or 1	3	10	0	3	10	3	3	10	6	3	10	9
2.000 ,, 2	7	0	0	7	0	6	7	1	[illegible]	7	[illegible]	6
3.000 ,, 3	10	10	0	10	10	9	10	11		10	1	3
4.000 ,, 4	14	0	0	14	1	0	14	2		[illegible]4		0
5.000 ,, 5	17	10	0	17	11	3	17	12		7	1	9
6.000 ,, 6	21	0	0	21	1	6	21	3		1		6
7.000 ,, 7	24	10	0	24	11	9	24	13		4	1	3
8.000 ,, 8	28	0	0	28	2	0	28	4		8		0
9.000 ,, 9	31	10	0	31	12	3	31	14		1	1	9
10.000 ,, 10	35	0	0	35	2	6	35	5		5		6
11.000 ,, 11	38	10	0	38	12	9	38	15		8	1	3
12.000 ,, 12	42	0	0	42	3	0	42	6		2		0
13.000 ,, 13	45	10	0	45	13	3	45	16		5	1	9
14.000 ,, 14	49	0	0	49	3	6	49	7		9	1	6
15.000 ,, 15	52	10	0	52	13	9	52	17		3		3
16.000 ,, 16	56	0	0	56	4	0	56	8		6	1	0
17.000 ,, 17	59	10	0	59	14	3	59	18		0		9
18.000 ,, 18	63	0	0	63	4	6	63	9		3	1	6
19.000 ,, 19	66	10	0	66	14	9	66	19		7		3
20.000 ,, 20	70	0	0	70	5	0	70	10		0	1	0
25.000 ,, 25	87	10	0	87	16	3	88	2		8		9
30.000 ,, 30	105	0	0	105	7	6	105	15		1 6		6
40.000 ,, 40	140	0	0	140	10	0	141	0		1 1	1	0
50.000 ,, 50	175	0	0	175	12	6	176	5	0	176	17	6

PRICE PER OUNCE.

	@ 71/- oz.			@ 71/3 oz.			@ 71/6 oz.			@ 71/9 oz.		
GRAINS.—	£	s.	d.	£	s.	d.	£	s.	d.	£	s.	d.
.0[illegible] or ½	.	.	¾	.	.	¾	.	.	¾	.	.	.¾
.0 ,, 1	.	.	[illegible]	.	.	[illegible]¾	.	.	[illegible]¾	.	.	1¾
.0 ,, [illegible]½	.	.		.	.	[illegible]	.	.	[illegible]	.	.	2½
.0 ,,	.	.		.	.		.	.		.	.	3½
.0 ,, ½	.	.		.	.		.	.		.	.	4¼
.0 ,,	.	.		.	.		.	.		.	.	5¼
.0 ,, ½	.	.		.	.		.	.		.	.	6
.0 ,,	.	.		.	.		.	.		.	.	7
.0 ,, ½	.	.	¾	.	.	¾	.	.	¾	.	.	7¾
.0 ,,	.	.		.	.		.	.		.	.	8¾
.0 ,,	.	.	1	.	.	1	.	.	1	.	.	10¾
.0 ,,	.	[illegible]		.	[illegible]		.	[illegible]		.	1	0½
.0 ,,	.			.			.			.	1	2¼
.0 ,,	.		¾	.			.			.	1	4
.0 ,, [illegible]	.			.		¾	.		¾	.	1	5¾
.0 ,,	.			.			.		½	.	1	7½
.0 ,,	.			.			.		9¼	.	1	9¼
.0 ,,	.		1	.		1	.		11	.	1	11¼
.0 ,,	.		¾	.		¾	.		[illegible]¾	.	2	1
.0 ,,	.			.			.			.	2	2¾
.0 ,,	.			.			.			.	2	4½
.0 ,,	.			.			.			.	2	6¼
.0 ,,	.		¾	.			.			.	2	8
.0 ,,	.			.		¾	.		¾	.	2	10
.0 ,,	.		1	.		1	.		1 ½	.	2	11¾
.0 ,,	.			.			.		¼	.	3	1½
.0 ,,	.		¾	.			.			.	3	3¼
.0 ,,	.			.		¾	.		¾	.	3	5
DWT .—												
.0 0 or 1	.	3	6½	.	3	6¾	.	3	6¾	.	3	7
.1 0 ,, 2	.	[illegible]	[illegible]	.	[illegible]	3	.	[illegible]	[illegible]¾	.	[illegible]	2
.1 0 ,, 3	.	1	¾	.	1		.	1		.	1	9
.2 0 ,, 4	.	1		.	1		.	1		.	1	4
.2 0 ,, 5	.			.		9¾	.		1	.		11¼
.3 0 ,, 6	1		½	1		4½	1	1		1		6¼
.3 0 ,, 7	[illegible]		1	1		1[illegible]	1	5		1		1¼
.4 0 ,, 8			¾	1			1	[illegible]		1		8¼
.4 0 ,, 9		1	1¼	1	1	¾	1	1		1	1	3¼
.5 0 ,, 10		1		1	1		1	1		1	1	10½
.5 0 ,, 11			½	1			1		¾	1		5½
.6 0 ,, 2				2			2		1	2		0½
.6 0 ,, 3			¾	2		¾	2			2		7½
.7 0 ,, 4			¼	2		1	2	1		2	1	2½
.7 0 ,, 5		13		2	1		2	1	7½	2	1	9¾
.8 0 ,, 6		16	½	2	1		2		2¼	2		4¾
.8 0 ,, 7		[illegible]		3		6¾	3		9¼	3		11¾
.9 0 ,, 8	3		1 ¾	3	4	1¼	3		4	3		6¾
.9 0 ,, 9	3		¼	3	7	8	3		11	3		1¾
OUN ES.—												
1.0 0 or 1	3	11	0	3	11	3	3	11	6	3	11	9
2.0 0 ,, 2	[illegible]	[illegible]	0	[illegible]	12	[illegible]	[illegible]	3	[illegible]	7	3	6
3.0 0 ,, 3	1		0	1	3		1	14		10	15	3
4.0 0 ,, 4	[illegible]		0	[illegible]	5		[illegible]	6		[illegible]4	7	0
5.0 0 ,, 5			0		6			17		7	18	9
6.0 0 ,, 6			0		7			9		1	10	6
7.0 0 ,, 7			0		8			0		25	2	3
8.0 0 ,, 8			0		0		28	12		28	14	0
9.0 0 ,, 9			0	32	1		32	3		32	5	9
10.0 0 ,, 10	35		0	35	2		35	15		35	17	6
[illegible]1.0 0 ,, [illegible]1	39		0	[illegible]9	3		39	6		3[illegible]	9	3
2.0 0 ,, 2	4[illegible]		0	2	5		42	18		4	1	0
3.0 0 ,, 3	4	3	0	6	6		4[illegible]	9		4	12	9
4.0 0 ,, 4	4	4	0	9	7		5	1		5	4	6
5.0 0 ,, 5	53	[illegible]	0	3	8		53	12		53	16	3
6.0 0 ,, 6	56			7	0		57	4		57	8	0
7.0 0 ,, 7	[illegible]			0	11		[illegible]	15		[illegible]	19	9
8.0 0 ,, 8				4	12			7			11	6
9.0 0 ,, 9				7	3			18			3	3
0.0 0 ,, 0				1	5			10			15	0
5.0 0 ,, 5				9	1			7			13	9
0.0 0 ,, 0	1			1 6	17		1	5		1	2	6
0.0 0 ,, 40	142			1 2	10		1	0		143	0	0
0.0 0 ,, 50	177			178	2	6	178	15	0	179	7	6

PRICE PER OUNCE.

	@ 72/- oz.			@ 72/3 oz.			@ 72/6 oz.			@ 72/9 oz.		
	£	s.	d.	£	s.	d.	£	s.	d.	£	s.	d.
GRAINS.—												
.001 or ½	.	.	.¾	.	.	.¾	.	.	.¾	.	.	.¾
.002 ,, 1	.	.	1¾	.	.	1¾	.	.	1¾	.	.	1¾
.003 ,, 1½	.	.	2½	.	.	2½	.	.	2½	.	.	2½
.004 ,, 2	.	.	3½	.	.	3½	.	.	3½	.	.	3½
.005 ,, 2½	.	.	4¼	.	.	4¼	.	.	4¼	.	.	4¼
.006 ,, 3	.	.	5¼	.	.	5¼	.	.	5¼	.	.	5¼
.007 ,, 3½	.	.	6	.	.	6	.	.	6	.	.	6
.008 ,, 4	.	.	7	.	.	7	.	.	7¼	.	.	7¼
.009 ,, 4½	.	.	7¾	.	.	8	.	.	8	.	.	8
.010 ,, 5	.	.	8¾	.	.	8¾	.	.	9	.	.	9
.012 ,, 6	.	.	10¾	.	.	10¾	.	.	10¾	.	.	10¾
.014 ,, 7	.	1	0½	.	1	0½	.	1	0½	.	1	0½
.016 ,, 8	.	1	2¼	.	1	2¼	.	1	2½	.	1	2½
.018 ,, 9	.	1	4	.	1	4	.	1	4¼	.	1	4¼
.020 ,, 10	.	1	5¾	.	1	6	.	1	6	.	1	6
.022 ,, 11	.	1	7½	.	1	7¾	.	1	7¾	.	1	7¾
.025 ,, 12	.	1	9¼	.	1	9½	.	1	9¾	.	1	9¾
.027 ,, 13	.	1	11¼	.	1	11¼	.	1	11½	.	1	11½
.029 ,, 14	.	2	1	.	2	1	.	2	1¼	.	2	1¼
.031 ,, 15	.	2	2¾	.	2	3	.	2	3	.	2	3
.033 ,, 16	.	2	4½	.	2	4¾	.	2	5	.	2	5
.035 ,, 17	.	2	6¼	.	2	6½	.	2	6¾	.	2	6¾
.037 ,, 18	.	2	8	.	2	8¼	.	2	8½	.	2	8½
.039 ,, 19	.	2	10	.	2	10¼	.	2	10¼	.	2	10¼
.041 ,, 20	.	2	11¾	.	3	0	.	3	0¼	.	3	0¼
.043 ,, 21	.	3	1½	.	3	1¾	.	3	2	.	3	2
.045 ,, 22	.	3	3¼	.	3	3½	.	3	3¾	.	3	3¾
.048 ,, 23	.	3	5	.	3	5¼	.	3	5½	.	3	5½
DWTS.—												
.050 or 1	.	3	7	.	3	7¼	.	3	7½	.	3	7½
.100 ,, 2	.	7	2¼	.	7	2½	.	7	3	.	7	3¼
.150 ,, 3	.	10	9½	.	10	10	.	10	10½	.	10	10¾
.200 ,, 4	.	14	4¾	.	14	5¼	.	14	6	.	14	6½
.250 ,, 5	.	18	0	.	18	0¾	.	18	1½	.	18	2¼
.300 ,, 6	1	1	7	1	1	8	1	1	9	1	1	9¾
.350 ,, 7	1	5	2¼	1	5	3¼	1	5	4½	1	5	5½
.400 ,, 8	1	8	9½	1	8	10¾	1	9	0	1	9	1
.450 ,, 9	1	12	4¾	1	12	6	1	12	7½	1	12	8¾
.500 ,, 10	1	16	0	1	16	1½	1	16	3	1	16	4½
.550 ,, 11	1	19	7	1	19	8¾	1	19	10½	2	0	0
.600 ,, 12	2	3	2¼	2	3	4	2	3	6	2	3	7¾
.650 ,, 13	2	6	9½	2	6	11½	2	7	1½	2	7	3¼
.700 ,, 14	2	10	4¾	2	10	6¾	2	10	9	2	10	11
.750 ,, 15	2	14	0	2	14	2¼	2	14	4½	2	14	6¾
.800 ,, 16	2	17	7	2	17	9½	2	18	0	2	18	2¼
.850 ,, 17	3	2	2¼	3	1	4¾	3	1	7½		1	10
.900 ,, 18	3	4	9½	3	5	0¼	3	5	3		5	5½
.950 ,, 19	3	8	4¾	3	8	7½	3	8	10½	3	9	1¼
OUNCES.—												
1.000 or 1	3	12	0	3	12	3	3	12	6	3	12	9
2.000 ,, 2	7	4	0	7	4	6	7	5	0	7	5	6
3.000 ,, 3	10	16	0	10	16	9	10	17	6	10	18	3
4.000 ,, 4	14	8	0	14	9	0	14	10	0	14	11	0
5.000 ,, 5	18	0	0	18	1	3	18	2	6	18	3	9
6.000 ,, 6	21	12	0	21	13	6	21	15	0	21	16	6
7.000 ,, 7	25	4	0	25	5	9	25	7	6	25	9	3
8.000 ,, 8	28	16	0	28	18	0	29	0	0	29	2	0
9.000 ,, 9	32	8	0	32	10	3	32	12	6	32	14	9
10.000 ,, 10	36	0	0	36	2	6	36	5	0	36	7	6
11.000 ,, 11	39	12	0	39	14	9	39	17	6	40	0	3
12.000 ,, 12	43	4	0	43	7	0	43	10	0	43	13	0
13.000 ,, 13	46	16	0	46	19	3	47	2	6	47	5	9
14.000 ,, 14	50	8	0	50	11	6	50	15	0	50	18	6
15.000 ,, 15	54	0	0	54	3	9	54	7	6	54	11	3
16.000 ,, 16	57	12	0	57	16	0	58	0	0	58	4	0
17.000 ,, 17	61	4	0	61	8	3	61	12	6	61	16	9
18.000 ,, 18	64	16	0	65	0	6	65	5	0	65	9	6
19.000 ,, 19	68	8	0	68	12	9	68	17	6	69	2	3
20.000 ,, 20	72	0	0	72	5	0	72	10	0	72	15	0
25.000 ,, 25	90	0	0	90	6	3	90	12	6	90	18	9
30.000 ,, 30	108	0	0	108	7	6	108	15	0	109	2	6
40.000 ,, 40	144	0	0	144	10	0	145	0	0	145	10	0
50.000 ,, 50	180	0	0	180	12	6	181	5	0	181	17	6

PRICE PER OUNCE.

	@ 73/- oz.			@ 73/3 oz.			@ 73/6 oz.			@ 73/9 oz.		
GRAINS.—	£	s.	d.	£	s.	d.	£	s.	d.	£	s.	d.
.001 or ½	.	.	¾	.	.	¾	.	.	[illegible]	.	.	[illegible]
.002 ,, 1	.	.	1¾	.	.	1¾	.	.	[illegible]	.	.	[illegible]
.003 ,, 1½	.	.	2	.	.	2	.	.		.	.	
.004 ,, 2	.	.	3	.	.	3	.	.		.	.	
.005 ,, 2½	.	.	4	.	.	4	.	.		.	.	
.006 ,, 3	.	.	5	.	.	5	.	.		.	.	
.007 ,, 3½	.	.	6	.	.	6	.	.		.	.	
.008 ,, 4	.	.	7	.	.	7	.	.		.	.	
.009 ,, 4½	.	.	8	.	.	8	.	.		.	.	
.010 ,, 5	.	.	9	.	.	9	.	.		.	.	
.012 ,, 6	.		10¾	.		10¾	.		1	.	.	1
.014 ,, 7	.	[illegible]	0	.	[illegible]	0	.	[illegible]	1¾	.	1	1¾
.016 ,, 8	.		2	.		2	.			.	1	[illegible]
.018 ,, 9	.		4	.		4	.			.	1	
.020 ,, 10	.		6	.		6	.			.	1	
.022 ,, 11	.		8	.		8	.			.	1	
.025 ,, 2	.		9¾	.		9¾	.			.	1	
.027 ,, 3	.		11	.		11	.		¾	.	1	¾
.029 ,, 4	.		1	.		1	.			.	2	[illegible]
.031 ,, 5	.		3	.		3	.			.	2	
.033 ,, 6	.		5	.		5	.			.	2	
.035 ,, 7	.		6¾	.		6¾	.			.	2	
.037 ,, 8	.		8	.		8	.		¾	.	2	
.039 ,, 9	.		10	.		10	.		1	.	2	1
.041 ,, 0	.		0	.		0	.			.	3	¾
.043 ,, 1	.		2	.		2	.			.	3	½
.045 ,, 2	.		4	.		4	.			.	3	
.048 ,, 3	.		5¾	.		5¾	.			.	3	
DWTS.—												
.050 or 1	.	3	7¾	.	3	7¾	.	3	8	.	3	8½
.[illegible]0 ,, 2	.	7	3	.	7	3	.	[illegible]	4	.	7	4
. 0 ,, 3	.	10	11	.	10	11	.	1	0½	.	11	0
. 0 ,, 4	.	14	7	.	4	7	.		8½	.	14	9
. 0 ,, 5	.	18	3	.	8	3	.		4	.	8	5½
. 0 ,, 6	1	1	10¾	1	1	11	1		0	1	2	1
. 0 ,, 7	1	5	6		5	7	1		8	1	5	9
. 0 ,, 8	1	9	2		9	3	1		4	1	9	6
. 0 ,, 9	1	12	10		12	11	1	1	0	1	13	2½
. 0 ,, 10	1	6	6		6	7	1		9	1	16	10
. 0 ,, 11	2	0	1¾		0	3	2		5	2	0	6
. 0 ,, 2	2	3	9		3	11	2		1	2	4	3
. 0 ,, 3	2	7	5		7	7	2		9¼	2	7	11
. 0 ,, 4	2	11	1		11	3	2	1	5	2	11	7
. 0 ,, 5	2	4	9		4	11	2		1	2	15	3
. 0 ,, 6	2	8	4¾		8	7	2		9	2	9	0
. 0 ,, 7	3	2	0		2	3	3		5	3	2	8½
. 0 ,, 8	3	5	8		5	11	3		1	3	6	4
. 0 ,, 9	3		4		9	7	3		9	3	10	0
OUNCES.—												
1.000 or 1	3	13	0	3	13	3	3	13	6	3	13	9
2.000 ,, 2	7	6	0	7	6	6	7	7	0	7	7	6
3 000 ,, 3	10	19	0	10	19	9	11	0	6	11	1	3
4 000 ,, 4	14	12	0	14	13	0	14	14	0	14	15	0
5 000 ,, 5	18	5	0	18	6	3	18	7	6	18	8	9
6 000 ,, 6	21	18	0	21	19	6	22	1	0	22	2	6
7 000 ,, 7	25	11	0	25	12	9	25	14	6	25	16	3
8 000 ,, 8	29	4	0	29	6	0	29	8	0	29	0	0
9 000 ,, 9	32	17	0	32	19	3	33	1	6	33	3	9
10 000 ,, 10	36	10	0	36	12	6	36	15	0	36	17	6
11 000 ,, 11	40	3	0	40	5	9	40	8	6	40	1	3
12 000 ,, 12	43	16	0	43	19	0	44	2	0	44	5	0
13 000 ,, 13	47	9	0	47	12	3	47	15	6	47	18	9
14 000 ,, 14	51	2	0	51	5	6	51	9	0	51	2	6
15 000 ,, 15	54	15	0	54	18	9	55	2	6	55	6	3
16 000 ,, 16	58	8	0	58	12	0	58	16	0	59	0	0
17 000 ,, 17	62	1	0	62	5	3	62	9	6	62	13	9
18 000 ,, 18	65	14	0	65	18	6	66	3	0	66	7	6
19 000 ,, 19	69	7	0	69	11	9	69	16	6	70	1	3
20 000 ,, 20	73	0	0	73	5	0	73	10	0	73	15	0
25 000 ,, 25	91	5	0	91	11	3	91	17	6	92	3	9
30 000 ,, 30	109	10	0	109	17	6	110	5	0	110	12	6
40 000 ,, 40	146	0	0	146	10	0	147	0	0	147	0	0
50 000 ,, 50	182	10	0	183	2	6	183	15	0	184	7	6

PRICE PER OUNCE.

	@ 74/- oz.			@ 74/3 oz.			@ 74/6 oz.			@ 74/9 oz.		
	£	s.	d.	£	s.	d.	£	s.	d.	£	s.	d.
GRAINS.—												
.001 or ½	.	.	.¾	.	.	.¾	.	.	.¾	.	.	.¾
.002 ,, 1	.	.	1¾	.	.	1¾	.	.	1¾	.	.	1¾
.003 ,, 1½	.	.	2½	.	.	2½	.	.	2½	.	.	2½
.004 ,, 2	.	.	3½	.	.	3½	.	.	3½	.	.	3½
.005 ,, 2½	.	.	4¼	.	.	4¼	.	.	4¼	.	.	4¼
.006 ,, 3	.	.	5¼	.	.	5¼	.	.	5¼	.	.	5¼
.007 ,, 3½	.	.	6¼	.	.	6¼	.	.	6¼	.	.	6¼
.008 ,, 4	.	.	7¼	.	.	7¼	.	.	7¼	.	.	7¼
.009 ,, 4½	.	.	8	.	.	8	.	.	8¼	.	.	8¼
.010 ,, 5	.	.	9	.	.	9	.	.	9	.	.	9
.012 ,, 6	.	.	11	.	.	11	.	.	11	.	.	11
.014 ,, 7	.	1	0¾	.	1	0¾	.	1	0¾	.	1	0¾
.016 ,, 8	.	1	2¾	.	1	2¾	.	1	2¾	.	1	2¾
.018 ,, 9	.	1	4½	.	1	4½	.	1	4½	.	1	4¾
.020 ,, 10	.	1	6¼	.	1	6½	.	1	6½	.	1	6½
.022 ,, 11	.	1	8¼	.	1	8¼	.	1	8¼	.	1	8½
.025 ,, 12	.	1	10	.	1	10¼	.	1	10¼	.	1	10¼
.027 ,, 13	.	1	11¾	.	2	0	.	2	0	.	2	0
.029 ,, 14	.	2	1¾	.	2	1¾	.	2	1¾	.	2	2
.031 ,, 15	.	2	3½	.	2	3¾	.	2	3¾	.	2	3¾
.033 ,, 16	.	2	5½	.	2	5½	.	2	5½	.	2	5¾
.035 ,, 17	.	2	7¼	.	2	7½	.	2	7½	.	2	7¾
.037 ,, 18	.	2	9	.	2	9¼	.	2	9¼	.	2	9½
.039 ,, 19	.	2	11	.	2	11¼	.	2	11¼	.	2	11½
.041 ,, 20	.	3	0¾	.	3	1	.	3	1	.	3	1¼
.043 ,, 21	.	3	2½	.	3	2¾	.	3	2¾	.	3	3
.045 ,, 22	.	3	4½	.	3	4¾	.	3	4¾	.	3	5
.048 ,, 23	.	3	6¼	.	3	6½	.	3	6½	.	3	6¾
DWTS.—												
.050 or 1	.	3	8¼	.	3	8½	.	3	8½	.	3	8¾
.100 ,, 2	.	7	4¾	.	7	5	.	7	5¼	.	7	5½
.150 ,, 3	.	11	1	.	11	1½	.	11	2	.	11	2½
.200 ,, 4	.	14	9½	.	14	10	.	14	10¾	.	14	11¼
.250 ,, 5	.	18	6	.	18	6¾	.	18	7½	.	18	8¼
.300 ,, 6	1	2	2¼	1	2	3¼	1	2	4	1	2	5
.350 ,, 7	1	5	10¾	1	5	11¾	1	6	0¾	1	6	1¾
.400 ,, 8	1	9	7	1	9	8¼	1	9	9½	1	9	10¾
.450 ,, 9	1	13	3½	1	13	4¾	1	13	6¼	1	13	7½
.500 ,, 10	1	17	0	1	17	1½	1	17	3	1	17	4½
.550 ,, 11	2	0	8¼	2	0	10	2	0	11½	2	1	1¼
.600 ,, 12	2	4	4¾	2	4	6½	2	4	8¼	2	4	10
.650 ,, 13	2	8	1	2	8	3	2	8	5	2	8	7
.700 ,, 14	2	11	9½	2	11	11½	2	12	1¾	2	12	3¾
.750 ,, 15	2	15	6	2	15	8¼	2	15	10½	2	16	0¾
.800 ,, 16	2	19	2¼	2	19	4¾	2	19	7	2	19	9½
.850 ,, 17	3	2	10¾	3	3	1¼	3	3	3¾	3	3	6¼
.900 ,, 18	3	6	7	3	6	9¾	3	7	0½	3	7	3¼
.950 ,, 19	3	10	3½	3	10	6¼	3	10	9¼	3	11	0
OUNCES.—												
1.000 or 1	3	14	0	3	14	3	3	14	6	3	14	9
2.000 ,, 2	7	8	0	7	8	6	7	9	0	7	9	6
3.000 ,, 3	11	2	0	11	2	9	11	3	6	11	4	3
4.000 ,, 4	14	16	0	14	17	0	14	18	0	14	19	0
5.000 ,, 5	18	10	0	18	11	3	18	12	6	18	13	9
6.000 ,, 6	22	4	0	22	5	6	22	7	0	22	8	6
7.000 ,, 7	25	18	0	25	19	9	26	1	6	26	3	3
8.000 ,, 8	29	12	0	29	14	0	29	16	0	29	18	0
9.000 ,, 9	33	6	0	33	8	3	33	10	6	33	12	9
10.000 ,, 10	37	0	0	37	2	6	37	5	0	37	7	6
11.000 ,, 11	40	14	0	40	16	9	40	19	6	41	2	3
12.000 ,, 12	44	8	0	44	11	0	44	14	0	44	17	0
13.000 ,, 13	48	2	0	48	5	3	48	8	6	48	11	9
14.000 ,, 14	51	16	0	51	19	6	52	3	0	52	6	6
15.000 ,, 15	55	10	0	55	13	9	55	17	6	56	1	3
16.000 ,, 16	59	4	0	59	8	0	59	12	0	59	16	0
17.000 ,, 17	62	18	0	63	2	3	63	6	6	63	10	9
18.000 ,, 18	66	12	0	66	16	6	67	1	0	67	5	6
19.000 ,, 19	70	6	0	70	10	9	70	15	6	71	0	3
20.000 ,, 20	74	0	0	74	5	0	74	10	0	74	15	0
25.000 ,, 25	92	10	0	92	16	3	93	2	6	93	8	9
30.000 ,, 30	111	0	0	111	7	6	111	15	0	112	2	6
40.000 ,, 40	148	0	0	148	10	0	149	0	0	149	10	0
50.000 ,, 50	185	0	0	185	12	6	186	5	0	186	17	6

PRICE PER OUNCE.

	@ 75/- oz.			@ 75/3 oz.			@ 75/6 oz.			@ 75/9 oz.		
GRAINS.—	£	s.	d.	£	s.	d.	£	s.	d.	£	s.	d.
.001 or ½	.	.	.¾	.	.	[illegible]	.	.	¾	.	.	¾
.002 ,, 1	.	.	1¾	.	. .	[illegible]	.	.	1[illegible]	.	.	[illegible]¾
.003 ,, 1½	.	.	2½	.	.		.	.	2	.	.	½
.004 ,, 2	.	.	3¾	.	.		.	.	3	.	.	¾
.005 ,, 2½	.	.	4½	.	.	4	.	.	4	.	.	½
.006 ,, 3	.	.	5½	.	.	5	.	.	5	.	.	½
.007 ,, 3½	.	.	6½	.	.	[illegible]	.	.	6	.	.	½
.008 ,, 4	.	.	7½	.	.		.	.	7	.	.	[illegible]
.009 ,, 4½	.	.	8¼	.	.		.	.	8	.	.	
.010 ,, 5	.	.	9¼	.	.		.	.	9	.	.	
.012 ,, 6	.	.	11¼	.	.	1	.	.	11	.	.	1
.014 ,, 7	.	[illegible]	[illegible]	.	[illegible]		.	[illegible]	1	.	[illegible]	
.016 ,, 8	.			.			.		3	.		
.018 ,, 9	.		¾	.		[illegible]	.		4¾	.		[illegible]
.020 ,, 10	.		¾	.			.		6[illegible]	.		
.022 ,, 11	.		¾	.			.		8	.		
.025 ,, 12	.		10½	.		1	.		10	.		1
.027 ,, 13	.		0¼	.			.		0	.		
.029 ,, 14	.		[illegible]	.			.		2¼	.		
.031 ,, 15	.			.			.		4	.		
.033 ,, 16	.			.			.		6	.		
.035 ,, 17	.		¾	.		[illegible]	.		8	.		
.037 ,, 18	.		½	.			.		9¾	.		[illegible]
.039 ,, 19	.		1½	.		1	.		11[illegible]	.		1
.041 ,, 20	.		¼	.			.		[illegible]	.		
.043 ,, 21	.		¼	.			.			.		
.045 ,, 22	.			.			.			.		
.048 ,, 23	.			.			.			.		
DWTS.—												
.050 or 1	.	3	9	.	3	9	.	3	9¼	.	3	9[illegible]
.100 ,, 2	.	7	[illegible]	.	[illegible]	[illegible]¼	.	[illegible]	6½	.	7	[illegible]
.150 ,, 3	.	11		.	1	¼	.	1	3¾	.	11	
.200 ,, 4	.	15		.	1	½	.	1	1	.	15	
.250 ,, [illegible]	.	8		.		¾	.		10½	.	8	1
.300 ,,	1	2		1		¾	1		7¾	1	2	
.350 ,,	[illegible]	6		[illegible]			[illegible]		5	[illegible]	6	
.400 ,,		10			1			1	2¼		10	½
.450 ,,		13			1	1 [illegible]		1	11½		14	
.500 ,, 1		7							9		7	1 [illegible]
.550 ,, 1		1							6¼		1	
.600 ,,		5							3½		5	
.650 ,,		8				1			0¾		9	
.700 ,,		12			1			1	10		13	
.750 ,,	2	16			1	[illegible]		1	7½		16	
.800 ,,	3	0							4¾		0	
.850 ,,	3	3				1			2		4	½
.900 ,,	3	7							11[illegible]		8	
.950 ,,		11			1			1			11 1	1 ½
OUNCES.—												
1,000 or 1	3	15	0	3	1[illegible]	3	3	15	6	3	5	9
2 000 ,, [illegible]	[illegible]	10	0	[illegible]	1	[illegible]	[illegible]	1[illegible]	0	[illegible]	[illegible]	[illegible]
3 000 ,,	1	5	0	1			1		6	1		
4 000 ,,	2	0	0	1			[illegible]		0	[illegible]		
5 000 ,,		15	0	1	1			1	6		1	
6 000 ,,		10	0	2	1			1	0		1	
7 000 ,,		5	0	2					6		1	
8 000 ,,	30	0	0	3					0			
9 000 ,,	33	15	0	3	1			1	6			
10 000 ,, 1	[illegible]	10	0	3	1			1	0		1	
11 000 ,, [illegible]		5	0	4					6		1	
12 000 ,,		0	0	4					0			
13 000 ,,		15	0	4	1				6			
14 000 ,,	52	10	0	5	1			1	0			
15 000 ,,	56	5	0	5				1	6		1	
16 000 ,,	60	0	0	6					0		1	
17 000 ,,	63	15	0	6	1				6			
18 000 ,,	67	10	0	6	1			1	0			
19 000 ,,	71	5	0	7				1	6		1	
20 000 ,,	[illegible]	0	0	7					0		1	
25 000 ,,		15	0	9					6			
30 000 ,,	1	10	0	11	1		1		0	1		
40 000 ,,	1	0	0	15	1		1		0	151		
50 000 ,, 50	187	10	0	18				1	0	189		

PRICE PER OUNCE.

	@ 76/- oz.			@ 76/3 oz.			@ 76/6 oz.			@ 76/9 oz.		
	£	s.	d.	£	s.	d.	£	s.	d.	£	s.	d.
GRAINS.—												
.001 or ½	.	.	.¾	.	.	.¾	.	.	.¾	.	.	.¾
.002 ,, 1	.	.	1¾	.	.	1¾	.	.	1¾	.	.	1¾
.003 ,, 1½	.	.	2½	.	.	2½	.	.	2½	.	.	2½
.004 ,, 2	.	.	3¾	.	.	3¾	.	.	3¾	.	.	3¾
.005 ,, 2½	.	.	4½	.	.	4½	.	.	4½	.	.	4½
.006 ,, 3	.	.	5½	.	.	5½	.	.	5½	.	.	5¾
.007 ,, 3½	.	.	6½	.	.	6½	.	.	6½	.	.	6½
.008 ,, 4	.	.	7½	.	.	7½	.	.	7½	.	.	7½
.009 ,, 4½	.	.	8¼	.	.	8¼	.	.	8¼	.	.	8¼
.010 ,, 5	.	.	9¼	.	.	9¼	.	.	9¼	.	.	9½
.012 ,, 6	.	.	11¼	.	.	11¼	.	.	11¼	.	.	11½
.014 ,, 7	.	1	1¼	.	1	1¼	.	1	1¼	.	1	1¼
.016 ,, 8	.	1	3	.	1	3¼	.	1	3¼	.	1	3¼
.018 ,, 9	.	1	5	.	1	5	.	1	5	.	1	5
.020 ,, 10	.	1	6¾	.	1	7	.	1	7	.	1	7
.022 ,, 11	.	1	8¾	.	1	8¾	.	1	8¾	.	1	9
.025 ,, 12	.	1	10¾	.	1	10¾	.	1	10¾	.	1	10¾
.027 ,, 13	.	2	0½	.	2	0¾	.	2	0¾	.	2	0¾
.029 ,, 14	.	2	2½	.	2	2½	.	2	2½	.	2	2¾
.031 ,, 15	.	2	4¼	.	2	4½	.	2	4½	.	2	4¾
.033 ,, 16	.	2	6¼	.	2	6½	.	2	6½	.	2	6½
.035 ,, 17	.	2	8	.	2	8¼	.	2	8¼	.	2	8½
.037 ,, 18	.	2	10	.	2	10¼	.	2	10¼	.	2	10¼
.039 ,, 19	.	3	0	.	3	0¼	.	3	0¼	.	3	0¼
.041 ,, 20	.	3	1¾	.	3	2	.	3	2	.	3	2¼
.043 ,, 21	.	3	3¾	.	3	4	.	3	4	.	3	4
.045 ,, 22	.	3	5½	.	3	5¾	.	3	5¾	.	3	6
.048 ,, 23	.	3	7½	.	3	7¾	.	3	7¾	.	3	8
DWTS.—												
.050 or 1	.	3	9½	.	3	9¾	.	3	9¾	.	3	10
.100 ,, 2	.	7	7	.	7	7½	.	7	7¾	.	7	8
.150 ,, 3	.	11	4½	.	11	5¼	.	11	5½	.	11	6
.200 ,, 4	.	15	2¼	.	15	3	.	15	3½	.	15	4
.250 ,, 5	.	19	0	.	19	0¾	.	19	1½	.	19	2¼
.300 ,, 6	1	2	9½	1	2	10½	1	2	11¼	1	3	0¼
.350 ,, 7	1	6	7	1	6	8¼	1	6	9¼	1	6	10¼
.400 ,, 8	1	10	4¾	1	10	6	1	10	7	1	10	8¼
.450 ,, 9	1	14	2¼	1	14	3¾	1	14	5	1	14	6¼
.500 ,, 10	1	18	0	1	18	1½	1	18	3	1	18	4½
.550 ,, 11	2	1	9½	2	1	11¼	2	2	0¾	2	2	2½
.600 ,, 12	2	5	7	2	5	9	2	5	10½	2	6	0½
.650 ,, 13	2	9	4¾	2	9	6¾	2	9	8½	2	9	10½
.700 ,, 14	2	13	2¼	2	13	4½	2	13	6½	2	13	8½
.750 ,, 15	2	17	0	2	17	2¼	2	17	4½	2	17	6¾
.800 ,, 16	3	0	9½	3	1	0	3	1	2¼	3	1	4¾
.850 ,, 17	3	4	7¼	3	4	9¾	3	5	0¼	3	5	2¾
.900 ,, 18	3	8	4¾	3	8	7½	3	8	10	3	9	0¾
.950 ,, 19	3	12	2¼	3	12	5¼	3	12	8	3	12	10¾
OUNCES.—												
1.000 or 1	3	16	0	3	16	3	3	16	6	3	16	9
2.000 ,, 2	7	12	0	7	12	6	7	13	0	7	13	6
3.000 ,, 3	11	8	0	11	8	9	11	9	6	11	10	3
4.000 ,, 4	15	4	0	15	5	0	15	6	0	15	7	0
5.000 ,, 5	19	0	0	19	1	3	19	2	6	19	3	9
6.000 ,, 6	22	16	0	22	17	6	22	19	0	23	0	6
7.000 ,, 7	26	12	0	26	13	9	26	15	6	26	17	3
8.000 ,, 8	30	8	0	30	10	0	30	12	0	30	14	0
9.000 ,, 9	34	4	0	34	6	3	34	8	6	34	10	9
10.000 ,, 10	38	0	0	38	2	6	38	5	0	38	7	6
11.000 ,, 11	41	16	0	41	18	9	42	1	6	42	4	3
12.000 ,, 12	45	12	0	45	15	0	45	18	0	46	1	0
13.000 ,, 13	49	8	0	49	11	3	49	14	6	49	17	0
14.000 ,, 14	53	4	0	53	7	6	53	11	0	53	14	6
15.000 ,, 15	57	0	0	57	3	9	57	7	6	57	11	3
16.000 ,, 16	60	16	0	61	0	0	61	4	0	61	8	0
17.000 ,, 17	64	12	0	64	16	3	65	0	6	65	4	9
18.000 ,, 18	68	8	0	68	12	6	68	17	0	69	1	6
19.000 ,, 19	72	4	0	72	8	9	72	13	6	72	18	3
20.000 ,, 20	76	0	0	76	5	0	76	10	0	76	15	0
25.000 ,, 25	95	0	0	95	6	3	95	12	6	95	18	9
30.000 ,, 30	114	0	0	114	7	6	114	15	0	115	2	6
40.000 ,, 40	152	0	0	152	10	0	153	0	0	153	10	0
50.000 ,, 50	190	0	0	190	12	6	191	5	0	191	17	6

PRICE PER OUNCE.

		@ 77/- oz.			@ 77/3 oz.			@ 77/6 oz.			@ 77/9 oz.		
		£	s.	d.	£	s.	d.	£	s.	d.	£	s.	d.
GRAINS.—													
.001 or	½	.	.	[illegible]	.	.	[illegible]	.	.	¾	.	.	¾
.002 ,,	1	.	.	[illegible]	.	.	[illegible]	.	.	1¾	.	.	[illegible]
.003 ,,	[illegible] ½	.	.		.	.		.	.	2¾	.	.	
.004 ,,		.	.		.	.		.	.	3¾	.	.	
.005 ,,	½	.	.		.	.		.	.	4¾	.	.	
.006 ,,		.	.		.	.		.	.	5¾	.	.	
.007 ,,	½	.	.		.	.		.	.	6½	.	.	
.008 ,,		.	.		.	.		.	.	7½	.	.	
.009 ,,	½	.	.		.	.		.	.	8½	.	.	
.010 ,,		.	.		.	.		.	.	9½	.	.	
.012 ,,		.	.	1	.	.	1	.	.	11½	.	.	1
.014 ,,		.	[illegible]		.	[illegible]		.	[illegible]	1¼	.	1	
.016 ,,		.			.			.		3	.	1	
.018 ,,		.			.			.		5	.	1	
.020 ,,	1	.			.			.		7	.	1	
.022 ,,	[illegible]	.			.			.		9	.	1	
.025 ,,		.		1	.		1	.		11	.	1	1
.027 ,,		.		¾	.			.		1	.	2	
.029 ,,		.			.		¾	.		3	.	2	
.031 ,,		.			.			.		5	.	2	
.033 ,,		.			.			.		7	.	2	
.035 ,,		.			.			.		8¾	.	2	¾
.037 ,,		.		1	.		1	.		10¾	.	2	1
.039 ,,		.			.			.		0¾	.	3	
.041 ,,		.			.			.		2¾	.	3	2¾
.043 ,,		.			.		4¼	.		4½	.	3	4½
.045 ,,		.			.		6¼	.		6½	.	3	6
.048 ,,		.			.		8	.		8½	.	3	
DWTS.—													
.050 or	1	.	3	10	.	3	10½	.	3	10½	.	3	10½
.100 ,,	[illegible]	.	[illegible]	6¼	.	[illegible]	[illegible]	.	[illegible]	9	.	[illegible]	[illegible]
.150 ,,		.	1		.	1		.	1	7½	.	1	
.200 ,,		.	1	4¾	.	1	¼	.	1	6	.	1	
.250 ,,		.		3	.			.		4½	.		
.300 ,,		1		[illegible]	1			1		3	1		
.350 ,,		[illegible]	[illegible]	1¼	1		¼	[illegible]		1½	[illegible]		
.400 ,,			1		1	1	1		1	0		1	
.450 ,,			1		1	1			1	10½		1	1¾
.500 ,,	1				1		¼			9			1½
.550 ,,	1				2					7½			
.600 ,,				¼	2					6			¾
.650 ,,			1		2	1	2½		1	4½		1	¼
.700 ,,			1	1	2	1	0¾		1	3		1	
.750 ,,					2		11			1½			¾
.800 ,,					3		9			0			¼
.850 ,,				¼	3		7			10½			
.900 ,,				3½	3		6			9			1½
.950 ,,			1	1¾	3	1	4		1	7½		1	1¼
OUNCES.—													
1.000 or	1	3	17	0	3	17	3	3	17	6	3	17	9
2.000 ,,	[illegible]	[illegible]	1[illegible]	0	[illegible]	14	[illegible]	[illegible]	1[illegible]	0	[illegible]	15	[illegible]
3 000 ,,		1		0	1	1		1		6	1	3	
4 000 ,,		[illegible]		0	[illegible]	9		1		0	1	1	
5 000 ,,				0		6		1		6		8	
6 000 ,,				0		3		2		0	23	6	
7 000 ,,			1	0		0		2		6	27	4	
8 000 ,,			1	0		18		3		0	[illegible]	2	
9 000 ,,				0		15		3	1	6		19	
10 000 ,,	1			0		2		3	1	0		17	
11 000 ,,	[illegible]			0		9		4		6		5	
12 000 ,,				0		7		4		0		3	
13 000 ,,				0		4		5		6		0	
14 000 ,,			1	0		1		5		0		8	
15 000 ,,			1	0		18		5		[illegible]		6	
16 000 ,,				0		16		6				4	
17 000 ,,				0		3		6	1			1	
18 000 ,,				0		0		6	1			19	
19 000 ,,				0		7		7				17	
20 000 ,,				0		5		7				5	
25 000 ,,				0		11		9			97	3	
30 000 ,,		1	1	0	1	17		11			116	12	
40 000 ,,		1		0	1	0		15			155	10	
50 000 ..		192	10	0	193	2	6	193	15	0	194	7	6

PRICE PER OUNCE.

	@ 78/- oz.			@ 78/3 oz.			@ 78/6 oz.			@ 78/9 oz.		
	£	s.	d.	£	s.	d.	£	s.	d.	£	s.	d.
GRAINS.—												
.001 or ½	.	.	¾	.	.	¾	.	.		.	.	¾
.002 ,, 1	.	.	1¾	.	.	1¾	.	.	[illegible]	.	.	1¾
.003 ,, 1½	.	.	2¾	.	.	2¾	.	.		.	.	¾
.004 ,, 2	.	.	3¾	.	.	3¾	.	.		.	.	¾
.005 ,, 2½	.	.	4¾	.	.	4¾	.	.		.	.	4¾
.006 ,, 3	.	.	5¾	.	.	5¾	.	.		.	.	5¾
.007 ,, 3½	.	.	6¾	.	.	6¾	.	.		.	.	6¾
.008 ,, 4	.	.	7¾	.	.	7¾	.	.		.	.	7¾
.009 ,, 4½	.	.	8½	.	.	8½	.	.		.	.	8½
.010 ,, 5	.	.	9½	.	.	9½	.	.		.	.	9¾
.012 ,, 6	.	.	11½	.	.	11½	.	.	1	.	.	11¾
.014 ,, 7	.	1	1½	.	1	1½	.	1		.	1	1¾
.016 ,, 8	.	1	3½	.	1	3½	.	1		.	1	3¾
.018 ,, 9	.	1	5½	.	1	5½	.	1		.	1	5½
.020 ,, 10	.	1	7¼	.	1	7¼	.	1		.	1	7½
.022 ,, 11	.	1	9¼	.	1	9¼	.	1		.	1	9½
.025 ,, 12	.	1	11¼	.	1	11¼	.	1	1	.	1	11½
.027 ,, 13	.	2	1¼	.	2	1¼	.	2		.	2	1½
.029 ,, 14	.	2	3¼	.	2	3¼	.	2		.	2	3½
.031 ,, 15	.	2	5	.	2	5	.	2		.	2	5½
.033 ,, 16	.	2	7	.	2	7	.	2		.	2	7½
.035 ,, 17	.	2	9	.	2	9	.	2		.	2	9¼
.037 ,, 18	.	2	11	.	2	11	.	2	1	.	2	11¼
.039 ,, 19	.	3	1	.	3	1	.	3		.	3	1¼
.041 ,, 20	.	3	2¾	.	3	2¾	.	3		.	3	3¼
.043 ,, 21	.	3	4¾	.	3	4¾	.	3		.	3	5¼
.045 ,, 22	.	3	6¾	.	3	6¾	.	3		.	3	7¼
.048 ,, 23	.	3	8¾	.	3	8¾	.	3		.	3	9¼
DWTS.—												
.050 or 1	.	3	10¾	.	3	10¾	.	3	11	.	3	11¼
.100 ,, 2	.	7	9½	.	7	9¾	.	7	[illegible]	.	7	10
.150 ,, 3	.	11	8¼	.	11	8¾	.	11	¼	.	11	9
.200 ,, 4	.	15	7	.	15	7¾	.	15		.	15	9
.250 ,, 5	.	19	6	.	19	6¾	.	19		.	9	8¼
.300 ,, 6	1	3	4¾	1	3	5½	1	3		1	3	7
.350 ,, 7	1	7	3½	1	7	4½	1	7		1	7	6
.400 ,, 8	1	11	2¼	1	11	3½	1	11		1	11	6
.450 ,, 9	1	15	1	1	15	2½	1	15		1	15	5¼
.500 ,, 10	1	19	0	1	19	1½	1	19		1	9	4
.550 ,, 11	2	2	10¾	2	3	0¼	2	3		2	3	3
.600 ,, 12	2	6	9½	2	6	11¼	2	7		2	7	3
.650 ,, 13	2	10	8¼	2	10	10¼	2	11	¼	2	11	2¼
.700 ,, 14	2	14	7	2	14	9¼	2	14	1	2	15	1
.750 ,, 15	2	18	6	2	18	8¼	2	18		2	9	0
.800 ,, 16	3	2	4¾	3	2	7	3	2		3	3	0
.850 ,, 17	3	6	3½	3	6	6	3	6		3	6	11¼
.900 ,, 18	3	10	2¼	3	10	5	3	10		3	10	10
.950 ,, 19	3	14	1	3	14	4	3	14		3	14	9
OUNCES.												
1.000 or 1	3	18	0	3	18	3	3	18	6	3	18	9
2.000 ,, 2	7	16	0	7	16	6	7	17	0	7	17	6
3.000 ,, 3	11	14	0	11	14	9	11	15	6	11	16	3
4.000 ,, 4	15	12	0	15	13	0	15	14	0	15	15	0
5.000 ,, 5	19	10	0	19	11	3	19	12	6	19	13	9
6.000 ,, 6	23	8	0	23	9	6	23	11	0	23	12	6
7.000 ,, 7	27	6	0	27	7	9	27	9	6	27	11	3
8.000 ,, 8	31	4	0	31	6	0	31	8	0	31	10	0
9.000 ,, 9	35	2	0	35	4	3	35	6	6	35	8	9
10.000 ,, 10	39	0	0	39	2	6	39	5	0	39	7	6
11.000 ,, 11	42	18	0	43	0	9	43	3	6	43	6	3
12.000 ,, 12	46	16	0	46	19	0	47	2	0	47	5	0
13.000 ,, 13	50	14	0	50	17	3	51	0	6	51	3	9
14.000 ,, 14	54	12	0	54	15	6	54	19	0	55	2	6
15.000 ,, 15	58	10	0	58	13	9	58	17	6	59	1	3
16.000 ,, 16	62	8	0	62	12	0	62	16	0	63	0	0
17.000 ,, 17	66	6	0	66	10	3	66	14	6	66	18	9
18.000 ,, 18	70	4	0	70	8	6	70	13	0	70	17	6
19.000 ,, 19	74	2	0	74	6	9	74	11	6	74	16	3
20.000 ,, 20	78	0	0	78	5	0	78	10	0	78	15	0
25.000 ,, 25	97	10	0	97	16	3	98	2	6	98	8	9
30.000 ,, 30	117	0	0	117	7	6	117	15	0	118	2	6
40.000 ,, 40	156	0	0	156	10	0	157	0	0	157	10	0
50.000 , 50	195	0	0	195	12	6	196	5	0	196	17	6

PRICE PER OUNCE.

	@ 79/- oz.			@ 79/3 oz.			@ 79/6 oz.			@ 79/9 oz.		
GRAINS.—	£	s.	d.	£	s.	d.	£	s.	d.	£	s.	d.
.001 or ½	.	.	·¾	.	.		.	.	¾	.	.	·¾
002 ,, 1	.	.	1¾	.	.	[illegible]	.	.	[illegible]¾	.	.	1¾
003 ,, 1½	.	.	2¾	.	.	2¾	.	.		.	.	2¾
004 ,, 2	.	.	3¾	.	.	3¾	.	.		.	.	3¾
005 ,, 2½	.	.	4¾	.	.	[illegible]¾	.	.		.	.	4¾
006 ,, 3	.	.	5¾	.	.	¾	.	.		.	.	5¾
007 ,, 3½	.	.	6¾	.	.	¾	.	.		.	.	6¾
008 ,, 4	.	.	7¾	.	.	¾	.	.		.	.	7¾
009 ,, 4½	.	.	8¾	.	.	¾	.	.	8¾	.	.	8¾
010 ,, 5	.	.	9¾	.	.	¾	.	.	9¾	.	.	9¾
·012 ,, 6	.	.	11¾	.	.	1 ¾	.	.	1 1¾	.	.	1[illegible]
014 ,, 7	.	1	1¾	.	1	¾	.	[illegible]	¾	.	[illegible]	
016 ,, 8	.	1	3¾	.	1	¾	.		3¾	.		
018 ,, 9	.	1	5½	.	1	¾	.		5¾	.		
020 ,, 10	.	1	7½	.	1	¾	.		7¾	.		
022 ,, 11	.	1	9½	.	1	¾	.		[illegible]¾	.		
025 ,, 12	.	1	11½	.	1	1 ½	.		1 ½	.		1
.027 ,, 13	.	2	1½	.	2	½	.			.		1¾
.029 ,, 14	.	2	3½	.	2	½	.	2		.		3¾
.031 ,, 15	.	2	5½	.	2	½	.	2		.		5¾
.033 ,, 16	.	2	7¼	.	2	½	.	2		.		7
.035 ,, 17	.	2	9¼	.	2	½	.	[illegible]		.		9¾
.037 ,, 18	.	2	11¼	.	2	1 ½	.		1	.		11¾
.039 ,, 19	.	3	1	.	3	½	.		½	.		1¾
.041 ,, 20	.	3	3	.	3	½	.			.		[illegible]
.043 ,, 21	.	3	5	.	3	5½	.		5½	.		
.045 ,, 22	.	3	7	.	3	7½	.		7½	.		
.048 ,, 23	.	3	9	.	3	9	.		9½	.		
DWTS.—												
.050 or 1	.	3	11¼	.	3	11½	.	3	11½	.	3	1 1¾
.100 ,, 2	.	7	10	.	7	11	.	[illegible]	1[illegible]¼	.	7	[illegible]
.150 ,, 3	.	11	10	.	11	10½	.	1		.	11	
.200 ,, 4	.	5	9½	.	15	10	.	1	¾	.	1[illegible]	
.250 ,, 5	.	9	9	.	1[illegible]	9¾	.		½	.		
.300 ,, 6	1	3	8¼	1		9¼	[illegible]			1		
.350 ,, 7	1	7	7	[illegible]		8¾			¾	1	7	¾
.400 ,, 8	1	11	7		1	8¼		1	½	1	1[illegible]	
.450 ,, 9	1	5	6½			7¾		1	¼	1	1	
.500 ,, 10	1	9	6			7½				1		
.550 ,, 1	2	3	5¼			7			½	2		
.600 ,, 2	2	7	4			6½				2		
.650 ,, 3	2	11	4		1	6		1		2	1	
.700 ,, 4	2	5	3½			5½		1	¾	2	1	9¾
.750 ,, 5	2	9	3			5¼			½	2		9¾
.800 ,, 6	3	3	2¼			4¾				3		9¼
.850 ,, 7	3	7	1			4¼			¾	3		9
.900 ,, 8	3	11	1		1	3¾		1	½	3	1	
.950 ,, 9	3	5	0½			3¼		1	¼	3	1	
OUNCES.—												
1.000 or 1	3	19	0	3	19	3	3	19	6	3	19	9
2.000 ,, 2	7	8	0	[illegible]	[illegible]	6	[illegible]	[illegible]	[illegible]	7	[illegible]	[illegible]
3.000 ,, 3	11	7	0	1		9	1			11		
4.000 ,, 4	[illegible]5	6	0	[illegible]		0	[illegible]			15		
5.000 ,, 5	9	5	0		6	3				19		
6.000 ,, 6	3	4	0		[illegible]	6				23		
7.000 ,, 7	7	3	0			9				27		
8.000 ,, 8	1	2	0			0				31		
9.000 ,, 9	5	1	0			3				35		
10.000 ,, 10	9	0	0			6				39		
11.000 ,, 11	3	9	0			9				43		
12.000 ,, 12	7	8	0			0				47		
13.000 ,, 13	1	7	0			3				51		
14.000 ,, 14	5	6	0			6				55		
15.000 ,, 15	9	5	0			9				59		
16.000 ,, 16	3	4	0			0				63		
17.000 ,, 17	7	3	0			3				67		
18.000 ,, 18	1	2	0			6				71		
19,000 ,, 19	5	1	0			9				75		
20.000 ,, 20	9	0	0			0				79		
25.000 ,, 25	8	15	0			3				99		
30.000 ,, 30	1 8	0	0	1	1	6	1			119		
40.000 ,, 40	8	0	0			0	1			159		
50.000 ,, 50	7	10	0			6		1		99		

PRICE PER OUNCE.

	@ 80 /- oz.			@ 80 /3 oz.			@ 80 /6 oz.			@ 80 /9 oz.		
	£	s.	d.	£	s.	d.	£	s.	d.	£	s.	d.
GRAINS.—												
.001 or ½	.	.	1	.	.	1	.	.	1	.	.	1
.002 ,, 1	.	.	2	.	.	2	.	.	2	.	.	2
.003 ,, 1½	.	.	3	.	.	3	.	.	3	.	.	3
.004 ,, 2	.	.	4	.	.	4	.	.	4	.	.	4
.005 ,, 2½	.	.	5	.	.	5	.	.	5	.	.	5
.006 ,, 3	.	.	6	.	.	6	.	.	6	.	.	6
.007 ,, 3½	.	.	7	.	.	7	.	.	7	.	.	7
.008 ,, 4	.	.	8	.	.	8	.	.	8	.	.	8
.009 ,, 4½	.	.	9	.	.	9	.	.	9	.	.	9
.010 ,, 5	.	.	10	.	.	10	.	.	10	.	.	10
.012 ,, 6	.	1	0	.	1	0	.	1	0	.	1	0
.014 ,, 7	.	1	2	.	1	2	.	1	2	.	1	2
.016 ,, 8	.	1	4	.	1	4	.	1	4	.	1	4
.018 ,, 9	.	1	6	.	1	6	.	1	6	.	1	6
.020 ,, 10	.	1	8	.	1	8	.	1	8	.	1	8
.022 ,, 11	.	1	10	.	1	10	.	1	10	.	1	10
.025 ,, 12	.	2	0	.	2	0	.	2	0	.	2	0
.027 ,, 13	.	2	2	.	2	2	.	2	2	.	2	2
.029 ,, 14	.	2	4	.	2	4	.	2	4	.	2	4
.031 ,, 15	.	2	6	.	2	6	.	2	6	.	2	6
.033 ,, 16	.	2	8	.	2	8	.	2	8	.	2	8
.035 ,, 17	.	2	10	.	2	10	.	2	10	.	2	10
.037 ,, 18	.	3	0	.	3	0	.	3	0	.	3	0
.039 ,, 19	.	3	2	.	3	2	.	3	2	.	3	2
.041 ,, 20	.	3	4	.	3	4	.	3	4	.	3	4
.043 ,, 21	.	3	6	.	3	6	.	3	6	.	3	6
.045 ,, 22	.	3	8	.	3	8	.	3	8	.	3	8
.048 ,, 23	.	3	10	.	3	10	.	3	10	.	3	10
DWTS.—												
.050 or 1	.	4	0	.	4	0	.	4	0¼	.	4	0¼
.100 ,, 2	.	8	0	.	8	0¼	.	8	0½	.	8	0¾
.150 ,, 3	.	12	0	.	12	0¼	.	12	0¾	.	12	1¼
.200 ,, 4	.	16	0	.	16	0½	.	16	1	.	16	1¾
.250 ,, 5	1	0	0	1	0	0¾	1	0	1½	1	0	2¼
.300 ,, 6	1	4	0	1	4	0¾	1	4	1¾	1	4	2½
.350 ,, 7	1	8	0	1	8	1	1	8	2	1	8	3
.400 ,, 8	1	12	0	1	12	1	1	12	2¼	1	12	3½
.450 ,, 9	1	16	0	1	16	1¼	1	16	2½	1	16	4
.500 ,, 10	2	0	0	2	0	1½	2	0	3	2	0	4½
.550 ,, 11	2	4	0	2	4	1½	2	4	3¼	2	4	4¾
.600 ,, 12	2	8	0	2	8	1¾	2	8	3½	2	8	5¼
.650 ,, 13	2	12	0	2	12	1¾	2	12	3¾	2	12	5¾
.700 ,, 14	2	16	0	2	16	2	2	16	4	2	16	6¼
.750 ,, 15	3	0	0	3	0	2¼	3	0	4½	3	0	6¾
.800 ,, 16	3	4	0	3	4	2¼	3	4	4¾	3	4	7
.850 ,, 17	3	8	0	3	8	2½	3	8	5	3	8	7½
.900 ,, 18	3	12	0	3	12	2½	3	12	5¼	3	12	8
.950 ,, 19	3	16	0	3	16	2¾	3	16	5½	3	16	8½
OUNCES.—												
1.000 or 1	4	0	0	4	0	3	4	0	6	4	0	9
2.000 ,, 2	8	0	0	8	0	6	8	1	0	8	1	6
3.000 ,, 3	12	0	0	12	0	9	12	1	6	12	2	3
4.000 ,, 4	16	0	0	16	1	0	16	2	0	16	3	0
5.000 ,, 5	20	0	0	20	1	3	20	2	6	20	3	9
6.000 ,, 6	24	0	0	24	1	6	24	3	0	24	4	6
7.000 ,, 7	28	0	0	28	1	9	28	3	6	28	5	3
8.000 ,, 8	32	0	0	32	2	0	32	4	0	32	6	0
9.000 ,, 9	36	0	0	36	2	3	36	4	6	36	6	9
10.000 ,, 10	40	0	0	40	2	6	40	5	0	40	7	6
11.000 ,, 11	44	0	0	44	2	9	44	5	6	44	8	3
12.000 ,, 12	48	0	0	48	3	0	48	6	0	48	9	0
13.000 ,, 13	52	0	0	52	3	3	52	6	6	52	9	9
14.000 ,, 14	56	0	0	56	3	6	56	7	0	56	10	6
15.000 ,, 15	60	0	0	60	3	9	60	7	6	60	11	3
16.000 ,, 16	64	0	0	64	4	0	64	8	0	64	12	0
17.000 ,, 17	68	0	0	68	4	3	68	8	6	68	12	9
18.000 ,, 18	72	0	0	72	4	6	72	9	0	72	13	6
19.000 ,, 19	76	0	0	76	4	9	76	9	6	76	14	3
20.000 ,, 20	80	0	0	80	5	0	80	10	0	80	15	0
25.000 ,, 25	100	0	0	100	6	3	100	12	6	100	18	9
30.000 ,, 30	120	0	0	120	7	6	120	15	0	121	2	6
40.000 ,, 40	160	0	0	160	10	0	161	0	0	161	10	0
50.000 ,, 50	200	0	0	200	12	6	201	5	0	201	17	6

PRICE PER OUNCE.

	@ 81/- oz.			@ 81/3 oz.			@ 81/6 oz.			@ 81/9 oz.		
GRAINS.—	£	s.	d.	£	s.	d.	£	s.	d.	£	s.	d.
.001 or ½	.	.	1	.	.	1	.	.	1	.	.	1
.002 ,, 1	.	.	2	.	.	2	.	.	2	.	.	2
.003 ,, 1½	.	.	3	.	.	3	.	.	3	.	.	3
.004 ,, 2	.	.	4	.	.	4	.	.	4	.	.	4
.005 ,, 2½	.	.	5	.	.	5	.	.	5	.	.	5
.006 ,, 3	.	.	6	.	.	6	.	.	6	.	.	6
.007 ,, 3½	.	.	7	.	.	7	.	.	7	.	.	7
.008 ,, 4	.	.	8	.	.	8	.	.	8	.	.	8
.009 ,, 4½	.	.	9	.	.	9	.	.	9	.	.	9
.010 ,, 5	.	.	10	.	.	10	.	.	10	.	.	10
.012 ,, 6	.	1	0	.	1	0	.	1	0	.	1	0¼
.014 ,, 7	.	1	2	.	1	2	.	1	2	.	1	2¼
.016 ,, 8	.	1	4	.	1	4¼	.	1	4¼	.	1	4¼
.018 ,, 9	.	1	6	.	1	6¼	.	1	6¼	.	1	6¼
.020 ,, 10	.	1	8	.	1	8¼	.	1	8¼	.	1	8¼
.022 ,, 11	.	1	10	.	1	10¼	.	1	10¼	.	1	10¼
.025 ,, 12	.	2	0	.	2	0¼	.	2	0¼	.	2	0½
.027 ,, 13	.	2	2¼	.	2	2¼	.	2	2¼	.	2	2½
.029 ,, 14	.	2	4¼	.	2	4¼	.	2	4¼	.	2	4½
.031 ,, 15	.	2	6¼	.	2	6¼	.	2	6¼	.	2	6½
.033 ,, 16	.	2	8¼	.	2	8½	.	2	8½	.	2	8½
.035 ,, 17	.	2	10¼	.	2	10½	.	2	10½	.	2	10½
.037 ,, 18	.	3	0¼	.	3	0½	.	3	0½	.	3	0½
.039 ,, 19	.	3	2¼	.	3	2½	.	3	2½	.	3	2¾
.041 ,, 20	.	3	4¼	.	3	4½	.	3	4½	.	3	4¾
.043 ,, 21	.	3	6¼	.	3	6½	.	3	6½	.	3	6¾
.045 ,, 22	.	3	8¼	.	3	8½	.	3	8½	.	3	8¾
.048 ,, 23	.	3	10¼	.	3	10½	.	3	10½	.	3	10¾
DWTS.—												
.050 or 1	.	4	0½	.	4	0¾	.	4	0¾	.	4	1
.100 ,, 2	.	8	1	.	8	1½	.	8	1¾	.	8	2
.150 ,, 3	.	12	1¾	.	12	2¼	.	12	2½	.	12	3
.200 ,, 4	.	16	2¼	.	16	3	.	16	3½	.	16	4
.250 ,, 5	1	0	3	1	0	3¾	1	0	4½	1	0	5¼
.300 ,, 6	1	4	3½	1	4	4½	1	4	5¼	1	4	6¼
.350 ,, 7	1	8	4	1	8	5¼	1	8	6¼	1	8	7¼
.400 ,, 8	1	12	4¾	1	12	6	1	12	7	1	12	8¼
.450 ,, 9	1	16	5¼	1	16	6¾	1	16	8	1	16	9¼
.500 ,, 10	2	0	6	2	0	7½	2	0	9	2	0	10½
.550 ,, 11	2	4	6½	2	4	8¼	2	4	9¾	2	4	11½
.600 ,, 12	2	8	7	2	8	9	2	8	10¾	2	9	0½
.650 ,, 13	2	12	7¾	2	12	9¾	2	12	11½	2	13	1½
.700 ,, 14	3	16	8¼	2	16	10½	2	17	0½	2	17	2½
.750 ,, 15	3	0	9	3	0	11¼	3	1	1½	3	1	3¾
.800 ,, 16	3	4	9½	3	5	0	3	5	2¼	3	5	4¾
.850 ,, 17	3	8	10	3	9	0¾	3	9	3¼	3	9	5¾
.900 ,, 18	3	12	10¾	3	13	1½	3	13	4	3	13	6¾
.950 ,, 19	3	16	11¼	3	17	2¼	3	17	5	3	17	7¾
OUNCES.—												
1.000 or 1	4	1	0	4	1	3	4	1	6	4	1	9
2.000 ,, 2	8	2	0	8	2	6	8	3	0	8	3	6
3.000 ,, 3	12	3	0	12	3	9	12	4	6	12	5	3
4.000 ,, 4	16	4	0	16	5	0	16	6	0	16	7	0
5.000 ,, 5	20	5	0	20	6	3	20	7	6	20	8	9
6.000 ,, 6	24	6	0	24	7	6	24	9	0	24	10	6
7.000 ,, 7	28	7	0	28	8	9	28	10	6	28	12	3
8.000 ,, 8	32	8	0	32	10	0	32	12	0	32	14	0
9.000 ,, 9	36	9	0	36	11	3	36	13	6	36	15	9
10.000 ,, 10	40	10	0	40	12	6	40	15	0	40	17	6
11.000 ,, 11	44	11	0	44	13	9	44	16	6	44	19	3
12.000 ,, 12	48	12	0	48	15	0	48	18	0	49	1	0
13.000 ,, 13	52	13	0	52	16	3	52	19	6	53	2	9
14.000 ,, 14	56	14	0	56	17	6	57	1	0	57	4	6
15.000 ,, 15	60	15	0	60	18	9	61	2	6	61	6	3
16.000 ,, 16	64	16	0	65	0	0	65	4	0	65	8	0
17.000 ,, 17	68	17	0	69	1	3	69	5	6	69	9	9
18.000 ,, 18	72	18	0	73	2	6	73	7	0	73	11	6
19.000 ,, 19	76	19	0	77	3	9	77	8	6	77	13	3
20.000 ,, 20	81	0	0	81	5	0	81	10	0	81	15	0
25.000 ,, 25	101	5	0	101	11	3	101	17	6	102	3	9
30.000 ,, 30	121	10	0	121	17	6	122	5	0	122	12	6
40.000 ,, 40	162	0	0	162	10	0	163	0	0	163	10	0
50.000 ,, 50	202	10	0	203	2	6	203	15	0	204	7	6

PRICE PER OUNCE.

	@ 82/- oz.			@ 82/3 oz.			@ 82/6 oz.			@ 82/9 oz.		
GRAINS.—	£	s.	d.	£	s.	d.	£	s.	d.	£	s.	d.
.00[illegible] or ½	.	.	1	.	.	1	.	.	1	.	.	1
.00 ,, 1	.	.	2	.	.	2	.	.	2	.	.	2
.00 ,, [illegible]½	.	.	3	.	.	3	.	.	3	.	.	3
.00 ,,	.	.	4	.	.	4	.	.	4	.	.	4
.00 ,, ½	.	.	5	.	.	5	.	.	5	.	.	5
.00 ,,	.	.	6	.	.	6	.	.	6	.	.	6
.00 ,, ½	.	.	7	.	.	7	.	.	7	.	.	7
.00 ,,	.	.	8	.	.	8	.	.	8	.	.	8
.00 ,, ½	.	.	9	.	.	9	.	.	9	.	.	9
.01 ,,	.	.	10	.	.	10¼	.	.	10¼	.	.	10¼
.01 ,,	.	1	0¼	.	1	0¼	.	1	0¼	.	1	0
.01 ,,	.	1	2¼	.	1	2¼	.	1	2¼	.	1	2
.01 ,,	.	1	4¼	.	1	4¼	.	1	4½	.	1	4½
.01 ,,	.	1	6¼	.	1	6¼	.	1	6½	.	1	6½
.02 ,, 1	.	1	8¼	.	1	8½	.	1	8½	.	1	8¼
.02 ,, 1	.	1	10¼	.	1	10½	.	1	10½	.	1	10
.02 ,, 1	.	2	0½	.	2	0½	.	2	0¾	.	2	0
.02 ,, 1	.	2	2½	.	2	2½	.	2	2¾	.	2	2
.02 ,, 1	.	2	4½	.	2	4½	.	2	4¾	.	2	4
.03 ,, 1	.	2	6½	.	2	6¾	.	2	6¾	.	2	6¾
.03 ,, 1	.	2	8½	.	2	8¾	.	2	9	.	2	9
.03 ,, 1	.	2	10½	.	2	10¾	.	2	11	.	2	11
.03 ,, 1	.	3	0½	.	3	0¾	.	3	1	.	3	1
.03 ,, 1	.	3	2¾	.	3	2¾	.	3	3	.	3	3
.04 ,, 2	.	3	4¾	.	3	5	.	3	5¼	.	3	5¼
.04 ,, 2	.	3	6¾	.	3	7	.	3	7¼	.	3	7¼
.04 ,, 2	.	3	8¾	.	3	9	.	3	9¼	.	3	9
.04 ,, 2	.	3	10¾	.	3	11	.	3	11	.	3	11
DWTS.—												
.050 or 1	.	4	1	.	4	1¼	.	4	1½	.	4	1¼
100 ,, 2	.	8	½	.	8	2	.	8	3	.	8	3
150 ,, 3	.	12		.	12	4	.	12	4½	.	12	4
200 ,, 4	.	16	4¾	.	16	5¼	.	16	6	.	16	6
250 ,, 5	1	0	6	1	0	6	[illegible]	0	7½	1	0	8
300 ,, 6	1	4	7		4	8		4	9	1	4	9
350 ,, 7	1	8	8¼		8	9¼		8	10½	1	8	11
400 ,, 8	1	12	9		12	10		13	0	1	13	1
450 ,, 9	1	16	10		17	0		7	1½	1	7	2¾
500 ,, 10	2	1	0		1	1¼		1	3	2	1	4
550 ,, 11	2	5	1		5	2		5	4½	2	5	6
600 ,, 12	2	9	2¼		9	4		9	6	2	9	7¾
650 ,, 13	2	13	3		13	5¼		13	7½	2	3	9
700 ,, 14	2	17	4		17	6		7	9	2	7	11
750 ,, 15	3	1	6		1	8		1	10½	3	2	0¾
800 ,, 16	3	5	7		5	9		6	0	3	6	2
850 ,, 17	3	9	8¼		9	10		10	1½	3	10	4
900 ,, 18	3	13	9		14	0		4	3	3	4	5¼
950 ,, 19	3	17	10		18	1		8	4½	3	8	7
OUNCES.—												
1,000 or 1	4	2	0	4	2	3	4	2	6	4	2	9
2 000 ,, [illegible]	[illegible]	[illegible]	0	[illegible]	[illegible]	6	8	5	0	8	5	6
3 0 ,,	1			1		9	12	7	6	12	8	3
4 0 ,,	[illegible]			[illegible]		0	16	10	0	16	11	0
5 0 ,,		1			1	3	20	2	6	20	13	9
6 0 ,,						6	24	5	0	24	16	6
7 0 ,,						9	28	7	6	28	19	3
8 0 ,,						0	33	0	0	33	2	0
9 0 ,,						3	37	2	6	37	4	9
10 0 ,, 1						6	41	5	0	41	7	6
11 0 ,, 1						9	45	7	6	45	10	3
12 0 ,, 1						0	49	10	0	49	13	0
13 0 ,, 1						3	53	2	6	53	15	9
14 0 ,, 1					1	6	57	5	0	57	18	6
15 0 ,, 1		1				9	61	7	6	62	1	3
16 0 ,, 1						0	66	0	0	66	4	0
17 0 ,, 1						3	70	2	6	70	6	9
18 0 ,, 1						6	74	5	0	74	9	6
19 0 ,, 1						9	78	7	6	78	12	3
20 0 ,, 2						0	82	10	0	82	15	0
25 0 ,, 2	1	1		1	1	3	103	2	6	103	8	9
30 0 ,, 3						6	23	15	0	124	2	6
40 0 ,, 4					1	0	65	0	0	165	10	0
50.0 ,, 5	205	0	0	205	12	6	206	5	0	206	17	6

PRICE PER OUNCE.

	@ 83/- oz.			@ 83/3 oz.			@ 83/6 oz.			@ 83/9 oz.		
	£	s.	d.	£	s.	d.	£	s.	d.	£	s.	d.
GRAINS.—												
.001 or ½	.	.	1	.	.	1	.	.	1	.	.	1
.002 ,, 1	.	.	2	.	.	2	.	.	2	.	.	2
.003 ,, 1½	.	.	3	.	.	3	.	.	3	.	.	3
.004 ,, 2	.	.	4	.	.	4	.	.	4	.	.	4
.005 ,, 2½	.	.	5	.	.	5	.	.	5	.	.	5
.006 ,, 3	.	.	6	.	.	6	.	.	6¼	.	.	6¼
.007 ,, 3½	.	.	7	.	.	7	.	.	7¼	.	.	7¼
.008 ,, 4	.	.	8¼	.	.	8¼	.	.	8¼	.	.	8¼
.009 ,, 4½	.	.	9¼	.	.	9¼	.	.	9¼	.	.	9¼
.010 ,, 5	.	.	10¼	.	.	10¼	.	.	10¼	.	.	10¼
.012 ,, 6	.	1	0¼	.	1	0¼	.	1	0½	.	1	0½
.014 ,, 7	.	1	2¼	.	1	2¼	.	1	2½	.	1	2½
.016 ,, 8	.	1	4¼	.	1	4¼	.	1	4½	.	1	4¾
.018 ,, 9	.	1	6½	.	1	6½	.	1	6½	.	1	6¾
.020 ,, 10	.	1	8½	.	1	8½	.	1	8¾	.	1	8¾
.022 ,, 11	.	1	10¾	.	1	10¾	.	1	10¾	.	1	11
.025 ,, 12	.	2	0¾	.	2	0¾	.	2	1	.	2	1
.027 ,, 13	.	2	2¾	.	2	2¾	.	2	3	.	2	3
.029 ,, 14	.	2	5	.	2	5	.	2	5	.	2	5¼
.031 ,, 15	.	2	7	.	2	7	.	2	7¼	.	2	7¼
.033 ,, 16	.	2	9	.	2	9	.	2	9¼	.	2	9½
.035 ,, 17	.	2	11	.	2	11	.	2	11¼	.	2	11½
.037 ,, 18	.	3	1¼	.	3	1¼	.	3	1¼	.	3	1½
.039 ,, 19	.	3	3¼	.	3	3¼	.	3	3½	.	3	3¾
.041 ,, 20	.	3	5¼	.	3	5¼	.	3	5½	.	3	5¾
.043 ,, 21	.	3	7½	.	3	7½	.	3	7½	.	3	7¾
.045 ,, 22	.	3	9½	.	3	9½	.	3	9¾	.	3	10
.048 ,, 23	.	3	11½	.	3	11½	.	3	11¾	.	4	0
DWTS.—												
.050 or 1	.	4	1¾	.	4	1¾	.	4	2	.	4	2¼
.100 ,, 2	.	8	3½	.	8	3¾	.	8	4	.	8	4½
.150 ,, 3	.	12	5¼	.	12	5¾	.	12	6¼	.	12	6¾
.200 ,, 4	.	16	7	.	16	7¾	.	16	8¼	.	16	9
.250 ,, 5	1	0	9	1	0	9¾	1	0	10½	1	0	11¼
.300 ,, 6	1	4	10¾	1	4	11½	1	5	0½	1	5	1½
.350 ,, 7	1	9	0½	1	9	1½	1	9	2½	1	9	3¾
.400 ,, 8	1	13	2¼	1	13	3½	1	13	4¾	1	13	6
.450 ,, 9	1	17	4	1	17	5½	1	17	6¾	1	17	8¼
.500 ,, 10	2	1	6	2	1	7½	2	1	9	2	1	10½
.550 ,, 11	2	5	7¾	2	5	9¼	2	5	11	2	6	0¾
.600 ,, 12	2	9	9½	2	9	11¼	2	10	1	2	10	3
.650 ,, 13	2	13	11¼	2	14	1¼	2	14	3¼	2	14	5¼
.700 ,, 14	2	18	1	2	18	3¼	2	18	5¼	2	18	7½
.750 ,, 15	3	2	3	3	2	5¼	3	2	7½	3	2	9¾
.800 ,, 16	3	6	4¾	3	6	7	3	6	9½	3	7	0
.850 ,, 17	3	10	6½	3	10	9	3	10	11½	3	11	2¼
.900 ,, 18	3	14	8¼	3	14	11	3	15	1¾	3	15	4½
.950 ,, 19	3	18	10	3	19	1	3	19	3¾	3	19	6¾
OUNCES.—												
1.000 or 1	4	3	0	4	3	3	4	3	6	4	3	9
2.000 ,, 2	8	6	0	8	6	6	8	7	0	8	7	6
3.000 ,, 3	12	9	0	12	9	9	12	10	6	12	11	3
4.000 ,, 4	16	12	0	16	13	0	16	14	0	16	15	0
5.000 ,, 5	20	15	0	20	16	3	20	17	6	20	18	9
6.000 ,, 6	24	18	0	24	19	6	25	1	0	25	2	6
7.000 ,, 7	29	1	0	29	2	9	29	4	6	29	6	3
8.000 ,, 8	33	4	0	33	6	0	33	8	0	33	10	0
9.000 ,, 9	37	7	0	37	9	3	37	11	6	37	13	9
10.000 ,, 10	41	10	0	41	12	6	41	15	0	41	17	6
11.000 ,, 11	45	13	0	45	15	9	45	18	6	46	1	3
12.000 ,, 12	49	16	0	49	19	0	50	2	0	50	5	0
13.000 ,, 13	53	19	0	54	2	3	54	5	6	54	8	9
14.000 ,, 14	58	2	0	58	5	6	58	9	0	58	12	6
15.000 ,, 15	62	5	0	62	8	9	62	12	6	62	16	3
16.000 ,, 16	66	8	0	66	12	0	66	16	0	67	0	0
17.000 ,, 17	70	11	0	70	15	3	70	19	6	71	3	9
18.000 ,, 18	74	14	0	74	18	6	75	3	0	75	7	6
19.000 ,, 19	78	17	0	79	1	9	79	6	6	79	11	3
20.000 ,, 20	83	0	0	83	5	0	83	10	0	83	15	0
25.000 ,, 25	103	15	0	104	1	3	104	7	6	104	13	9
30.000 ,, 30	124	10	0	124	17	6	125	5	0	125	12	6
40.000 ,, 40	166	0	0	166	10	0	167	0	0	167	10	0
50.000 ,, 50	207	10	0	208	2	6	208	15	0	209	7	6

PRICE PER OUNCE.

	@ 84/- oz.			@ 84/3 oz.			@ 84/6 oz.			@ 84/9 oz.		
	£	s.	d.	£	s.	d.	£	s.	d.	£	s.	d.
GRAINS.—												
.001 or ½	.	.	1	.	.	1	.	.	1	.	.	1
.002 ,, 1	.	.	2	.	.	2	.	.	2	.	.	2
.003 ,, 1½	.	.	3	.	.	3	.	.	3	.	.	3
.004 ,, 2	.	.	4	.	.	4	.	.	4	.	.	4
.005 ,, 2½	.	.	5	.	.	5	.	.	5	.	.	5¼
.006 ,, 3	.	.	6¼	.	.	6¼	.	.	6¼	.	.	6¼
.007 ,, 3½	.	.	7¼	.	.	7¼	.	.	7¼	.	.	7¼
.008 ,, 4	.	.	8¼	.	.	8¼	.	.	8¼	.	.	8¼
.009 ,, 4½	.	.	9¼	.	.	9¼	.	.	9¼	.	.	9½
.010 ,, 5	.	.	10¼	.	.	10¼	.	.	10¼	.	.	10½
.012 ,, 6	.	1	0½	.	1	0½	.	1	0½	.	1	0½
.014 ,, 7	.	1	2½	.	1	2½	.	1	2½	.	1	2¾
.016 ,, 8	.	1	4¾	.	1	4¾	.	1	4¾	.	1	4¾
.018 ,, 9	.	1	6¾	.	1	6¾	.	1	6¾	.	1	7
.020 ,, 10	.	1	8¾	.	1	9	.	1	9	.	1	9
.022 ,, 11	.	1	10¾	.	1	11	.	1	11	.	1	11¼
.025 ,, 12	.	2	1	.	2	1	.	2	1	.	2	1¼
.027 ,, 13	.	2	3¼	.	2	3¼	.	2	3¼	.	2	3½
.029 ,, 14	.	2	5¼	.	2	5¼	.	2	5¼	.	2	5½
.031 ,, 15	.	2	7¼	.	2	7½	.	2	7½	.	2	7½
.033 ,, 16	.	2	9¼	.	2	9½	.	2	9½	.	2	9¾
.035 ,, 17	.	2	11½	.	2	11¾	.	2	11¾	.	2	11¾
.037 ,, 18	.	3	1½	.	3	1¾	.	3	1¾	.	3	2
.039 ,, 19	.	3	3¾	.	3	3¾	.	3	3¾	.	3	4
.041 ,, 20	.	3	5¾	.	3	6	.	3	6	.	3	6¼
.043 ,, 21	.	3	7¾	.	3	8	.	3	8	.	3	8¼
.045 ,, 22	.	3	10	.	3	10¼	.	3	10¼	.	3	10½
.048 ,, 23	.	4	0	.	4	0¼	.	4	0¼	.	4	0½
DWTS.—												
.050 or 1	.	4	2¼	.	4	2½	.	4	2½	.	4	2¾
.100 ,, 2	.	8	4¾	.	8	5	.	8	5¼	.	8	5½
.150 ,, 3	.	12	7	.	12	7½	.	12	8	.	12	8¼
.200 ,, 4	.	16	9½	.	16	10	.	16	10¾	.	16	11¼
.250 ,, 5	1	1	0	1	1	0¾	1	1	1½	1	1	2¼
.300 ,, 6	1	5	2¼	1	5	3¼	1	5	4	1	5	5
.350 ,, 7	1	9	4¾	1	9	5¾	1	9	6¾	1	9	7¾
.400 ,, 8	1	13	7	1	13	8¼	1	13	9½	1	13	10¾
.450 ,, 9	1	17	9½	1	17	10¾	1	18	0¼	1	18	1½
.500 ,, 10	2	2	0	2	2	1½	2	2	3	2	2	4½
.550 ,, 11	2	6	2¼	2	6	4	2	6	5½	2	6	7¼
.600 ,, 12	2	10	4¾	2	10	6½	2	10	8¼	2	10	10
.650 ,, 13	2	14	7	2	14	9	2	14	11	2	15	1
.700 ,, 14	2	18	9½	2	18	11½	2	19	1¾	2	19	3¾
.750 ,, 15	3	3	0	3	3	2¼	3	3	4½	3	3	6¾
.800 ,, 16	3	7	2¼	3	7	4½	3	7	7	3	7	9½
.850 ,, 17	3	11	4¾	3	11	7¼	3	11	9¾	3	12	0½
.900 ,, 18	3	15	7	3	15	9¾	3	16	0½	3	16	3¼
.950 ,, 19	3	19	9½	4	0	0¼	4	0	3¼	4	0	6
OUNCES.—												
1.000 or 1	4	4	0	4	4	3	4	4	6	4	4	9
2.000 ,, 2	8	8	0	8	8	6	8	9	0	8	9	6
3.000 ,, 3	12	12	0	12	12	9	12	13	6	12	14	3
4.000 ,, 4	16	16	0	16	17	0	16	18	0	16	19	0
5.000 ,, 5	21	0	0	21	1	3	21	2	6	21	3	9
6.000 ,, 6	25	4	0	25	5	6	25	7	0	25	8	6
7.000 ,, 7	29	8	0	29	9	9	29	11	6	29	13	3
8.000 ,, 8	33	12	0	33	14	0	33	16	0	33	18	0
9.000 ,, 9	37	16	0	37	18	3	38	0	6	38	2	9
10.000 ,, 10	42	0	0	42	2	6	42	5	0	42	7	6
11.000 ,, 11	46	4	0	46	6	9	46	9	6	46	12	3
12.000 ,, 12	50	8	0	50	11	0	50	14	0	50	17	0
13.000 ,, 13	54	12	0	54	15	3	54	18	6	55	1	9
14.000 ,, 14	58	16	0	58	19	6	59	3	0	59	6	6
15.000 ,, 15	63	0	0	63	3	9	63	7	6	63	11	3
16.000 ,, 16	67	4	0	67	8	0	67	12	0	67	16	0
17.000 ,, 17	71	8	0	71	12	3	71	16	6	72	0	9
18.000 ,, 18	75	12	0	75	16	6	76	1	0	76	5	6
19.000 ,, 19	79	16	0	80	0	9	80	5	6	80	10	3
20.000 ,, 20	84	0	0	84	5	0	84	10	0	84	15	0
25.000 ,, 25	105	0	0	105	6	3	105	12	6	105	18	9
30.000 ,, 30	126	0	0	126	7	6	126	15	0	127	2	6
40.000 ,, 40	168	0	0	168	10	0	169	0	0	169	10	0
50.000 ,, 50	210	0	0	210	12	6	211	5	0	211	17	6

PRICE PER OUNCE.

	@ 85/- oz.			@ 85/3 oz.			@ 85/6 oz.			@ 85/9 oz.		
GRAINS.—	£	s.	d.	£	s.	d.	£	s.	d.	£	s.	d.
.001 or ½	.	.	1	.	.	1	.	.	1	.	.	1
.002 ,, 1	.	.	2	.	.	2	.	.	2	.	.	2
.003 ,, 1½	.	.	3	.	.	3	.	.	3	.	.	3
.004 ,, 2	.	.	4¼	.	.	4¼	.	.	4¼	.	.	4¼
.005 ,, 2½	.	.	5¼	.	.	5	.	.	5	.	.	5¼
.006 ,, 3	.	.	6¼	.	.	6	.	.	6	.	.	6¼
.007 ,, 3½	.	.	7¼	.	.	7	.	.	7	.	.	7¼
.008 ,, 4	.	.	8½	.	.	8	.	.	8	.	.	8½
.009 ,, 4½	.	.	9½	.	.	9	.	.	9	.	.	9½
.010 ,, 5	.	.	10½	.	.	10	.	.	10	.	.	10½
.012 ,, 6	.	1	0¾	.	1	0	.	1	0	.	1	0¾
.014 ,, 7	.	1	2¾	.	1	2	.	1	2	.	1	2¾
.016 ,, 8	.	1	5	.	1	5	.	1	5	.	1	5
.018 ,, 9	.	1	7	.	1	7	.	1	7	.	1	7
.020 ,, 0	.	1	9¼	.	1	9¼	.	1	9¼	.	1	9¼
.022 ,, 1	.	1	11¼	.	1	11	.	1	11	.	1	11¼
.025 ,, 2	.	2	1½	.	2	1	.	2	1	.	2	1½
.027 ,, 13	.	2	3½	.	2	3-	.	2	3	.	2	3½
.029 ,, 4	.	2	5¾	.	2	5	.	2	5	.	2	5¾
.031 ,, 5	.	2	7¾	.	2	7	.	2	7	.	2	7¾
.033 ,, 16	.	2	10	.	2	10	.	2	10	.	2	10
.035 ,, 17	.	3	0	.	3	0	.	3	0	.	3	0
.037 ,, 18	.	3	2¼	.	3	2¼	.	3	2¼	.	3	2¼
.039 ,, 19	.	3	4¼	.	3	4½	.	3	4	.	3	4½
.041 ,, 20	.	3	6½	.	3	6¼	.	3	6	.	3	6½
.043 ,, 21	.	3	8½	.	3	8	.	3	8	.	3	8¾
.045 ,, 22	.	3	10¾	.	3	10	.	3	10	.	3	10¾
.048 ,, 23	.	4	0¾	.	4	0	.	4	1	.	4	1
DWTS.—												
.050 or 1	.	4	3	.	4	3	.	4	3¼	.	4	3¼
.100 ,, 2	.	8	6	.	8	6¼	.	8	6½	.	8	6¾
.150 ,, 3	.	12	9	.	12	9¼	.	12	9¾	.	12	10¼
.200 ,, 4	.	17	0	.	17	0½	.	17	1	.	17	1¾
.250 ,, 5	1	1	3	1	1	3¾	1	1	4½	1	1	5¼
.300 ,, 6	1	5	6	1	5	6¾	1	5	7¾	1	5	8½
.350 ,, 7	1	9	9	1	9	10	1	9	11	1	10	0
.400 ,, 8	1	14	0	1	14	1	1	14	2¼	1	14	3½
.450 ,, 9	1	18	3	1	18	4¼	1	18	5½	1	18	7
.500 ,, 10	2	2	6	2	2	7½	2	2	9	2	2	10½
.550 ,, 11	2	6	9	2	6	10½	2	7	0¼	2	7	1¾
.600 ,, 12	2	11	0	2	11	1¾	2	11	3½	2	11	5¼
.650 ,, 13	2	15	3	2	15	4¾	2	15	6¾	2	15	8¾
.700 ,, 14	2	19	6	2	19	8	2	19	10	3	0	0¼
.750 ,, 15	3	3	9	3	3	11¼	3	4	1½	3	4	3¾
.800 ,, 16	3	8	0	3	8	2¼	3	8	4¾	3	8	7
.850 ,, 17	3	12	3	3	12	5½	3	12	8	3	12	10½
.900 ,, 18	3	16	6	3	16	8½	3	16	11¼	3	17	2
.950 ,, 19	4	0	9	4	0	11¾	4	1	2½	4	1	5½
OUNCES.—												
1.000 or 1	4	5	0	4	5	3	4	5	6	4	5	9
2.000 ,, 2	8	10	0	8	10	6	8	11	0	8	11	6
3.000 ,, 3	12	15	0	12	15	9	12	16	6	12	17	3
4.000 ,, 4	17	0	0	17	1	0	17	2	0	17	3	0
5.000 ,, 5	21	5	0	21	6	3	21	7	6	21	8	9
6.000 ,, 6	25	10	0	25	11	6	25	13	0	25	14	6
7.000 ,, 7	29	15	0	29	16	9	29	18	6	30	0	3
8.000 ,, 8	34	0	0	34	2	0	34	4	0	34	6	0
9.000 ,, 9	38	5	0	38	7	3	38	9	6	38	11	9
10.000 ,, 10	42	10	0	42	12	6	42	15	0	42	17	6
11.000 ,, 11	46	15	0	46	17	9	47	0	6	47	3	3
12.000 ,, 12	51	0	0	51	3	0	51	6	0	51	9	0
13.000 ,, 13	55	5	0	55	8	3	55	11	6	55	14	9
14.000 ,, 14	59	10	0	59	13	6	59	17	0	60	0	6
15.000 ,, 15	63	15	0	63	18	9	64	2	6	64	6	3
16.000 ,, 16	68	0	0	68	4	0	68	8	0	68	12	0
17.000 ,, 17	72	5	0	72	9	3	72	13	6	72	17	9
18.000 ,, 18	76	10	0	76	14	6	76	19	0	77	3	6
19.000 ,, 19	80	15	0	80	19	9	81	4	6	81	9	3
20.000 ,, 20	85	0	0	85	5	0	85	10	0	85	15	0
25.000 ,, 25	106	5	0	106	11	3	106	17	6	107	3	9
30.000 ,, 30	127	10	0	127	17	6	128	5	0	128	12	6
40.000 ,, 40	170	0	0	170	10	0	171	0	0	171	10	0
50.000 ,, 50	212	10	0	213	2	6	213	15	0	214	7	6

PRICE PER OUNCE.

	@ 86/- oz.			@ 86/3 oz.			@ 86/6 oz.			@ 86/9 oz.		
	£	s.	d.	£	s.	d.	£	s.	d.	£	s.	d.
GRAINS.—												
.001 or ½	.	.	1	.	.	1	.	.	1	.	.	1
.002 ,, 1	.	.	2	.	.	2	.	.	2	.	.	2
.003 ,, 1½	.	.	3	.	.	3	.	.	3	.	.	3
.004 ,, 2	.	.	4¼	.	.	4¼	.	.	4¼	.	.	4¼
.005 ,, 2½	.	.	5¼	.	.	5¼	.	.	5¼	.	.	5¼
.006 ,, 3	.	.	6¼	.	.	6¼	.	.	6¼	.	.	6¼
.007 ,, 3½	.	.	7½	.	.	7½	.	.	7½	.	.	7½
.008 ,, 4	.	.	8½	.	.	8½	.	.	8½	.	.	8½
.009 ,, 4½	.	.	9½	.	.	9½	.	.	9½	.	.	9½
.010 ,, 5	.	.	10⅓	.	.	10¾	.	.	10¾	.	.	10¾
.012 ,, 6	.	1	0¾	.	1	0¾	.	1	0¾	.	1	0¾
.014 ,, 7	.	1	3	.	1	3	.	1	3	.	1	3
.016 ,, 8	.	1	5	.	1	5¼	.	1	5¼	.	1	5¼
.018 ,, 9	.	1	7¼	.	1	7¼	.	1	7¼	.	1	7¼
.020 ,, 10	.	1	9¼	.	1	9½	.	1	9½	.	1	9½
.022 ,, 11	.	1	11½	.	1	11½	.	1	11½	.	1	11¾
.025 ,, 12	.	2	1¾	.	2	1¾	.	2	1¾	.	2	1¾
.027 ,, 13	.	2	3¾	.	2	4	.	2	4	.	2	4
.029 ,, 14	.	2	6	.	2	6	.	2	6	.	2	6¼
.031 ,, 15	.	2	8	.	2	8¼	.	2	8¼	.	2	8½
.033 ,, 16	.	2	10¼	.	2	10½	.	2	10½	.	2	10½
.035 ,, 17	.	3	0¼	.	3	0½	.	3	0½	.	3	0¾
.037 ,, 18	.	3	2½	.	3	2¾	.	3	2¾	.	3	2¾
.039 ,, 19	.	3	4¾	.	3	4¾	.	3	4¾	.	3	5
.041 ,, 20	.	3	6¾	.	3	7	.	3	7	.	3	7¼
.043 ,, 21	.	3	9	.	3	9¼	.	3	9¼	.	3	9¼
.045 ,, 22	.	3	11	.	3	11¼	.	3	11¼	.	3	11½
.048 ,, 23	.	4	1¼	.	4	1½	.	4	1½	.	4	1¾
DWTS.—												
.050 or 1	.	4	3½	.	4	3¾	.	4	3¾	.	4	4
.100 ,, 2	.	8	7	.	8	7½	.	8	7¾	.	8	8
.150 ,, 3	.	12	10¾	.	12	11¼	.	12	11½	.	13	0
.200 ,, 4	.	17	2¼	.	17	3	.	17	3½	.	17	4
.250 ,, 5	1	1	6	1	1	6¾	1	1	7½	1	1	8¼
.300 ,, 6	1	5	9½	1	5	10½	1	5	11¼	1	6	0¼
.350 ,, 7	1	10	1	1	10	2¼	1	10	3¼	1	10	4¼
.400 ,, 8	1	14	4¾	1	14	6	1	14	7	1	14	8¼
.450 ,, 9	1	18	8¼	1	18	9¾	1	18	11	1	19	0¼
.500 ,, 10	2	3	0	2	3	1½	2	3	3	2	3	4½
.550 ,, 11	2	7	3½	2	7	5¼	2	7	6¾	2	7	8½
.600 ,, 12	2	11	7	2	11	9	2	11	10¾	2	12	0½
.650 ,, 13	2	15	10¾	2	16	0¾	2	16	2½	2	16	4½
.700 ,, 14	3	0	2¼	3	0	4½	3	0	6½	3	0	8½
.750 ,, 15	3	4	6	3	4	8¼	3	4	10½	3	5	0¾
.800 ,, 16	3	8	9½	3	9	0	3	9	2¼	3	9	4¾
.850 ,, 17	3	13	1	3	13	3¾	3	13	6¼	3	13	8¾
.900 ,, 18	3	17	4¾	3	17	7½	3	17	0	3	18	0¾
.950 ,, 19	4	1	8¼	4	1	11¼	4	2	2	4	2	4¾
OUNCES.—												
1.000 or 1	4	6	0	4	6	3	4	6	6	4	6	9
2.000 ,, 2	8	12	0	8	12	6	8	13	0	8	13	6
3.000 ,, 3	12	18	0	12	18	9	12	19	6	13	0	3
4.000 ,, 4	17	4	0	17	5	0	17	6	0	17	7	0
5.000 ,, 5	21	10	0	21	11	3	21	12	6	21	13	9
6.000 ,, 6	25	16	0	25	17	6	25	19	0	26	0	6
7.000 ,, 7	30	2	0	30	3	9	30	5	6	30	7	3
8.000 ,, 8	34	8	0	34	10	0	34	12	0	34	14	0
9.000 ,, 9	38	14	0	38	16	3	38	18	6	39	0	9
10.000 ,, 10	43	0	0	43	2	6	43	5	0	43	7	6
11.000 ,, 11	47	6	0	47	8	9	47	11	6	47	14	3
12.000 ,, 12	51	12	0	51	15	0	51	18	0	52	1	0
13.000 ,, 13	55	18	0	56	1	3	56	4	6	56	7	9
14.000 ,, 14	60	4	0	60	7	6	60	11	0	60	14	6
15.000 ,, 15	64	10	0	64	13	9	64	17	6	65	1	3
16.000 ,, 16	68	16	0	69	0	0	69	4	0	69	8	0
17.000 ,, 17	73	2	0	73	6	3	73	10	6	73	14	9
18.000 ,, 18	77	8	0	77	12	6	77	17	0	78	1	6
19.000 ,, 19	81	14	0	81	18	9	82	3	6	82	8	3
20.000 ,, 20	86	0	0	86	5	0	86	10	0	86	15	0
25.000 ,, 25	107	10	0	107	16	3	108	2	6	108	8	9
30.000 ,, 30	129	0	0	129	7	6	129	15	0	130	2	6
40.000 ,, 40	172	0	0	172	10	0	173	0	0	173	10	0
50.000 ,, 50	215	0	0	215	12	6	216	5	0	216	17	6

PRICE PER OUNCE.

	@ 87 /- oz.			@ 87 /3 oz.			@ 87 /6 oz.			@ 87 /9 oz.		
GRAINS.—	£	s.	d.	£	s.	d.	£	s.	d.	£	s.	d.
.001 or ½	.	.	1	.	.	1	.	.	1	.	.	1
.002 ,, 1	.	.	2	.	.	2	.	.	2	.	.	2
.003 ,, 1½	.	.	3	.	.	3¼	.	.	3¼	.	.	3¼
.004 ,, 2	.	.	4¼	.	.	4¼	.	.	4¼	.	.	4¼
.005 ,, 2½	.	.	5¼	.	.	5¼	.	.	5¼	.	.	5¼
.006 ,, 3	.	.	6½	.	.	6½	.	.	6½	.	.	6½
.007 ,, 3½	.	.	7½	.	.	7½	.	.	7½	.	.	7½
.008 ,, 4	.	.	8½	.	.	8½	.	.	8¾	.	.	8¾
.009 ,, 4½	.	.	9½	.	.	9¾	.	.	9¾	.	.	9¾
.010 ,, 5	.	.	10¾	.	.	10¾	.	.	10¾	.	.	10¾
.012 ,, 6	.	1	1	.	1	1	.	1	1	.	1	1
.014 ,, 7	.	1	3	.	1	3	.	1	3¼	.	1	3¾
.016 ,, 8	.	1	5¼	.	1	5¼	.	1	5½	.	1	5½
.018 ,, 9	.	1	7¼	.	1	7½	.	1	7½	.	1	7½
.020 ,, 10	.	1	9½	.	1	9¾	.	1	9¾	.	1	9¾
.022 ,, 11	.	1	11¾	.	1	11¾	.	2	0	.	2	0
.025 ,, 12	.	2	1¾	.	2	2	.	2	2¼	.	2	2¼
.027 ,, 13	.	2	4	.	2	4¼	.	2	4¼	.	2	4¼
.029 ,, 14	.	2	6¼	.	2	6¼	.	2	6½	.	2	6½
.031 ,, 15	.	2	8½	.	2	8½	.	2	8¾	.	2	8¾
.033 ,, 16	.	2	10½	.	2	10¾	.	2	11	.	2	11
.035 ,, 17	.	3	0¾	.	3	1	.	3	1	.	3	1
.037 ,, 18	.	3	2¾	.	3	3	.	3	3¼	.	3	3¼
.039 ,, 19	.	3	5	.	3	5¼	.	3	5½	.	3	5½
.041 ,, 20	.	3	7¼	.	3	7½	.	3	7¾	.	3	7¾
.043 ,, 21	.	3	9¼	.	3	9½	.	3	9¾	.	3	9¾
.045 ,, 22	.	3	11½	.	3	11¾	.	4	0	.	4	0
.048 ,, 23	.	4	1¾	.	4	1¾	.	4	2¼	.	4	2¼
DWTS.—												
.050 or 1	.	4	4	.	4	4¼	.	4	4½	.	4	4½
.100 ,, 2	.	8	8¼	.	8	8½	.	8	9	.	8	9¼
.150 ,, 3	.	13	0½	.	13	1	.	13	1½	.	13	1¾
.200 ,, 4	.	17	4¾	.	17	5¼	.	17	6	.	17	6½
.250 ,, 5	1	1	9	1	1	9¾	1	1	10½	1	1	11¼
.300 ,, 6	1	6	1	1	6	2	1	6	3	1	6	3¾
.350 ,, 7	1	10	5¼	1	10	6¼	1	10	7½	1	10	8½
.400 ,, 8	1	14	9½	1	14	10¾	1	15	0	1	15	1
.450 ,, 9	1	19	1¾	1	19	3	1	19	4½	1	19	5¾
.500 ,, 10	2	3	6	2	3	7½	2	3	9	2	3	10½
.550 ,, 11	2	7	10	2	7	11¾	2	8	1½	2	8	3
.600 ,, 12	2	12	2¼	2	12	4	2	12	6	2	12	7¾
.650 ,, 13	2	16	6½	2	16	8½	2	16	10½	2	17	0¼
.700 ,, 14	3	0	10¾	3	1	0¾	3	1	3	3	1	5
.750 ,, 15	3	5	3	3	5	5¼	3	5	7½	3	5	9¾
.800 ,, 16	3	9	7	3	9	9½	3	10	0	3	10	2¼
.850 ,, 17	3	13	11¼	3	14	1¾	3	14	4½	3	14	7
.900 ,, 18	3	18	3½	3	18	6¼	3	18	9	3	18	11½
.950 ,, 19	4	2	7¾	4	2	10½	4	3	1½	4	3	4¼
OUNCES.—												
1.000 or 1	4	7	0	4	7	3	4	7	6	4	7	9
2.000 ,, 2	8	14	0	8	14	6	8	15	0	8	15	6
3.000 ,, 3	13	1	0	13	1	9	13	2	6	13	3	3
4.000 ,, 4	17	8	0	17	9	0	17	10	0	17	11	0
5.000 ,, 5	21	15	0	21	16	3	21	17	6	21	18	9
6.000 ,, 6	26	2	0	26	3	6	26	5	0	26	6	6
7.000 ,, 7	30	9	0	30	10	9	30	12	6	30	14	3
8.000 ,, 8	34	16	0	34	18	0	35	0	0	35	2	0
9.000 ,, 9	39	3	0	39	5	3	39	7	6	39	9	9
10.000 ,, 10	43	10	0	43	12	6	43	15	0	43	17	6
11.000 ,, 11	47	17	0	47	19	9	48	2	6	48	5	3
12.000 ,, 12	52	4	0	52	7	0	52	10	0	52	13	0
13.000 ,, 13	56	11	0	56	14	3	56	17	6	57	0	9
14.000 ,, 14	60	18	0	61	1	6	61	5	0	61	8	6
15.000 ,, 15	65	5	0	65	8	9	65	12	6	65	16	3
16.000 ,, 16	69	12	0	69	16	0	70	0	0	70	4	0
17.000 ,, 17	73	19	0	74	3	3	74	7	6	74	11	9
18.000 ,, 18	78	6	0	78	10	6	78	15	0	78	19	6
19.000 ,, 19	82	13	0	82	17	9	83	2	6	83	7	3
20.000 ,, 20	87	0	0	87	5	0	87	10	0	87	15	0
25.000 ,, 25	108	15	0	109	1	3	109	7	6	109	13	9
30.000 ,, 30	130	10	0	130	17	6	131	5	0	131	12	6
40.000 ,, 40	174	0	0	174	10	0	175	0	0	175	10	0
50.000 ,, 50	217	10	0	218	2	6	218	15	0	219	7	6

PRICE PER OUNCE.

	@ 88/- oz.			@ 88/3 oz.			@ 88/6 oz.			@ 88/9 oz.		
GRAINS.—	£	s.	d.	£	s.	d.	£	s.	d.	£	s.	d.
.001 or ½	.	.	1	.	.	1	.	.	1	.	.	1
.002 ,, 1	.	.	2	.	.	2	.	.	2	.	.	2
.003 ,, 1½	.	.	3¼	.	.	3¼	.	.	3¼	.	.	3¼
.004 ,, 2	.	.	4	.	.	4	.	.	4¼	.	.	4
.005 ,, 2½	.	.	5	.	.	5	.	.	5½	.	.	5
.006 ,, 3	.	.	6	.	.	6	.	.	6½	.	.	6
.007 ,, 3½	.	.	7	.	.	7½	.	.	7½	.	.	.7
.008 ,, 4	.	.	8	.	.	8¾	.	.	8¾	.	.	8
.009 ,, 4½	.	.	9	.	.	9¾	.	.	9¾	.	.	9
.010 ,, 5	.	.	10	.	.	10	.	.	11	.	.	11
.012 ,, 6	.	1	1	.	1	1	.	1	1	.	1	1¼
.014 ,, 7	.	1	3¼	.	1	3¼	.	1	3¼	.	1	3
.016 ,, 8	.	1	5	.	1	5¼	.	1	5	.	1	5
.018 ,, 9	.	1	7	.	1	7	.	1	7	.	1	7
.020 ,, 10	.	1	9	.	1	9	.	1	10	.	1	10
.022 ,, 11	.	2	0	.	2	0	.	2	0¼	.	2	0¼
.025 ,, 12	.	2	2¼	.	2	2¼	.	2	2	.	2	2
.027 ,, 13	.	2	4	.	2	4	.	2	4	.	2	4
.029 ,, 14	.	2	6	.	2	6	.	2	6¾	.	2	7
.031 ,, 15	.	2	8	.	2	8¾	.	2	9	.	2	9¼
.033 ,, 16	.	2	11	.	2	11	.	2	11¼	.	2	11
.035 ,, 17	.	3	1¼	.	3	1¼	.	3	1	.	3	1
.037 ,, 18	.	3	3	.	3	3	.	3	3	.	3	3
.039 ,, 19	.	3	5	.	3	5	.	3	5	.	3	6
.041 ,, 20	.	3	7	.	3	7	.	3	8	.	3	8¼
.043 ,, 21	.	3	10	.	3	10	.	3	10¼	.	3	10
.045 ,, 22	.	4	0¼	.	4	0¼	.	4	0	.	4	0
.048 ,, 23	.	4	2	.	4	2	.	4	2	.	4	3
DWTS.—												
.050 or 1	.	4	4¾	.	4	4¾	.	4	5	.	4	5¼
100 ,, 2	.	8	9	.	8	9¾	.	8	10	.	8	10
150 ,, 3	.	13	2	.	13	2¾	.	13	3¼	.	13	3
200 ,, 4	.	7	7	.	7	7¾	.	7	8	.	7	9
250 ,, 5	1	2	0	1	2	0¾	1	2	1	1	2	2¼
300 ,, 6	1	6	4¾	1	6	5½	1	6	6	1	6	7
350 ,, 7	1	10	9	1	10	10½	1	10	11	1	11	0
400 ,, 8	1	5	2	1	5	3½	1	5	4	1	5	6
450 ,, 9	1	9	7	1	9	8½	1	9	9	1	9	11¼
500 ,, 10	2	4	0	2	4	1½	2	4	3	2	4	4
550 ,, 11	2	8	4¾	2	8	6¼	2	8	8	2	8	9¾
600 ,, 12	2	12	9¼	2	12	11¼	2	13	1	2	13	3
650 ,, 13	2	7	2	2	7	4¼	2	7	6¼	2	7	8¼
700 ,, 14	3	1	7	3	1	9¼	3	1	11	3	2	1
750 ,, 15	3	6	0	3	6	2	3	6	4	3	6	6
800 ,, 16	3	10	4¾	3	10	7	3	10	9	3	11	0
850 ,, 17	3	4	9	3	5	0	3	5	2½	3	15	5¼
900 ,, 18	3	9	2	3	9	5	3	9	7¾	3	19	10½
950 ,, 19	4	3	7	4	3	10	4	4	0	4	4	3¾
OUNCES.—												
1.000 or 1	4	8	0	4	8	3	4	8	6	4	8	9
2.000 ,, 2	8	16	0	8	16	6	8	17	0	8	17	6
3.000 ,, 3	13	4	0	13	4	9	13	5	6	13	6	3
4.000 ,, 4	17	12	0	17	13	0	17	14	0	17	15	0
5.000 ,, 5	22	0	0	22	1	3	22	2	6	22	3	9
6.000 ,, 6	26	8	0	26	9	6	26	11	0	26	12	6
7.000 ,, 7	30	16	0	30	17	9	30	9	6	31	1	3
8.000 ,, 8	35	4	0	35	6	0	35	8	0	35	10	0
9.000 ,, 9	39	12	0	39	14	3	39	16	6	39	8	9
10.000 ,, 10	44	0	0	44	2	6	44	5	0	44	7	6
11.000 ,, 11	48	8	0	48	10	9	48	13	6	48	16	3
12.000 ,, 12	52	16	0	52	9	0	53	2	0	53	5	0
13.000 ,, 13	57	4	0	57	7	3	57	10	6	57	13	9
14.000 ,, 14	61	12	0	61	15	6	61	9	0	62	2	6
15.000 ,, 15	66	0	0	66	3	9	66	7	6	66	11	3
16.000 ,, 16	70	8	0	70	12	0	70	16	0	71	0	0
17.000 ,, 17	74	16	0	75	0	3	75	4	6	75	8	9
18.000 ,, 18	79	4	0	79	8	6	79	13	0	79	17	6
19.000 ,, 19	83	12	0	83	16	9	84	1	6	84	6	3
20.000 ,, 20	88	0	0	88	5	0	88	10	0	88	15	0
25.000 ,, 25	110	0	0	110	6	3	110	2	6	110	8	9
30.000 ,, 30	132	0	0	32	7	6	32	5	0	133	2	6
40.000 ,, 40	176	0	0	76	10	0	77	0	0	177	10	0
50.000 ,, 50	220	0	0	20	2	6	21	5	0	221	7	6

PRICE PER OUNCE.

		@ 89/- oz.			@ 89/3 oz.			@ 89/6 oz.			@ 89/9 oz.		
GRAINS.—		£	s.	d.	£	s.	d.	£	s.	d.	£	s.	d.
.001 or	½	.	.	1	.	.	1	.	.	1	.	.	1
.002 ,,	1	.	.	2	.	.	2	.	.	2	.	.	2
.003 ,,	[illegible]½	.	.	3¼		.	3¼	.	.	3¼	.	.	3¼
004 ,,		.	.	4	.	.	4	.	.	4	.	.	4¼
005 ,,	½	.	.	5	.	.	5	.	.	5	.	.	5½
006 ,,		.	.	6	.	.	6	.	.	6	.	.	6½
007 ,,	½	.	.	7	.	.	7	.	.	7	.	.	7¾
008 ,,		.	.	8	.	.	8	.	.	8	.	.	8¾
009 ,,	½	.	.	9	.	.	9	.	.	9	.	.	9¾
010 ,,		.	.	11	.	.	11	.	.	11	.		11
012 ,,		.	1	1¼	.	1	1¼	.	1	1¼	.	[illegible]	1¼
014 ,,		.	1	3	.	1	3	.	1	3	.		3¼
016 ,,		.	1	5	.	1	5	.	1	5	.		5
018 ,,		.	1	7	.	1	8	.	1	8	.		8
020 ,,	1	.	1	10	.	1	10¼	.	1	10¼	.		10¼
022 ,,	1	.	2	0¼	.	2	0	.	2	0	.		0
025 ,,	1	.	2	2	.	2	2	.	2	2	.		2
027 ,,	1	.	2	4	.	2	4	.	2	4	.		5
029 ,,	1	.	2	7	.	2	7	.	2	7	.		7¼
031 ,,	1	.	2	9¼	.	2	9¼	.	2	9¼	.		9
033 ,,	1	.	2	11	.	2	11	.	2	11	.		11
035 ,,	1	.	3	1	.	3	1	.	3	1	.		2
037 ,,	1	.	3	3	.	3	4	.	3	4	.		4¼
039 ,,	1	.	3	6	.	3	6¼	.	3	6¼	.		6
041 ,,	2	.	3	8¼	.	3	8	.	3	8	.		8
043 ,,	2	.	3	10	.	3	10	.	3	10	.		11
045 ,,	2	.	4	0	.	4	1	.	4	1	.		1¼
048 ,,	2	.	4	3	.	4	3¼	.	4	3¼	.		3
DWTS.—													
.050 or	1	.	4	5¼	.	4	5½	.	4	5¼	.	4	5¾
.100 ,,	2	.	8	10	.	8	11	.	8	11	.	8	11
.150 ,,	3	.	13	4	.	13	4½	.	13	15	.	1	15
.200 ,,	4	.	17	9½	.	17	10	.	7	0¾	.	1	1
.250 ,,	5	1	2	3	1	2	3¾	1	2	4½	1	2	5
.300 ,,	6	1	6	8¼	1	[illegible]	9	1	1[illegible]	10	1	6	11
.350 ,,	7	1	11	1	1	1	2	1	1	3¾	1	11	4¾
.400 ,,	8	1	5	7	1	1	8	1	1	9	1	5	10
.450 ,,	9	2	0	0½	2		1	2		3	2	0	14
.500 ,,	10	2	4	6	2		7	2		9	2	4	0
.550 ,,	11	2	8	11¼	2		1	2		2¼	2	9	4
.600 ,,	12	2	13	4¾	2	1	6½	2		8	2	13	0
.650 ,,	13	2	7	10	2	1	0	2	1	2	2	18	4
.700 ,,	14	3	2	3½	3		5¼	3		7½	3	2	9¾
.750 ,,	15	3	6	9	3		11	3		1	3	7	3
.800 ,,	16	3	11	2¼	3	1	4	3	1	7	3	11	9
.850 ,,	17	3	5	7	3	1	10	3	1	0¾	3	6	3
.900 ,,	18	4	0	1	4		3	4	5	6	4	0	9
.950 ,,	19	4	4	6½	4		9	4		0	4	5	3
OUNCES.—													
1.000 or	1	4	9	0	4	9	3	4	9	6	4	9	9
2.000 ,,	2	[illegible]	18	0	8	18	6	8	19	0	8	19	6
3.000 ,,	3	1	7	0	13	7	9	13	8	6	13	9	3
4.000 ,,	4	1	16	0	17	17	0	17	18	0	[illegible]7	19	0
5.000 ,,	5	2	5	0	22	6	3	22	7	6	2	8	9
6.000 ,,	6	2	14	0	26	15	6	26	17	0	6	18	6
7.000 ,,	7	3	3	0	31	4	9	31	16	6	1	8	3
8.000 ,,	8	3	12	0	35	14	0	35	6	0	5	18	0
9.000 ,,	9	4	1	0	40	3	3	40	5	6	0	7	9
10.000 ,,	10	4	10	0	44	12	6	44	5	0	4	17	6
1.000 ,,	1	4	19	0	49	1	9	49	4	6	9	7	3
2.000 ,,	2	5	8	0	53	11	0	53	14	0	3	17	0
3.000 ,,	3	5	17	0	58	0	3	58	3	6	8	6	9
4.000 ,,	4	6	6	0	62	9	6	62	13	0	2	16	6
5.000 ,,	5	6	15	0	66	18	9	67	2	6	7	6	3
6.000 ,,	6	7	4	0	71	8	0	71	12	0	1	16	0
7.000 ,,	7	7	13	0	75	17	3	76	1	6	9[illegible]6	5	9
8.000 ,,	8	8	2	0	80	6	6	80	11	0	0	15	6
9.000 ,,	9	8	11	0	84	15	9	85	0	6	5	5	3
0.000 ,,	0	8	0	0	89	5	0	89	10	0	9	15	0
5.000 ,,	5	11	5	0	111	11	3	111	17	6	1 2	3	9
0.000 ,,	0	23	10	0	133	17	6	134	5	0	1 4	12	6
0.000 ,,	0	7	0	0	78	0	0	179	0	0	9	10	0
0.000 ..	0	2	10	0	223	2	6	223	5	0	4	7	6

PRICE PER OUNCE.

	@ 90/- oz.			@ 90/3 oz.			@ 90/6 oz.			@ 90/9 oz.		
	£	s.	d.	£	s.	d.	£	s.	d.	£	s.	d.
GRAINS.—												
.001 or ½	.	.	1	.	.	1	.	.	1	.	.	1
.002 ,, 1	.	.	2¼	.	.	2¼	.	.	2¼	.	.	2¼
.003 ,, 1½	.	.	3¼	.	.	3¼	.	.	3¼	.	.	3¼
.004 ,, 2	.	.	4½	.	.	4½	.	.	4½	.	.	4½
.005 ,, 2½	.	.	5½	.	.	5½	.	.	5½	.	.	5½
.006 ,, 3	.	.	6¾	.	.	6¾	.	.	6¾	.	.	6¾
.007 ,, 3½	.	.	7¾	.	.	7¾	.	.	7¾	.	.	7¾
.008 ,, 4	.	.	9	.	.	9	.	..	9	.	.	9
.009 ,, 4½	.	.	10	.	.	10	.	.	10	.	.	10
.010 ,, 5	.	.	11¼	.	.	11¼	.	.	11¼	.	.	11¼
.012 ,, 6	.	1	1½	.	1	1½	.	1	1½	.	1	1½
.014 ,, 7	.	1	3¾	.	1	3¾	.	1	3¾	.	1	3¾
.016 ,, 8	.	1	6	.	1	6	.	1	6	.	1	6
.018 ,, 9	.	1	8¼	.	1	8¼	.	1	8¼	.	1	8¼
.020 ,, 10	.	1	10½	.	1	10½	.	1	10½	.	1	10½
.022 ,, 11	.	2	0¾	.	2	0¾	.	2	0¾	.	2	0¾
.025 ,, 12	.	2	3	.	2	3	.	2	3	.	2	3
.027 ,, 13	.	2	5¼	.	2	5¼	.	2	5¼	.	2	5¼
.029 ,, 14	.	2	7½	.	2	7½	.	2	7½	.	2	7½
.031 ,, 15	.	2	9¾	.	2	9¾	.	2	9¾	.	2	9¾
.033 ,, 16	.	3	0	.	3	0	.	3	0	.	3	0
.035 ,, 17	.	3	2¼	.	3	2¼	.	3	2¼	.	3	2¼
.037 ,, 18	.	3	4½	.	3	4½	.	3	4½	.	3	4½
.039 ,, 19	.	3	6¾	.	3	6¾	.	3	6¾	.	3	6¾
.041 ,, 20	.	3	9	.	3	9	.	3	9	.	3	9
.043 ,, 21	.	3	11¼	.	3	11¼	.	3	11¼	.	3	11¼
.045 ,, 22	.	4	1½	.	4	1½	.	4	1½	.	4	1½
.048 ,, 23	.	4	3¾	.	4	3¾	.	4	3¾	.	4	3¾
DWTS.—												
.050 or 1	.	4	6	.	4	6	.	4	6¼	.	4	6¼
.100 ,, 2	.	9	0	.	9	0¼	.	9	0½	.	9	0¾
.150 ,, 3	.	13	6	.	13	6¼	.	13	6¾	.	13	7¼
.200 ,, 4	.	18	0	.	18	0½	.	18	1	.	18	1¾
.250 ,, 5	1	2	6	1	2	6¾	1	2	7½	1	2	8¼
.300 ,, 6	1	7	0	1	7	0¾	1	7	1¾	1	7	2½
.350 ,, 7	1	11	6	1	11	7	1	11	8	1	11	9
.400 ,, 8	1	16	0	1	16	1	1	16	2¼	1	16	3½
.450 ,, 9	2	0	6	2	0	7¼	2	0	8½	2	0	10
.500 ,, 10	2	5	0	2	5	1½	2	5	3	2	5	4½
.550 ,, 11	2	9	6	2	9	7½	2	9	9¼	2	9	10¾
.600 ,, 12	2	14	0	2	14	1¾	2	14	3½	2	14	5¼
.650 ,, 13	2	18	6	2	18	7¾	2	18	9¾	2	18	11¾
.700 ,, 14	3	3	0	3	3	2	3	3	4	3	3	6¼
.750 ,, 15	3	7	6	3	7	8¼	3	7	10½	3	8	0¾
.800 ,, 16	3	12	0	3	12	2¼	3	12	4¾	3	12	7
.850 ,, 17	3	16	6	3	16	8½	3	16	11	3	17	1½
.900 ,, 18	4	1	0	4	1	2½	4	1	5¼	4	1	8
.950 ,, 19	4	5	6	4	5	8¾	4	5	11½	4	6	2½
OUNCES.—												
1.000 or 1	4	10	0	4	10	3	4	10	6	4	10	9
2.000 ,, 2	9	0	0	9	0	6	9	1	6	9	[illegible]	[illegible]
3.000 ,, 3	13	10	0	13	10	9	13	11		13	1	
4.000 ,, 4	18	0	0	18	1	0	18	2		18	1	
5.000 ,, 5	22	10	0	22	11	3	22	12		22		
6.000 ,, 6	27	0	0	27	1	6	27	3		27		
7.000 ,, 7	31	10	0	31	11	9	31	13		31		
8 000 , 8	36	0	0	6	2	0	36	4		36		
9 000 ,, 9	40	10	0	0	12	3	40	14		40		
10 000 ,, 10	45	0	0	5	2	6	45	5		45		
11 000 ,, 11	49	10	0	9	12	9	49	15		49		
12 000 ,, 12	54	0	0	[illegible]4	13	0	54	6		[illegible]		
13 000 ,, 13	58	10	0	58	13	3	58	16				
14 000 ,, 14	63	0	0	63	3	6	63	7				
15 000 ,, 15	67	10	0	67	3	9	67	17		68		
16 000 ,, 16	72	0	0	72	4	0	72	8		72	1	
17 000 , 17	76	10	0	76	14	3	76	18		2[illegible]		
18 000 ,, 18	81	0	0	81	4	6	81	9	6		1	
19 000 ,, 19	85	10	0	85	14	9	85	19			1	
20 000 ,, 20	90	0	0	90	5	0	90	10				
25 000 ,, 25	112	10	0	112	16	3	113	2		1		
30 000 ,, 30	135	0	0	135	7	6	135	15		1		
40.000 ,, 40	180	0	0	180	10	0	181	0			1	
50.000 ,, 50	225	0	0	225	12	6	226	5	0		[illegible]1	

PRICE PER OUNCE.

	@ 91/- oz.			@ 91/3 oz.			@ 91/6 oz.			@ 91/9 oz.		
	£	s.	d.	£	s.	d.	£	s.	d.	£	s.	d.
GRAINS.—												
.001 or ½	.	.	1	.	.	1	.	.	1	.	.	1
.002 ,, 1	.	.	2¼	.	.	2¼	.	.	2¼	.	.	2¼
.003 ,, 1½	.	.	3¼	.	.	3¼	.	.	3¼	.	.	3¼
.004 ,, 2	.	.	4½	.	.	4½	.	.	4½	.	.	4½
.005 ,, 2½	.	.	5½	.	.	5½	.	.	5½	.	.	5½
.006 ,, 3	.	.	6¾	.	.	6¾	.	.	6¾	.	.	6¾
.007 ,, 3½	.	.	7¾	.	.	7¾	.	.	7¾	.	.	8
.008 ,, 4	.	.	9	.	.	9	.	.	9	.	.	9
.009 ,, 4½	.	.	10	.	.	10¼	.	.	10¼	.	.	10¼
.010 ,, 5	.	.	11¼	.	.	11¼	.	.	11¼	.	.	11¼
.012 ,, 6	.	1	1½	.	1	1½	.	1	1½	.	1	1¾
.014 ,, 7	.	1	3¾	.	1	3¾	.	1	3¾	.	1	4
.016 ,, 8	.	1	6	.	1	6¼	.	1	6¼	.	1	6¼
.018 ,, 9	.	1	8¼	.	1	8½	.	1	8½	.	1	8½
.020 ,, 10	.	1	10½	.	1	10¾	.	1	10¾	.	1	10¾
.022 ,, 11	.	2	0¾	.	2	1	.	2	1	.	2	1
.025 , 12	.	2	3	.	2	3¼	.	2	3¼	.	2	3¼
.027 ,, 13	.	2	5½	.	2	5½	.	2	5½	.	2	5¾
.029 ,, 14	.	2	7¾	.	2	7¾	.	2	7¾	.	2	8
.031 ,, 15	.	2	10	.	2	10	.	2	10	.	2	10¼
.033 ,, 16	.	3	0¼	.	3	0½	.	3	0½	.	3	0½
.035 ,, 17	.	3	2½	.	3	2¾	.	3	2¾	.	3	2¾
.037 ,, 18	.	3	4¾	.	3	5	.	3	5	.	3	5
.039 ,, 19	.	3	7	.	3	7¼	.	3	7¼	.	3	7½
.041 ,, 20	.	3	9¼	.	3	9½	.	3	9½	.	3	9¾
.043 ,, 21	.	3	11½		3	11¾	.	3	11¾	.	4	0
.045 ,, 22	.	4	1¾	.	4	2	.	4	2	.	4	2¼
.048 ,, 23	.	4	4	.	4	4¼	.	4	4¼	.	4	4½
DWTS.—												
.050 or 1	.	4	6½	.	4	6¾	.	4	6¾	.	4	7
.100 ,, 2	.	9	1	.	9	1½	.	9	1¾	.	9	2
.150 ,, 3	.	13	7¾	.	13	8¼	.	13	8½	.	13	9
.200 ,, 4	.	18	2¼	.	18	3	.	18	3½	.	18	4
.250 ,, 5	1	2	9	1	2	9¾	1	2	10½	1	2	11¼
.300 ,, 6	1	7	3½	1	7	4½	1	7	5¼	1	7	6¼
.350 ,, 7	1	11	10	1	11	11¼	1	12	0¼	1	12	1¼
.400 ,, 8	1	16	4¾	1	16	6	1	16	7	1	16	8¼
.450 ,, 9	2	0	11¼	2	1	0¾	2	1	2	2	1	3¼
500 ,, 10	2	5	6	2	5	7½	2	5	9	2	5	10½
.550 ,, 11	2	10	0½	2	10	2¼	2	10	3¾	2	10	5½
.600 ,, 12	2	14	7	2	14	9	2	14	10¾	2	15	0½
.650 ,, 13	2	19	1¾	2	19	3¾	2	19	5½	2	19	7½
.700 ,, 14	3	3	8¼	3	3	10½	3	4	0½	3	4	2½
.750 ,, 15	3	8	3	3	8	5¼	3	8	7½	3	8	9¾
.800 ,, 16	3	12	9½	3	13	0	3	13	2¼	3	13	4¾
.850 ,, 17	3	17	4	3	17	6¾	3	17	9¼	3	17	11¾
.900 ,, 18	4	1	10¾	4	2	1½	4	2	4	4	2	6¾
.950 ,, 19	4	6	5¼	4	6	8¼	4	6	11	4	7	1¾
OUNCES.—												
1.000 or 1	4	11	0	4	11	3	4	11	6	4	11	9
2.000 ,, 2	9	2	0	9	2	6	9	3	0	9	3	6
3.000 ,, 3	13	13	0	13	13	9	13	14	6	13	15	3
4.000 ,, 4	18	4	0	18	5	0	18	6	0	18	7	0
5.000 ,, 5	22	15	0	22	16	3	22	17	6	22	18	9
6.000 ,, 6	27	6	0	27	7	6	27	9	0	27	10	6
7.000 ,, 7	31	17	0	31	18	9	32	0	6	32	2	3
8.000 ,, 8	36	8	0	36	10	0	36	12	0	36	14	0
9.000 ,, 9	40	19	0	41	1	3	41	3	6	41	5	9
10.000 ,, 10	45	10	0	45	12	6	45	15	0	45	17	6
11.000 ,, 11	50	1	0	50	3	9	50	6	6	50	9	3
12.000 ,, 12	54	12	0	54	15	0	54	18	0	55	1	0
13.000 ,, 13	59	3	0	59	6	3	59	9	6	59	12	9
14.000 ,, 14	63	14	0	63	17	6	64	1	0	64	4	6
15.000 ,, 15	68	5	0	68	8	9	68	12	6	68	16	3
16.000 ,, 16	72	16	0	73	0	0	73	4	0	73	8	0
17.000 ,, 17	77	7	0	77	11	3	77	15	6	77	19	9
18.000 ,, 18	81	18	0	82	2	6	82	7	0	82	11	6
19.000 ,, 19	86	9	0	86	13	9	86	18	6	87	3	3
20.000 ,, 20	91	0	0	91	5	0	91	10	0	91	15	0
25.000 ,, 25	113	15	0	114	1	3	114	7	6	114	13	9
30.000 ,, 30	136	10	0	136	17	6	137	5	0	137	12	6
40.000 ,, 40	182	0	0	182	10	0	183	0	0	183	10	0
50.000 ,, 50	227	10	0	228	2	6	228	15	0	229	7	6

PRICE PER OUNCE.

	@ 92/- oz.			@ 92/3 oz.			@ 92/6 oz.			@ 92/9 oz.		
	£	s.	d.	£	s.	d.	£	s.	d.	£	s.	d.
GRAINS.—												
.001 or ½	.	.	1	.	.	1	.	.	1	.	.	1
.002 ,, 1	.	.	2¼	.	.	2¼	.	.	2¼	.	.	2¼
.003 ,, 1½	.	.	3¼	.	.	3¼	.	.	3¼	.	.	3¼
.004 ,, 2	.	.	4½	.	.	4½	.	.	4½	.	.	4½
.005 ,, 2½	.	.	5½	.	.	5¾	.	.	5¾	.	.	5¾
.006 ,, 3	.	.	6¾	.	.	6¾	.	.	6¾	.	.	6¾
.007 ,, 3½	.	.	8	.	.	8	.	.	8	.	.	8
.008 ,, 4	.	.	9	.	.	9	.	.	9¼	.	.	9¼
.009 ,, 4½	.	.	10¼	.	.	10¼	.	.	10¼	.	.	10¼
.010 ,, 5	.	.	11¼	.	.	11½	.	.	11½	.	.	11½
.012 ,, 6	.	1	1¾	.	1	1¾	.	1	1¾	.	1	1¾
.014 ,, 7	.	1	4	.	1	4	.	1	4	.	1	4
.016 ,, 8	.	1	6¼	.	1	6¼	.	1	6½	.	1	6½
.018 ,, 9	.	1	8½	.	1	8½	.	1	8¾	.	1	8¾
.020 ,, 10	.	1	10¾	.	1	11	.	1	11	.	1	11
.022 ,, 11	.	2	1	.	2	1¼	.	2	1¼	.	2	1¼
.025 ,, 12	.	2	3¼	.	2	3½	.	2	3¾	.	2	3¾
.027 ,, 13	.	2	5¾	.	2	5¾	.	2	6	.	2	6
.029 ,, 14	.	2	8	.	2	8	.	2	8¼	.	2	8¼
.031 ,, 15	.	2	10¼	.	2	10½	.	2	10½	.	2	10½
.033 ,, 16	.	3	0½	.	3	0¾	.	3	1	.	3	1
.035 ,, 17	.	3	2¾	.	3	3	.	3	3¼	.	3	3¼
.037 ,, 18	.	3	5	.	3	5¼	.	3	5½	.	3	5½
.039 ,, 19	.	3	7½	.	3	7½	.	3	7¾	.	3	7¾
.041 ,, 20	.	3	9¾	.	3	10	.	3	10¼	.	3	10¼
.043 ,, 21	.	4	0	.	4	0¼	.	4	0½	.	4	0½
.045 ,, 22	.	4	2¼	.	4	2½	.	4	2¾	.	4	2¾
.048 ,, 23	.	4	4½	.	4	4¾	.	4	5	.	4	5
DWTS.—												
.050 or 1	.	4	7	.	4	7¼	.	4	7½	.	4	7½
.100 ,, 2	.	9	2¼	.	9	2½	.	9	3	.	9	3¼
.150 ,, 3	.	13	9½	.	13	10	.	13	10½	.	13	10¾
.200 ,, 4	.	18	4¾	.	18	5¼	.	18	6	.	18	6½
.250 ,, 5	1	3	0	1	3	0¾	1	3	1½	1	3	2¼
.300 ,, 6	1	7	7	1	7	8	1	7	9	1	7	9¾
.350 ,, 7	1	12	2¼	1	12	3¼	1	12	4½	1	12	5½
.400 ,, 8	1	16	9½	1	16	10¾	1	17	0	1	17	1
.450 ,, 9	2	1	4¾	2	1	6	2	1	7½	2	1	8¾
.500 ,, 10	2	6	0	2	6	1½	2	6	3	2	6	4½
.550 ,, 11	2	10	7	2	10	8¾	2	10	10½	2	11	0
.600 ,, 12	2	15	2¼	2	15	4	2	15	6	2	15	7¾
.650 ,, 13	2	19	9½	2	19	11½	3	0	1½	3	0	3¼
.700 ,, 14	3	4	4¾	3	4	6¾	3	4	9	3	4	11
.750 ,, 15	3	9	0	3	9	2¼	3	9	4½	3	9	6¾
.800 ,, 16	3	13	7	3	13	9½	3	14	0	3	14	2¼
.850 ,, 17	3	18	2¼	3	18	4¾	3	18	7½	3	18	10
.900 ,, 18	4	2	9½	4	3	0¼	4	3	3	4	3	5½
.950 ,, 19	4	7	4¾	4	7	7½	4	7	10½	4	8	1¼
OUNCES.—												
1.000 or 1	4	12	0	4	12	3	4	12	6	4	12	9
2.000 ,, 2	9	4	0	9	4	6	9	5	0	9	5	6
3.000 ,, 3	13	16	0	13	16	9	13	17	6	13	18	3
4.000 ,, 4	18	8	0	18	9	0	18	10	0	18	11	0
5.000 ,, 5	23	0	0	23	1	3	23	2	6	23	3	9
6.000 ,, 6	27	12	0	27	13	6	27	15	0	27	16	6
7.000 ,, 7	32	4	0	32	5	9	32	7	6	32	9	3
8.000 ,, 8	36	16	0	36	18	0	37	0	0	37	2	0
9.000 ,, 9	41	8	0	41	10	3	41	12	6	41	14	9
10.000 ,, 10	46	0	0	46	2	6	46	5	0	46	7	6
11.000 ,, 11	50	12	0	50	14	9	50	17	6	51	0	3
12.000 ,, 12	55	4	0	55	7	0	55	10	0	55	13	0
13.000 ,, 13	59	16	0	59	19	3	60	2	6	60	5	9
14.000 ,, 14	64	8	0	64	11	6	64	15	0	64	18	6
15.000 ,, 15	69	0	0	69	3	9	69	7	6	69	11	3
16.000 ,, 16	73	12	0	73	16	0	74	0	0	74	4	0
17.000 ,, 17	78	4	0	78	8	3	78	12	6	78	16	9
18.000 ,, 18	82	16	0	83	0	6	83	5	0	83	9	6
19.000 ,, 19	87	8	0	87	12	9	87	17	6	88	2	3
20.000 ,, 20	92	0	0	92	5	0	92	10	0	92	15	0
25.000 ,, 25	115	0	0	115	6	3	115	12	6	115	18	9
30.000 ,, 30	138	0	0	138	7	6	138	15	0	139	2	6
40.000 ,, 40	184	0	0	184	10	0	185	0	0	185	10	0
50.000 ,, 50	230	0	0	230	12	6	231	5	0	231	17	6

PRICE PER OUNCE.

	@ 93/- oz.			@ 93/3 oz.			@ 93/6 oz.			@ 93/9 oz.		
	£	s.	d.	£	s.	d.	£	s.	d.	£	s.	d.
GRAINS.—												
.001 or ½	.	.	1	.	.	1	.	.	1	.	.	1
.002 ,, 1	.	.	2¼	.	.	2¼	.	.	2¼	.	.	2¼
.003 ,, 1½	.	.	3¼	.	.	3¼	.	.	3½	.	.	3½
.004 ,, 2	.	.	4½	.	.	4½	.	.	4½	.	.	4½
.005 ,, 2½	.	.	5¾	.	.	5¾	.	.	5¾	.	.	5¾
.006 ,, 3	.	.	6¾	.	.	6¾	.	.	7	.	.	7
.007 ,, 3½	.	.	8	.	.	8	.	.	8	.	.	8
.008 ,, 4	.	.	9¼	.	.	9¼	.	.	9¼	.	.	9¼
.009 ,, 4½	.	.	10¼	.	.	10¼	.	.	10¼	.	.	10½
.010 ,, 5	.	.	11½	.	.	11½	.	.	11½	.	.	11½
.012 ,, 6	.	1	1¾	.	1	1¾	.	1	1¾	.	1	2
.014 ,, 7	.	1	4¼	.	1	4¼	.	1	4¼	.	1	4¼
.016 ,, 8	.	1	6½	.	1	6½	.	1	6½	.	1	6¾
.018 ,, 9	.	1	8¾	.	1	8¾	.	1	9	.	1	9
.020 ,, 10	.	1	11	.	1	11	.	1	11¼	.	1	11¼
.022 ,, 11	.	2	1½	.	2	1½	.	2	1½	.	2	1¾
.025 ,, 12	.	2	3¾	.	2	3¾	.	2	3¾	.	2	4
.027 ,, 13	.	2	6	.	2	6	.	2	6¼	.	2	6¼
.029 ,, 14		2	8½	.	2	8½	.	2	8½	.	2	8¾
.031 ,, 15	.	2	10¾	.	2	10¾	.	2	10¾	.	2	11
033 ,, 16	.	3	1	.	3	1	.	3	1¼	.	3	1½
.035 ,, 17	.	3	3¼	.	3	3½	.	3	3½	.	3	3¾
.037 ,, 18	.	3	5¾	.	3	5¾		3	6	.	3	6
.039 ,, 19	.	3	8	.	3	8	.	3	8¼	.	3	8½
.041 ,, 20	.	3	10¼	.	3	10¼	.	3	10½	.	3	10¾
.043 ,, 21	.	4	0¾	.	4	0¾	.	4	0¾	.	4	1
.045 ,, 22	.	4	3	.	4	3	.	4	3¼	.	4	3½
.048 ,, 23	.	4	5¼	.	4	5¼	.	4	5½	.	4	5¾
DWTS.—												
.050 or 1	.	4	7¾	.	4	7¾	.	4	8	.	4	8¼
.100 ,, 2	.	9	3½	.	9	3¾	.	9	4	.	9	4½
.150 ,, 3	.	13	11¼	.	13	11¾	.	14	0¼	.	14	0¾
.200 ,, 4		18	7	.	18	7¾	.	18	8¼	.	18	9
.250 ,, 5	1	3	3	1	3	3¾	1	3	4½	1	3	5¼
.300 ,, 6	1	7	10¾	1	7	11½	1	8	0½	1	8	1½
.350 ,, 7	1	12	6½	1	12	7½	1	12	8½	1	12	9¾
.400 ,, 8	1	17	2¼	1	17	3½	1	17	4¾	1	17	6
.450 ,, 9	2	1	10	2	1	11½	2	2	0¾	2	2	2¼
.500 ,, 10	2	6	6	2	6	7½	2	6	9	2	6	10½
.550 ,, 11	2	11	1¾	2	11	3¼	2	11	5	2	11	6¾
.600 ,, 12	2	15	9½	2	15	11¼	2	16	1	2	16	3
.650 ,, 13	3	0	5¼	3	0	7¼	3	0	9¼	3	0	11¼
.700 ,, 14	3	5	1	3	5	3¼	3	5	5¼	3	5	7½
.750 ,, 15	3	9	9	3	9	11¼	3	10	1½	3	10	3¾
.800 ,, 16	3	14	4¾	3	14	7	3	14	9½	3	15	0
.850 ,, 17	3	19	0½	3	19	3	3	19	5½	3	19	8¼
.900 ,, 18	4	3	8¼	4	3	11	4	4	1¾	4	4	4½
.950 ,, 19	4	8	4	4	8	7	4	8	9¾	4	9	0¾
OUNCES.—												
1.000 or 1	4	13	0	4	13	3	4	13	6	4	13	9
2.900 ,, 2	3	6	0	9	6	6	9	7	0	9	7	6
3.000 ,, 3	13	19	0	13	19	9	14	0	6	14	1	3
4 000 ,, 4	18	12	0	18	13	0	18	14	0	18	15	0
5.000 ,, 5	23	5	0	23	6	3	23	7	6	23	8	9
6.000 ,, 6	27	18	0	27	19	6	28	1	0	28	2	6
7.000 ,, 7	32	11	0	32	12	9	32	14	6	32	16	3
8.000 ,, 8	37	4	0	37	6	0	37	8	0	37	10	0
9.000 ,, 9	41	17	0	41	19	3	42	1	6	42	3	9
10.000 ,, 10	46	10	0	46	12	6	46	15	0	46	17	6
11.000 ,, 11	51	3	0	51	5	9	51	8	6	51	11	3
12.000 ,, 12	55	16	0	55	19	0	56	2	0	56	5	0
13.000 ,, 13	60	9	0	60	12	3	60	15	6	60	18	9
14.000 ,, 14	65	2	0	65	5	6	65	9	0	65	12	6
15.000 ,, 15	69	15	0	69	18	9	70	2	6	70	6	3
16.000 ,, 16	74	8	0	74	12	0	74	16	0	75	0	0
17.000 , 17	79	1	0	79	5	3	79	9	6	79	13	9
18.000 ,, 18	83	14	0	83	18	6	84	3	0	84	7	6
19.000 ,, 19	88	7	0	88	11	9	88	16	6	89	1	3
20.000 ,, 20	93	0	0	93	5	0	93	10	0	93	15	0
25.000 ,, 25	116	5	0	116	11	3	116	17	6	117	3	9
30.000 ,, 30	139	10	0	139	17	6	140	5	0	140	12	6
40.000 ,, 40	186	0	0	186	10	0	187	0	0	187	10	0
50 000 ,, 50	232	10	0	233	2	6	233	15	0	234	7	6

PRICE PER OUNCE.

	@ 94/- oz.			@ 94/3 oz.			@ 94/6 oz.			@ 94/9 oz.		
	£	s.	d.	£	s.	d.	£	s.	d.	£	s.	d.
GRAINS.—												
.001 or ½	.	.	1	.	.	1	.	.	1	.	.	1
.002 ,, 1	.	.	2¼	.	.	2¼	.	.	2¼	.	.	2¼
.003 ,, 1½	.	.	3½	.	.	3½	.	.	3½	.	.	3½
.004 ,, 2	.	.	4½	.	.	4½	.	.	4½	.	.	4½
005 ,, 2½	.	.	5¾	.	.	5¾	.	.	5¾	.	.	5¾
.006 ,, 3	.	.	7	.	.	7	.	.	7	.	.	7
.007 ,, 3½	.	.	8	.	.	8	.	.	8	.	.	8¼
.008 ,, 4	.	.	9¼	.	.	9¼	.	.	9¼	.	.	9¼
.009 ,, 4½	.	.	10½	.	.	10½	.	.	10¼	.	.	10½
.010 ,, 5	.	.	11½	.	.	11¾	.	.	11¾	.	.	11¾
.012 ,, 6	.	1	2	.	1	2	.	1	2	.	1	2
.014 ,, 7	.	1	4¼	.	1	4¼	.	1	4¼	.	1	4½
.016 ,, 8	.	1	6¾	.	1	6¾	.	1	6¾	.	1	6¾
.018 ,, 9	.	1	9	.	1	9	.	1	9	.	1	9¼
.020 ,, 10	.	1	11¼	.	1	11½	.	1	11½	.	1	11½
.022 ,, 11	.	2	1¾	.	2	1¾	.	2	1¾	.	2	2
.025 ,, 12	.	2	4	.	2	4	.	2	4	.	2	4¼
.027 ,, 13	.	2	6¼	.	2	6½	.	2	6½	.	2	6½
.029 ,, 14	.	2	8¾	.	2	8¾	.	2	8¾	.	2	9
.031 ,, 15	.	2	11	.	2	11¼	.	2	11¼	.	2	11¼
.033 ,, 16	.	3	1½	.	3	1½	.	3	1½	.	3	1¾
.035 ,, 17	.	3	3¾	.	3	4	.	3	4	.	3	4
.037 ,, 18	.	3	6	.	3	6¼	.	3	6¼	.	3	6½
.039 ,, 19	.	3	8½	.	3	8½	.	3	8½	.	3	8¾
.041 ,, 20	.	3	10¾	.	3	11	.	3	11		3	11¼
.043 ,, 21	.	4	1	.	4	1¼	.	4	1¼	.	4	1½
.045 ,, 22	.	4	3½	.	4	3¾	.	4	3¾	.	4	4
.048 ,, 23	.	4	5¾	.	4	6	.	4	6	.	4	6¼
DWTS.—												
.050 or 1	.	4	8¼	.	4	8½	.	4	8½	.	4	8¾
.100 ,, 2	.	9	4¾	.	[illegible]	5	.	9	5¼	.	9	5
.150 ,, 3	.	14	1	.	1	1½	.	1[illegible]	2	.	14	2
.200 ,, 4	.	18	9½	.	1	10	.	.	10¾	.	18	11
.250 ,, 5	1	3	6	[illegible]		[illegible]¾	1		7½	[illegible]	3	8
.300 ,, 6	1	8	2¼				1		4		8	5
.350 ,, 7	1	12	10½		1	1	1	1	0¾		13	1¾
.400 ,, 8	1	17	7		1	8	1	1	9½		17	10
.450 ,, 9	2	2	3½			4	2		6¼		2	7
.500 ,, 10	2	7	0			1	2		3		7	4
.550 ,, 11	2	11	8¼		1	10	2	1	11½		12	1
.600 ,, 12	2	16	4¾		1	6½	2	1	8	2	16	10
.650 ,, 13	3	1	1			[illegible]	3		5	3	1	6¾
.700 ,, 14	3	5	9			1¼	3		1¾	3	6	3
.750 ,, 15	3	10	6		1		3	1	10½	[illegible]	11	0
.800 ,, 16	3	15	2¼		1		3	1	7		15	9
.850 ,, 17	3	19	10			1¼	4		3¾		0	6
.900 ,, 18	4	4	7			9¾	4		0½		5	2¼
.950 ,, 19	4	9	3½			6¼	4		9¼		10	0
OUNCES.—												
1.000 or 1	4	14	0	4	14	3	4	14	6	4	14	9
2.000 ,, 2	9	8	0	9	8	6	9	[illegible]	0	9	9	6
3.000 ,, 3	14	2	0	14	2	9	1[illegible]		6	14	4	3
4.000 ,, 4	18	16	0	18	17	0	1	1	0	18	19	0
5.000 ,, 5	23	10	0	23	11	3	2	1	6	23	13	9
6.000 ,, 6	28	4	0	28	5	6	2		0	28	8	6
7.000 ,, 7	32	18	0	32	19	9	33		6	33	3	3
8.000 ,, 8	37	12	0	37	4	0	37	1	0	37	18	0
9.000 ,, 9	42	6	0	42	8	3	42	1	6	42	12	9
10.000 ,, 10	47	0	0	4	2	6	47		0	47	7	6
11.000 ,, 11	51	14	0	51	16	9	51	19	6	52	2	3
12.000 ,, 12	56	8	0	56	11	0	56	14	0	56	17	0
13.000 ,, 13	61	2	0	61	5	3	61	8	6	61	11	9
14.000 ,, 14	65	16	0	65	19	6	66	3	0	66	6	6
15.000 ,, 15	70	10	0	70	13	9	70	17	6	71	1	3
16.000 ,, 16	75	4	0	75	8	0	75	12	0	75	16	0
17.000 ,, 17	79	18	0	80	2	3	80	6	6	80	10	9
18.000 ,, 18	84	12	0	84	16	6	85	1	0	85	5	6
19.000 ,, 19	89	6	0	89	10	9	89	15	6	90	0	3
20.000 ,, 20	94	0	0	94	5	0	94	10	0	94	15	0
25.000 ,, 25	117	10	0	117	16	3	118	2	6	118	8	9
30.000 ,, 30	141	0	0	141	7	6	141	15	0	142	2	6
40.000 ,, 40	188	0	0	188	10	0	189	0	0	189	10	0
50.000 ,, 50	235	0	0	235	12	6	236	5	0	236	17	6

PRICE PER OUNCE.

		@ 95/- oz.			@ 95/3 oz.			@ 95/6 oz.			@ 95/9 oz.		
GRAINS.—		£	s.	d.	£	s.	d.	£	s.	d.	£	s.	d.
.001 or	½	.	.	1	.	.	1	.	.	1	.	.	1
.002 ,,	1	.	.	2¼	.	.	2¼	.	.	2¼	.	.	[illegible]¼
.003 ,,	1½	.	.	3½	.	.	3½	.	.	3½	.	.	
.004 ,,	2	.	.	4¾	.	.	4¾	.	.	4¾	.	.	
.005 ,,	2½	.	.	5¾	.	.	5¾	.	.	5¾	.	.	
.006 ,,	3	.	.	7	.	.	7	.	.	7	.	.	
.007 ,,	3½	.	.	8¼	.	.	8¼	.	.	[illegible]¼	.	.	[illegible]
.008 ,,	4	.	.	9½	.	.	9	.	.	½	.	.	
.009 ,,	4½	.	.	10¼	.	.	10	.	.	1	.	.	1
.010 ,,	5	.	.	11	.	.	11	.	.	1	.	.	1
.012 ,,	6	.	1	2	.	[illegible]	2	.	[illegible]		.	[illegible]	
.014 ,,	7	.	1	4	.		4	.			.		
.016 ,,	8	.	1	7	.		7	.			.		
.018 ,,	9	.	1	9¼	.		9¼	.		¼	.		¼
.020 ,,	10		1	11	.		11	.		1 ¾	.		1
.022 ,,	[illegible]1	.	2	2	.		2	.			.		
.025 ,,	2	.	2	4½	.		4¼	.		½	.		½
.027 ,,	3	.	2	6¾	.		6	.			.		
.029 ,,	4	.	2	[illegible]¼	.	2	9	.	2	¼	.		¼
.031 ,,	5	.	2	1 ½	.	2	11	.	2	1 ¾	.		1 ¾
.033 ,,	6	.	3		.	3	2	.	3		.		
.035 ,,	7	.	3	¼	.	[illegible]	4¼	.	[illegible]	½	.		¼
.037 ,,	8	.	3	6¾	.		6	.		[illegible]	.		
.039 ,,	9	.	3	9	.		9	.			.		
.041 ,,	0	.	3	11½	.		11½	.		1	.		1
.043 ,,	1	.	4	1[illegible]	.		1¾	.			.		
.045 ,,	2	.	4	4	.		4¼	.		¼	.		¼
.048 ,,	3	.	4	6	.		6½	.		¾	.		¾
DWTS.—													
.050 or	1	.	4	9	.	4	9	.	4	9¼	.	4	9¼
.100 ,,	[illegible]	.	9	[illegible]	.	9	6½	.	[illegible]	[illegible]	.	9	6¾
.150 ,,		.	14		.	14	3	.	1		.	1[illegible]	4¼
.200 ,,			19		.	19	0		1				1¾
.250 ,,		[illegible]	3		1	3	9	1		1 ¼	[illegible]		11¼
.300 ,,			8		1	8	6						8½
.350 ,,			13		1	13	4		1			1	6
.400 ,,			18		1	18	1		1	¼		1	3½
.450 ,,			2		2	2	10¼	2		1 ½			1
.500 ,,	1		7		2	7	7	2					10¼
.550 ,,	1		12	3	2	12	4	2	1	¼		1	7
.600 ,,			17	0	2	17	1	[illegible]	1	¼		1	5
.650 ,,			1	9	3	1	10			¾			2
.700 ,,			6	6	3	6	8			1			0
.750 ,,			11	3	3	11	5¼		1	½		1	9
.800 ,			16	0	3	16	2		1	¾			7
.850 ,,			0	9	4	0	11						4½
.900 ,,			5	6	4	5	8			1 ¼			2
.950 ,,			10	3	4	10	5		1	½		1	11½
OUNCES.-													
1.000 or	1	4	15	0	4	15	3	4	15	6	4	15	9
2.000 ,,	2	9	10	0	9	1[illegible]	6	9	11	0	9	1	[illegible]
3.000 ,,	3	14			14		9	14	6	6	14	7	
4.000 ,,	4	19			19		0	19	2	0	19	3	
5.000 .,	5	23	1		23	1	3	28	17	6	23	18	
6.000 ,,	6	28	1		28	1	6		13	0	28	1 4	
7.000 ,,	7	3[illegible]			33		9	33	8	6	33	0	
8.000 ,,	8	3			[illegible]8		0	38	4	0	38	6	
9.000 ,,	9	4	1		2	1	3	42	19	6	43	1	
10.000 ,,	10	4	1		7	1	6		15	0	4	17	
[illegible]1.000 ,,	[illegible]1	5			2		9	52	10	6	52	13	
2.000 ,,	2	5			7		0	57	6	0	57	9	
3.000 ,,	3	6	1		1	1	3	62	1	6	62	4	
4.000 ,,	4	6	1		6	1	6	[illegible]	17	0	67	0	
5.000 ,,	5	7			1		9		12	6	71	6	
6.000 ,,	6	7			6		0		8	0	76	2	
7.000 ,,	7	8	1		0	1	3		3	6	81	7	
8.000 ,,	8	8	1		5	1	6	85	19	0	86	3	
9.000 ,.	9	9			0		9	90	14	6	90	9	
0.000 ,,	0	9			5		0	[illegible]	10	0	95	5	
5.000 ,,	5	11	15		1 9		3	1	7	6	119	3	
0.000 ,,	0	142	10		1 2	1	6	1	5	0	143	2	
0.000 ,,	0	190	0		. 0	1	0		0	0	191	0	
0.000 .,	0	237	10	0	238	2	6	238	15	0	239	7	6

PRICE PER OUNCE.

	@ 96/- oz.			@ 96/3 oz.			@ 96/6 oz.			@ 96/9 oz.		
GRAINS.—	£	s.	d.	£	s.	d.	£	s.	d.	£	s.	d.
.001 or ½	.	.	1	.	.	1	.	.	1	.	.	1
.002 ,, 1	.	.	2¼	.	.	2¼	.	.	2¼	.	.	2¼
.003 ,, 1½	.	.	3½	.	.	3½	.	.	3½	.	.	3½
.004 ,, 2	.	.	4¾	.	.	4¾	.	.	4¾	.	.	4¾
.005 ,, 2½	.	.	5¾	.	.	6	.	.	6	.	.	6
.006 ,, 3	.	.	7	.	.	7	.	.	7	.	.	7
.007 ,, 3½	.	.	8¼	.	.	8¼	.	.	8¼	.	.	8¼
.008 ,, 4	.	.	9½	.	.	9½	.	.	9½	.	.	9½
.009 ,, 4½	.	.	10¾	.	.	10¾	.	.	10¾	.	.	10¾
.010 ,, 5	.	.	11¾	.	1	0	.	1	0	.	1	0
.012 ,, 6	.	1	2¼	.	1	2¼	.	1	2¼	.	1	2¼
.014 ,, 7	.	1	4¾	.	1	4¾	.	1	4¾	.	1	4¾
.016 ,, 8	.	1	7	.	1	7¼	.	1	7¼	.	1	7¼
.018 ,, 9	.	1	9½	.	1	9½	.	1	9½	.	1	9¾
.020 ,, 10	.	1	11¾	.	2	0	.	2	0	.	2	0
.022 ,, 11	.	2	2¼	.	2	2¼	.	2	2¼	.	2	2½
.025 ,, 12	.	2	4½	.	2	4¾	.	2	4¾	.	2	5
.027 ,, 13	.	2	7	.	2	7¼	.	2	7¼	.	2	7¼
.029 ,, 14	.	2	9½	.	2	9½	.	2	9½	.	2	9¾
.031 ,, 15	.	2	11¾	.	3	0	.	3	0	.	3	0
.033 ,, 16	.	3	2¼	.	3	2½	.	3	2½	.	3	2½
.035 ,, 17	.	3	4½	.	3	4¾	.	3	4¾	.	3	5
.037 ,, 18	.	3	7	.	3	7¼	.	3	7¼	.	3	7½
.039 ,, 19	.	3	9½	.	3	9½	.	3	9½	.	3	9¾
.041 ,, 20	.	3	11¾	.	4	0	.	4	0	.	4	0¼
.043 ,, 21	.	4	2¼	.	4	2½	.	4	2½	.	4	2¾
.045 ,, 22	.	4	4½	.	4	4¾	.	4	4¾	.	4	5
.048 ,, 23	.	4	7	.	4	7¼	.	4	7¼	.	4	7½
DWTS.—												
.050 or 1	.	4	9½	.	4	9¾	.	4	9¾	.	4	10
.100 ,, 2	.	9	7	.	[illegible]	7½	.	[illegible]	7¾	.	[illegible]	8
.150 ,, 3	.	14	4¾	.	1	5	.	1	5[illegible]	.	1	6
.200 ,, 4	.	19	2¼		1	3		1	3		1	4
.250 ,, 5	1	4	0	[illegible]		0¾	[illegible]		1	[illegible]		2¼
.300 ,, 6	1	8	9½			10½			11			0¼
.350 ,, 7	1	13	7		1	¼		1	9		1	10¼
.400 ,, 8	1	18	4¾		1	6		1	7		1	8¼
.450 ,, 9	2	3	2¼			3¾			5			6¼
.500 ,, 10	2	8	0			1½			3			4½
.550 ,, 11	2	12	9½		1	11¼		1	0¾		1	2½
.600 ,, 12	2	17	7		1	9		1	10		1	0½
.650 ,, 13	3	2	4¾			6¾			8			10½
.700 ,, 14	3	7	2¼			4½			6			8½
.750 ,, 15	3	12	0		1	2¼		1	4		1	6¾
.800 ,, 16	3	16	9½		1	0		1	2¼		1	4¾
.850 ,, 17	4	1	7			9¾			0¼			2¾
.900 ,, 18	4	6	4¾			7½	4		10			0¾
.950 ,, 19	4	11	2¼		1	5¼	4	1	8		1	10¾
OUNCES.—												
1.000 or 1	4	16	0	4	16	3	4	16	6	4	16	9
2.000 ,, 2	9	12	0	9	12	6	9	13	0	9	13	6
3.000 ,, 3	14	8	0	14	8	9	14	9	6	14	10	3
4.000 ,, 4	19	4	0	19	5	0	19	6	0	19	7	0
5.000 ,, 5	24	0	0	24	1	3	24	2	6	24	3	9
6.000 ,, 6	28	16	0	28	17	6	28	19	0	29	0	6
7.000 ,, 7	33	12	0	33	13	9	33	15	6	33	17	3
8.000 ,, 8	38	8	0	38	10	0	38	12	0	38	14	0
9.000 ,, 9	43	4	0	43	6	3	43	8	6	43	10	9
10.000 ,, 10	48	0	0	48	2	6	48	5	0	48	7	6
11.000 ,, 11	52	16	0	52	18	9	53	1	6	53	4	3
12.000 ,, 12	57	12	0	57	15	0	57	18	0	58	1	0
13.000 ,, 13	62	8	0	62	11	3	62	14	6	62	17	9
14.000 ,, 14	67	4	0	67	7	6	67	11	0	67	14	6
15.000 ,, 15	72	0	0	72	3	9	72	7	6	72	11	3
16.000 ,, 16	76	16	0	77	0	0	77	4	0	77	8	0
17.000 ,, 17	81	12	0	81	16	3	82	0	6	82	4	9
18.000 ,, 18	86	8	0	86	12	6	86	17	0	87	1	6
19.000 ,, 19	91	4	0	91	8	9	91	13	6	91	18	3
20.000 ,, 20	96	0	0	96	5	0	96	10	0	96	15	0
25.000 ,, 25	120	0	0	120	6	3	120	12	6	120	18	9
30.000 ,, 30	144	0	0	144	7	6	144	15	0	145	2	6
40.000 ,, 40	192	0	0	192	10	0	193	0	0	193	10	0
50.000 ,, 50	240	0	0	240	12	6	241	5	0	241	17	6

PRICE PER OUNCE.

	@ 97/- oz.			@ 97/3 oz.			@ 97/6 oz.			@ 97/9 oz.		
	£	s.	d.	£	s.	d.	£	s.	d.	£	s.	d.
GRAINS.—												
.001 or ½	.	.	1	.	.	1	.	.	1	.	.	1
002 ,, 1	.	.	2[illegible]	.	.	2[illegible]	.	.	2¼	.	.	2[illegible]
003 ,, [illegible]½	.	.	3	.	.	3	.	.	3½	.	.	3
004 ,,	.	.	4	.	.	4	.	.	4¾	.	.	4
005 ,, ½	.	.	6	.	.	6	.	.	6	.	.	6
006 ,,	.	.	7	.	.	7[illegible]	.	.	7[illegible]	.	.	[illegible]
007 ,, ½	.	.	8[illegible]	.	.	8	.	.	8	.	.	
008 ,,	.	.	9	.	.	9	.	.	9	.	.	
009 ,, ½	.	.	10	.	.	10	.	.	10	.	.	1
010 ,,	.	[illegible]	0	.	[illegible]	0	.	[illegible]	0	.	[illegible]	
012 ,,	.		2[illegible]	.		2[illegible]	.		2½	.		½
014 ,,	.		4	.		4	.		5	.		
016 ,,	.		7	.		7	.		7[illegible]	.		[illegible]
018 ,,	.		9	.		9	.		9	.		
020 ,, 1	.		0	.		0	.		0	.		
022 ,, [illegible]	.		2½	.		2	.		2	.		
025 ,,	.		5	.		5	.		5	.		
027 ,,	.		7[illegible]	.		7[illegible]	.		7	.		
029 ,,	.		9	.		9	.		10	.		1
031 ,,	.		0	.		0	.		0½	.		½
033 ,,	.		2½	.		2	.		3	.		
035 ,,	.		5	.		5	.		5[illegible]	.		[illegible]
037 ,,	.		7[illegible]	.		7	.		7	.		
039 ,,	.		9	.		10	.		10	.		1
041 ,,	.		0	.		0[illegible]	.		0	.		
043 ,,	.		2	.	4	2	.		3	.		
045 ,,	.		5	.	4	5	.		5½	.		½
048 ,,	.		7½	.	4	7	.		8	.	4	
DWTS.—												
.050 or 1	.	4	10	.	4	10[illegible]	.	4	10½	.	4	10[illegible]
.100 ,, 2	.	9	8¼	.	[illegible]	[illegible]	.	9	[illegible]	.	1[illegible]	[illegible]
.150 ,, 3	.	14	6½	.	1		.	1[illegible]	½	.	1	
.200 ,, 4	.	19	4¾		1	[illegible]		1			1	
.250 ,, 5	1	4	3	[illegible]			[illegible]		½	[illegible]		
.300 ,, 6	1	9	1						3			
.350 ,, 7	1	13	11¼		1	[illegible]		1	1½		1	
.400 ,, 8	1	18	9½		1	1		1	[illegible]		1	
.450 ,, 9	2	3	7¾						1 ½			1 [illegible]
.500 ,, 10	2	8	6			[illegible]						1
.550 ,, 11	2	13	4		1			1	½		1	
.600 ,, 12	2	18	2¼		1	4		1			1	[illegible]
.650 ,, 13	3	3	0½			2[illegible]			½			
.700 ,, 14	3	7	10¾			[illegible]						
.750 ,, 15	3	12	9		1	1		1	½		1	[illegible]
.800 ,, 16	3	17	7		1			1			1	
.850 ,, 17	4	2	5¼	4					½			
.900 ,, 18	4	7	3½	4			4					1 [illegible]
.950 ,, 19	4	12	1¾	4	1		4	1	½			1
OUNCES.—												
1,000 or 1	4	17	0	4	17	3	4	17	6	4	17	9
2 000 ,, 2	9	14	0	[illegible]	[illegible]	6	9	15	0	9	15	[illegible]
3 000 ,, 3	14	11	0	1		9	14	12	6	14	13	
4 000 ,, 4	19	8	0	[illegible]		0	19	10	0	19	11	
5 000 ,, 5	24	5	0			3	24	7	6	24	8	
6 000 ,, 6	29	2	0			6	29	5	0	29	6	
7 000 ,, 7	33	19	0			9	34	2	6	34	4	
8 000 ,, 8	38	16	0			0	39	0	0	39	2	
9 000 ,, 9	43	13	0			3	43	17	6	43	19	
10 000 ,, 10	48	10	0			6	48	15	0	48	17	
11 000 ,, 11	53	7	0			9	53	12	6	53	15	
12 000 ,, 12	58	4	0			0	58	10	0	58	13	
13 000 ,, 13	63	1	0			3	63	7	6	63	10	
14 000 ,, 14	67	18	0			6	68	5	0	68	8	
15 000 ,, 15	72	15	0			9	73	2	6	73	6	
16 000 ,, 16	77	12	0			0	78	0	0	78	4	
17 000 ,, 17	82	9	0			3	82	17	6	83	1	
18 000 ,, 18	87	6	0			6	87	15	0	87	19	
19 000 ,, 19	92	3	0			9	92	12	6	92	17	
20 000 ,, 20	97	0	0			0	97	10	0	97	15	
25 000 ,, 25	121	5	0	1		3	121	17	6	122	3	
30 000 ,, 30	145	10	0	1		6	146	5	0	146	12	
40 000 ,, 40	194	0	0			0	195	0	0	195	10	
50 000 ,, 50	242	10	0	243	2	6	243	15	0	244	7	6

PRICE PER OUNCE.

	@ 98/- oz.			@ 98/3 oz.			@ 98/6 oz.			@ 98/9 oz.		
	£	s.	d.	£	s.	d.	£	s.	d.	£	s.	d.
GRAINS.—												
.001 or ½	.	.	1	.	.	1	.	.	1	.	.	[illegible]
.002 ,, 1	.	.	2[illegible]	.	.	2[illegible]	.	.	2[illegible]	.	.	[illegible]
.003 ., 1½	.	.	3	.	.	3	.	.	3	.	.	
.004 ,, 2	.	.	4	.	.	4	.	.	4	.	.	
.005 ,, 2½	.	.	6	.	.	6	.	.	6	.	.	
.006 ,, 3	.	.	7[illegible]	.	.	7[illegible]	.	.	[illegible]	.	.	[illegible]
.007 ,, 3½	.	.	8	.	.	8	.	.		.	.	
.008 ,, 4	.	.	9	.	.	9	.	.		.	.	
.009 ,, 4½	.	.	11	.	.	11	.	.	1	.	.	1
.010 ,, 5	.	[illegible]	0	.	1	0	.	[illegible]	[illegible]	.	[illegible]	[illegible]
.012 ,, 6	.		2½	.	1	2½	.			.		
.014 ,, 7	.		5	.	1	5	.			.		
.016 ,, 8	.		7½	.	1	7½	.		½	.		
.018 ,, 9	.		10	.	1	10	.		1	.		1
.020 ,, 10	.		0[illegible]	.	2	0[illegible]	.		½	.		½
.022 ,, 11	.		2	.	2	2	.			.		
.025 ,, 12	.		5	.	2	5	.		[illegible]	.		½
.027 ,, 13	.		7	.	2	7	.		[illegible]	.		
.029 ,, 14	.		10	.	2	10	.		1	.		1 ½
.031 ,, 15	.		0	.	3	0	.			.		
.033 ,, 16	.		3	.	3	3	.			.		[illegible]
.035 ,, 17	.		5½	.	3	5½	.			.		
.037 ,, 18	.		8	.	3	8	.			.		
.039 ,, 19	.		10[illegible]	.	3	10[illegible]	.		1	.		1
.041 ,, 20	.	4	0	.	4	0	.			.		
.043 ,, 21	.	4	3	.	4	3	.		½	.	4	
.045 ,, 22	.	4	5	.	4	5	.			.	4	
.048 ,, 23	.		8	.	4	8	.		½	.	4	
DWTS.—												
.050 or 1	.	4	10¾	.	4	10¾	.	4	11	.	4	11[illegible]
.100 ,, 2	.	[illegible]	[illegible]	.	[illegible]	[illegible]	.	9	10	.	9	[illegible]
.150 ,, 3	.	1		.	1		.	1[illegible]	9[illegible]	.	1[illegible]	
.200 ,, 4	.	1		.	1		.	1	8	.	1	
.250 ,, 5	[illegible]			[illegible]	4		[illegible]		[illegible]	[illegible]		[illegible]
.300 ,, 6			[illegible]		9							
.350 ,, 7		1			1[illegible]			1			1	
.400 ,, 8		1			1			1			1	
.450 ,, 9												[illegible]
.500 ,, 10												
.550 ,, 11		1	1 [illegible]		1			1			1	
.600 ,, 12		1			1	1					1	
.650 ,, 13						1			[illegible]			[illegible]
.700 ,, 14									1			
.750 ,, 15		1			1			1	1		1	
.800 ,, 16		1	[illegible]		1			1			1	
.850 ,, 17												1 [illegible]
.900 ,, 18												1
.950 ,, 19	4	1			1		4	1			1	
OUNCES.—												
1.000 or 1	4	18	0	4	18	3	4	18	6	4	18	9
[illegible].000 ,, 2	[illegible]	1[illegible]	0	9	16	6	9	17	0	9	17	6
.0 0 ,,	1	1	0	14	14	9	14	15	6	14	16	3
.0 0 ,, 4	[illegible]	1	0	19	13	0	19	14	0	19	15	0
.0 0 ,, 5		1	0	24	11	3	24	12	6	24	13	9
.0 0 ,, [illegible]			0	29	9	6	29	11	0	29	12	6
.0 0 ,,			0	34	7	9	34	9	6	34	11	3
.0 0 ,,			0	39	6	0	39	8	0	39	10	0
.0 0 ,,			0	44	4	3	44	6	6	44	8	9
1 .0 0 ., 1			0	49	2	6	49	5	0	49	7	6
[illegible] .0 0 ,, [illegible]		1	0	54	0	9	54	3	6	54	6	3
.0 0 ,,		1	0	58	19	0	59	2	0	59	5	0
.0 0 ,,		1	0	63	17	3	64	0	6	64	3	9
.0 0 ,,		1	0	68	15	6	68	19	0	69	2	6
.0 0 ,,		1	0	73	13	9	73	17	6	74	1	3
.0 0 ,,			0	78	12	0	78	16	0	79	0	0
.0 0 ,,			0	83	10	3	83	14	6	83	18	9
.0 0 ,,			0	88	8	6	88	13	0	88	17	6
.0 0 ,,			0	93	6	9	93	11	6	93	16	3
.0 0 ,,			0	98	5	0	98	10	0	98	15	0
.0 0 ,,	1	1	0	122	16	3	123	2	6	123	8	9
.0 0 ,,	1		0	147	7	6	147	15	0	148	2	6
.0 0 ,,			0	196	10	0	197	0	0	197	10	0
.0 0 ,,	245	0	0	245	12	6	246	5	0	246	17	6

PRICE PER OUNCE.

	@ 99/- oz.			@ 99/3 oz.			@ 99/6 oz.			@ 99/9 oz.		
	£	s.	d.	£	s.	d.	£	s.	d.	£	s.	d.
GRAINS.—												
.001 or ½	.	.	1	.	.	1	.	.	1	.	.	1
.002 ,, 1	.	.	2¼	.	.	2¼	.	.	2¼	.	.	2¼
.003 ,, 1½	.	.	3½	.	.	3½	.	.	3½	.	.	3½
.004 ,, 2	.	.	4¾	.	.	4¾	.	.	4¾	.	.	4¾
.005 ,, 2½	.	.	6	.	.	6	.	.	6	.	.	6
.006 ,, 3	.	.	7¼	.	.	7¼	.	.	7¼	.	.	7¼
.007 ,, 3½	.	.	8½	.	.	8½	.	.	8½	.	.	8½
.008 ,, 4	.	.	9¾	.	.	9¾	.	.	9¾	.	.	9¾
.009 ,, 4½	.	.	11	.	.	11	.	.	11	.	.	11
.010 ,, 5	.	1	0¼	.	1	0¼	.	1	0¼	.	1	0¼
.012 ,, 6	.	1	2¾	.	1	2¾	.	1	2¾	.	1	2¾
.014 ,, 7	.	1	5¼	.	1	5¼	.	1	5¼	.	1	5¼
.016 ,, 8	.	1	7¾	.	1	7¾	.	1	7¾	.	1	7¾
.018 ,, 9	.	1	10	.	1	10¼	.	1	10¼	.	1	10¼
.020 ,, 10	.	2	0½	.	2	0½	.	2	0½	.	2	0½
.022 ,, 11	.	2	3	.	2	3	.	2	3	.	2	3
.025 ,, 12	.	2	5½	.	2	5½	.	2	5½	.	2	5¾
.027 ,, 13	.	2	8	.	2	8	.	2	8	.	2	8¼
.029 ,, 14	.	2	10½	.	2	10½	.	2	10½	.	2	10¾
.031 ,, 15	.	3	1	.	3	1	.	3	1	.	3	1¼
.033 ,, 16	.	3	3½	.	3	3½	.	3	3½	.	3	3¾
.035 ,, 17	.	3	5¾	.	3	6	.	3	6	.	3	6¼
.037 ,, 18	.	3	8¼	.	3	8½	.	3	8½	.	3	8¾
.039 ,, 19	.	3	10¾	.	3	11	.	3	11	.	3	11¼
.041 ,, 20	.	4	1¼	.	4	1½	.	4	1½	.	4	1¾
.043 ,, 21	.	4	3¾	.	4	4	.	4	4	.	4	4¼
.045 ,, 22	.	4	6¼	.	4	6½	.	4	6½	.	4	6¾
.048 ,, 23	.	4	8¾	.	4	9	.	4	9	.	4	9¼
DWTS.—												
.050 or 1	.	4	11¼	.	4	11½	.	4	11½	.	4	11¾
.100 ,, 2	.	9	10¾	.	9	11	.	9	11¼	.	9	11½
.150 ,, 3	.	14	10	.	14	10½	.	14	11	.	14	11½
.200 ,, 4	.	19	9½	.	19	10	.	19	10¾	.	19	11¼
.250 ,, 5	1	4	9	1	4	9¾	1	4	10½	1	4	11¼
.300 ,, 6	1	9	8¼	1	9	9¼	1	9	10	1	9	11
.350 ,, 7	1	14	7¾	1	14	8¾	1	14	9¾	1	14	10¾
.400 ,, 8	1	19	7	1	19	8¼	1	19	9½	1	19	10¾
.450 ,, 9	2	4	6½	2	4	7¾	2	4	9¼	2	4	10½
.500 ,, 10	2	9	6	2	9	7½	2	9	9	2	9	10½
.550 ,, 11	2	14	5¼	2	14	7	2	14	8½	2	14	10¼
.600 ,, 12	2	19	4¾	2	19	6½	2	19	8¼	2	19	10
.650 ,, 13	3	4	4	3	4	6	3	4	8	3	4	10
.700 ,, 14	3	9	3½	3	9	5½	3	9	7¾	3	9	9¾
.750 ,, 15	3	14	3	3	14	5¼	3	14	7½	3	14	9¾
.800 ,, 16	3	19	2¼	3	19	4¾	3	19	7	3	19	9½
.850 ,, 17	4	4	1¾	4	4	4¼	4	4	6¾	4	4	9¼
.900 ,, 18	4	9	1	4	9	3¾	4	9	6½	4	9	9¼
.950 ,, 19	4	14	0½	4	14	3¼	4	14	6¼	4	14	9
OUNCES.—												
1.000 or 1	4	19	0	4	19	3	4	19	6	4	19	9
2.000 ,, 2	9	18	0	9	18	6	9	19	0	9	19	6
3.000 ,, 3	14	17	0	14	17	9	14	18	6	14	19	3
4.000 ,, 4	19	16	0	19	17	0	19	18	0	19	19	0
5.000 ,, 5	24	15	0	24	16	3	24	17	6	24	18	9
6.000 ,, 6	29	14	0	29	15	6	29	17	0	29	18	6
7.000 ,, 7	34	13	0	34	14	9	34	16	6	34	18	3
8.000 ,, 8	39	12	0	39	14	0	39	16	0	39	18	0
9.000 ,, 9	44	11	0	44	13	3	44	15	6	44	17	9
10.000 ,, 10	49	10	0	49	12	6	49	15	0	49	17	6
11.000 ,, 11	54	9	0	54	11	9	54	14	6	54	17	3
12.000 ,, 12	59	8	0	59	11	0	59	14	0	59	17	0
13.000 ,, 13	64	7	0	64	10	3	64	13	6	64	16	9
14.000 ,, 14	69	6	0	69	9	6	69	13	0	69	16	6
15.000 ,, 15	74	5	0	74	8	9	74	12	6	74	16	3
16.000 ,, 16	79	4	0	79	8	0	79	12	0	79	16	0
17.000 ,, 17	84	3	0	84	7	3	4	11	6	84	15	9
18.000 ,, 18	89	2	0		6	6	89	11	0	89	15	6
19.000 ,, 19	94	1	0	89	5	9	94	10	6	94	15	3
20.000 ,, 20	99	0	0	99	5	0	99	10	0	99	15	0
25.000 ,, 25	123	15	0	124	1	3	124	7	6	124	13	9
30.000 ,, 30	148	10	0	148	17	6	149	5	0	149	12	6
40.000 ,, 40	198	0	0	198	10	0	199	0	0	199	10	0
50.000 ,, 50	247	10	0	248	2	6	248	15	0	249	7	6

PRICE PER OUNCE.

	@ 100/- oz.			@ 100/3 oz.			@ 100/6 oz.			@ 100/9 oz.		
	£	s.	d.	£	s.	d.	£	s.	d.	£	s.	d.
GRAINS.—												
.001 or ½	.	.	½	.	.	1¼	.	.	1¼	.	.	1¼
002 ,, 1	.	.		.	.	2	.	.	2½	.	.	[illegible]
003 ,, [illegible] ½	.	.		.	.	3	.	.	3¾	.	.	
004 ,,	.	.		.	.	5	.	.	5	.	.	
005 ,, ½	.	.	½	.	.	6½	.	.	6½	.	.	½
006 ,,	.	.		.	.	7	.	.	7	.	.	
007 ,, ½	.	.		.	.	8	.	.	8	.	.	
008 ,,	.	.	1	.	.	10	.	.	10	.	.	1
009 ,, ½	.		1 ½	.		11¼	.	.	1½	.		1 ¼
010 ,,	.	[illegible]		.	[illegible]	0	.	1	0	.	[illegible]	½
012 ,,	.			.		3	.	1	3	.		
014 ,,	.		½	.		5½	.	1	5½	.		½
016 ,,	.			.		8	.	1	8	.		
018 ,,	.		½	.		10½	.	1	10½	.		1
020 ,, 1	.			.		1	.	2	1	.		
022 ,, 2	.		½	.		3½	.	2	3½	.		
025 ,,	.			.		6	.	2	6	.		
027 ,,	.			.		8½	.	2	8½	.		
029 ,,	.		1	.		11	.	2	11	.		1
031 ,,	.			.		1½	.	3	1½	.		
033 ,,	.		4	.		4	.	3	4	.		4
035 ,,	.		6	.		6½	.	3	6½	.		6
037 ,,	.		[illegible]	.		9	.	3	[illegible]	.		[illegible]
039 ,,	.		1 ½	.		11½	.	3	1 ½	.		1 ½
041 ,,	.	4		.		2	.	4		.	4	
043 ,, 21	.	4	½	.		4½	.	4	½	.	4	½
045 ,, 22	.	4		.		7	.	4		.	4	
048 ,, 23	.			.		9½	.	4	½	.		½
DWTS.—												
.050 or 1	.	5	0	.	5	0	.	5	0½	.	5	0½
.100 ,, 2	.	16	0	.	16	[illegible]½	.	16	[illegible]	.	16	[illegible]
.150 ,, 3	.	1	0		1		.	1			1	
.200 ,, 4	1		0	[illegible]			[illegible]			[illegible]		
.250 ,, 5	[illegible]		0						½			
.300 ,, 6			0		1							
.350 ,, 7			0		1						1	
.400 ,, 8			0						½			½
.450 ,, 9			0			½						
.500 ,, 10		1	0		1						1	½
.550 ,, 11		1	0		1				½		1	[illegible]
.600 ,, 12			0									
.650 ,, 13			0									
.700 ,, 14		1	0									
.750 ,, 15		1	0			½			½		1	
.800 ,, 16			0							4		
.850 ,, 17			0							4		7½
.900 ,, 18		1	0						½	4	1	8
.950 ,, 19		1	0				4	1			1	½
OUNCES.—												
1,000 or 1	5	0	0	5	0	3	5	0	6	5	0	9
2 000 ,, 2	10	0	0	10	0	6	10	1	0	10	[illegible]	6
3 000 ,, 3	15	0	0	[illegible]	0	9	15	1	6	[illegible]		3
4 000 ,, 4	20	0	0		1	0	20	2	0			0
5 000 ,, 5	25	0	0		1	3	25	2	6			9
6 000 ,, 6	30	0	0		1	6	30	3	0			6
7 000 ,, 7	35	0	0		1	9	35	3	6			3
8 000 ,, 8	40	0	0		2	0	40	4	0			0
9 000 ,, 9	45	0	0		2	3	45	4	6			9
10 000 ,, 10	50	0	0		2	6	50	5	0			6
11 000 ,, 11	55	0	0		2	9	55	5	6			3
12 000 ,, 12	60	0	0		3	0	60	6	0			0
13 000 ,, 13	65	0	0		3	3	65	6	6			9
14 000 ,, 14	70	0	0		3	6	70	7	0		1	6
15 000 ,, 15	75	0	0		3	9	75	7	6		1	3
16 000 ,, 16	80	0	0		4	0	80	8	0			0
17 000 ,, 17	85	0	0		4	3	85	8	6			9
18 000 ,, 18	90	0	0		4	6	90	9	0			6
19 000 ,, 19	95	0	0		4	9	95	9	6			3
20 000 ,, 20	100	0	0	1	5	0	100	10	0	1		0
25 000 ,, 25	125	0	0	2	6	3	125	12	6	2		9
30 000 ,, 30	150	0	0		7	6	150	15	0			6
40 000 ,, 40	200	0	0		10	0	201	0	0		1	0
50 000 ,, 50	250	0	0	250	12	6	251	5	0	251	17	6

DECIMAL AND TROY WEIGHT EQUIVALENTS.

Dec.	Dt.	Gn.	Dec.	Dt.	Gn.	Dec.	Dt.	Gn.	Dec.	Dt.	Gn.
			.050 =	1	0	.100 =	2	0	.150 =	3	0
.001 =	.	½	.051 =	1	0½	.101 =	2	0½	.151 =	3	0½
.002 =	.	1	.052 =	1	1	.102 =	2	1	.152 =	3	1
.003 =	.	1½	.053 =	1	1½	.103 =	2	1½	.153 =	3	1½
.004 =	.	2	.054 =	1	2	.104 =	2	2	.154 =	3	2
.005 =	.	2½	.055 =	1	2½	.105 =	2	2½	.155 =	3	2½
.006 =	.	3	.056 =	1	3	.106 =	2	3	.156 =	3	3
.007 =	.	3½	.057 =	1	3½	.107 =	2	3½	.157 =	3	3½
.008 =	.	4	.058 =	1	4	.108 =	2	4	.158 =	3	4
.009 =	.	4½	.059 =	1	4½	.109 =	2	4½	.159 =	3	4½
.010 =	.	5	.060 =	1	5	.110 =	2	5	.160 =	3	5
.011 =	.	5½	.061 =	1	5½	.111 =	2	5½	.161 =	3	5½
.012 =	.	6	.062 =	1	6	.112 =	2	6	.162 =	3	6
.013 =	.	6½	.063 =	1	6½	.113 =	2	6½	.163 =	3	6½
.014 =	.	7	.064 =	1	7	.114 =	2	7	.164 =	3	7
.015 =	.	7½	.065 =	1	7½	.115 =	2	7½	.165 =	3	7½
.016 =	.	8	.066 =	1	8	.116 =	2	8	.166 =	3	8
.017 =	.	8½	.067 =	1	8½	.117 =	2	8½	.167 =	3	8½
.018 =	.	9	.068 =	1	9	.118 =	2	9	.168 =	3	9
.019 =	.	9½	.069 =	1	9½	.119 =	2	9½	.169 =	3	9½
.020 =	.	10	.070 =	1	10	.120 =	2	10	.170 =	3	10
.021 =	.	10½	.071 =	1	10½	.121 =	2	10½	.171 =	3	10½
.022 =	.	11	.072 =	1	11	.122 =	2	11	.172 =	3	11
.023 =	.	11½	.073 =	1	11½	.123 =	2	11½	.173 =	3	11½
.025 =	.	12	.075 =	1	12	.125 =	2	12	.175 =	3	12
.026 =	.	12½	.076 =	1	12½	.126 =	2	12½	.176 =	3	12½
.027 =	.	13	.077 =	1	13	.127 =	2	13	.177 =	3	13
.028 =	.	13½	.078 =	1	13½	.128 =	2	13½	.178 =	3	13½
.029 =	.	14	.079 =	1	14	.129 =	2	14	.179 =	3	14
.030 =	.	14½	.080 =	1	14½	.130 =	2	14½	.180 =	3	14½
.031 =	.	15	.081 =	1	15	.131 =	2	15	.181 =	3	15
.032 =	.	15½	.082 =	1	15½	.132 =	2	15½	.182 =	3	15½
.033 =	.	16	.083 =	1	16	.133 =	2	16	.183 =	3	16
.034 =	.	16½	.084 =	1	16½	.134 =	2	16½	.184 =	3	16½
.035 =	.	17	.085 =	1	17	.135 =	2	17	.185 =	3	17
.036 =	.	17½	.086 =	1	17½	.136 =	2	17½	.186 =	3	17½
.037 =	.	18	.087 =	1	18	.137 =	2	18	.187 =	3	18
.038 =	.	18½	.088 =	1	18½	.138 =	2	18½	.188 =	3	18½
.039 =	.	19	.089 =	1	19	.139 =	2	19	.189 =	3	19
.040 =	.	19½	.090 =	1	19½	.140 =	2	19½	.190 =	3	19½
.041 =	.	20	.091 =	1	20	.141 =	2	20	.191 =	3	20
.042 =	.	20½	.092 =	1	20½	.142 =	2	20½	.192 =	3	20½
.043 =	.	21	.093 =	1	21	.143 =	2	21	.193 =	3	21
.044 =	.	21½	.094 =	1	21½	.144 =	2	21½	.194 =	3	21½
.045 =	.	22	.095 =	1	22	.145 =	2	22	.195 =	3	22
.046 =	.	22½	.096 =	1	22½	.146 =	2	22½	.196 =	3	22½
.048 =	.	23	.098 =	1	23	.148 =	2	23	.198 =	3	23
.049 =	.	23½	.099 =	1	23½	.149 =	2	23½	.199 =	3	23½
.050 =	1	0	.100 =	2	0	.150 =	3	0	.200 =	4	0

DECIMAL AND TROY WEIGHT EQUIVALENTS.

Dec.	Dt.	Gn.	Dec.	Dt.	Gn.	Dec.	Dt.	Gn.	Dec.	Dt.	Gn.
.200 =	4	0	.250 =	5	0	.300 =	6	0	.350 =	7	0
.201 =	4	0½	.251 =	5	0½	.301 =	6	0½	.351 =	7	0½
.202 =	4	1	.252 =	5	1	.302 =	6	1	.352 =	7	1
.203 =	4	1½	.253 =	5	1½	.303 =	6	1½	.353 =	7	1½
.204 =	4	2	.254 =	5	2	.304 =	6	2	.354 =	7	2
.205 =	4	2½	.255 =	5	2½	.305 =	6	2½	.355 =	7	2½
.206 =	4	3	.256 =	5	3	.306 =	6	3	.356 =	7	3
.207 =	4	3½	.257 =	5	3½	.307 =	6	3½	.357 =	7	3½
.208 =	4	4	.258 =	5	4	.308 =	6	4	.358 =	7	4
.209 =	4	4½	.259 =	5	4½	.309 =	6	4½	.359 =	7	4½
.210 =	4	5	.260 =	5	5	.310 =	6	5	.360 =	7	5
.211 =	4	5½	.261 =	5	5½	.311 =	6	5½	.361 =	7	5½
.212 =	4	6	.262 =	5	6	.312 =	6	6	.362 =	7	6
.213 =	4	6½	.263 =	5	6½	.313 =	6	6½	.363 =	7	6½
.214 =	4	7	.264 =	5	7	.314 =	6	7	.364 =	7	7
.215 =	4	7½	.265 =	5	7½	.315 =	6	7½	.365 =	7	7½
.216 =	4	8	.266 =	5	8	.316 =	6	8	.366 =	7	8
.217 =	4	8½	.267 =	5	8½	.317 =	6	8½	.367 =	7	8½
.218 =	4	9	.268 =	5	9	.318 =	6	9	.368 =	7	9
.219 =	4	9½	.269 =	5	9½	.319 =	6	9½	.369 =	7	9½
.220 =	4	10	.270 =	5	10	.320 =	6	10	.370 =	7	10
.221 =	4	10½	.271 =	5	10½	.321 =	6	10½	.371 =	7	10½
.222 =	4	11	.272 =	5	11	.322 =	6	11	.372 =	7	11
.223 =	4	11½	.273 =	5	11½	.323 =	6	11½	.373 =	7	11½
.225 =	4	12	.275 =	5	12	.325 =	6	12	.375 =	7	12
.226 =	4	12½	.276 =	5	12½	.326 =	6	12½	.376 =	7	12½
.227 =	4	13	.277 =	5	13	.327 =	6	13	.377 =	7	13
.228 =	4	13½	.278 =	5	13½	.328 =	6	13½	.378 =	7	13½
.229 =	4	14	.279 =	5	14	.329 =	6	14	.379 =	7	14
.230 =	4	14½	.280 =	5	14½	.330 =	6	14½	.380 =	7	14½
.231 =	4	15	.281 =	5	15	.331 =	6	15	.381 =	7	15
.232 =	4	15½	.282 =	5	15½	.332 =	6	15½	.382 =	7	15½
.233 =	4	16	.283 =	5	16	.333 =	6	16	.383 =	7	16
.234 =	4	16½	.284 =	5	16½	.334 =	6	16½	.384 =	7	16½
.235 =	4	17	.285 =	5	17	.335 =	6	17	.385 =	7	17
.236 =	4	17½	.286 =	5	17½	.336 =	6	17½	.386 =	7	17½
.237 =	4	18	.287 =	5	18	.337 =	6	18	.387 =	7	18
.238 =	4	18½	.288 =	5	18½	.338 =	6	18½	.388 =	7	18½
.239 =	4	19	.289 =	5	19	.339 =	6	19	.389 =	7	19
.240 =	4	19½	.290 =	5	19½	.340 =	6	19½	.390 =	7	19½
.241 =	4	20	.291 =	5	20	.341 =	6	20	.391 =	7	20
.242 =	4	20½	.292 =	5	20½	.342 =	6	20½	.392 =	7	20½
.243 =	4	21	.293 =	5	21	.343 =	6	21	.393 =	7	21
.244 =	4	21½	.294 =	5	21½	.344 =	6	21½	.394 =	7	21½
.245 =	4	22	.295 =	5	22	.345 =	6	22	.395 =	7	22
.246 =	4	22½	.296 =	5	22½	.346 =	6	22½	.396 =	7	22½
.248 =	4	23	.298 =	5	23	.348 =	6	23	.398 =	7	23
.249 =	4	23½	.299 =	5	23½	.349 =	6	23½	.399 =	7	23½
.250 =	5	0	.300 =	6	0	.350 =	7	0	.400 =	8	0

DECIMAL AND TROY WEIGHT EQUIVALENTS.

Dec.	Dt.	Gn.	Dec.	Dt.	Gn.	Dec.	Dt.	Gn.	Dec.	Dt.	Gn.
.400 =	8	0	.450 =	9	0	.500 =	10	0	.550 =	11	0
.401 =	8	0½	.451 =	9	0½	.501 =	10	0½	.551 =	11	0½
.402 =	8	1	.452 =	9	1	.502 =	10	1	.552 =	11	1
.403 =	8	1½	.453 =	9	1½	.503 =	10	1½	.553 =	11	1½
.404 =	8	2	.454 =	9	2	.504 =	10	2	.554 =	11	2
.405 =	8	2½	.455 =	9	2½	.505 =	10	2½	.555 =	11	2½
.406 =	8	3	.456 =	9	3	.506 =	10	3	.556 =	11	3
.407 =	8	3½	.457 =	9	3½	.507 =	10	3½	.557 =	11	3½
.408 =	8	4	.458 =	9	4	.508 =	10	4	.558 =	11	4
.409 =	8	4½	.459 =	9	4½	.509 =	10	4½	.559 =	11	4½
.410 =	8	5	.460 =	9	5	.510 =	10	5	.560 =	11	5
.411 =	8	5½	.461 =	9	5½	.511 =	10	5½	.561 =	11	5½
.412 =	8	6	.462 =	9	6	.512 =	10	6	.562 =	11	6
.413 =	8	6½	.463 =	9	6½	.513 =	10	6½	.563 =	11	6½
.414 =	8	7	.464 =	9	7	.514 =	10	7	.564 =	11	7
.415 =	8	7½	.465 =	9	7½	.515 =	10	7½	.565 =	11	7½
.416 =	8	8	.466 =	9	8	.516 =	10	8	.566 =	11	8
.417 =	8	8½	.467 =	9	8½	.517 =	10	8½	.567 =	11	8½
.418 =	8	9	.468 =	9	9	.518 =	10	9	.568 =	11	9
.419 =	8	9½	.469 =	9	9½	.519 =	10	9½	.569 =	11	9½
.420 =	8	10	.470 =	9	10	.520 =	10	10	.570 =	11	10
.421 =	8	10½	.471 =	9	10½	.521 =	10	10½	.571 =	11	10½
.422 =	8	11	.472 =	9	11	.522 =	10	11	.572 =	11	11
.423 =	8	11½	.473 =	9	11½	.523 =	10	11½	.573 =	11	11½
.425 =	8	12	.475 =	9	12	.525 =	10	12	.575 =	11	12
.426 =	8	12½	.476 =	9	12½	.526 =	10	12½	.576 =	11	12½
.427 =	8	13	.477 =	9	13	.527 =	10	13	.577 =	11	13
.428 =	8	13½	.478 =	9	13½	.528 =	10	13½	.578 =	11	13½
.429 =	8	14	.479 =	9	14	.529 =	10	14	.579 =	11	14
.430 =	8	14½	.480 =	9	14½	.530 =	10	14½	.580 =	11	14½
.431 =	8	15	.481 =	9	15	.531 =	10	15	.581 =	11	15
.432 =	8	15½	.482 =	9	15½	.532 =	10	15½	.582 =	11	15½
.433 =	8	16	.483 =	9	16	.533 =	10	16	.583 =	11	16
.434 =	8	16½	.484 =	9	16½	.534 =	10	16½	.584 =	11	16½
.435 =	8	17	.485 =	9	17	.535 =	10	17	.585 =	11	17
.436 =	8	17½	.486 =	9	17½	.536 =	10	17½	.586 =	11	17½
.437 =	8	18	.487 =	9	18	.537 =	10	18	.587 =	11	18
.438 =	8	18½	.488 =	9	18½	.538 =	10	18½	.588 =	11	18½
.439 =	8	19	.489 =	9	19	.539 =	10	19	.589 =	11	19
.440 =	8	19½	.490 =	9	19½	.540 =	10	19½	.590 =	11	19½
.441 =	8	20	.491 =	9	20	.541 =	10	20	.591 =	11	20
.442 =	8	20½	.492 =	9	20½	.542 =	10	20½	.592 =	11	20½
.443 =	8	21	.493 =	9	21	.543 =	10	21	.593 =	11	21
.444 =	8	21½	.494 =	9	21½	.544 =	10	21½	.594 =	11	21½
.445 =	8	22	.495 =	9	22	.545 =	10	22	.595 =	11	22
.446 =	8	22½	.496 =	9	22½	.546 =	10	22½	.596 =	11	22½
.448 =	8	23	.498 =	9	23	.548 =	10	23	.598 =	11	23
.449 =	8	23½	.499 =	9	23½	.549 =	10	23½	.599 =	11	23½
.450 =	9	0	.500 =	10	0	.550 =	11	0	.600 =	12	0

DECIMAL AND TROY WEIGHT EQUIVALENTS.

Dec.	Dt.	Gn.	Dec.	Dt.	Gn.	Dec.	Dt.	Gn.	Dec.	Dt.	Gn.
.600	= 12	0	.650	= 13	0	.700	= 14	0	.750	= 15	0
.601	= 12	0½	.651	= 13	0½	.701	= 14	0½	.751	= 15	0½
.602	= 12	1	.652	= 13	1	.702	= 14	1	.752	= 15	1
.603	= 12	1½	.653	= 13	1½	.703	= 14	1½	.753	= 15	1½
.604	= 12	2	.654	= 13	2	.704	= 14	2	.754	= 15	2
.605	= 12	2½	.655	= 13	2½	.705	= 14	2½	.755	= 15	2½
.606	= 12	3	.656	= 13	3	.706	= 14	3	.756	= 15	3
.607	= 12	3½	.657	= 13	3½	.707	= 14	3½	.757	= 15	3½
.608	= 12	4	.658	= 13	4	.708	= 14	4	.758	= 15	4
.609	= 12	4½	.659	= 13	4½	.709	= 14	4½	.759	= 15	4½
.610	= 12	5	.660	= 13	5	.710	= 14	5	.760	= 15	5
.611	= 12	5½	.661	= 13	5½	.711	= 14	5½	.761	= 15	5½
.612	= 12	6	.662	= 13	6	.712	= 14	6	.762	= 15	6
.613	= 12	6½	.663	= 13	6½	.713	= 14	6½	.763	= 15	6½
.614	= 12	7	.664	= 13	7	.714	= 14	7	.764	= 15	7
.615	= 12	7½	.665	= 13	7½	.715	= 14	7½	.765	= 15	7½
.616	= 12	8	.666	= 13	8	.716	= 14	8	.766	= 15	8
.617	= 12	8½	.667	= 13	8½	.717	= 14	8½	.767	= 15	8½
.618	= 12	9	.668	= 13	9	.718	= 14	9	.768	= 15	9
.619	= 12	9½	.669	= 13	9½	.719	= 14	9½	.769	= 15	9½
.620	= 12	10	.670	= 13	10	.720	= 14	10	.770	= 15	10
.621	= 12	10½	.671	= 13	10½	.721	= 14	10½	.771	= 15	10½
.622	= 12	11	.672	= 13	11	.722	= 14	11	.772	= 15	11
.623	= 12	11½	.673	= 13	11½	.723	= 14	11½	.723	= 15	11½
.625	= 12	12	.675	= 13	12	.725	= 14	12	.775	= 15	12
.626	= 12	12½	.676	= 13	12½	.726	= 14	12½	.776	= 15	12½
.627	= 12	13	.677	= 13	13	.727	= 14	13	.777	= 15	13
.628	= 12	13½	.678	= 13	13½	.728	= 14	13½	.778	= 15	13½
.629	= 12	14	.679	= 13	14	.729	= 14	14	.779	= 15	14
.630	= 12	14½	.680	= 13	14½	.730	= 14	14½	.780	= 15	14½
.631	= 12	15	.681	= 13	15	.731	= 14	15	.781	= 15	15
.632	= 12	15½	.682	= 13	15½	.732	= 14	15½	.782	= 15	15½
.633	= 12	16	.683	= 13	16	.733	= 14	16	.783	= 15	16
.634	= 12	16½	.684	= 13	16½	.734	= 14	16½	.784	= 15	16½
.635	= 12	17	.685	= 13	17	.735	= 14	17	.785	= 15	17
.636	= 12	17½	.686	= 13	17½	.736	= 14	17½	.786	= 15	17½
.637	= 12	18	.687	= 13	18	.737	= 14	18	.787	= 15	18
.638	= 12	18½	.688	= 13	18½	.738	= 14	18½	.788	= 15	18½
.639	= 12	19	.689	= 13	19	.739	= 14	19	.789	= 15	19
.640	= 12	19½	.690	= 13	19½	.740	= 14	19½	.790	= 15	19½
.641	= 12	20	.691	= 13	20	.741	= 14	20	.791	= 15	20
.642	= 12	20½	.692	= 13	20½	.742	= 14	20½	.792	= 15	20½
.643	= 12	21	.693	= 13	21	.743	= 14	21	.793	= 15	21
.644	= 12	21½	.694	= 13	21½	.744	= 14	21½	.794	= 15	21½
.645	= 12	22	.695	= 13	22	.745	= 14	22	.795	= 15	22
.646	= 12	22½	.696	= 13	22½	.746	= 14	22½	.796	= 15	22½
.648	= 12	23	.698	= 13	23	.748	= 14	23	.798	= 15	23
.649	= 12	23½	.699	= 13	23½	.749	= 14	23½	.799	= 15	23½
.650	= 13	0	.700	= 14	0	.750	= 15	0	.800	= 16	0

DECIMAL AND TROY WEIGHT EQUIVALENTS.

Dec.	Dt.	Gn.	Dec.	Dt.	Gn.	Dec.	Dt.	Gn.	Dec.	Dt.	Gn.
.800 =	16	0	.850 =	17	0	.900 =	18	0	.950 =	19	0
.801 =	16	0½	.851 =	17	0½	.901 =	18	0½	.951 =	19	0½
.802 =	16	1	.852 =	17	1	.902 =	18	1	.952 =	19	1
.803 =	16	1½	.853 =	17	1½	.903 =	18	1½	.953 =	19	1½
.804 =	16	2	.854 =	17	2	.904 =	18	2	.954 =	19	2
.805 =	16	2½	.855 =	17	2½	.905 =	18	2½	.955 =	19	2½
.806 =	16	3	.856 =	17	3	.906 =	18	3	.956 =	19	3
.807 =	16	3½	.857 =	17	3½	.907 =	18	3½	.957 =	19	3½
.808 =	16	4	.858 =	17	4	.908 =	18	4	.958 =	19	4
.809 =	16	4½	.859 =	17	4½	.909 =	18	4½	.959 =	19	4½
.810 =	16	5	.860 =	17	5	.910 =	18	5	.960 =	19	5
.811 =	16	5½	.861 =	17	5½	.911 =	18	5½	.961 =	19	5½
.812 =	16	6	.862 =	17	6	.912 =	18	6	.962 =	19	6
.813 =	16	6½	.863 =	17	6½	.913 =	18	6½	.963 =	19	6½
.814 =	16	7	.864 =	17	7	.914 =	18	7	.964 =	19	7
.815 =	16	7½	.865 =	17	7½	.915 =	18	7½	.965 =	19	7½
.816 =	16	8	.866 =	17	8	.916 =	18	8	.966 =	19	8
.817 =	16	8½	.867 =	17	8½	.917 =	18	8½	.967 =	19	8½
.818 =	16	9	.868 =	17	9	.918 =	18	9	.968 =	19	9
.819 =	16	9½	.869 =	17	9½	.919 =	18	9½	.969 =	19	9½
.820 =	16	10	.870 =	17	10	.920 =	18	10	.970 =	19	10
.821 =	16	10½	.871 =	17	10½	.921 =	18	10½	.971 =	19	10½
.822 =	16	11	.872 =	17	11	.922 =	18	11	.972 =	19	11
.823 =	16	11½	.873 =	17	11½	.923 =	18	11½	.973 =	19	11½
.825 =	16	12	.875 =	17	12	.925 =	18	12	.975 =	19	12
.826 =	16	12½	.876 =	17	12½	.926 =	18	12½	.976 =	19	12½
.827 =	16	13	.877 =	17	13	.927 =	18	13	.977 =	19	13
.828 =	16	13½	.878 =	17	13½	.928 =	18	13½	.978 =	19	13½
.829 =	16	14	.879 =	17	14	.929 =	18	14	.979 =	19	14
.830 =	16	14½	.880 =	17	14½	.930 =	18	14½	.980 =	19	14½
.831 =	16	15	.881 =	17	15	.931 =	18	15	.981 =	19	15
.832 =	16	15½	.882 =	17	15½	.932 =	18	15½	.982 =	19	15½
.833 =	16	16	.883 =	17	16	.933 =	18	16	.983 =	19	16
.834 =	16	16½	.884 =	17	16½	.934 =	18	16½	.984 =	19	16½
.835 =	16	17	.885 =	17	17	.935 =	18	17	.985 =	19	17
.836 =	16	17½	.886 =	17	17½	.936 =	18	17½	.986 =	19	17½
.837 =	16	18	.887 =	17	18	.937 =	18	18	.987 =	19	18
.838 =	16	18½	.888 =	17	18½	.938 =	18	18½	.988 =	19	18½
.839 =	16	19	.889 =	17	19	.939 =	18	19	.989 =	19	19
.840 =	16	19½	.890 =	17	19½	.940 =	18	19½	.990 =	19	19½
.841 =	16	20	.891 =	17	20	.941 =	18	20	.991 =	19	20
.842 =	16	20½	.892 =	17	20½	.942 =	18	20½	.992 =	19	20½
.843 =	16	21	.893 =	17	21	.943 =	18	21	.993 =	19	21
.844 =	16	21½	.894 =	17	21½	.944 =	18	21½	.994 =	19	21½
.845 =	16	22	.895 =	17	22	.945 =	18	22	.995 =	19	22
.846 =	16	22½	.896 =	17	22½	.946 =	18	22½	.996 =	19	22½
.848 =	16	23	.898 =	17	23	.948 =	18	23	.998 =	19	23
.849 =	16	23½	.899 =	17	23½	.949 =	18	23½	.999 =	19	23½
.850 =	17	0	.900 =	18	0	.950 =	19	0	1.000 =	1 oz.	

PRICES for new GOLD & SILVER WATCH CASES.

NEW 18ct. GOLD CASES.

I.—Consular, D.B., E.T., plain or with S. and G. Sprung and fitted complete.
1½ ozs. £10 9 6 2 ozs. £13 9 6 2½ ozs. £16 10 0

II.—Crystal, D.B., E.T., plain or with S. and G. Sprung and fitted complete.
1½ ozs. £10 16 0 2 ozs. £13 16 0 2½ ozs. £16 17 0

III.—Crystal, W.D., E.T., plain or with S. and G. Sprung and fitted complete.
1½ ozs. £11 1 0 2 ozs. £14 1 0 2½ ozs. £17 1 6

IV.—Hunter, E.T., plain or with S. and G. Sprung and fitted complete.
2 ozs. £14 0 0 2½ ozs. £17 0 0 3 ozs. £20 1 0

V.—Hunter, W.D., E.T., plain or with S. and G. Sprung and fitted complete.
2 ozs. £14 6 0 2½ ozs. £17 6 0 3 ozs. £20 6 6

N.B.—Chronograph and Keyless Cases 10/6 extra.

NEW SILVER CASES.

I.—Crystal or Consular, D.B., E.T., plain or with S. and G. Snap and fitted complete.
1½ ozs. £0 18 0 2 ozs. £1 1 0 2½ ozs. £1 4 0

II.—Crystal or Consular, W.D., E.T., plain or with S. and G. Snap and fitted complete.
1½ ozs. £1 1 0 2 ozs. £1 3 6 2½ ozs. £1 6 6

If Sprung Cases 1/6 extra.

III.—Hunter, E.T., plain or with S. and G. Three springs and fitted complete.
2 ozs. £1 5 0 2½ ozs. £1 8 0 3 ozs. £1 11 0

IV.—Hunter, W.D., E.T., plain or with S. and G. Three springs and fitted complete.
2 ozs. £1 9 6 2½ ozs. £1 12 6 3 ozs. £1 15 6

References.—D.B. Double Bottom. E.T. Engine Turned. S. and G. Shield and Garter. W.D. With Dome.

FOREIGN WEIGHTS AND MEASURES.

MEASURE OF CAPACITY (ALE and BEER).

Fractions below ¼ Pint ignored.

			gals.	pts.		Actual Pints.
1 Millilitre	= 1/1000 of a litre	or	.	.	or	0.0017607
1 Centilitre	= 1/100 ,,	or	.	.	or	0.0176077
1 Decilitre	= 1/10 ,,	or	.	.	or	0.1760773
1 LITRE	=		.	1¾	or	1.7607734
1 Decalitre	= 10 litres	or	2	1½	or	17.607734
1 Hectolitre	= 100 ,,	or	22	0	or	176.07734
1 Kilolitre	= 1000 ,,	or	220	0¾	or	1760.7734

LINEAL or LONG MEASURE.

Fractions below ¼ Inch ignored.

			mls.	yds.	ft.	in.		Actual Inches.
1 Millimetre	= 1/1000 of m.	or	.	.	.	.	or	0.0393707
1 Centimetre	= 1/100 ,,	or	.	.	.	.	or	0.3937079
1 Decimetre	= 1/10 ,,	or	.	.	.	3¾	or	3.937079
1 METRE	=		.	.	3	3¼	or	39.37079
1 Decametre	= 10 ms.	or	.	10	2	9½	or	393.7079
1 Hectometre	= 100 ,,	or	.	109	1	1	or	3937.079
1 Kilometre	= 1000 ,,	or	.	1093	1	10¾	or	39370.79
1 Myriametre	= 10000 ,,	or	6	376	0	1¾	or	393707.9

WEIGHT.

Fractions below ½ Grain ignored.

			oz.	dt	gn.		Actual Grains.
1 Milligra'me.	=		.	.	.	or	0.015432
1 Centigr'me.	=		.	.	.	or	0.154323
1 Decigra'me.	= .003	or	.	.	1½	or	.543234
1 GRAMME	= .031	or	.	.	15	or	15.432349
1 Decagr'me.	= .320	or	.	6	10	or	154.32349
1 Hectogr'me.	= 3.214	or	3	4	7	or	1543.2349
1 Kilogra'me.	= 32.150	or	32	3	0	or	15432.349
1 Qunital Metrique	= 3215.071	or	3215	1	10½	or	1543234.9
1 Millier or Tonneau	= 32150.727	or	32150	14	13	or	15432349.0

GRAMMES CONVERTED INTO TROY WEIGHT.

Grammes.		Decimal.		oz.	dt.	gn.
¼	=	.007	or	.	.	3½
½	=	.015	,,	.	.	7½
¾	=	.023	,,	.	.	11½
1	=	.031	,,	.	.	15
1¼	=	.038	,,	.	.	18½
1½	=	.046	,,	.	.	22½
1¾	=	.055	,,	.	1	2½
2	=	.063	,,	.	1	6½
2¼	=	.070	,,	.	1	10
2½	=	.079	,,	.	1	14
2¾	=	.087	,,	.	1	18
3	=	.095	,,	.	1	22
3¼	=	.103	,,	.	2	1½
3½	=	.111	,,	.	2	5½
3¾	=	.119	,,	.	2	9½
4	=	.128	,,	.	2	13½
4¼	=	.135	,,	.	2	17
4½	=	.143	,,	.	2	21
4¾	=	.152	,,	.	3	1
5	=	.160	,,	.	3	5
5¼	=	.167	,,	.	3	8½
5½	=	.176	,,	.	3	12½
5¾	=	.184	,,	.	3	16½
6	=	.192	,,	.	3	20½
6¼	=	.200	,,	.	4	0
6½	=	.208	,,	.	4	4
6¾	=	.216	,,	.	4	8
7	=	.225	,,	.	4	12
7¼	=	.232	,,	.	4	15½
7½	=	.240	,,	.	4	19½
7¾	=	.249	,,	.	4	23½
8	=	.256	,,	.	5	3
8¼	=	.263	,,	.	5	6½
8½	=	.271	,,	.	5	10½
8¾	=	.280	,,	.	5	14½
9	=	.288	,,	.	5	18½
9¼	=	.295	,,	.	5	22
9½	=	.304	,,	.	6	2
9¾	=	.312	,,	.	6	6
10	=	.320	,,	.	6	10
10¼	=	.328	,,	.	6	13½
10½	=	.336	,,	.	6	17½
10¾	=	.344	,,	.	6	21½
11	=	.353	,,	.	7	1½
11¼	=	.360	,,	.	7	5
11½	=	.368	,,	.	7	9
11¾	=	.377	,,	.	7	13
12	=	.385	,,	.	7	17
12¼	=	.392	,,	.	7	20½
12½	=	.401	,,	.	8	0½
12¾	=	.409	,,	.	8	4½
13	=	.417	,,	.	8	8½
13¼	=	.425	,,	.	8	12
13½	=	.433	,,	.	8	16
13¾	=	.441	,,	.	8	20
14	=	.450	,,	.	9	0
14¼	=	.457	,,	.	9	3½
14½	=	.465	,,	.	9	7½
14¾	=	.473	,,	.	9	11½
15	=	.481	,,	.	9	15
15¼	=	.488	,,	.	9	18½
15½	=	.496	,,	.	9	22½
15¾	=	.505	,,	.	10	2½
16	=	.513	,,	.	10	6½
16¼	=	.520	,,	.	10	10
16½	=	.529	,,	.	10	14
16¾	=	.537	,,	.	10	18
17	=	.545	,,	.	10	22
17¼	=	.553	,,	.	11	1½
17½	=	.561	,,	.	11	5½
17¾	=	.569	,,	.	11	9½
18	=	.578	,,	.	11	13½
18¼	=	.585	,,	.	11	17
18½	=	.593	or	.	11	21
18¾	=	.602	,,	.	12	1
19	=	.610	,,	.	12	5
19¼	=	.617	,,	.	12	8½
19½	=	.626	,,	.	12	12½
19¾	=	.634	,,	.	12	16½
20	=	.642	,,	.	12	20½
20¼	=	.650	,,	.	13	0
20½	=	.658	,,	.	13	4
20¾	=	.666	,,	.	13	8
21	=	.675	,,	.	13	12
21¼	=	.682	,,	.	13	15½
21½	=	.690	,,	.	13	19½
21¾	=	.699	,,	.	13	23½
22	=	.707	,,	.	14	3½
22¼	=	.714	,,	.	14	7
22½	=	.722	,,	.	14	11
22¾	=	.731	,,	.	14	15
23	=	.738	,,	.	14	18½
23¼	=	.745	,,	.	14	22
23½	=	.754	,,	.	15	2
23¾	=	.762	,,	.	15	6
24	=	.770	,,	.	15	10
24¼	=	.778	,,	.	15	13½
24½	=	.786	,,	.	15	17½
24¾	=	.794	,,	.	15	21½
25	=	.803	,,	.	16	1½
25¼	=	.810	,,	.	16	5
25½	=	.818	,,	.	16	9
25¾	=	.827	,,	.	16	13
26	=	.835	,,	.	16	17
26¼	=	.842	,,	.	16	20½
26½	=	.851	,,	.	17	0½
26¾	=	.859	,,	.	17	4½
27	=	.867	,,	.	17	8½
27¼	=	.875	,,	.	17	12
27½	=	.883	,,	.	17	16
27¾	=	.891	,,	.	17	20
28	=	.900	,,	.	18	0
28¼	=	.907	,,	.	18	3½
28½	=	.915	,,	.	18	7½
28¾	=	.923	,,	.	18	11½
29	=	.932	,,	.	18	15½
29¼	=	.939	,,	.	18	19
29½	=	.948	,,	.	18	23
29¾	=	.956	,,	.	19	3
30	=	.963	,,	.	19	6½
30¼	=	.970	,,	.	19	10
30½	=	.979	,,	.	19	14
30¾	=	.987	,,	.	19	18
31	=	.995	,,	.	19	22
31¼	=	1.003	,,	1	0	1½
31½	=	1.011	,,	1	0	5½
31¾	=	1.019	,,	1	0	9½
32	=	1.028	,,	1	0	13½
32¼	=	1.035	,,	1	0	17
32½	=	1.043	,,	1	0	21
32¾	=	1.052	,,	1	1	1
33	=	1.060	,,	1	1	5
33¼	=	1.067	,,	1	1	8½
33½	=	1.076	,,	1	1	12½
33¾	=	1.084	,,	1	1	16½
34	=	1.092	,,	1	1	20½
34¼	=	1.100	,,	1	2	0
34½	=	1.108	,,	1	2	4
34¾	=	1.116	,,	1	2	8
35	=	1.125	,,	1	2	12
35¼	=	1.132	,,	1	2	15½
35½	=	1.140	,,	1	2	19½
35¾	=	1.149	,,	1	2	23½
36	=	1.157	,,	1	3	3½
36¼	=	1.164	,,	1	3	7
36½	=	1.172	,,	1	3	11

GRAMMES CONVERTED INTO TROY WEIGHT.

Grammes.	Decimal.		oz.	dt.	gn.	Grammes.	Decimal.		oz.	dt.	gn.
36¾	= 1.181	or	1	3	15	55	– 1.767	or	1	15	8½
37	= 1.188	,,	1	3	18½	55¼	– 1.775	,,	1	15	12
37¼	= 1.195	,,	1	3	22	55½	– 1.783	,,	1	15	16
37½	= 1.204	,,	1	4	2	55¾	– 1.791	,,	1	15	20
37¾	= 1.212	,,	1	4	6	56	– 1.800	,,	1	16	0
38	= 1.220	,,	1	4	10	56¼	– 1.807	,,	1	16	3½
38¼	= 1.228	,,	1	4	13½	56½	– 1.815	,,	1	16	7½
38½	= 1.236	,,	1	4	17½	56¾	= 1.823	,,	1	16	11½
38¾	= 1.244	,,	1		21½	57	= 1.832	,,	1	16	15½
39	= 1.253	,,	1		1½	57¼	– 1.839	,,	1	16	19
39¼	= 1.260	,,	1		5	57½	– 1.848	,,	1	16	23
39½	= 1.268	,,	1		9	7¾	– 1.856	,,	1	17	3
39¾	= 1.277	,,	1		13	8	– 1.864	,,	1	17	7
40	= 1.285	,,	1	5	17	8¼	– 1.871	,,	1	17	10½
40¼	= 1.292	,,	1	5	20½	8½	– 1.880	,,	1	17	14½
40½	= 1.301	,,	1	6	0½	58¾	– 1.888	,,	1	17	18½
40¾	= 1.309	,,	1	6	4½	59	= 1.896	,,	1	17	22½
41	= 1.317	,,	1	6	8½	59¼	= 1.904	,,	1	18	2
41¼	= 1.325	,,	1	6	12	59½	= 1.912	,,	1	18	6
41½	= 1.333	,,	1	6	16	59¾	= 1.920	,,	1	18	10
41¾	= 1.341	,,	1	6	20	60	= 1.928	,,	1	18	13½
42	= 1.350	,,	1	7	0	60¼	= 1.935	,,	1	18	17
42¼	= 1.357	,,	1	7	3½	60½	= 1.943	,,	1	18	21
42½	= 1.365	,,	1	7	7½	60¾	= 1.952	,,	1	19	1
42¾	= 1.373	,,	1	7	11½	61	= 1.960	,,	1	19	5
43	= 1.382	,,	1	7	15½	61¼	= 1.967	,,	1	19	8½
43¼	= 1.389	,,	1	7	19	61½	= 1.976	,,	1	19	12½
43½	= 1.398	,,	1	7	23	61¾	= 1.984	,,	1	19	16½
43¾	= 1.406	,,	1	8	3	62	= 1.992	,,	1	19	20½
44	= 1.414	,,	1	8	7	62¼	= 2.000	,,	2	0	0
44¼	= 1.421	,,	1	8	10½	62½	= 2.008	,,	2	0	4
44½	= 1.430	,,	1	8	14½	62¾	= 2.016	,,	2	0	8
44¾	= 1.438	,,	1	8	18½	63	= 2.025	,,	2	0	12
45	= 1.445	,,	1	8	22	63¼	= 2.032	,,	2	0	15½
45¼	= 1.453	,,	1	9	1½	63½	= 2.040	,,	2	0	19½
45½	= 1.461	,,	1	9	5½	63¾	= 2.049	,,	2	0	23½
45¾	= 1.469	,,	1	9	9½	64	= 2.057	,,	2	1	3½
46	= 1.478	,,	1	9	13½	64¼	= 2.064	,,	2	1	7
46¼	= 1.485	,,	1	9	17	64½	= 2.072	,,	2	1	11
46½	= 1.493	,,	1	9	21	64¾	= 2.081	,,	2	1	15
46¾	= 1.502	,,	1	10	1	65	= 2.089	,,	2	1	19
47	= 1.510	,,	1	10	5	65¼	= 2.096	,,	2	1	22½
47¼	= 1.517	,,	1	10	8½	65½	= 2.105	,,	2	2	2½
47½	= 1.526	,,	1	10	12½	65¾	= 2.113	,,	2	2	6½
47¾	= 1.534	,,	1	10	16½	66	= 2.121	,,	2	2	10½
48	= 1.542	,,	1	10	20½	66¼	= 2.129	,,	2	2	14
48¼	= 1.550	,,	1	11	0	66½	= 2.137	,,	2	2	18
48½	= 1.558	,,	1	11	4	66¾	= 2.145	,,	2	2	22
48¾	= 1.566	,,	1	11	8	67	= 2.153	,,	2	3	1½
49	= 1.575	,,	1	11	12	67¼	= 2.160	,,	2	3	5
49¼	= 1.582	,,	1	11	15½	67½	= 2.168	,,	2	3	9
49½	= 1.590	,,	1	11	19½	67¾	= 2.177	,,	2	3	13
49¾	= 1.599	,,	1	11	23½	68	= 2.185	,,	2	3	17
50	= 1.607	,,	1	12	3½	68¼	= 2.192	,,	2	3	20½
50¼	= 1.614	,,	1	12	7	68½	= 2.201	,,	2	4	0½
50½	= 1.622	,,	1	12	11	68¾	= 2.209	,,	2	4	4½
50¾	= 1.631	,,	1	12	15	69	= 2.217	,,	2	4	8½
51	= 1.639	,,	1	12	19	69¼	= 2.225	,,	2	4	12
51¼	= 1.646	,,	1	12	22½	69½	= 2.233	,,	2	4	16
51½	= 1.655	,,	1	13	2½	69¾	= 2.241	,,	2	4	20
51¾	= 1.663	,,	1	13	6½	70	= 2.250	,,	2	5	0
52	= 1.670	,,	1	13	10	70¼	= 2.257	,,	2	5	3½
52¼	= 1.678	,,	1	13	13½	70½	= 2.265	,,	2	5	7½
52½	= 1.686	,,	1	13	17½	70¾	= 2.273	,,	2	5	11½
52¾	= 1.694	,,	1	13	21½	71	= 2.282	,,	2	5	15½
53	= 1.703	,,	1	14	1½	71¼	= 2.289	,,	2	5	19
53¼	= 1.710	,,	1	14	5	71½	= 2.298	,,	2	5	23
53½	= 1.718	,,	1	14	9	71¾	= 2.306	,,	2	6	3
53¾	= 1.727	,,	1	14	13	72	= 2.314	,,	2	6	7
54	= 1.735	,,	1	14	17	72¼	= 2.321	,,	2	6	10½
54¼	= 1.742	,,	1	14	20½	72½	= 2.330	,,	2	6	14½
54½	= 1.751	,,	1	15	0½	72¾	– 2.338	,,	2	6	18½
54¾	= 1.759	,,	1	15	4½	73	– 2.346	,,	2	6	22½

Grammes.	Decimal.		oz.	dt.	gn.	Grammes.	Decimal.		oz.	dt.	gn.
73¼	= 2.354	or	2	7	2	86¾	= 2.788	or	2	15	18½
73½	= 2.362	,,	2	7	6	87	= 2.796	,,	2	15	22½
73¾	= 2.370	,,	2	7	10	87¼	= 2.804	,,	2	16	2
74	= 2.378	,,	2	7	13½	87½	= 2.812	,,	2	16	6
74¼	= 2.385	,,	2	7	17	87¾	= 2.820	,,	2	16	10
74½	= 2.393	,,	2	7	21	88	= 2.829	,,	2	16	14
74¾	= 2.402	,,	2	8	1	88¼	= 2.836	,,	2	16	17½
75	= 2.410	,,	2	8	5	88½	= 2.844	,,	2	16	21½
75¼	= 2.417	,,	2	8	8½	88¾	= 2.853	,,	2	17	1½
75½	= 2.426	,,	2	8	12½	89	= 2.860	,,	2	17	5
75¾	= 2.434	,,	2	8	16½	89¼	= 2.867	,,	2	17	8½
76	= 2.442	,,	2	8	20½	89½	= 2.876	,,	2	17	12½
76¼	= 2.450	,,	2	9	0	89¾	= 2.884	,,	2	17	16½
76½	= 2.458	,,	2	9	4	90	= 2.892	,,	2	17	20½
76¾	= 2.466	,,	2	9	8	90¼	= 2.900	,,	2	18	0
77	= 2.475	,,	2	9	12	90½	= 2.908	,,	2	18	4
77¼	= 2.482	,,	2	9	15½	90¾	= 2.916	,,	2	18	8
77½	= 2.490	,,	2	9	19½	91	= 2.925	,,	2	18	12
77¾	= 2.499	,,	2	9	23½	91¼	= 2.932	,,	2	18	15½
78	= 2.507	,,	2	10	3½	91½	= 2.940	,,	2	18	19½
78¼	= 2.514	,,	2	10	7	91¾	= 2.949	,,	2	18	23½
78½	= 2.522	,,	2	10	11	92	= 2.957	,,	2	19	3½
78¾	= 2.531	,,	2	10	15	92¼	= 2.964	,,	2	19	7
79	= 2.539	,,	2	10	19	92½	= 2.972	,,	2	19	11
79¼	= 2.546	,,	2	10	22½	92¾	= 2.981	,,	2	19	15
79½	= 2.555	,,	2	11	2½	93	= 2.989	,,	2	19	19
79¾	= 2.563	,,	2	11	6½	93¼	= 2.996	,,	2	19	22½
80	= 2.571	,,	2	11	10½	93½	= 3.005	,,	3	0	2½
80¼	= 2.579	,,	2	11	14	93¾	= 3.013	,,	3	0	6½
80½	= 2.587	,,	2	11	18	94	= 3.021	,,	3	0	10½
80¾	= 2.595	,,	2	11	22	94¼	= 3.029	,,	3	0	14
81	= 2.604	,,	2	12	2	94½	= 3.037	,,	3	0	18
81¼	= 2.611	,,	2	12	5½	94¾	= 3.045	,,	3	0	22
81½	= 2.619	,,	2	12	9½	95	= 3.054	,,	3	1	2
81¾	= 2.628	,,	2	12	13½	95¼	= 3.061	,,	3	1	5½
82	= 2.635	,,	2	12	17	95½	= 3.069	,,	3	1	9½
82¼	= 2.642	,,	2	12	20½	95¾	= 3.078	,,	3	1	13½
82½	= 2.651	,,	2	13	0½	96	= 3.086	,,	3	1	17½
82¾	= 2.659	,,	2	13	4½	96¼	= 3.093	,,	3	1	21
83	= 2.667	,,	2	13	8½	96½	= 3.102	,,	3	2	1
83¼	= 2.675	,,	2	13	12	96¾	= 3.110	,,	3	2	5
83½	= 2.683	,,	2	13	16	97	= 3.117	,,	3	2	8½
83¾	= 2.691	,,	2	13	20	97¼	= 3.125	,,	3	2	12
84	= 2.700	,,	2	14	0	97½	= 3.133	,,	3	2	16
84¼	= 2.707	,,	2	14	3½	97¾	= 3.141	,,	3	2	20
84½	= 2.715	,,	2	14	7½	98	= 3.150	,,	3	3	0
84¾	= 2.723	,,	2	14	11½	98¼	= 3.157	,,	3	3	3½
85	= 2.732	,,	2	14	15½	98½	= 3.165	,,	3	3	7½
85¼	= 2.739	,,	2	14	19	98¾	= 3.173	,,	3	3	11½
85½	= 2.748	,,	2	14	23	99	= 3.182	,,	3	3	15½
85¾	= 2.756	,,	2	15	3	99¼	= 3.189	,,	3	3	19
86	= 2.764	,,	2	15	7	99½	= 3.198	,,	3	3	23
86¼	= 2.771	,,	2	15	10½	99¾	= 3.206	,,	3	4	3
86½	= 2.780	,,	2	15	14½	100	= 3.214	,,	3	4	7

AVOIRDUPOIS AND TROY EQUIVALENTS.

Avoir.	Decimal.		oz.	dt.	gn.	Avoir.	Decimal.		oz.	dt.	gn.
¼ oz.	= .227	or	.	4	13	15 oz.	= 13.671	or	13	13	10½
½ ,,	= .455	,,	.	9	2½	1 lb.	= 14.583	,,	14	11	16
¾ ,,	= .683	,,	.	13	16	2 ,,	= 29.166	,,	29	3	8
1 ,,	= .911	,,	.	18	5½	3 ,,	= 43.750	,,	43	15	0
2 ,,	= 1.822	,,	1	16	11	4 ,,	= 58.333	,,	58	6	16
3 ,,	= 2.734	,,	2	14	16½	5 ,,	= 72.916	,,	72	18	8
4 ,,	= 3.645	,,	3	12	22	6 ,,	= 87.500	,,	87	10	0
5 ,,	= 4.557	,,	4	11	3½	7 ,,	= 102.083	,,	102	1	16
6 ,,	= 5.468	,,	5	9	9	8 ,,	= 116.666	,,	116	13	8
7 ,,	= 6.380	,,	6	7	14½	9 ,,	= 131.250	,,	131	5	0
8 ,,	= 7.291	,,	7	5	20	10 ,,	= 145.833	,,	145	16	16
9 ,,	= 8.203	,,	8	4	1½	12 ,,	= 175.000	,,	175	0	0
10 ,,	= 9.114	,,	9	2	7	14 ,,	= 204.166	,,	204	3	8
11 ,,	= 10.026	,,	10	0	12½	16 ,,	= 233.333	,,	233	6	16
12 ,,	= 10.937	,,	10	18	18	18 ,,	= 262.500	,,	262	10	0
13 ,,	= 11.849	,,	11	16	23½	20 ,,	= 291.666	,,	291	13	8
14 ,,	= 12.760	,,	12	15	5	25 ,,	= 364.583	,,	364	11	16

USEFUL HINTS AND HANDY HELPS.

1.—As in Troy, Apothecaries, and Avoirdupois, the GRAINS are equal. Either of these weights may be compared by reducing to GRAINS.

2.—In Troy and Apothecaries the OUNCES are equal.

3.—To convert POUNDS AVOIRDUPOIS into OUNCES TROY refer to table on the opposite page, or multiply by 700 and divide by 48.

4.—The TROY GRAIN contains 20 MITES (not usually employed).
The TROY DWT. contains 24 GRAINS or 480 MITES.
The TROY OUNCE contains 20 DWTS. or 480 GRAINS or 9,600 MITES.
The TROY POUND contains 12 OUNCES OR 240 DWTS. or 5,760 GRAINS, or 115,200 MITES.

5.—The AVOIRDUPOIS DRAM contains 27$\frac{11}{32}$ GRAINS (not usually employed).
The AVOIRDUPOIS OUNCE contains 16 DRAMS OR 437½ GRAINS.
The AVOIRDUPOIS POUND contains 16 OUNCES or 256 DRAMS or 7,000 GRAINS.

6.—The price of GOLD is 3/6½ per CARAT, so it will be found a useful guide as to what to expect in disposing of OLD GOLD, to multiply 3/6 (allowing the ½d. for waste, etc.) by 9. 15, 18 or 22 as the case may be.

7.—The weight of a SOVEREIGN is 5 DWTS. 3¼ GRAINS, and the reason why the AUSTRALIAN SOVEREIGN (also the GUINEA PIECE) differs in colour from the ENGLISH SOVEREIGN is that it is alloyed with SILVER, while in the latter case COPPER is employed.

8.—The CARAT when used in relation to GOLD is *not* a weight, but signifies quality only. Pure or fine gold is regarded as containing 24 parts or CARATS, so that 22 ct. means 22 parts of fine gold and 2 parts of baser metal or alloy, 18 ct. 18 parts of fine gold and 6 of alloy, 15 ct. 15 of fine gold and 9 of alloy, and so on.

9.—The CARAT when used in relation to DIAMONDS, etc., *is* a weight, 151½ being equal to the ounce Troy, so it is about equal to 3⅛ GRAINS Troy. The weights are 1, 2, 3, 4, 8, 16, 32, 64, 100, and 200 carats, while 1 ct. is divided into fractions of a carat, thus: ½, ¼, ⅛, $\frac{1}{16}$, $\frac{1}{32}$, and $\frac{1}{64}$ ct. It is also divided into 4 DIAMOND GRAINS, so that a DIAMOND weighing 1 ct. is sometimes spoken of as a 4 gn. stone, and so on. 4 GRAINS TROY = 5 DIAMOND GRAINS.

10.—Pearls are weighed in DIAMOND GRAINS (4 = 1 DIAMOND CARAT).

VALUE OF THE CARAT WEIGHT IN DIFFERENT COUNTRIES.

The weight of the CARAT varies in different countries. The following is a table compiled by Edwin W. Streeter showing the weights of the CARAT in twelve different countries in MILLIGRAMMES.

BERLIN	205.44	LEGHORN	215.99
BORNEO	105.0	LEIPSIG AND AMSTERDAM	205.0
ENGLAND AND COLONIES	205.409	LISBON	205.75
FLORENCE ..	195.2	MADRAS	207.3533
FRANCE	205.5	SPAIN	105.393
FRANKFORT-ON-MAIN	205.77	VIENNA	206.13

It is anticipated that the international carat (205.5 MILLIGRAMMES) will be adopted by all countries, and thus the ENGLISH, FRENCH, and AMERICAN Carat and that of other countries, too, will be all equal.

PRICES TO ALLOW PER OZ. for OLD GOLD, &c.

Quality of Article.	£ s. d.		£ s. d.
Gold, 24 ct. Fine Gold, by assay ..		to	
,, 23 ,, ...		,,	
,, 22 ,, H.M. Wedding Rings ..		..	
,, 22 ,, ,, Watch Cases			
,, 21 ,, ...			
,, Coins (Damaged)			
,, 20 ct.			
,, 19 ,, ...			
,, 18 ,, H.M., free from Solder..			
,, 18 ,, ,, Watch Cases			
,, 18 ,, not Hall Marked			
,, 18 ,, Foreign Watch Cases ..			
,, Teeth Plates (Dental Gold) ..			
,, 17 ct.			
,, 16 ,, ...			
,, 15 ,, H.M., free from Solder..			
,, 15 ,, Coloured Gold			
,, 14 ,, ...			
,, 14 ,, Watch Cases			
,, 13 ,, ...			
,, 12 ,, H.M.			
,, 11 ,, ...			
,, 10 ,, ...			
,, 9 ,, H.M.			
,, 9 ,, Common		..	
,, 9 ,, Watch Cases		,,	
,, 8 ,, ...		,,	
,, 7 ,, ...		,,	
,, 6 ,, ...		,,	
,, 5 ,, ...			
,, Bright Earrings			
,, 4 ct.			
,, 3 ,, ...			
,, 2 ,, ...			
,, 1 ,, ...		,,	
Platinum		,,	
Dental Alloy		,,	
Gilt Lace, Burnt		,,	
Silver Lace ,, ...			
,, Fine, by assay			
,, Sterling or Hall Marked			
,, English Watch Cases		..	
,, Foreign ,, ,, .935 ..		,,	
,, ,, ,, ,, .800 ..		,,	

GOLD STANDARDS.

Quality.	— Stamped with.		Fine Cost. £	s.	d.
24 ct.	Fine Gold		4	5	0
23 ,,	....		4	1	5½
22 ,,	$\frac{22}{24}=\frac{11}{12}=\frac{916\frac{2}{3}}{1000}$ A Crown & "22" = to Gold Coins		3	17	10½
21 ,,	....		3	14	4½
20 ,,	$\frac{20}{24}=\frac{5}{6}=\frac{833\frac{1}{3}}{1000}$ Marked at Dublin only		3	10	10
19 ,,	....		3	7	3
18 ,,	$\frac{18}{24}=\frac{3}{4}=\frac{750}{1000}$ A Crown & "18"	Also Maker's Initials and Date Letter	3	3	9
17 ,,	....		3	0	2½
16 ,,	....		2	16	8
15 ,,	$\frac{15}{24}=\frac{5}{8}=\frac{625}{1000}$ 15.625		2	13	1½
14 ,,	....		2	9	7
13 ,,	....		2	6	0½
12 ,,	$\frac{12}{24}=\frac{1}{2}=\frac{500}{1000}$ 12.5		2	2	6
11 ,,	....		1	18	11½
10 ,,	....		1	15	5
9 ,,	$\frac{9}{24}=\frac{3}{8}=\frac{375}{1000}$ 9.375		1	11	10½
8 ,,	....		1	8	4
7 ,,	....		1	4	9½
6 ,,	....		1	1	3

SILVER STANDARDS.

11 oz. 10 dwt. or $\frac{230}{240}$ = .959. Obsolete since 1720.
11 oz. 2 dwt. or $\frac{222}{240}$ = .925. Lion passant. = to Silver Coins.

PRICES TO EXPECT PER OZ. BY ASSAY.

Quality of Article.	£	s.	d.		£	s.	d.
Gold, 24 ct. Fine Gold, by assay ..				to			
,, 23 ,, ...				,,			
,, 22 ,, H.M. Wedding Rings ..							
,, 22 ,, ,, Watch Cases							
,, 21 ,, ...							
,, Coins (Damaged)							
,, 20 ct.							
,, 19 ,, ...							
,, 18 ,, H.M., free from Solder..							
,, 18 ,, ,, Watch Cases							
,, 18 ,, not Hall Marked							
,, 18 ,, Foreign Watch Cases ..							
,, Teeth Plates (Dental Gold) ..							
,, 17 ct.							
,, 16 ,, ...							
,, 15 ,, H.M., free from Solder..							
,, 15 ,, Coloured Gold							
,, 14 ,, ...							
,, 14 ,, Watch Cases							
,, 13 ,, ...							
,, 12 ,, H.M.							
,, 11 ,, ...							
,, 10 ,, ...							
,, 9 ,, H.M.							
,, 9 ,, Common							
,, 9 ,, Watch Cases							
,, 8 ,, ...							
,, 7 ,, ...							
,, 6 ,, ...							
,, 5 ,, ...							
,, Bright Earrings							
,, 4 ct.							
,, 3 ,, ...							
,, 2 ,, ...							
,, 1 ,, ...							
Platinum							
Dental Alloy							
Gilt Lace, Burnt							
Silver Lace ,, ...							
,, Fine, by assay							
,, Sterling or Hall Marked							
,, English Watch Cases				,,			
,, Foreign ,, ,, .935 ..				,,			
,, ,, ,, ,, .800 ..				,,			

The Prices usually charged for assaying are: Silver, 6d.; Gold, 1/-; Parting Gold and Silver, 1/6; Gold, Silver, and Platinum, 5/-.

NAMES OF LARGEST KNOWN DIAMONDS.

		Carats.
1.	The Great Cullinan	3,032
2.	The Jagersfontein-Excelsior	$971\frac{3}{4}$
3.	The Rajah of Mattan	367
4.	The Great Mogul	$279\frac{9}{16}$
5.	The Orloff	194
6.	The Imperial	$182\frac{1}{4}$
7.	The Austrian Yellow	139
8.	The Regent or Pitt	137
9.	The Star of the South	135
10.	The Florentine......................	133
11.	The Koh-i-Noor (Present Form)	106
12.	The Nassak	89
13.	The Shah	86
14.	The Piggott	82
15.	The English Dresden	$76\frac{1}{2}$
16.	The Sancy	$53\frac{1}{2}$
17.	The Empress Eugene	51
18.	The Dresden (A green brilliant)	$48\frac{1}{2}$
19.	The Hope Blue	$44\frac{1}{4}$
20.	The Polar Star	40
21.	The Pasha	40
22.	The Cumberland	32

ALPHABETICAL LIST OF PRECIOUS AND

Name of Stone.	Colour.
Achorite	A colourless variety of Tourmaline
Adularia, Moonstone, or Orthoclase	
Agate	An improved variety of Chalcedony
(a) (Banded or Ribbon)	Running in parallel layers.
(b) (Eye)	Forming concentric rings resembling an eye
(c) (Fortification)	Running in zigzag circular lines ..
(d) (Mocha or Tree)	Showing red, brown, and black patterns like trees
(e) (Moss)	Enclosing green and brown substances resembling moss
(f) (Rainbow)	Of thin concentric structure, iridescent in the light
[1]Alexandrite	An emerald green to dark green Chrysoberyl
Almandine, Almandite, or Precious Garnet	
Amazonite, Amazonstone, or Green Felspar	
Amber	A yellow fossil, sometimes cloudy to white
American Ruby	
Amethyst	Clear light to almost black purple ..
,, (Oriental) or Purple Sapphire	Any Amethyst of exceptional beauty
Andalusite	Green and brown
[2]Apatite	Resembles the Beryl and Emerald, but with less beauty
Aquamarine	Colourless, sea green, greenish blue, or greenish yellow
[3]Asteria or Star Stone—	
(a) Star Ruby	Red.
(b) Star Sapphire	Greyish blue
(c) Star Topaz	Yellow
Aventurine (Aventurine Felspar) or Sunstone	
Axinite	Clove brown, plum blue, and pearl grey
Balas Ruby	A red Spinel
[4]Beryl	Grass green, yellow, greenish-yellow, blue, greenish-blue, and sometimes pink
Bloodstone or Heliotrope	Dark green with red spots of Jasper
Bobrowska Garnet, Demantoide, or Green Garnet	
Bohemian Garnet, Cape Ruby, or Pyrope	
Brazilian Emerald	A green variety of Tourmaline
,, Sapphire or Indicolite	A blue variety of Tourmaline
Bristol Diamond	English Rock crystal
Cachelong	A milky white opal
Cairngorm	A smoky yellow to smoky brown Rock crystal
[5]Callainite	Greenish blue
Cape Garnet	
Cape Ruby, Bohemian Garnet, or Pyrope	
Carbuncle	

[1] Alexandrite.—A peculiarity of this stone is that the gree
light, to a beautiful red.

[2] Apatite.—Sometimes resembles the Beryl and Emeral
the colour and brightness of these stones.

[3] Asteria.—When cut en cabochon (or Tallow Toppe
productions.

[4] Beryl.—Often mistaken for the Topaz. The Grass Gree

[5] Callainite.—Often mistaken for the Turquoise.

OTHER STONES WITH DESCRIPTIONS.

Diaphaneity.	Hardness.*	Where Found.
See Tourmaline (a) ..	7.25	———
,, Felspar (c)	6	———
Non-transparent	—	Uruguay, Brazil, U.S., etc.
,, ...	—	,, ,, ,,
,, ...	—	,, ,, ,,
....	—	,,
....	—	
...	—	,,
,, ...	—	,, ,, ,,
Translucent to opaque	8.5	Ceylon and the Urals.
See Garnet (b)	7.5	———
,, Felspar (a)	6	———
Translucent	2.25	Urals, Siberia, Germany, Poland, U.S., etc.
See Garnet (a)	—	
Transparent	9	India, Spain, Siberia, Brazil, Ceylon, etc.
,, ...	9	,, ,, ,,
—	—	Andalusia (Spain) and Brazil.
Transparent to opaque	4.75	England, Norway, Switzerland, etc.
Transparent	9	Brazil, Russia, S. America, etc.
Semi-transparent	9	Burmah and Ceylon.
,, ...	9	,, ,,
,, ...	9	,, ,,
See Felspar (d)	6	———
Semi-transparent	6.75	Norway, Switzerland, England, and U.S.
See Spinel	8	———
Transparent	7.75	India, S. America, and Siberia.
Translucent to opaque	6	E. India, China, Siberia, Tartary, etc.
See Garnet (d)	6	———
,, Garnet (c)	7.5	———
,, Tourmaline (b) ..	7.25	———
,, Tourmaline (d) ..	7.25	———
,, Rock Crystal	—	———
Nearly opaque	5.75	In the River Cach, Bucharia, and Iceland.
Transparent	6.50	Cairngorm (Scotland), common in most countries
Opaque	—	———
See Garnet (e)	—	———
,, Garnet (c)	7.5	———
,, Garnet (g)	—	———

* Arranged in degrees of 10.

olour of good specimens changes, when exposed to artificial

ut besides being much softer, it is rarely found with both

isplays a star of light. Among the most wonderful of mineral

eryl is known as the Emerald.

Name of Stone.	Colour.
[1]Cat's Eye (Chrysoberyl). . Ceylon, True or Oriental	Yellow, green, or brown, sometimes nearly black; a variety of Chrysoberyl
[2]Cat's Eye (Quartz)	Grey, brown, and many shades of yellow
Cat's Eye (Ruby)	A red corundum . . . .
Cat's Eye (Sapphire)	. . . .
Ceylon Cat's Eye	. . . .
Ceylon Chrysolite or Ceylon Peridot	A yellowish green variety of Tourmaline
Ceylonite or Pleonaste . .	A black Spinel . . . .
Chalcedony	White, milky white, apple green, blue, and blackish
Chrome Garnet or Uwarowite	. . . .
Chrysoberyl	Yellow, brown, brownish yellow, and sage green
Chrysoberyl Cat's Eye . . .	. . . .
[3]Chrysolite	Primrose yellow and pale greenish yellow
,, (Ceylon) or Ceylon Peridot	A yellowish green variety of Tourmaline
Chrysoprase	An apple green variety of Chalcedony
Cinnamon Stone, Essonite, or Grossularite	. . . .
Coral	Pale rose pink to red, sometimes white or black
Cordierite, Dichroite, Iolite, or Water Sapphire	. . . .
Cornelian	A clear greyish red to brown variety of Chalcedony
[4]Crocidolite or Tiger's Eye	A rich brown to dark indigo or black quartz
[5]Cyanite	Colourless to various blues, greyish white, grey, and green
[6]Cymophane, or Floating Light	A variety of Chrysoberyl . . . .
Cyprine	Sky blue . . . .
Demantoide, or Bobrowska, or Green Garnet	. . . .
[7]Diamond	Colourless, yellow, pink, red, blue, brown, green, and black
Dichroite, Cordierite, Iolite, or Saphir D'Eau	Colourless, green, red, brown, black, smoky white, and blue, to various shades of violet
Diopside	Greenish white to greenish grey . .
Dioptase	Emerald green . . . .
Emerald (Oriental) or Green Sapphire	Green. . . . .
Emerald (Brazilian)	A green variety of Tourmaline . . . .
Epidote	Green, yellow, greyish white, red, and black
Essonite, Cinnamon Stone, or Grossularite	. . . .
Euclase	Colourless, pale straw, bluish green, and white

[1] Cat's Eye (Chrysoberyl).—Has a bright (usually whit
side as the stone is moved about.

[2] Cat's Eye (Quartz).—As this stone is much lighter an
therefrom.

[3] Chrysolite.—The Chrysolite and Olivine or Peridot diff

[4] Crocidolite.—When cut en cabochon (or convex) is calle

[5] Cyanite.—Although blue specimens of this stone hav
than the Sapphire.

[6] Cymophane.—Possesses a bright light, which moves

[7] Diamond.—Coloured Diamonds are more lustrous tha
by remembering that white Diamonds surpass all other whi

OTHER STONES WITH DESCRIPTIONS.

Diaphaneity.	Hard-ness.*	Where Found.
Translucent to opaque	8.5	Ceylon.
Semi-transparent	6.25	Malabar, India, Ceylon, Bavaria, etc.
,, ...	9	———
See Sapphire (b)	9	———
,, Cat's Eye	8.5	———
,, Tourmaline (c) ...	7.25	———
,, Spinel	8	———
Nearly transparent (cloudy)	—	Ceylon, Siberia, Iceland, Canada, etc.
See Garnet (m)	7.5	———
Transparent to opaque	8.5	Ceylon, Russia, Brazil, Borneo, etc.
See Cat's Eye	8.5	———
Transparent to opaque	9	The Levant, Egypt, etc.
See Tourmaline (c) ...	6.75	———
Semi-transparent	7	Siberia, Silesia, U.S., etc.
See Garnet (j)	6.5	———
Opaque	—	Calle (Africa), Algiers, Tunis, Corsica, etc.
See Dichroite	7	———
Semi-transparent	—	Brazil, India, and Arabia.
Opaque	—	S. Africa.
Transparent	6	Switzerland, Bohemia, Norway, France, etc.
Semi-transparent	8.5	Brazil.
Transparent	—	———
See Garnet (d)	6	———
Transparent	10	India, Brazil, S. Africa, Australia, Borneo, etc.
Transparent to opaque	7	Spain, Ceylon, Norway, Sweden, Bavaria, etc.
Transparent to translucent	5	Piedmont, The Urals, U.S., etc.
Transparent	—	———
Transparent to opaque	9	India, Egypt, Russia, etc.
See Tourmaline (b) ..	7.25	———
Transparent to opaque	6	Norway, Switzerland, the Urals, The Tyrol, etc.
See Garnet (j)	6.5	———
Semi-transparent	7.5	The Urals, Peru, and Brazil.

* Arranged in degrees of 10.

.ine of light through the centre, which moves from side to

softer than the Chrysoberyl Cat's Eye, it is easily distinguished

only in colour.

Tiger's Eye, as it possesses the same peculiarity as the Cat's Eye.
been passed off as Sapphires, it is much lighter and softer

floats over its surface as the stone is moved.

the other coloured stones, a fact which can be borne in mind
stones for brilliancy.

Name of Stone.	Colour.
Felspar—	
(a) Amazonite, Amazonstone or Green Felspar	Bluish green ....
(b) Labradorite, Labradorstone or Opaline Felspar	Dull greyish green, greenish brown, and brown
(c) Moonstone, Adularia, or Orthoclase	Colourless or slightly tinted ......
[1] (d) Sunstone or Aventurine Felspar	Yellow, brown, and red, sometimes green
Fire Opal	
Fluor Spar	White, blue, green, red, yellow, and brown
Garnet	Various shades of red and crimson, sometimes green
(a) American Ruby ...	Blood red ....
(b) Almandine, Almandite, or Precious Garnet	
(c) (Bohemian) Cape Ruby or Pyrope	Dark blood red ....
[2] (d) (Bobrowska) Demantoide or Green Garnet	Light to dark olive green and brown
(e) Cape Garnet	Bright red, or yellow
(f) Cape Ruby or Pyrope	
(g) Carbuncle	All garnets that are cut en cabochon
(h) Cinnamon Stone, Essonite, or Grossularite	
(i) Green Garnet, Bobrowska Garnet or Demantoide	
(j) Grossularite, Cinnamon Stone, or Essonite	Various shades of yellow. Sometimes sold as Jacinths
(k) Star Garnet	Red with a white star ....
(l) (Syrian) Almandine or Almandite or Precious Garnet	Rich claret colour ....
[3] (m) Uwarowite or Chrome Garnet	Emerald green. The rarest and most beautiful of Garnets
(n) Vermielle	Orange red
Green Garnet, Demantoide, or Bobrowska Garnet	
Green Sapphire or Oriental Emerald	
Grossularite, Cinnamon Stone, or Essonite	
Heliotrope or Bloodstone	
Hematite	Brownish red before polishing, steely grey after
Hiddenite	A variety of Spodumene of various shades of green
Hyacinth	
Hydrophane	An opal without colour or brilliancy
Hypersthene or Labrador Hornblende	Green and dark brown to black ..
Idocrase or Vesuvianite	Green, pale blue, yellow, and brown to black
Indicolite or Brazilian Sapphire	A blue variety of Tourmaline .....
Iolite, Cordierite, Dichroite, or Water Sapphire	
Irish Diamond	
Isle of Wight Diamond	
Jacinth	

[1] Sunstone, Felspar (d).—Contains an infinite number c spangling effect.

[2] Bobrowska Garnet (d).— Often sold as Olivines, but ar

[3] Uwarowite Garnet (m).—One of the rarest and mos found in pieces sufficiently large to cut into gems.

OTHER STONES WITH DESCRIPTIONS.

Diaphaneity.	Hardness.*	Where Found.
-	6	Siberia and Colorado.
Translucent to opaque	6	Labrador, Norway, Russia, Finland, etc.
Semi-transparent	6	Ceylon, Norway, Switzerland, U.S., etc.
—	6	Norway.
See Opal	5.75	———
Semi-transparent	4	England, Nova Scotia, Norway, The Alps, etc.
Transparent	5.8	Brazil, Australia, S. Africa, India, and Ceylon.
—	—	New Mexico, Arizona, and Montana.
See Garnet (b)	7.5	———
—	7.5	Bohemia, etc.
	6	Bobrowska River (The Urals).
—	—	———
See Garnet (c)	7.5	———
—	—	———
See Garnet (j)	6.5	———
,, Garnet (d)	6	———
—	6.5	Siberia and Ceylon, etc.
Opaque	—	———
	7.5	Ceylon, Switzerland, Brazil, Norway, etc.
	7.5	The Urals (Russia).
—	—	———
See Garnet (d)	6	———
,, Emerald	9	———
,, Garnet (j)	6.5	———
,, Bloodstone	6	———
Opaque	5.75	Cumberland (especially near Whitehaven), etc.
Transparent	6.5	N. Carolina only.
See Zircon	7.5	———
,, Opal	5.75	———
Semi-transparent	6	Saxony, Norway, and Sweden, Labrador, etc.
,, ...	6.5	Vesuvius, Spain, U.S., etc.
See Tourmaline (d) ..	7.25	———
,, Dichroite	7	———
,, Rock Crystal	—	———
,, Rock Crystal	—	———
,, Zircon	7.5	———

* Arranged in degrees of 10.

inute portions of crystal, which give it a prismatic and

:ter and not so heavy.
autiful of the Garnet family, but is unfortunately seldom

ALPHABETICAL LIST OF PRECIOUS AND

Name of Stone.	Colour.
Jade or Nephrite	Green, blue, and white
Jargoon	
Jasper	Red, brown, sometimes green, also rarely blue
Jet	A black bituminous coal
Kunzite	Peach colour
Kyanite	Blue or bluish white
Labradorite, Labrador Stone, or Opaline Felspar	
Labrador Hornblende or Hypersthene	
Lapis Lazuli	Azure to deep blue, usually with white or gold spots
Malachite	Verdigris or copper green
Moonstone, Adularia, or Orthoclase	
Moroxite	Bluish green. A variety of Apatite
Moss Agate	
Mother of Pearl	Pearly colour. The inside of a pearl-oyster shell
Nephrite or Jade	
Obsidian	Usually bottle green
Odontolite, Fossil or Bone Turquoise	
Olivine or Peridot	
[1]Onyx	Usually black or brown with white or grey layers or rings
Opal (Precious or Noble Opal)	All the colours of the rainbow. Iridescent
Opal (Fire)	Opals with an orange red tint
Opaline Felspar, Labradorite, or Labrador Stone	
Orthoclase, Adularia, or Moonstone	
Pearl	Pure white, creamy, golden yellow, pink, and black
Peridot or Olivine	Chartreuse green
Peridot (Ceylon) or Ceylon Chrysolite	A yellowish green variety of Tourmaline
Plasma	Dark green. Sometimes with yellow or white spots
Phenacite	Colourless and bright pale wine yellow
Pleonaste or Ceylonite	A black Spinel
Prase	A leek green quartz
Purple Sapphire or Oriental Amethyst	
Pyrope, Cape Ruby, or Bohemian Garnet	
Quartz Cat's Eye	
Rhodonite	Rose red
Rock Crystal	Colourless, various whites, and clove brown to black
Rose quartz	Pink to rose red
Rubelite or Siberite	A red variety of Tourmaline
Ruby or Red Sapphire	Lightest rose tint to deepest red
Ruby (a) (Balas)	A red Spinel
,, (b) (Cape) Bohemian Garnet or Pyrope	
,, (c) Cat's eye	
,, (d) (Star)	

[1] Onyx.—Extensively employed in the making of cam
figure carved out of the white or other coloured portio

OTHER STONES WITH DESCRIPTIONS.

Diaphaneity.	Hardness.*	Where Found.
Opaque	—	Siberia, Burmah, Alaska, etc.
See Zircon	7.5	
—	7	The Urals, Siberia, Egypt, Canada, Wales, etc.
	2.5	England, France, Spain, Italy, etc.
Transparent to opaque	—	California.
—	—	——
See Felspar (b)	6	——
,, Hypersthene	6	——
Opaque	5.25	Persia, Siberia, Thibet, China, India, etc.
Non-transparent	3.75	England, Scotland, Ireland, France, Russia, etc.
See Felspar (c)	6	——
,, Apatite	4.75	——
,, Agate	—	——
Non-transparent	—	——
See Jade	—	——
Transparent to opaque	6.50	Mexico, Iceland, Siberia, etc.
See Turquoise		
,, Peridot	6.75	——
Opaque	—	——
Opalescent	5.75	Queensland, New S. Wales, Hungary, Mexico, etc.
,,	5.75	,, ,, ,,
See Felspar (b)	6	——
,, Felspar (c)	6	——
Opaque	—	Japan, Ceylon, Mexico, Brazil, etc.
Transparent to opaque	6.75	Levant, Brazil, Egypt, Mexico, etc.
See Tourmaline (c)	7.25	——
Translucent	—	Germany, India, China, etc.
Transparent to opaque	7.75	Peru, Mexico, Urals, Colorado, and Norway.
See Spinel	8	——
Semi-transparent	—	U.S., Brittany, Saxony, etc.
See Amethyst	9	——
,, Garnet (c)	7.5	——
,, Cat's Eye	6.25	——
Opaque	—	Hungary, The Urals, etc.
Transparent	—	Italy, Canada, Switzerland, etc.
Nearly opaque	7	France, Brazil, Ceylon, Bavaria, etc.
See Tourmaline (e)	7.25	——
Transparent	9	Burmah, Siam, Ceylon, Borneo, etc.
See Spinel	8	Badakshan.
,, Garnet (c)	7.5	——
,, Cat's Eye	9	——
,, Asteria (a)	9	——

* Arranged in degrees of 10.

dark part being used for the base or background, and the

Name of Stone.	Colour.
Sapphire	All shades of blue ....
,, (a) (Brazilian) or Indicolite	A blue variety of Tourmaline. ....
,, (b) Cat's Eye	Blue with white ray ....
,, (c) (Green) or Oriental Emerald	
,, (d) (Purple) or Oriental Amethyst	
,, (e) (Red) or Ruby	
,, (f) (Star)	
,, (g) (Water) Saphir D'Eau, Cordierite, Dichroite or Iolite ..	
,, (h) (Yellow) or Oriental Topaz	
Sapphirine	A pale blue Spinel ....
Sard	A deep blood red variety of Cornelian
Sardonyx	An onyx with one or more layers of reddish Chalcedony
Schorl	A black variety of Tourmaline ..
Siberite or Rubelite	A red variety of Tourmaline ....
Sphene or Titanite	Colourless, golden yellow to green, brown, and black
[1]Spinel	Red, blue, green, and pink, etc.; in fact, almost any colour
Spodumene	Greyish primrose yellow, sometimes faint red
Star Stone or Asteria	
Star Garnet	
Star Ruby	
Star Sapphire	
Star Topaz	
Sunstone or Aventurine Felspar	
Syrian Garnet, Almandine, Almandite, or Precious Garnet ..	
Titanite or Sphene	
[2]Topaz (Oriental) or Yellow Sapp.	Colourless, white, yellow, blue, green, and rose pink
,, (Occidental) or False Topaz	A yellow quartz. The ordinary Topaz of commerce
,, (Star)	
Tourmaline—	
(a) Achorite	Colourless ....
(b) Brazilian Emerald	Green ....
(c) Ceylon {Chrysolite or Peridot}	Yellowish green ....
(d) Indicolite or Brazilian Sapphire	Blue ....
(e) Rubelite or Siberite	Red ....
(f) Schorl	Black ....
[3]Turquoise	Sky blue and dark blue ....
,, (Fossil) (Bone) or Odontolite	Green and bluish green ....
Uwarowite or Chrome Garnet	
Vermeille	
Vesuvianite or Idocrase	
Water Sapphire (Saphir D'Eau), Cordierite, Dichroite, or Iolite	
Yellow Sapphire or Oriental Topaz	
[4]Zircon	Red, yellow, white, or greyish white, brown, green, and violet

[1] Spinel.—When white (which is rare) the Spinel is so
reflected from the depth of any coloured Spinel is alw
[2] Topaz.—White Topazes sometimes pass for Diamonds,
[3] Turquoise.—The best colour for the Turquoise is a cl
sham Turquoises lose their colour under similar conditic
[4] Zircon.—The Hyacinth (red), the Jacinth (yellow),
green, and violet). differ only in point of colour.

THER STONES WITH DESCRIPTIONS.

Diaphaneity.	Hardness*.	Where Found.
sparent	9	Ceylon, Kashmir, Siam, Burmah, etc.
'ourmaline (d) ..	7.25	———
transparent	9	———
merald	9	———
methyst	9	———
uby	9	———
steria (b)	9	———
ichroite	7	———
opaz	9	———
pinel	8	———
—	—	———
---	—	———
'ourmaline (f) ...	7.25	———
'ourmaline (e) ...	7.25	———
sparent to anslucent	5.25	Norway, U.S., Switzerland, Canada, etc.
y degree of ansparency	8	Ceylon, Siam, India, N. America, etc.
sparent to opaque	6.75	Brazil, Sweden, Ireland, Scotland, etc.
steria	9	———
arnet (k)	—	———
steria (a)	9	———
steria (b)	9	———
steria (c)	9	———
'elspar (d)	6	———
arnet (b)	7.5	———
phene	5.25	———
sparent	9	Brazil, Ceylon, Siberia, Urals, etc.
,, ...	—	Brazil.
steria (c)	9	———
sparent to opaque	7.25	California,
,, ,, ,,	7.25	Brazil,
,, ,, ,,	7.25	Siberia,
,, ,, ,,	7.25	Ceylon,
,, ,, ,,	—	Burmah,
,, ,, ,,	7.25	Saxony,
,, ,, ,,	7.25	Isle of Elba, etc.
ue	6	Persia, Egypt, Burmah, New Mexico, etc.
....	—	Simor (France).
arnet (m)	7.5	———
arnet (n)	—	———
locrase	6.5	———
ichroite	7	———
opaz	9	———
—	7.5	Ceylon, Bohemia, Germany, America, etc.

* Arranged in degrees of 10.

istaken for a Diamond, but is much softer. A light ow.

ient in fire or brilliancy.

blue, which improves by artificial light, whereas

(white and greyish white). and the Zircon (brown,

PRICE PER CARAT.

Carats.	£	s.	d.	£	s.	d.	£	s.	d.	£	s.	d.
1/64	.	.	3¾	.	.	4½	.	.	5½	.	.	6½
1/32	.	.	7½	.	.	9¼	.	.	11¼	.	1	1
1/16	.	1	3	.	1	6¾	.	1	10½	.	2	2¼
1/8	.	2	6	.	3	1½	.	3	9	.	4	4½
1/4	.	5	0	.	6	3	.	7	6	.	8	9
1/2	.	10	0	.	12	6	.	15	0	.	17	6
3/4	.	15	0	.	18	9	1	2	6	1	6	3
1	**1**	**0**	**0**	**1**	**5**	**0**	**1**	**10**	**0**	**1**	**15**	**0**
2	2	0	0	2	10	0	3	0	0	3	10	0
3	3	0	0	3	15	0	4	10	0	5	5	0
4	4	0	0	5	0	0	6	0	0	7	0	0
5	5	0	0	6	5	0	7	10	0	8	15	0
6	6	0	0	7	10	0	9	0	0	10	10	0
7	7	0	0	8	15	0	10	10	0	12	5	0
8	8	0	0	10	0	0	12	0	0	14	0	0
9	9	0	0	11	5	0	13	10	0	15	15	0
1/64	.	.	7½	.	.	8¼	.	.	9¼	.	.	10¼
1/32	.	1	3	.	1	4¾	.	1	6¾	.	1	8½
1/16	.	2	6	.	2	9¾	.	3	1½	.	3	5¼
1/8	.	5	0	.	5	7½	.	6	3	.	6	10½
1/4	.	10	0	.	11	3	.	12	6	.	13	9
1/2	1	0	0	1	2	6	1	5	0	1	7	6
3/4	1	10	0	1	13	9	1	17	6	2	1	3
1	**2**	**0**	**0**	**2**	**5**	**0**	**2**	**10**	**0**	**2**	**15**	**0**
2	4	0	0	4	10	0	5	0	0	5	10	0
3	6	0	0	6	15	0	7	10	0	8	5	0
4	8	0	0	9	0	0	10	0	0	11	0	0
5	10	0	0	11	5	0	12	10	0	13	15	0
6	12	0	0	13	10	0	15	0	0	16	10	0
7	14	0	0	15	15	0	17	10	0	19	5	0
8	16	0	0	18	0	0	20	0	0	22	0	0
9	18	0	0	20	5	0	22	10	0	24	15	0
1/64	.	.	11¼	.	1	0	.	1	1	.	1	2
1/32	.	1	10½	.	2	0¼	.	2	2¼	.	2	4
1/16	.	3	9	.	4	0¾	.	4	4½	.	4	8¼
1/8	.	7	6	.	8	1½	.	8	9	.	9	4½
1/4	.	15	0	.	16	3	.	17	6	.	18	9
1/2	1	10	0	1	12	6	1	15	0	1	17	6
3/4	2	5	0	2	8	9	2	12	6	2	16	3
1	**3**	**0**	**0**	**3**	**5**	**0**	**3**	**10**	**0**	**3**	**15**	**0**
2	6	0	0	6	10	0	7	0	0	7	10	0
3	9	0	0	9	15	0	10	10	0	11	5	0
4	12	0	0	13	0	0	14	0	0	15	0	0
5	15	0	0	16	5	0	17	10	0	18	15	0
6	18	0	0	19	10	0	21	0	0	22	10	0
7	21	0	0	22	15	0	24	10	0	26	5	0
8	24	0	0	26	0	0	28	0	0	30	0	0
9	27	0	0	29	5	0	31	10	0	33	15	0
1/64	.	1	3	.	1	3¾	.	1	4¾	.	1	5¾
1/32	.	2	6	.	2	7¾	.	2	9¾	.	2	11½
1/16	.	5	0	.	5	3¾	.	5	7½	.	5	11¼
1/8	.	10	0	.	10	7½	.	11	3	.	11	10½
1/4	1	0	0	1	1	3	1	2	6	1	3	9
1/2	2	0	0	2	2	6	2	5	0	2	7	6
3/4	3	0	0	3	3	9	3	7	6	3	11	3
1	**4**	**0**	**0**	**4**	**5**	**0**	**4**	**10**	**0**	**4**	**15**	**0**
2	8	0	0	8	10	0	9	0	0	9	10	0
3	12	0	0	12	15	0	13	10	0	14	5	0
4	16	0	0	17	0	0	18	0	0	19	0	0
5	20	0	0	21	5	0	22	10	0	23	15	0
6	24	0	0	25	10	0	27	0	0	28	10	0
7	28	0	0	29	15	0	31	10	0	33	5	0
8	32	0	0	34	0	0	36	0	0	38	0	0
9	36	0	0	38	5	0	40	10	0	42	15	0

PRICE PER CARAT.

Carats.	£	s.	d.	£	s.	d.	£	s.	d.	£	s.	d.
1/64	.	1	6¾	.	1	7½	.	1	8½	.	1	9½
1/32	.	3	1½	.	3	3¼	.	3	5¼	.	3	7
1/16	.	6	3	.	6	6¾	.	6	10½	.	7	2¼
1/8	.	12	6	.	13	1½	.	13	9	.	14	4½
1/4	1	5	0	1	6	3	1	7	6	1	8	9
1/2	2	10	0	2	12	6	2	15	0	2	17	6
3/4	3	15	0	3	18	9	4	2	6	4	6	3
1	**5**	**0**	**0**	**5**	**5**	**0**	**5**	**10**	**0**	**5**	**15**	**0**
2	10	0	0	10	10	0	11	0	0	11	10	0
3	15	0	0	15	15	0	16	10	0	17	5	0
4	20	0	0	21	0	0	22	0	0	23	0	0
5	25	0	0	26	5	0	27	10	0	28	15	0
6	30	0	0	31	10	0	33	0	0	34	10	0
7	35	0	0	36	15	0	38	10	0	40	5	0
8	40	0	0	42	0	0	44	0	0	46	0	0
9	45	0	0	47	5	0	49	10	0	51	15	0

Carats.	£	s.	d.	£	s.	d.	£	s.	d.	£	s.	d.
1/64	.	1	10½	.	1	11¼	.	2	0¼	.	2	1¼
1/32	.	3	9	.	3	10¾	.	4	0¾	.	4	2½
1/16	.	7	6	.	7	9¾	.	8	1½	.	8	5¼
1/8	.	15	0	.	15	7½	.	16	3	.	16	10½
1/4	1	10	0	1	11	3	1	12	6	1	13	9
1/2	3	0	0	3	2	6	3	5	0	3	7	6
3/4	4	10	0	4	13	9	4	17	6	5	1	3
1	**6**	**0**	**0**	**6**	**5**	**0**	**6**	**10**	**0**	**6**	**15**	**0**
2	12	0	0	12	10	0	13	0	0	13	10	0
3	18	0	0	18	15	0	19	10	0	20	5	0
4	24	0	0	25	0	0	26	0	0	27	0	0
5	30	0	0	31	5	0	32	10	0	33	15	0
6	36	0	0	37	10	0	39	0	0	40	10	0
7	42	0	0	43	15	0	45	10	0	47	5	0
8	48	0	0	50	0	0	52	0	0	54	0	0
9	54	0	0	56	5	0	58	10	0	60	15	0

Carats.	£	s.	d.	£	s.	d.	£	s.	d.	£	s.	d.
1/64	.	2	2¼	.	2	3	.	2	4	.	2	5
1/32	.	4	4½	.	4	6¼	.	4	8¼	.	4	10
1/16	.	8	9	.	9	0¾	.	9	4½	.	9	8¼
1/8	.	17	6	.	18	1½	.	18	9	.	19	4½
1/4	1	15	0	1	16	3	1	17	6	1	18	9
1/2	3	10	0	3	12	6	3	15	0	3	17	6
3/4	5	5	0	5	8	9	5	12	6	5	16	3
1	**7**	**0**	**0**	**7**	**5**	**0**	**7**	**10**	**0**	**7**	**15**	**0**
2	14	0	0	14	10	0	15	0	0	15	10	0
3	21	0	0	21	15	0	22	10	0	23	5	0
4	28	0	0	29	0	0	30	0	0	31	0	0
5	35	0	0	36	5	0	37	10	0	38	15	0
6	42	0	0	43	10	0	45	0	0	46	10	0
7	49	0	0	50	15	0	52	10	0	54	5	0
8	56	0	0	58	0	0	60	0	0	62	0	0
9	63	0	0	65	5	0	67	10	0	69	15	0

Carats.	£	s.	d.	£	s.	d.	£	s.	d.	£	s.	d.
1/64	.	2	6	.	2	6¾	.	2	7¾	.	2	8¾
1/32	.	5	0	.	5	1¾	.	5	3¾	.	5	5½
1/16	.	10	0	.	10	3¾	.	10	7½	.	10	11¼
1/8	1	0	0	1	0	7½	1	1	3	1	1	10½
1/4	2	0	0	2	1	3	2	2	6	2	3	9
1/2	4	0	0	4	2	6	4	5	0	4	7	6
3/4	6	0	0	6	3	9	6	7	6	6	11	3
1	**8**	**0**	**0**	**8**	**5**	**0**	**8**	**10**	**0**	**8**	**15**	**0**
2	16	0	0	16	10	0	17	0	0	17	10	0
3	24	0	0	24	15	0	25	10	0	26	5	0
4	32	0	0	33	0	0	34	0	0	35	0	0
5	40	0	0	41	5	0	42	10	0	43	15	0
6	48	0	0	49	10	0	51	0	0	52	10	0
7	56	0	0	57	15	0	59	10	0	61	5	0
8	64	0	0	66	0	0	68	0	0	70	0	0
9	72	0	0	74	5	0	76	10	0	78	15	0

PRICE PER CARAT.

Carats.	£	s.	d.	£	s.	d.	£	s.	d.	£	s.	d
1/64	.	2	9¾	.	2	10½	.	2	11½	.	3	0½
1/32	.	5	7½	.	5	9¼	.	5	11¼	.	6	1
1/16	.	11	3	.	11	6¾	.	11	10½	.	12	2¼
1/8	1	2	6	1	3	1½	1	3	9	1	4	4½
1/4	2	5	0	2	6	3	2	7	6	2	8	9
1/2	4	10	0	4	12	6	4	15	0	4	17	6
3/4	6	15	0	6	18	9	7	2	6	7	6	3
1	**9**	**0**	**0**	**9**	**5**	**0**	**9**	**10**	**0**	**9**	**15**	**0**
2	18	0	0	18	10	0	19	0	0	19	10	0
3	27	0	0	27	15	0	28	10	0	29	5	0
4	36	0	0	37	0	0	38	0	0	39	0	0
5	45	0	0	46	5	0	47	10	0	48	15	0
6	54	0	0	55	10	0	57	0	0	58	10	0
7	63	0	0	64	15	0	66	10	0	68	5	0
8	72	0	0	74	0	0	76	0	0	78	0	0
9	81	0	0	83	5	0	85	10	0	87	15	0

Carats.	£	s.	d.	£	s.	d.	£	s.	d.	£	s.	d
1/64		3	1½	.	3	2¼	.	3	3¼	.	3	4¼
1/32	.	6	3	.	6	4¾	.	6	6¾	.	6	8½
1/16	.	12	6	.	12	9¾	.	13	1½	.	13	5¼
1/8	1	5	0	1	5	7½	1	6	3	1	6	10½
1/4	2	10	0	2	11	3	2	12	6	2	13	9
1/2	5	0	0	5	2	6	5	5	0	5	7	6
3/4	7	10	0	7	13	9	7	17	6	8	1	3
1	**10**	**0**	**0**	**10**	**5**	**0**	**10**	**10**	**0**	**10**	**15**	**0**
2	20	0	0	20	10	0	21	0	0	21	10	0
3	30	0	0	30	15	0	31	10	0	32	5	0
4	40	0	0	41	0	0	42	0	0	43	0	0
5	50	0	0	51	5	0	52	10	0	53	15	0
6	60	0	0	61	10	0	63	0	0	64	10	0
7	70	0	0	71	15	0	73	10	0	75	5	0
8	80	0	0	82	0	0	84	0	0	86	0	0
9	90	0	0	92	5	0	94	10	0	96	15	0

Carats.	£	s.	d.	£	s.	d.	£	s.	d.	£	s.	d
1/64	.	3	5¼	.	3	6	.	3	7	.	3	8
1/32	.	6	10½	.	7	0¼	.	7	2¼	.	7	4
1/16	.	13	9	.	14	0¾	.	14	4½	.	14	8¼
1/8	1	7	6	1	8	1½	1	8	9	1	9	4½
1/4	2	15	0	2	16	3	2	17	6	2	18	9
1/2	5	10	0	5	12	6	5	15	0	5	17	6
3/4	8	5	0	8	8	9	8	12	6	8	16	3
1	**11**	**0**	**0**	**11**	**5**	**0**	**11**	**10**	**0**	**11**	**15**	**0**
2	22	0	0	22	10	0	23	0	0	23	10	0
3	33	0	0	33	15	0	34	10	0	35	5	0
4	44	0	0	45	0	0	46	0	0	47	0	0
5	55	0	0	56	5	0	57	10	0	58	15	0
6	66	0	0	67	10	0	69	0	0	70	10	0
7	77	0	0	78	15	0	80	10	0	82	5	0
8	88	0	0	90	0	0	92	0	0	94	0	0
9	99	0	0	101	5	0	103	10	0	105	15	0

Carats.	£	s.	d.	£	s.	d.	£	s.	d.	£	s.	d
1/64	.	3	9	.	3	9¾	.	3	10¾	.	3	11¾
1/32	.	7	6	.	7	7¾	.	7	9¾	.	7	11½
1/16	.	15	0	.	15	3¾	.	15	7½	.	15	11¼
1/8	1	10	0	1	10	7½	1	11	3	1	11	10½
1/4	3	0	0	3	1	3	3	2	6	3	3	9
1/2	6	0	0	6	2	6	6	5	0	6	7	6
3/4	9	0	0	9	3	9	9	7	6	9	11	3
1	**12**	**0**	**0**	**12**	**5**	**0**	**12**	**10**	**0**	**12**	**15**	**0**
2	24	0	0	24	10	0	25	0	0	25	10	0
3	36	0	0	36	15	0	37	10	0	38	5	0
4	48	0	0	49	0	0	50	0	0	51	0	0
5	60	0	0	61	5	0	62	10	0	63	15	0
6	72	0	0	73	10	0	75	0	0	76	10	0
7	84	0	0	85	15	0	87	10	0	89	5	0
8	96	0	0	98	0	0	100	0	0	102	0	0
9	108	0	0	110	5	0	112	10	0	114	15	0

PRICE PER CARAT.

Carats.	£	s.	d.	£	s.	d.	£	s.	d.	£	s.	d.
1/64	.	4	0¾	.	4	1½	.	4	2½	.	4	3½
1/32	.	8	1½	.	8	3¼	.	8	5¼	.	8	7
1/16	.	16	3	.	16	6¾	.	16	10½	.	17	2¼
1/8	1	12	6	1	13	1½	1	13	9	1	14	4½
1/4	3	5	0	3	6	3	3	7	6	3	8	9
1/2	6	10	0	6	12	6	6	15	0	6	17	6
3/4	9	15	0	9	18	9	10	2	6	10	6	3
1	**13**	**0**	**0**	**13**	**5**	**0**	**13**	**10**	**0**	**13**	**15**	**0**
2	26	0	0	26	10	0	27	0	0	27	10	0
3	39	0	0	39	15	0	40	10	0	41	5	0
4	52	0	0	53	0	0	54	0	0	55	0	0
5	65	0	0	66	5	0	67	10	0	68	15	0
6	78	0	0	79	10	0	81	0	0	82	10	0
7	91	0	0	92	15	0	94	10	0	96	5	0
8	104	0	0	106	0	0	108	0	0	110	0	0
9	117	0	0	119	5	0	121	10	0	123	15	0

Carats.	£	s.	d.	£	s.	d.	£	s.	d.	£	s.	d.
1/64	.	4	4½	.	4	5¼	.	4	6¼		4	7¼
1/32	.	8	9	.	8	10¾	.	9	0¾	.	9	2½
1/16	.	17	6	.	17	9¾	.	18	1½	.	18	5¼
1/8	1	15	0	1	15	7½	1	16	3	1	16	10½
1/4	3	10	0	3	11	3	3	12	6	3	13	9
1/2	7	0	0	7	2	6	7	5	0	7	7	6
3/4	10	10	0	10	13	9	10	17	6	11	1	3
1	**14**	**0**	**0**	**14**	**5**	**0**	**14**	**10**	**0**	**14**	**15**	**0**
2	28	0	0	28	10	0	29	0	0	29	10	0
3	42	0	0	42	15	0	43	10	0	44	5	0
4	56	0	0	57	0	0	58	0	0	59	0	0
5	70	0	0	71	5	0	72	10	0	73	15	0
6	84	0	0	85	10	0	87	0	0	88	10	0
7	98	0	0	99	15	0	101	10	0	103	5	0
8	112	0	0	114	0	0	116	0	0	118	0	0
9	126	0	0	128	5	0	130	10	0	132	15	0

Carats.	£	s.	d.	£	s.	d.	£	s.	d.	£	s.	d.
1/64	.	4	8¼	.	4	9	.	4	10	.	4	11
1/32	.	9	4½	.	9	6¼	.	9	8¼	.	9	10
1/16	.	18	9	.	19	0¾	.	19	4½	.	19	8¼
1/8	1	17	6	1	18	1½	1	18	9	1	19	4½
1/4	3	15	0	3	16	3	3	17	6	3	18	9
1/2	7	10	0	7	12	6	7	15	0	7	17	6
3/4	11	5	0	11	8	9	11	12	6	11	16	3
1	**15**	**0**	**0**	**15**	**5**	**0**	**15**	**10**	**0**	**15**	**15**	**0**
2	30	0	0	30	10	0	31	0	0	31	10	0
3	45	0	0	45	15	0	46	10	0	47	5	0
4	60	0	0	61	0	0	62	0	0	63	0	0
5	75	0	0	76	5	0	77	10	0	78	15	0
6	90	0	0	91	10	0	93	0	0	94	10	0
7	105	0	0	106	15	0	108	10	0	110	5	0
8	120	0	0	122	0	0	124	0	0	126	0	0
9	135	0	0	137	5	0	139	10	0	141	15	0

Carats.	£	s.	d.	£	s.	d.	£	s.	d.	£	s.	d.
1/64	.	5	0	.	5	0¾	.	5	1¾	.	5	2¾
1/32	.	10	0	.	10	1½	.	10	3¾	.	10	5½
1/16	1	0	0	1	0	3¾	1	0	7½	1	0	11¼
1/8	2	0	0	2	0	7½	2	1	3	2	1	10½
1/4	4	0	0	4	1	3	4	2	6	4	3	9
1/2	8	0	0	8	2	6	8	5	0	8	7	6
3/4	12	0	0	12	3	9	12	7	6	12	11	3
1	**16**	**0**	**0**	**16**	**5**	**0**	**16**	**10**	**0**	**16**	**15**	**0**
2	32	0	0	32	10	0	33	0	0	33	10	0
3	48	0	0	48	15	0	49	10	0	50	5	0
4	64	0	0	65	0	0	66	0	0	67	0	0
5	80	0	0	81	5	0	82	10	0	83	15	0
6	96	0	0	97	10	0	99	0	0	100	10	0
7	112	0	0	113	15	0	115	10	0	117	5	0
8	128	0	0	130	0	0	132	0	0	134	0	0
9	144	0	0	146	5	0	148	10	0	150	15	0

PRICE PER CARAT.

Carats.	£	s.	d.	£	s.	d.	£	s.	d.	£	s.	d.
1/64	.	5	3¾	.	5	4½	.	5	5½	.	5	6½
1/32	.	10	7½	.	10	9¼	.	10	11¼	.	11	1
1/16	.	1	3	1	1	6¾	1	1	10½	1	2	2¼
1/8		2	6	2	3	1½	2	3	9	2	4	4½
1/4		5	0	4	6	3	4	7	6	4	8	9
1/2		10	0	8	12	6	8	15	0	8	17	6
3/4	1	15	0	12	18	9	13	2	6	13	6	3
1	**1**	**0**	**0**	**17**	**5**	**0**	**17**	**10**	**0**	**17**	**15**	**0**
2	3	0	0	34	10	0	35	0	0	35	10	0
3	51	0	0	51	15	0	52	10	0	53	5	0
4	68	0	0	69	0	0	70	0	0	71	0	0
5	85	0	0	86	5	0	87	10	0	88	15	0
6	102	0	0	103	10	0	105	0	0	106	10	0
7	119	0	0	120	15	0	122	10	0	124	5	0
8	136	0	0	138	0	0	140	0	0	142	0	0
9	153	0	0	155	5	0	157	10	0	159	15	0
1/64	.	5	7½	.	5	8¼	.	5	9¼	.	5	10¼
1/32	.	11	3	.	11	4¾	.	11	6¾	.	11	8½
1/16	1	2	6	1	2	9¾	1	3	1½	1	3	5¼
1/8	2	5	0	2	5	7½	2	6	3	2	6	10½
1/4	4	10	0	4	11	3	4	12	6	4	13	9
1/2	9	0	0	9	2	6	9	5	0	9	7	6
3/4	13	10	0	13	13	9	13	17	6	14	1	3
1	**18**	**0**	**0**	**18**	**5**	**0**	**18**	**10**	**0**	**18**	**15**	**0**
2	36	0	0	36	10	0	37	0	0	37	10	0
3	54	0	0	54	15	0	55	10	0	56	5	0
4	72	0	0	73	0	0	74	0	0	75	0	0
5	90	0	0	91	5	0	92	10	0	93	15	0
6	108	0	0	109	10	0	111	0	0	112	10	0
7	126	0	0	127	15	0	129	10	0	131	5	0
8	144	0	0	146	0	0	148	0	0	150	0	0
9	162	0	0	164	5	0	166	10	0	168	15	0
1/64	.	5	11¼	.	6	0	.	6	1	.	6	2
1/32	.	11	10½	.	12	0¼	.	12	2¼	.	12	4
1/16	1	3	9	1	4	0¾	1	4	4½	1	4	8¼
1/8	2	7	6	2	8	1½	2	8	9	2	9	4½
1/4	4	15	0	4	16	3	4	17	6	4	18	9
1/2	9	10	0	9	12	6	9	15	0	9	17	6
3/4	14	5	0	14	8	9	14	12	6	14	16	3
1	**19**	**0**	**0**	**19**	**5**	**0**	**19**	**10**	**0**	**19**	**15**	**0**
2	38	0	0	38	10	0	39	0	0	39	10	0
3	57	0	0	57	15	0	58	10	0	59	5	0
4	76	0	0	77	0	0	78	0	0	79	0	0
5	95	0	0	96	5	0	97	10	0	98	15	0
6	114	0	0	115	10	0	117	0	0	118	10	0
7	133	0	0	134	15	0	136	10	0	138	5	0
8	152	0	0	154	0	0	156	0	0	158	0	0
9	171	0	0	173	5	0	175	10	0	177	15	0
1/64	.	6	3	.	6	3¾	.	6	4¾	.	6	5¾
1/32	.	12	6	.	12	7¾	.	12	9¾	.	12	11½
1/16	1	5	0	1	5	3¾	1	5	7½	1	5	11¼
1/8	2	10	0	2	10	7½	2	11	3	2	11	10½
1/4	5	0	0	5	1	3	5	2	6	5	3	9
1/2	10	0	0	10	2	6	10	5	0	10	7	6
3/4	15	0	0	15	3	9	15	7	6	15	11	3
1	**20**	**0**	**0**	**20**	**5**	**0**	**20**	**10**	**0**	**20**	**15**	**0**
2	40	0	0	40	10	0	41	0	0	41	10	0
3	60	0	0	60	15	0	61	10	0	62	5	0
4	80	0	0	81	0	0	82	0	0	83	0	0
5	100	0	0	101	5	0	102	10	0	103	15	0
6	120	0	0	121	10	0	123	0	0	124	10	0
7	140	0	0	141	15	0	143	10	0	145	5	0
8	160	0	0	162	0	0	164	0	0	166	0	0
9	180	0	0	182	5	0	184	10	0	186	15	0

PRICE PER CARAT.

Carats.	£	s.	d.	£	s.	d.	£	s.	d.	£	s.	d.
1/64	.	6	6¾	.	6	7½	.	6	8½	.	6	9½
1/32	.	13	1½	.	13	3¼	.	13	5¼	.	13	7
1/16	1	6	3	1	6	6¾	1	6	10½	1	7	2¼
1/8	2	12	6	2	13	1½	2	13	9	2	14	4½
1/4	5	5	0	5	6	3	5	7	6	5	8	9
1/2	10	10	0	10	12	6	10	15	0	10	17	6
3/4	15	15	0	15	18	9	16	2	6	16	6	3
1	**21**	**0**	**0**	**21**	**5**	**0**	**21**	**10**	**0**	**21**	**15**	**0**
2	42	0	0	42	10	0	43	0	0	43	10	0
3	63	0	0	63	15	0	64	10	0	65	5	0
4	84	0	0	85	0	0	86	0	0	87	0	0
5	105	0	0	106	5	0	107	10	0	108	15	0
6	126	0	0	127	10	0	129	0	0	130	10	0
7	147	0	0	148	15	0	150	10	0	152	5	0
8	168	0	0	170	0	0	172	0	0	174	0	0
9	189	0	0	191	5	0	193	10	0	195	15	0
1/64	.	6	10½	.	6	11¼	.	7	0¼	.	7	1¼
1/32	.	13	9	.	13	10¾	.	14	0¾	.	14	2½
1/16	1	7	6	1	7	9¾	1	8	1½	1	8	5¼
1/8	2	15	0	2	15	7½	2	16	3	2	16	10½
1/4	5	10	0	5	11	3	5	12	6	5	13	9
1/2	11	0	0	11	2	6	11	5	0	11	7	6
3/4	16	10	0	16	13	9	16	17	6	17	1	3
1	**22**	**0**	**0**	**22**	**5**	**0**	**22**	**10**	**0**	**22**	**15**	**0**
2	44	0	0	44	10	0	45	0	0	45	10	0
3	66	0	0	66	15	0	67	10	0	68	5	0
4	88	0	0	89	0	0	90	0	0	91	0	0
5	110	0	0	111	5	0	112	10	0	113	15	0
6	132	0	0	133	10	0	135	0	0	136	10	0
7	154	0	0	155	15	0	157	10	0	159	5	0
8	176	0	0	178	0	0	180	0	0	182	0	0
9	198	0	0	200	5	0	202	10	0	204	15	0
1/64	.	7	2¼	.	7	3	.	7	4	.	7	5
1/32	.	14	4½	.	14	6¼	.	14	8¼	.	14	10
1/16	1	8	9	1	9	0¾	1	9	4½	1	9	8¼
1/8	2	17	6	2	18	1½	2	18	9	2	19	4½
1/4	5	15	0	5	16	3	5	17	6	5	18	9
1/2	11	10	0	11	12	6	11	15	0	11	17	6
3/4	17	5	0	17	8	9	17	12	6	17	16	3
1	**23**	**0**	**0**	**23**	**5**	**0**	**23**	**10**	**0**	**23**	**15**	**0**
2	46	0	0	46	10	0	47	0	0	47	10	0
3	69	0	0	69	15	0	70	10	0	71	5	0
4	92	0	0	93	0	0	94	0	0	95	0	0
5	115	0	0	116	5	0	117	10	0	118	15	0
6	138	0	0	139	10	0	141	0	0	142	10	0
7	161	0	0	162	15	0	164	10	0	166	5	0
8	184	0	0	186	0	0	188	0	0	190	0	0
9	207	0	0	209	5	0	211	10	0	213	15	0
1/64	.	7	6	.	7	6¾	.	7	7¾	.	7	8¾
1/32	.	15	0	.	15	1¾	.	15	3¾	.	15	5½
1/16	1	10	0	1	10	3¾	1	10	7½	1	10	11¼
1/8	3	0	0	3	0	7½	3	1	3	3	1	10½
1/4	6	0	0	6	1	3	6	2	6	6	3	9
1/2	12	0	0	12	2	6	12	5	0	12	7	6
3/4	18	0	0	18	3	9	18	7	6	18	11	3
1	**24**	**0**	**0**	**24**	**5**	**0**	**24**	**10**	**0**	**24**	**15**	**0**
2	48	0	0	48	10	0	49	0	0	49	10	0
3	72	0	0	72	15	0	73	10	0	74	5	0
4	96	0	0	97	0	0	98	0	0	99	0	0
5	120	0	0	121	5	0	122	10	0	123	15	0
6	144	0	0	145	10	0	147	0	0	148	10	0
7	168	0	0	169	15	0	171	10	0	173	5	0
8	192	0	0	194	0	0	196	0	0	198	0	0
9	216	0	0	218	5	0	220	10	0	222	15	0

PRICE PER CARAT.

Carats.	£	s.	d.	£	s.	d.	£	s.	d.	£	s.	d.
1/64	.	7	9¾	.	7	10½	.	7	11½	.	8	0½
1/32	.	15	7½	.	15	9¼	.	15	11¼	.	16	1
1/16	1	11	3	1	11	6¾	1	11	10½	1	12	2¼
1/8	3	2	6	3	3	1½	3	3	9	3	4	4½
1/4	6	5	0	6	6	3	6	7	6	6	8	9
1/2	12	10	0	12	12	6	12	15	0	12	17	6
3/4	18	15	0	18	18	9	19	2	6	19	6	3
1	**25**	**0**	**0**	**25**	**5**	**0**	**25**	**10**	**0**	**25**	**15**	**0**
2	50	0	0	50	10	0	51	0	0	51	10	0
3	75	0	0	75	15	0	76	10	0	77	5	0
4	100	0	0	101	0	0	102	0	0	103	0	0
5	125	0	0	126	5	0	127	10	0	128	15	0
6	150	0	0	151	10	0	153	0	0	154	10	0
7	175	0	0	176	15	0	178	10	0	180	5	0
8	200	0	0	202	0	0	204	0	0	206	0	0
9	225	0	0	227	5	0	229	10	0	231	15	0

Carats.	£	s.	d.	£	s.	d.	£	s.	d.	£	s.	d.
1/64	.	8	1½	.	8	2¼	.	8	3¼	.	8	4¼
1/32	.	16	3	.	16	4¾	.	16	6¾	.	16	8½
1/16	1	12	6	1	12	9¾	1	13	1½	1	13	5¼
1/8	3	5	0	3	5	7½	3	6	3	3	6	10½
1/4	6	10	0	6	11	3	6	12	6	6	13	9
1/2	13	0	0	13	2	6	13	5	0	13	7	6
3/4	19	10	0	19	13	9	19	17	6	20	1	3
1	**26**	**0**	**0**	**26**	**5**	**0**	**26**	**10**	**0**	**26**	**15**	**0**
2	52	0	0	52	10	0	53	0	0	53	10	0
3	78	0	0	78	15	0	79	10	0	80	5	0
4	104	0	0	105	0	0	106	0	0	107	0	0
5	130	0	0	131	5	0	132	10	0	133	15	0
6	156	0	0	157	10	0	159	0	0	160	10	0
7	182	0	0	183	15	0	185	10	0	187	5	0
8	208	0	0	210	0	0	212	0	0	214	0	0
9	234	0	0	236	5	0	238	10	0	240	15	0

Carats.	£	s.	d.	£	s.	d.	£	s.	d.	£	s.	d.
1/64	.	8	5¼	.	8	6	.	8	7	.	8	8
1/32	.	16	10½	.	17	0¼	.	17	2¼	.	17	4
1/16	1	13	9	1	14	0¾	1	14	4½	1	14	8¼
1/8	3	7	6	3	8	1½	3	8	9	3	9	4½
1/4	6	15	0	6	16	3	6	17	6	6	18	9
1/2	13	10	0	13	12	6	13	15	0	13	17	6
3/4	20	5	0	20	8	9	20	12	6	20	16	3
1	**27**	**0**	**0**	**27**	**5**	**0**	**27**	**10**	**0**	**27**	**15**	**0**
2	54	0	0	54	10	0	55	0	0	55	10	0
3	81	0	0	81	15	0	82	10	0	83	5	0
4	108	0	0	109	0	0	110	0	0	111	0	0
5	135	0	0	136	5	0	137	10	0	138	15	0
6	162	0	0	163	10	0	165	0	0	166	10	0
7	189	0	0	190	15	0	192	10	0	194	5	0
8	216	0	0	218	0	0	220	0	0	222	0	0
9	243	0	0	245	5	0	247	10	0	249	15	0

Carats.	£	s.	d.	£	s.	d.	£	s.	d.	£	s.	d.
1/64	.	8	9	.	8	9¾	.	8	10¾	.	8	11¾
1/32	.	17	6	.	17	7¼	.	17	9¾	.	17	11½
1/16	1	15	0	1	15	3¾	1	15	7½	1	15	11¼
1/8	3	10	0	3	10	7½	3	11	3	3	11	10½
1/4	7	0	0	7	1	3	7	2	6	7	3	9
1/2	14	0	0	14	2	6	14	5	0	14	7	6
3/4	21	0	0	21	3	9	21	7	6	21	11	3
1	**28**	**0**	**0**	**28**	**5**	**0**	**28**	**10**	**0**	**28**	**15**	**0**
2	56	0	0	56	10	0	57	0	0	57	10	0
3	84	0	0	84	15	0	85	10	0	86	5	0
4	112	0	0	113	0	0	114	0	0	115	0	0
5	140	0	0	141	5	0	142	10	0	143	15	0
6	168	0	0	169	10	0	171	0	0	172	10	0
7	196	0	0	197	15	0	199	10	0	201	5	0
8	224	0	0	226	0	0	228	0	0	230	0	0
9	252	0	0	254	5	0	256	10	0	258	15	0

PRICE PER CARAT.

Carats.	£	s.	d.	£	s.	d.	£	s.	d.	£	s.	d.
1/64	.	9	4½	.	10	1¾	.	10	11¼	.	11	8½
1/32	.	18	9	1	0	3¾	1	1	10½	1	3	5¼
1/16	1	17	6	2	0	7½	2	3	9	2	6	10½
1/8	3	15	0	4	1	3	4	7	6	4	13	9
1/4	7	10	0	8	2	6	8	15	0	9	7	6
1/2	15	0	0	16	5	0	17	10	0	18	15	0
3/4	22	10	0	24	7	6	26	5	0	28	2	6
1	**30**	**0**	**0**	**32**	**10**	**0**	**35**	**0**	**0**	**37**	**10**	**0**
2	60	0	0	65	0	0	70	0	0	75	0	0
3	90	0	0	97	10	0	105	0	0	112	10	0
4	120	0	0	130	0	0	140	0	0	150	0	0
5	150	0	0	162	10	0	175	0	0	187	10	0
6	180	0	0	195	0	0	210	0	0	225	0	0
7	210	0	0	227	10	0	245	0	0	262	10	0
8	240	0	0	260	0	0	280	0	0	300	0	0
9	270	0	0	292	10	0	315	0	0	337	10	0
1/64	.	12	6	.	13	3¼	.	14	0¾	.	14	10
1/32	1	5	0	1	6	6¾	1	8	1½	1	9	8¼
1/16	2	10	0	2	13	1½	2	16	3	2	19	4½
1/8	5	0	0	5	6	3	5	12	6	5	18	9
1/4	10	0	0	10	12	6	11	5	0	11	17	6
1/2	20	0	0	21	5	0	22	10	0	23	15	0
3/4	30	0	0	31	17	6	33	15	0	35	12	6
1	**40**	**0**	**0**	**42**	**10**	**0**	**45**	**0**	**0**	**47**	**10**	**0**
2	80	0	0	85	0	0	90	0	0	95	0	0
3	120	0	0	127	10	0	135	0	0	142	10	0
4	160	0	0	170	0	0	180	0	0	190	0	0
5	200	0	0	212	10	0	225	0	0	237	10	0
6	240	0	0	255	0	0	270	0	0	285	0	0
7	280	0	0	297	10	0	315	0	0	332	10	0
8	320	0	0	340	0	0	360	0	0	380	0	0
9	360	0	0	382	10	0	405	0	0	427	10	0
1/64	.	15	7½	.	16	4¾	.	17	2¼	.	17	11½
1/32	1	11	3	1	12	9¾	1	14	4½	1	15	11¼
1/16	3	2	6	3	5	7½	3	8	9	3	11	10½
1/8	6	5	0	6	11	3	6	17	6	7	3	9
1/4	12	10	0	13	2	6	13	15	0	14	7	6
1/2	25	0	0	26	5	0	27	10	0	28	15	0
3/4	37	10	0	39	7	6	41	5	0	43	2	6
1	**50**	**0**	**0**	**52**	**10**	**0**	**55**	**0**	**0**	**57**	**10**	**0**
2	100	0	0	105	0	0	110	0	0	115	0	0
3	150	0	0	157	10	0	165	0	0	172	10	0
4	200	0	0	210	0	0	220	0	0	230	0	0
5	250	0	0	262	10	0	275	0	0	287	10	0
6	300	0	0	315	0	0	330	0	0	345	0	0
7	350	0	0	367	10	0	385	0	0	402	10	0
8	400	0	0	420	0	0	440	0	0	460	0	0
9	450	0	0	472	10	0	495	0	0	517	10	0
1/64	.	18	9	.	19	6¼	1	0	3¾	1	1	1
1/32	1	17	6	1	19	0¾	2	0	7½	2	2	2¼
1/16	3	15	0	3	18	1½	4	1	3	4	4	4½
1/8	7	10	0	7	16	3	8	2	6	8	8	9
1/4	15	0	0	15	12	6	16	5	0	16	17	6
1/2	30	0	0	31	5	0	32	10	0	33	15	0
3/4	45	0	0	46	17	6	48	15	0	50	12	6
1	**60**	**0**	**0**	**62**	**10**	**0**	**65**	**0**	**0**	**67**	**10**	**0**
2	120	0	0	125	0	0	130	0	0	135	0	0
3	180	0	0	187	10	0	195	0	0	202	10	0
4	240	0	0	250	0	0	260	0	0	270	0	0
5	300	0	0	312	10	0	325	0	0	337	10	0
6	360	0	0	375	0	0	390	0	0	405	0	0
7	420	0	0	437	10	0	455	0	0	472	10	0
8	480	0	0	500	0	0	520	0	0	540	0	0
9	540	0	0	562	10	0	585	0	0	607	10	0

WEIGHT OF A SILVER ARTICLE IF RE-

Silver.	9 ct.	15 ct.	18 ct.	Silver.	9 ct.	15 ct.	18 ct.
.005	.006	.007	.008	.540	.669	.806	.875
.010	.012	.014	.016	.550	.682	.822	.892
.015	.018	.021	.024	.560	.694	.836	.908
.020	.024	.029	.032	.570	.706	.851	.924
.025	.030	.036	.040	.580	.719	.864	.940
.030	.037	.043	.048	.590	.731	.882	.956
.035	.043	.051	.056	.600	.744	.897	.973
.040	.049	.059	.064	.610	.756	.911	.989
.045	.055	.066	.072	.620	.768	.926	1.005
.050	.062	.074	.081	.630	.781	.940	1.021
.055	.068	.081	.089	.640	.793	.956	1.037
.060	.074	.088	.097	.650	.806	.971	1.054
.065	.080	.095	.105	.660	.818	.985	1.070
.070	.086	.103	.113	.670	.830	1.000	1.086
.075	.092	.110	.121	.680	.843	1.014	1.102
.080	.099	.117	.129	.690	.855	1.031	1.118
.085	.105	.125	.137	.700	.868	1.046	1.135
.090	.111	.134	.145	.710	.880	1.060	1.151
.095	.117	.141	.153	.720	.892	1.075	1.167
.100	.124	.149	.162	.730	.905	1.089	1.183
.105	.130	.156	.170	.740	.917	1.105	1.199
.110	.136	.163	.178	.750	.930	1.120	1.216
.115	.142	.170	.186	.760	.942	1.134	1.232
.120	.148	.178	.194	.770	.954	1.149	1.248
.125	.154	.185	.202	.780	.967	1.163	1.264
.130	.161	.192	.210	.790	.979	1.180	1.280
.135	.167	.200	.218	.800	.992	1.195	1.297
.140	.173	.208	.226	.810	1.004	1.209	1.313
.145	.179	.215	.234	.820	1.016	1.224	1.329
.150	.186	.223	.243	.830	1.029	1.238	1.345
.155	.192	.230	.251	.840	1.041	1.254	1.361
.160	.198	.237	.259	.850	1.054	1.270	1.378
.165	.204	.244	.267	.860	1.066	1.284	1.394
.170	.210	.252	.275	.870	1.078	1.299	1.410
.175	.216	.259	.283	.880	1.091	1.312	1.426
.180	.223	.266	.291	.890	1.103	1.330	1.442
.185	.229	.274	.299	.900	1.116	1.345	1.459
.190	.235	.283	.307	.910	1.128	1.359	1.475
.195	.241	.290	.315	.920	1 140	1.374	1.491
.200	.248	.298	.324	.930	1.153	1.388	1.507
.210	.260	.312	.340	.940	1.165	1.404	1.523
.220	.272	.327	.356	.950	1.178	1.419	1.540
.230	.285	.341	.372	.960	1.190	1.433	1.556
.240	.297	.357	.388	.970	1.202	1.448	1.572
.250	.310	.373	.405	.980	1.215	1.462	1.588
.260	.322	.387	.421	.990	1.227	1.479	1.604
.270	.334	.402	.437	1.000	1.240	1.495	1.622
.280	.347	.415	.453	1.010	1.252	1.510	1.638
.290	.359	.433	.469	1.020	1.264	1.525	1.654
.300	.372	.448	.486	1.030	1.277	1.540	1.670
.310	.384	.462	.502	1.040	1.289	1.556	1.686
.320	.396	.477	.518	1.050	1.302	1.569	1.703
.330	.409	.491	.534	1.060	1.314	1.584	1.719
.340	.421	.507	.550	1.070	1.326	1.599	1.735
.350	.434	.522	.567	1.080	1.339	1.614	1.751
.360	.446	.536	.583	1.090	1.351	1.629	1.767
.370	.458	.551	.599	1.100	1.364	1.644	1.784
.380	.471	.565	.615	1.110	1.376	1.659	1.800
.390	.483	.582	.631	1.120	1.388	1.674	1.816
.400	.496	.597	.648	1.130	1.401	1.689	1.832
.410	.508	.611	.664	1.140	1.413	1.704	1.848
.420	.520	.626	.680	1.150	1.426	1.718	1.865
.430	.533	.640	.696	1.160	1.438	1.733	1.881
.440	.545	.656	.712	1.170	1.450	1.748	1.897
.450	.558	.671	.729	1.180	1.463	1.763	1.913
.460	.570	.685	.745	1.190	1.475	1.778	1.929
.470	.582	.700	.761	1.200	1.488	1.793	1.946
.480	.595	.714	.777	1.210	1.500	1.808	1.962
.490	.607	.731	.793	1.220	1.512	1.823	1.978
.500	.620	.747	.811	1.230	1.525	1.838	1.994
.510	.632	.761	.827	1.240	1.537	1.853	2.010
.520	.644	.776	.843	1.250	1.550	1.868	2.027
.530	.657	.790	.859	1.260	1.562	1.883	2.043

PRODUCED IN 9, 15, OR 18 CARAT GOLD.

Silver.	9 ct.	15 ct.	18 ct.	Silver.	9 ct.	15 ct.	18 ct.
1.270	1.574	1.898	2.059	2.000	2.480	2.990	3.244
1.280	1.587	1.913	2.075	2.010	2.492	3.005	3.260
1.290	1.599	1.928	2.091	2.020	2.504	3.020	3.276
1.300	1.612	1.943	2.108	2.030	2.517	3.035	3.292
1.310	1.624	1.958	2.124	2.040	2.529	3.050	3.308
1.320	1.636	1.973	2.140	2.050	2.542	3.064	3.325
1.330	1.649	1.988	2.156	2.060	2.554	3.079	3.341
1.340	1.661	2.003	2.172	2.070	2.566	3.094	3.357
1.350	1.674	2.017	2.189	2.080	2.579	3.109	3.373
1.360	1.686	2.032	2.205	2.090	2.591	3.124	3.389
1.370	1.698	2.047	2.221	2.100	2.604	3.140	3.406
1.380	1.711	2.062	2.237	2.110	2.616	3.155	3.422
1.390	1.723	2.077	2.253	2.120	2.628	3.170	3.438
1.400	1.736	2.092	2.270	2.130	2.641	3.185	3.454
1.410	1.748	2.107	2.286	2.140	2.653	3.200	3.470
1.420	1.760	2.122	2.302	2.150	2.666	3.214	3.487
1.430	1.773	2.137	2.318	2.160	2.678	3.229	3.503
1.440	1.785	2.152	2.334	2.170	2.690	3.244	3.519
1.450	1.798	2.166	2.351	2.180	2.703	3.259	3.535
1.460	1.810	2.181	2.367	2.190	2.715	3.274	3.551
1.470	1.822	2.196	2.383	2.200	2.728	3.289	3.568
1.480	1.835	2.211	2.399	2.210	2.740	3.304	3.584
1.490	1.847	2.226	2.415	2.220	2.752	3.319	3.600
1.500	1.860	2.242	2.432	2.230	2.765	3.334	3.616
1.510	1.872	2.257	2.448	2.240	2.777	3.349	3.632
1.520	1.884	2.272	2.464	2.250	2.790	3.364	3.649
1.530	1.897	2.287	2.480	2.260	2.802	3.379	3.665
1.540	1.909	2.302	2.496	2.270	2.814	3.394	3.681
1.550	1.922	2.317	2.513	2.280	2.827	3.409	3.697
1.560	1.934	2.332	2.529	2.290	2.839	3.424	3.713
1.570	1.946	2.347	2.545	2.300	2.852	3.439	3.730
1.580	1.959	2.362	2.561	2.310	2.864	3.454	3.746
1.590	1.971	2.377	2.577	2.320	2.876	3.469	3.762
1.600	1.984	2.392	2.594	2.330	2.889	3.484	3.778
1.610	1.996	2.407	2.610	2.340	2.901	3.499	3.794
1.620	2.008	2.422	2.626	2.350	2.914	3.513	3.811
1.630	2.021	2.437	2.642	2.360	2.926	3.528	3.827
1.640	2.033	2.452	2.658	2.370	2.938	3.543	3.843
1.650	2.046	2.466	2.675	2.380	2.951	3.558	3.859
1.660	2.058	2.481	2.691	2.390	2.963	3.573	3.875
1.670	2.070	2.496	2.707	2.400	2.976	3.588	3.892
1.680	2.083	2.511	2.723	2.410	2.988	3.603	3.908
1.690	2.095	2.526	2.739	2.420	3.000	3.618	3.924
1.700	2.108	2.541	2.756	2.430	3.013	3.633	3.940
1.710	2.120	2.556	2.772	2.440	3.025	3.648	3.956
1.720	2.132	2.571	2.788	2.450	3.038	3.662	3.973
1.730	2.145	2.586	2.804	2.460	3.050	3.677	3.989
1.740	2.157	2.601	2.820	2.470	3.062	3.692	4.005
1.750	2.170	2.615	2.837	2.480	3.075	3.707	4.021
1.760	2.182	2.630	2.853	2.490	3.087	3.722	4.037
1.770	2.194	2.645	2.869	2.500	3.100	3.738	4.055
1.780	2.207	2.660	2.885	2.510	3.112	3.753	4.071
1.790	2.219	2.678	2.901	2.520	3.124	3.768	4.087
1.800	2.232	2.690	2.919	2.530	3.137	3.783	4.103
1.810	2.244	2.705	2.935	2.540	3.149	3.798	4.119
1.820	2.256	2.720	2.951	2.550	3.162	3.812	4.136
1.830	2.269	2.735	2.967	2.560	3.174	3.827	4.152
1.840	2.281	2.750	2.983	2.570	3.186	3.842	4.168
1.850	2.294	2.765	3.000	2.580	3.199	3.857	4.184
1.860	2.306	2.780	3.016	2.590	3.211	3.872	4.200
1.870	2.318	2.795	3.032	2.600	3.224	3.887	4.217
1.880	2.331	2.810	3.048	2.610	3.236	3.902	4.233
1.890	2.343	2.825	3.064	2.620	3.248	3.917	4.249
1.900	2.356	2.840	3.081	2.630	3.261	3.932	4.265
1.910	2.368	2.855	3.097	2.640	3.273	3.947	4.281
1.920	2.380	2.870	3.113	2.650	3.286	3.961	4.298
1.930	2.393	2.885	3.129	2.660	3.298	3.976	4.314
1.940	2.405	2.900	3.145	2.670	3.310	3.991	4.330
1.950	2.418	2.914	3.162	2.680	3.323	4.006	4.346
1.960	2.430	2.929	3.178	2.690	3.335	4.021	4.362
1.970	2.442	2.944	3.194	2.700	3.348	4.036	4.379
1.980	2.455	2.959	3.210	2.710	3.360	4.051	4.395
1.990	2.467	2.974	3.226	2.720	3.372	4.066	4.411

CONTINUATION OF TABLE XIV.

Silver.	9 ct.	15 ct.	18 ct.	Silver.	9 ct.	15 ct.	18 ct.
2.730	3.385	4.081	4.427	3.460	4.290	5.171	5.611
2.740	3.397	4.096	4.443	3.470	4.302	5.186	5.627
2.750	3.410	4.111	4.460	3.480	4.315	5.201	5.643
2.760	3.422	4.120	4.476	3.490	4.327	5.216	5.659
2.770	3.434	4.141	4.492	3.500	4.340	5.232	5.677
2.780	3.447	4.156	4.508	3.510	4.352	5.247	5.693
2.790	3.459	4.171	4.524	3.520	4.364	5.262	5.709
2.800	3.472	4.186	4.541	3.530	4.377	5.277	5.725
2.810	3.484	4.201	4.557	3.540	4.389	5.292	5.741
2.820	3.496	4.216	4.573	3.550	4.402	5.306	5.758
2.830	3.509	4.231	4.589	3.560	4.414	5.321	5.774
2.840	3.521	4.246	4.605	3.570	4.426	5.336	5.790
2.850	3.534	4.260	4.622	3.580	4.439	5.351	5.806
2.860	3.546	4.275	4.638	3.590	4.451	5.366	5.822
2.870	3.558	4.290	4.654	3.600	4.464	5.381	5.839
2.880	3.571	4.305	4.670	3.610	4.476	5.396	5.855
2.890	3.583	4.320	4.686	3.620	4.488	5.411	5.871
2.900	3.596	4.335	4.703	3.630	4.501	5.426	5.887
2.910	3.608	4.350	4.719	3.640	4.513	5.441	5.903
2.920	3.620	4.365	4.735	3.650	4.526	5.455	5.920
2.930	3.633	4.380	4.751	3.660	4.538	5.470	5.936
2.940	3.645	4.395	4.767	3.670	4.550	5.485	5.952
2.950	3.658	4.409	4.784	3.680	4.563	5.500	5.968
2.960	3.670	4.424	4.800	3.690	4.575	5.515	5.984
2.970	3.682	4.439	4.816	3.700	4.588	5.530	6.001
2.980	3.695	4.454	4.832	3.710	4.600	5.545	6.017
2.990	3.707	4.469	4.848	3.720	4.612	5.560	6.033
3.000	3.720	4.485	4.866	3.730	4.625	5.575	6.049
3.010	3.732	4.500	4.882	3.740	4.637	5.590	6.065
3.020	3.744	4.515	4.898	3.750	4.650	5.605	6.082
3.030	3.757	4.530	4.914	3.760	4.662	5.620	6.098
3.040	3.770	4.545	4.930	3.770	4.674	5.635	6.114
3.050	3.782	4.559	4.947	3.780	4.687	5.650	6.130
3.060	3.794	4.574	4.963	3.790	4.699	5.665	6.146
3.070	3.806	4.589	4.979	3.800	4.712	5.680	6.163
3.080	3.819	4.604	4.995	3.810	4.724	5.695	6.179
3.090	3.831	4.619	5.011	3.820	4.736	5.710	6.195
3.100	3.844	4.634	5.028	3.830	4.749	5.725	6.211
3.110	3.856	4.649	5.044	3.840	4.761	5.740	6.227
3.120	3.868	4.664	5.060	3.850	4.774	5.754	6.244
3.130	3.881	4.679	5.076	3.860	4.786	5.769	6.260
3.140	3.893	4.694	5.092	3.870	4.798	5.784	6.276
3.150	3.906	4.708	5.109	3.880	4.811	5.799	6.292
3.160	3.918	4.723	5.125	3.890	4.823	5.814	6.308
3.170	3.930	4.738	5.141	3.900	4.836	5.829	6.325
3.180	3.943	4.753	5.157	3.910	4.848	5.844	6.341
3.190	3.955	4.768	5.173	3.920	4.860	5.859	6.357
3.200	3.968	4.783	5.190	3.930	4.873	5.874	6.373
3.210	3.980	4.798	5.206	3.940	4.885	5.889	6.389
3.220	3.992	4.813	5.222	3.950	4.898	5.903	6.406
3.230	4.005	4.828	5.238	3.960	4.910	5.918	6.422
3.240	4.017	4.843	5.254	3.970	4.922	5.933	6.438
3.250	4.030	4.858	5.271	3.980	4.935	5.948	6.454
3.260	4.042	4.873	5.287	3.990	4.947	5.963	6.470
3.270	4.054	4.888	5.303	4.000	4.960	5.980	6.488
3.280	4.067	4.903	5.319	4.010	4.972	5.995	6.504
3.290	4.079	4.918	5.335	4.020	4.984	6.010	6.520
3.300	4.092	4.933	5.352	4.030	4.997	6.025	6.536
3.310	4.104	4.948	5.368	4.040	5.009	6.040	6.552
3.320	4.116	4.963	5.384	4.050	5.022	6.054	6.569
3.330	4.129	4.978	5.400	4.060	5.034	6.069	6.585
3.340	4.141	4.993	5.416	4.070	5.046	6.084	6.601
3.350	4.154	5.007	5.433	4.080	5.059	6.099	6.617
3.360	4.166	5.022	5.449	4.090	5.071	6.114	6.633
3.370	4.178	5.037	5.465	4.100	5.084	6.129	6.650
3.380	4.191	5.052	5.481	4.110	5.096	6.144	6.666
3.390	4.203	5.067	5.497	4.120	5.108	6.159	6.682
3.400	4.216	5.082	5.514	4.130	5.121	6.174	6.698
3.410	4.228	5.097	5.530	4.140	5.133	6.189	6.714
3.420	4.240	5.112	5.546	4.150	5.146	6.203	6.731
3.430	4.253	5.127	5.562	4.160	5.158	6.218	6.747
3.440	4.265	5.142	5.578	4.170	5.170	6.233	6.763
3.450	4.278	5.156	5.595	4.180	5.183	6.248	6.779

PRICES FOR REPLATING E.P. GOODS.

Alphabetical List.	Nickel Silver or Copper.			Britannia Metal.		
	A1.	B.	C.	A1.	B.	C.
	s. d.	s. d.	s. d.	s. d.	s. d.	s. d.
Afternoon Tea Sets (gilt inside)	37 6	30 0	22 6	30 0	22 6	18 0
,, Trays .. per in.	1 9	1 6	1 0	1 6	1 0	. 9
Bacon Dishes and Covers each	26 0	21 0	14 0	21 0	18 0	12 0
Linings for same ...... extra	10 6	7 6	6 0	9 0	6 0	4 6
Beakers, ½ pint	8 6	6 6	4 6	6 6	4 6	3 3
,, ,, gilding inside extra	4 6	3 0	2 0	3 0	2 0	1 3
,, 1 pint	10 6	8 6	6 6	8 6	6 6	4 9
,, ,, gilding inside extra	6 0	4 6	3 6	5 0	4 0	3 0
Biscuit, Butter & Cheese Stands	22 6	18 0	14 0	—	—	—
,, Boxes	26 0	20 0	12 0	20 0	13 0	8 0
Bottle Stands	7 6	6 0	4 6	6 0	5 0	3 6
Bread Baskets	24 0	19 0	12 0	19 0	14 0	9 0
Breakfast Frames	9 0	7 6	5 0	6 9	4 9	3 9
Breakfast Dishes and Soup Tureens combined, revolving covers and two linings 10in.	64 0	48 6	36 0	—	—	—
,, 11in.	71 0	55 0	42 0	—	—	—
,, 12in.	78 0	62 6	49 6	—	—	—
Butter Coolers	12 0	10 0	7 6	10 0	7 6	5 6
Cake Baskets	24 0	19 0	12 0	19 0	14 0	9 0
Candelabra, 2 arms ..... each	37 6	27 0	21 0	—	—	—
Candlesticks (chamber) per pair	16 0	13 0	10 0	13 6	10 0	7 6
,, (piano) ,,	13 6	10 6	7 6	10 6	7 6	6 0
,, (table), 8in. ,,	16 6	13 6	11 0	13 6	11 0	9 0
,, ,, 10in. ,,	20 0	16 6	13 6	16 6	13 6	11 0
,, ,, 12in. ,,	25 0	20 0	16 6	20 0	16 6	13 6
,, ,, 14in. ,,	30 0	25 0	20 0	25 0	20 0	16 6
Children's Cups, gilt inside	10 0	8 0	6 0	8 0	6 0	4 6
Chop Dishes and Covers, but without linings 7in.	18 0	13 6	9 6	13 6	10 6	8 0
,, 8in.	20 0	15 0	10 6	15 0	12 0	9 0
Claret Jugs, mounts only	9 0	7 0	5 6	—	—	—
Claret or Hot Water Jugs. (*See* Hot Water Jugs.)						
Coffee Pots. (*See* H.W. Jugs.)						
Coffee Machines, 1 globe	105 0	75 0	60 0	—	—	—
,, ,, 2 globes	152 0	106 0	84 0	—	—	—
Communion Services—						
Flagon, 3 pints	30 0	25 0	18 0	25 0	19 6	15 0
Cups (gilt inside), 1 pint each	16 6	13 6	10 6	13 6	10 6	8 6
Plates, 10in. .... ,,	18 0	15 6	11 6	15 6	11 6	9 6
Paten	23 6	19 6	13 6	20 0	15 6	11 0
Cream Jugs, full size	11 0	8 0	6 0	8 0	6 0	4 6
,, ,, gilding extra	5 6	4 0	2 6	4 0	2 6	1 9
Cruet Frames, 6 holes .... (Other sizes 1/6 per hole less or more.)	16 0	13 0	9 0	13 0	10 0	7 0
Crumb Brushes	6 6	5 0	3	5 0	4 6	2 9
,, Trays	8 6	6 6	4 6	6 6	5 0	3 6
Decanter Stands. (*See* Bottle S.)						
Dish Covers, 10in.	17 6	15 0	12 6	15 0	12 6	10 0
,, 12in.	21 0	18 0	15 0	18 0	15 0	12 0
,, 14in.	26 6	22 6	17 6	21 0	17 6	14 0
,, 16in.	30 0	25 6	20 0	24 0	20 0	16 0
,, 18in.	34 6	28 6	22 6	27 0	22 6	18 0
,, 20in.	38 6	31 6	25 0	30 0	25 0	20 0
Dram Flasks (according to size).						
Egg Frames, 4 cups	17 0	14 0	11 0	15 0	12 0	8 0
,, 5 cups	19 0	15 6	12 0	16 6	13 0	9 0
,, 6 cups	21 6	16 6	13 0	18 0	14 0	10 0
Cups (gilt inside), 1/- each extra.						
Egg boilers	16 6	13 0	10 6	—	—	—
Entrée Dishes, including Covers and Handles, also Steak Dishes and Covers 8in.	20 0	15 0	10 6	15 0	12 0	9 0
,, 9in.	22 6	18 0	12 0	18 0	15 0	10 6
,, 10in.	28 0	23 6	14 0	21 0	18 0	12 0
,, 11in.	28 0	23 6	14 0	21 0	18 0	12 0
,, 12in.	30 0	25 0	18 0	25 0	21 0	15 0
Goblets, ½ pint	8 6	6 6	4 6	6 6	4 6	3 3
,, ,, gilding inside extra	4 6	3 0	2 0	3 0	2 0	1 3

N.B.—Repairs charged extra.

PRICES FOR REPLATING E.P. GOODS.

Alphabetical List.	Nickel Silver or Copper.			Britannia Metal.		
	A1.	B.	C.	AI.	B.	C.
	s. d.	s. d.	s. d.	s. d.	s. d.	s. d.
Goblets 1 pint	12 0	10 0	8 0	10 0	8 0	6 6
,, ,, gilding inside extra	6 0	4 6	3 6	5 0	4 0	3 0
,, 1½ pints	16 6	13 6	11 6	13 6	11 6	9 6
,, ,, gilding inside extra	7 6	6 0	4 6	6 0	4 6	3 6
Grape Scissors .... per pair	4 0	3 0	2 6	—	—	—
Hot Water or Claret Jugs, also Coffee Pots 2½-pints	13 6	11 0	8 0	11 0	[illegible] 0	6 0
,, 3 ,,	16 6	13 6	10 0	[illegible]3 [illegible]	1 [illegible]	[illegible] [illegible]
,, 4 ,,	21 0	18 0	12 0	8	[illegible]	
,, 5 ,,	21 0	18 0	12 0	8		
,, 6 ,,	25 0	21 0	15 0	1		1
Ice Jugs	30 0	27 0	24 0	7		2
,, large, double lined	52 6	41 6	33 0	0		
Ice Pails, small, all metal	13 6	11 0	9 0	1		
,, large ,,	30 0	23 6	18 6	4	1	14 0
Inkstands	22 0	18 0	14 0	5	1	6 6
Knife Handles (table) per doz.	14 0	11 0	7 0	—	—	—
,, (dessert) ,,	10 0	8 0	5 0	—	—	—
Knife Rests .... per pair	2 6	2 0	1 9	—	—	—
Liquor Frames	26 0	20 0	12 0	20 0	14 0	10 0
Meat Dishes, 10in.	19 0	16 0	11 6	—	—	—
,, 12in.	24 0	21 0	16 0	—	—	—
,, 14in.	30 0	25 0	19 6	—	—	—
,, 16in.	37 6	31 6	22 6	—	—	—
,, 18in.	45 0	37 6	27 0	—	—	—
,, 20in.	51 0	43 6	31 6	—	—	—
Military Fittings—						
Helmet and Belt Fittings	10 0	7 6	6 0	—	—	—
Horse's Bit Curb	20 0	15 0	10 0	—	—	—
,, Snaffle	12 0	9 0	7 0	—	—	—
Stirrups .... per pair	20 0	15 0	10 0	—	—	—
Spurs ,,	9 0	6 9	4 6	—	—	—
Sword Hilt	11 0	8 0	6 0	—	—	—
,, ,, (gilding)	18 0	14 0	11 0	—	—	—
,, Scabbard	22 6	18 0	13 6	—	—	—
Muffin Covers	12 0	9 0	5 0	9 0	6 0	4 0
Muffineers	5 0	4 0	3 0	4 [illegible]	3 [illegible]	2 [illegible]
Mugs, ½ pint	9 6	7 6	6 0	7	5	4
,, ,, gilding inside extra	4 6	3 0	2 0	3	2	1
,, 1 pint	12 0	10 0	8 0	10	8	6
,, ,, gilding inside extra	6 0	4 6	3 6	5	4	3
,, quart	16 0	12 0	10 0	12	10	8
,, ,, gilding inside extra	8 0	6 6	5 0	7	5	4
Mustard Pots	6 6	5 0	3 6	5	4	2
Napkin Rings .... each	2 3	1 9	1 3	—	—	—
Nut Cracks .... per pair	3 6	2 6	1 6	—	—	—
Oil and Vinegar Frames	11 6	8 6	4 6	8 6	5 6	2 6
Pickle Frames, 1 bottle	7 6	6 0	4 6	6 [illegible]	5 [illegible]	3 [illegible]
,, 2 bottles	13 0	10 0	6 0	12	9	5
,, 3 ,,	16 0	13 6	10 0	14	11	9
Plate Covers, 8in.	12 0	10 0	8 0	0	8	6
,, 9in.	13 6	11 6	9 0	1	9	6
,, 10in.	13 6	11 6	10 0	1	9	7
Salt Cellars .... per pair	9 0	7 0	4 6	7	5	3
,, gilding inside extra	5 0	4 6	3 6	4	3	2
Sandwich Stands, 10in.	27 0	22 6	17 6	22	17	13
Sardine boxes, with Covers	12 0	10 0	7 6	10	7	5
Sauce Boats, ¼ pint	8 0	6 0	4 6	7	5	4
,, ½ ,,	10 0	8 0	6 0	8	6	4
,, ¾ ,,	12 0	9 6	7 0	10	7	5
,, 1 ,,	15 0	12 0	10 0	12	9	7
Sauce Frames, 4 holes	13 0	10 0	6 0	0	7	4
,, Tureens	21 6	17 6	14 0	8	15	10
Snuffers and Trays	9 0	7 6	5 6	8	6	4
Soda Water Stands, 1 bottle	5 0	4 0	3 0	—	—	—
,, ,, 2 bottles	8 0	6 6	5 6	—	—	—
,, ,, 3	11 0	9 0	7 0	—	—	—
Soufflé Dishes and Linings, 6in.	20 0	15 6	12 0	—	—	—
,, ,, 7in.	22 6	17 6	13 0	—	—	—
,, ,, 8in.	25 0	20 0	15 0	—	—	—

N.B.—Repairs charged extra.

PRICES FOR REPLATING E.P. GOODS.

Alphabetical List.	Nickel Silver or Copper.			Britannia Metal.		
	A1.	B.	C.	A1.	B.	C.
	s. d.	s. d.	s. d.	s. d.	s. d.	s. d.
Soup Bowls	13 0	10 6	7 6	11 0	8 0	6 0
,, Plates	13 0	10 6	7 6	11 0	8 0	6 0
,, Tureens, 2 quarts	30 0	25 0	20 0	25 0	20 0	17 6
,, ,, 4 ,,	63 0	50 0	40 0	50 0	40 0	30 0
,, ,, (*See* Breakfast Dishes.)						
Spoon Warmers	12 0	10 0	7 6	10 6	7 6	6 0
Steak Dishes (*see* Entreé Dishes).						
Sugar Basins, full size	15 0	12 0	10 0	12 0	10 0	7 0
,, ,, gilding extra	6 6	5 6	4 6	5 6	4 6	3 6
Sugar Baskets	9 0	7 0	5 0	7 0	5 0	3 6
,, ,, gilding inside extra	5 0	3 0	2 0	3 0	2 0	1 6
Tea and Coffee Sets, full size	66 0	53 0	39 0	53 0	39 0	27 0
,, ,, gilding inside	12 0	9 6	7 0	9 6	7 0	5 3
Tea Caddies	13 6	11 6	9 0	11 6	9 0	6 6
Tea Kettles, Stands, and Lamps						
,, 3 half-pints	25 0	21 0	18 0	21 0	18 0	15 0
,, 4 ,,	30 0	25 0	20 6	25 0	20 6	16 6
,, 5 ,,	35 0	30 0	24 0	30 0	24 0	18 0
,, 6 ,,	42 0	34 0	26 0	34 0	26 0	20 0
,, 6 pints	45 0	36 0	30 0	36 0	30 0	27 0
,, full size	58 0	45 0	35 0	45 0	35 0	27 0
Tea Pots, 2 half-pints	12 0	10 6	8 0	10 6	8 0	5 6
,, 3 ,,	14 0	12 0	9 0	12 0	9 0	6 0
,, 4 ,,	18 0	15 0	11 0	15 0	11 0	7 6
,, 5 ,,	18 0	15 0	11 0	15 0	11 0	7 6
,, 6 ,,	21 0	18 0	14 0	18 0	14 0	10 0
Tea Trays, 20in.	45 0	37 6	27 0	—	—	—
,, 22in.	51 0	42 0	35 0	—	—	—
,, 24in.	59 0	51 0	43 0	—	—	—
Tea Urns, full size	71 0	59 0	50 0	59 0	50 0	42 0
Toast Racks	8 6	7 0	5 0	7 0	5 0	3 6
Vegetable Dishes and Covers	39 0	34 0	29 0	34 0	29 0	23 0
,, Divisions ..... extra	10 6	7 6	6 0	9 0	6 6	5 0
Venison Dishes, 20in.	78 0	62 0	52 0	62 0	50 0	42 0
,, 22in.	85 0	68 0	56 0	68 0	55 0	46 0
,, 24in.	95 0	75 0	60 0	75 0	60 0	50 0
Waiters, 8in.	14 0	12 0	8 0	12 0	8 0	6 0
,, 10in.	17 6	15 0	10 0	15 0	10 0	7 6
,, 12in.	21 0	18 0	12 0	18 0	12 0	9 0
,, 14in.	24 6	21 0	14 0	21 0	14 0	10 6
Warmers and Tops	30 0	25 0	17 0	26 0	21 0	15 0
Wine Coolers	45 0	35 0	28 0	35 0	28 0	22 6
,, Strainers	7 6	6 0	4 0	6 0	4 0	2 6
,, ,, gilding inside extra	3 6	2 9	2 0	3 0	2 0	1 0

N.B.—Repairs charged extra.

PRICES FOR REPLATING SPOONS and FORKS, &c.

No Extra Charge for Replating Fancy Patterns.		AI.	B.	C.
		£ s. d.	£ s. d.	£ s. d.
Forks, Dessert	per doz.	1 0 0	. 15 0	. 11 0
,, Table	,,	1 5 0	1 0 0	. 14 0
Spoons, Dessert	per doz.	1 0 0	. 15 0	. 11 0
,, Table	,,	1 5 0	1 0 0	. 14 0
,, Tea	,,	. 13 6	. 10 6	. 7 0
,, ,, (5 o'clock)	,,	. 12 0	. 9 0	. 6 0
,, Egg } Gilding bowls 5/- per doz. extra.	,,	. 13 6	. 10 6	. 7 0
,, Mustard } Gilding bowls 5/- per doz. extra.	,,	. 13 6	. 10 6	. 7 0
,, Salt } Gilding bowls 5/- per doz. extra.	,,	. 13 6	. 10 6	. 7 0
,, Gravy	each	. 5 0	. 4 0	. 3 6
Ladles, Sauce	per doz.	1 10 0	1 5 0	1 0 0
,, Soup	each	. 7 0	. 5 6	. 4 6
,, Toddy	per doz.	1 5 0	1 0 0	. 15 0
Tongs (Sugar)	,,	1 5 0	1 0 0	. 15 0
Butter Knives	per doz.	1 5 0	1 0 0	. 15 0
Fish Eating Blades & Prongs	per doz. pr.	2 2 0	1 14 0	1 7 0
Dessert ,, ,,	,,	1 16 0	1 8 6	1 3 6
Fish Carving Knives	each	. 6 0	. 5 0	. 3 6
,, ,, Forks	,,	. 5 0	. 4 0	. 3 0
Fruit Spoons, gilt bowls	..	. 6 0	. 4 6	. 3 6

1	2	3	4	5	6	7
2	4	6	8	10	12	14
3	6	9	12	15	18	21
4	8	12	16	20	24	28
5	10	15	20	25	30	35
6	12	18	24	30	36	42
7	14	21	28	35	42	49
8	16	24	32	40	48	56
9	18	27	36	45	54	63
10	20	30	40	50	60	70
11	22	33	44	55	66	77
	2	**3**	**4**	**5**	**6**	**7**
12	24	36	48	60	72	84
13	26	39	52	65	78	91
14	28	42	56	70	84	98
15	30	45	60	75	90	105
16	32	48	64	80	96	112
17	34	51	68	85	102	119
18	36	54	72	90	108	126
19	38	57	76	95	114	133
20	40	60	80	100	120	140
21	42	63	84	105	126	147
22	44	66	88	110	132	154
	2	**3**	**4**	**5**	**6**	**7**
23	46	69	92	115	138	161
24	48	72	96	120	144	168
25	50	75	100	125	150	175
26	52	78	104	130	156	182
27	54	81	108	135	162	189
28	56	84	112	140	168	196
29	58	87	116	145	174	203
30	60	90	120	150	180	210
31	62	93	124	155	186	217
32	64	96	128	160	192	224
33	66	99	132	165	198	231
	2	**3**	**4**	**5**	**6**	**7**
34	68	102	136	170	204	238
35	70	105	140	175	210	245
36	72	108	144	180	216	252
37	74	111	148	185	222	259
38	76	114	152	190	228	266
39	78	117	156	195	234	273
40	80	120	160	200	240	280
41	82	123	164	205	246	287
42	84	126	168	210	252	294
43	86	129	172	215	258	301
44	88	132	176	220	264	308
	2	**3**	**4**	**5**	**6**	**7**
45	90	135	180	225	270	315
46	92	138	184	230	276	322
47	94	141	188	235	282	329
48	96	144	192	240	288	336
49	98	147	196	245	294	343
50	100	150	200	250	300	350
51	102	153	204	255	306	357
52	104	156	208	260	312	364
53	106	159	212	265	318	371
54	108	162	216	270	324	378
55	110	165	220	275	330	385
	2	**3**	**4**	**5**	**6**	**7**
56	112	168	224	280	336	392
57	114	171	228	285	342	399

1	12	13	14	15	16	17	18	19	20	21	1
2	24	26	28	30	32	34	36	38	40	42	2
3	36	39	42	45	48	51	54	57	60	63	3
4	48	52	56	60	64	68	72	76	80	84	4
5	60	65	70	75	80	85	90	95	100	105	5
6	72	78	84	90	96	102	108	114	120	126	6
7	84	91	98	105	112	119	126	133	140	147	7
8	96	104	112	120	128	136	144	152	160	168	8
9	108	117	126	135	144	153	162	171	180	189	9
10	120	130	140	150	160	170	180	190	200	210	10
11	132	143	154	165	176	187	198	209	220	231	11

	12	13	14	15	16	17	18	19	20	21	
12	144	156	168	180	192	204	216	228	240	252	12
13	156	169	182	195	208	221	234	247	260	273	13
14	168	182	196	210	224	238	252	266	280	294	14
15	180	195	210	225	240	255	270	285	300	315	15
16	192	208	224	240	256	272	288	304	320	336	16
17	204	221	238	255	272	289	306	323	340	357	17
18	216	234	252	270	288	306	324	342	360	378	18
19	228	247	266	285	304	323	342	361	380	399	19
20	240	260	280	300	320	340	360	380	400	420	20
21	252	273	294	315	336	357	378	399	420	441	21
22	264	286	308	330	352	374	396	418	440	462	22

	12	13	14	15	16	17	18	19	20	21	
23	276	299	322	345	368	391	414	437	460	483	23
24	288	312	336	360	384	408	432	456	480	504	24
25	300	325	350	375	400	425	450	475	500	525	25
26	312	338	364	390	416	442	468	494	520	546	26
27	324	351	378	405	432	459	486	513	540	567	27
28	336	364	392	420	448	476	504	532	560	588	28
29	348	377	406	435	464	493	522	551	580	609	29
30	360	390	420	450	480	510	540	570	600	630	30
31	372	403	434	465	496	527	558	589	620	651	31
32	384	416	448	480	512	544	576	608	640	672	32
33	396	429	462	495	528	561	594	627	660	693	33

	12	13	14	15	16	17	18	19	20	21	
34	408	442	476	510	544	578	612	646	680	714	34
35	420	455	490	525	560	595	630	665	700	735	35
36	432	468	504	540	576	612	648	684	720	756	36
37	444	481	518	555	592	629	666	703	740	777	37
38	456	494	532	570	608	646	684	722	760	798	38
39	468	507	546	585	624	663	702	741	780	819	39
40	480	520	560	600	640	680	720	760	800	840	40
41	492	533	574	615	656	697	738	779	820	861	41
42	504	546	588	630	672	714	756	798	840	882	42
43	516	559	602	645	688	731	774	817	860	903	43
44	528	572	616	660	704	748	792	836	880	924	44

	12	13	14	15	16	17	18	19	20	21	
45	540	585	630	675	720	765	810	855	900	945	45
46	552	598	644	690	736	782	828	874	920	966	46
47	564	611	658	705	752	799	846	893	940	987	47
48	576	624	672	720	768	816	864	912	960	1008	48
49	588	637	686	735	784	833	882	931	980	1029	49
50	600	650	700	750	800	850	900	950	1000	1050	50
51	612	663	714	765	816	867	918	969	1020	1071	51
52	624	676	728	780	832	884	936	988	1040	1092	52
53	636	689	742	795	848	901	954	1007	1060	1113	53
54	648	702	756	810	864	918	972	1026	1080	1134	54
55	660	715	770	825	880	935	990	1045	1100	1155	55

	12	13	14	15	16	17	18	19	20	21	
56	672	728	784	840	896	952	1008	1064	1120	1176	56
57	684	741	798	855	912	969	1026	1083	1140	1197	57

NEWSOME & CO.,

Watch Manufacturers,

Telephone: 220.

Telegrams: NEWSOME, BUTTS, COVENTRY.

14 & 15, THE BUTTS,

COVENTRY.

Manufacturers of all English Lines.
Importers of all Foreign Lines.

A FINE STOCK ALWAYS ON HAND.

PROMPT ATTENTION TO APPRO ORDERS.

Greenwich Trials.

1904.
Pocket Chronometer:
FIRST POSITION.

1905.
Lever Deck Watch:
FIRST POSITION
AND RECORD.

1906.
Pocket Chronometer:
FIRST POSITION.

WATCHES DEMAGNETISED.
NEW MOVEMENTS. NEW CASES.
TRADE REPAIRS.

PRICE LISTS ON APPLICATION.
A TRIAL ORDER SOLICITED.

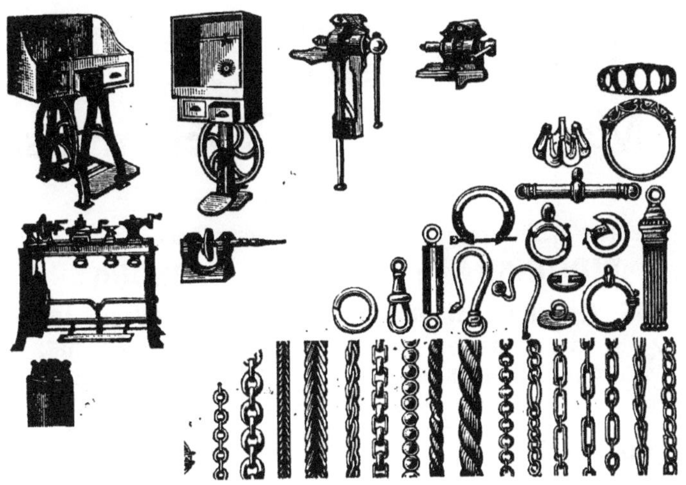

BROUGHTON'S GOLD CHAINS.

C. D. BROUGHTON,
21, 22, 23, St. Paul's Square,
BIRMINGHAM.

R. J. PIKE,

Gold and Silver Watch Case Manufacturer.

FINISHING COMPLETE AND REPAIRS DONE ON THE PREMISES.

Cromwell House,
ESTABLISHED 1872. **EARLSDON, COVENTRY.**
Telegrams: "Pike, Coventry."

ERNST GIDEON BEK,

30, Frederick Street, Birmingham,
MANUFACTURING JEWELLER & CHAINMAKER.

Speciality: Gold & Silver Chain Bags.
Wholesale and Export.

TELEGRAMS: "BUTTERFLY, BIRMINGHAM."
TELEPHONE: 377 JEWELLERS.
Works: Pforzheim.

The

Watchmaker, Jeweler, Silversmith, & Optician.

THE LEADING REPRESENTATIVE ORGAN.

Published on the 1st of each month.

Free Specimen Copy supplied to any member of the trade enclosing his business card.

WITH SPECIAL SUPPLEMENT PLATE

GINDER BROTHERS.
MANUFACTURING JEWELLERS,
Diamond Mounters and Setters,
FREDERICK STREET,
BIRMINGHAM.

Established 1830.
STAUFFER, SON & CO.,
PEERLESS AND MAXIM LEVERS.
13, CHARTERHOUSE ST.,
LONDON, E.C.

INTERNATIONAL MOTOR RACES
KEW

Three Medals.
HIGH-GRADE
English Clocks.
J. SMITH & SONS,
The Clerkenwell Steam Clock Works,
ST. JOHN'S SQ., CLERKENWELL.
GRANDFATHER, BRACKET, LEVER, PROJECTING AND TURRET CLOCKS.

Errington Watch Factory.
High-Class Machine-Made Interchangeable Watches.
H. Williamson Ltd.,
81, Farringdon Rd.,
LONDON, E.C.

Vol. XXXIII. NOVEMBER, 1907. No. 12.

THE
WATCHMAKER
JEWELER
SILVERSMITH
& OPTICIAN.

THE ORGAN OF THE JEWELRY & OPTICAL TRADES.

HENRY
GRIFFITH & SONS Ltd.,
Manufacturing Jewelers.
PATENTEES
SOLE MAKERS
BOLT SNAP
For Bracelets.

H. A.
BYWORTH & CO.
MANUFACTURE
HIGH CLASS
GEM WORK
ONLY ADDRESS,
19 & 21,
Heddon Street,
Regent St.,
LONDON, W.

MURRLE, BENNETT & Co. Ltd.,
Manufacturers of anything in
JEWELRY
of artistic merit and high-class workmanship.
13, CHARTERHOUSE STREET, LONDON, E.C.

HUTCHINSON & CO.,
MANUFACTURING JEWELERS,
We have a Large Stock of High-Class Gem Work and Gold Jewelry of Every Description.
GOLD LORGNETTES.
40 & 41, Furnival St., Holborn, LONDON, E.C.

Subscription: **5/-** per annum, post free, including Special Home and Colonial Number published in August at 2/6.

Established thirty-three years.

BEST MEDIUM FOR ADVERTISEMENTS.

For terms apply to the Publishers—

HEYWOOD & CO., LTD.,
150, Holborn,
LONDON, E.C.

Telephone: 174 Holborn.
Telegrams: "Talkboom."

BUY DIRECT FROM THE MAKERS.

RINGS. PINS. BRACELETS.

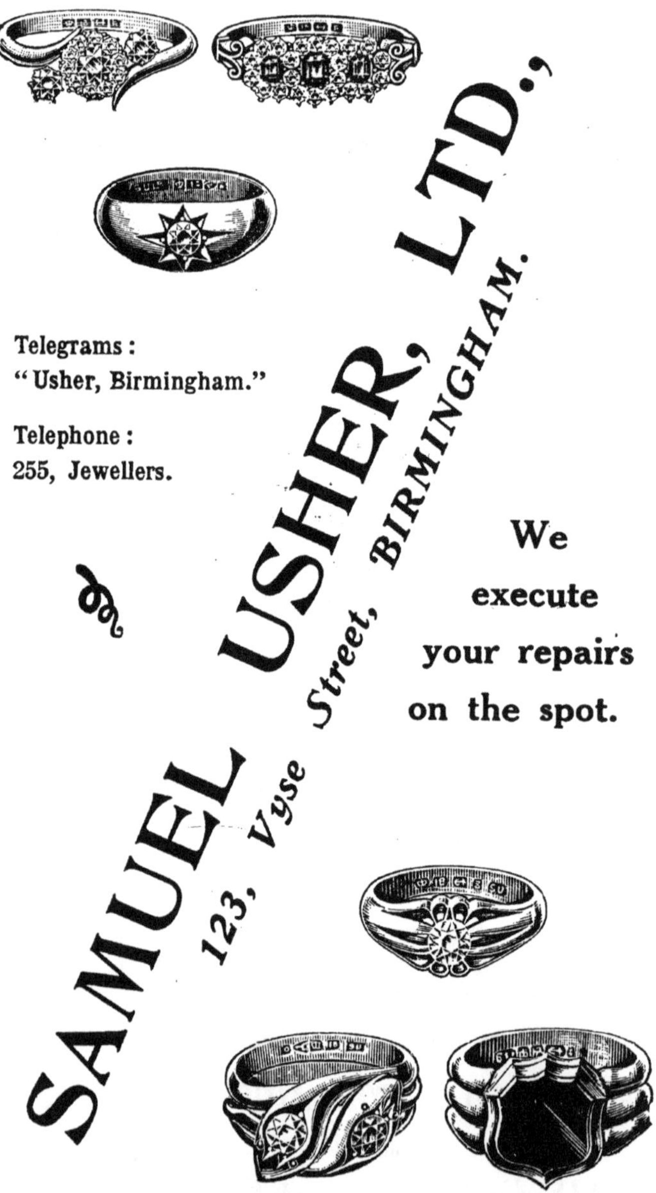

Try us for Appro Rings from 5/- to £50 in stock.

SEND FOR CATALOGUE.

THE

Jeweller and Metalworker

Published on the 1st and 15th of each Month,

PRICE ONE PENNY.

WHICH MAY BE ORDERED FROM

ALL BOOKSELLERS IN TOWN OR COUNTRY

BY INSTRUCTING THEM THAT

MESSRS. H. MARSHALL & SONS,
123, 124 & 125, Fleet Street, London,
ARE THE WHOLESALE AGENTS.

TERMS OF SUBSCRIPTION:

2/- the Half-year (12 Copies) Post Free;

4/- per Annum (24 Copies) Post Free
(INCLUDING TWO SPECIAL EXPORT ISSUES)

TO ALL PARTS OF THE WORLD,

BEGINNING AT ANY DATE.

TERMS FOR ADVERTISEMENTS:

Businesses for Sale, Situations Wanted and Vacant, Articles Wanted, etc.,

TWENTY WORDS, One Shilling.

Each additional Ten Words, Sixpence.

N.B.—Advertisements in the "**Jeweller and Metalworker**" come directly under the notice of more Watchmakers, Jewellers, etc., than through any daily or other paper in London or the Provinces.

For Particulars as to Displayed Advertisements, etc., apply to the Manager, EDWARD G. ALLEN, at the Offices, 24, CLERKENWELL ROAD, LONDON.

Telephone: 4672 Holborn.

TO THE TRADE.

The Proprietors of the "**Jeweller and Metalworker**" are not financially associated, neither have they been from its inception (thirty-five years ago), directly or indirectly, with any firm concerned in the Trade it represents. This statement applies to the retail equally with the wholesale Trade.

The Recognised Leading Organ

Of Manufacturers of and Dealers in Watches, Clocks, Jewellery, Electro-plate, Optical and Mathematical Instruments, the Precious Metals, etc., and for those who supply them with Tools and Materials for Manufacture.

LARGEST CIRCULATION OF ANY JOURNAL AMONG THE GOLD AND SILVER AND HOROLOGICAL TRADES

Published 1st and 15th of Month.] THE [*Registered for Transmission Abroad*

Jeweller & Metalworker

A FORTNIGHTLY REVIEW OF THE WATCH, GOLD, SILVER AND OPTICAL TRADES
FOUNDED BY WILLIAM ALLEN
1873.

No 639—VOL. XXVI. LONDON JUNE 15, 1900 ONE PENNY.

AUGUSTUS A. FRIDLANDER,
Precious Stone Dealer,
93, VYSE ST., BIRMINGHAM.
Brilliants. Roses. Sapphires. Rubies. Half Pearls
ALL SIZES AND QUALITIES.

ABSOLUTE SECURITY.
The Patent
"BOLT SNAP"
For Bracelets.
See large Advertisement inside.

B. H. JOSEPH & CO.,
MANUFACTURING JEWELLERS
AND MEDALLISTS,
18, 19, & 20, FREDERICK STREET.
BIRMINGHAM.

MANUFACTURING JEWELLERS,
DIAMOND MOUNTERS
AND
SETTERS
GINDER BROS.,
FREDERICK STREET.
BIRMINGHAM.

A. W. CROSBEE & CO.,
MANUFACTURING JEWELLERS
AND
MERCHANTS,
7, VYSE STREET,
BIRMINGHAM.

WRITE FOR SAMPLES OF
CHEAP JEWELLERY CASES
Manufactured by
G. F. HEWITT
KEY HILL DRIVE,
BIRMINGHAM.

J., J. J. & T. C.
BLUNDELL,
GOLD & SILVER
REFINERS
AND MELTERS.
Dealers in Precious Stones.
BARS BOUGHT BY ASSAY.
199, Wardour Street,
London, W.

THWAITES BROS.,

PAYTON, PEPPER, & SONS, LTD.
MANUFACTURING JEWELLERS.
3.4 & 5. Vyse St
Birmingham
London

D. BEESLEY,
MANUFACTURER OF EVERY DESCRIPTION OF
BRIGHT & COLOURED
GOLD CHAINS,
22, Regent Place.
BIRMINGHAM.

W. WILKINSON,
WEDDING,
KEEPER,
AND
Mourning Ring Manufacturer,
1 & 2, Skinner Street,
Clerkenwell, E.C.

W. PENDLETON AND SONS,
RING MANUFACTURERS.
TRADE (P. & S.) MARK
19, Northampton St., Birmingham.

London Address:
HATTON GARDEN
JOHN GOODE & SONS,
Manufacturers of
BRIGHT & COLOURED
GOLD CHAINS
REGENT PLACE, BIRMINGHAM.

WHITFIELD'S
SAFES.
OXFORD STREET, BIRMINGHAM.

JOHN M. BANKS,
MANUFACTURING
Goldsmith, Silversmith,
And DIAMOND MOUNTER.
6 & 7, NORTHAMPTON STREET, BIRMINGHAM

OFFICES AND BRANCHES.

LONDON.

Advertisement and General Offices:

24, CLERKENWELL ROAD, E.C.

Wholesale Publishing Offices:

123, 124 & 125, FLEET STREET, E.C.

BIRMINGHAM.

9, Augusta Street.

SHEFFIELD.

24, Norfolk Row.

MANCHESTER.

77, New Bridge Street.

NOTE.—It is important for the Trade to know that the above are the **ONLY** addresses of this Journal and of our Jewellers' Annual, thus avoiding, as nearly as we can, misrepresentation.

HARROP,

Telephone:
Holborn 1671.

and Diamond Mounter.

SPECIAL ORDERS AND MOUNTING CAREFULLY EXECUTED AT MODERATE CHARGES.

nd 279, George Street, SYDNEY, N.S.W.

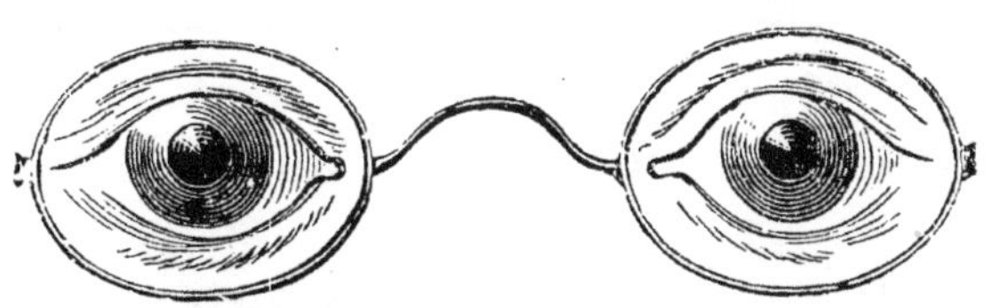

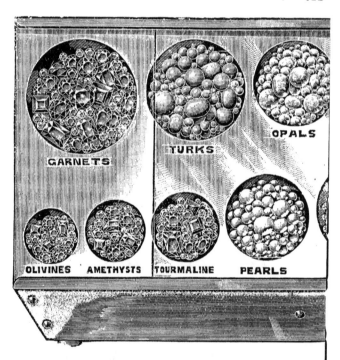

, Northampton St., Birmingham.

Offices—2, TULPSTRAAT,
AMSTERDAM,
And RUE SIMONS, ANTWERP.

Stones of all kinds.

d in Velvet Case, complete, 35/- nett.

TION OF STONES.

which prevents Pastes from getting mixed.

valuable to all Jewellers.

GROSS of Best Assorted [Paste] Stones

.OWS.

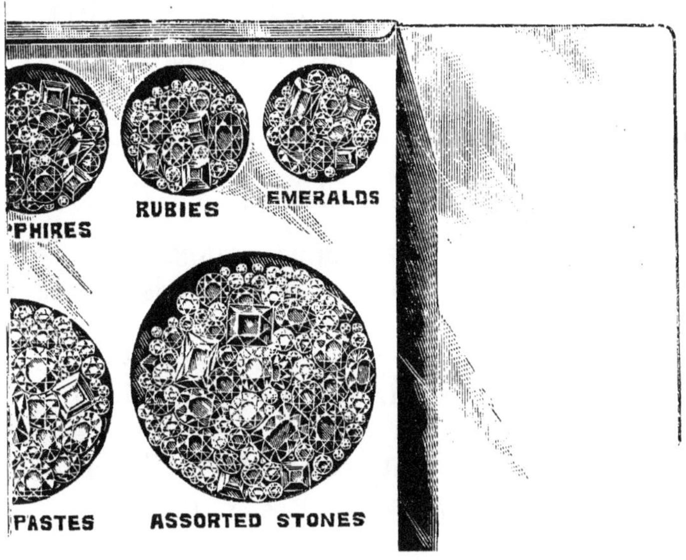

F. T. KRAUTH,

Watch Repairer
to the Trade.

Telegraphic Address:
"KRAUTH,
BIRMINGHAM."

TRADE MARK.

Telephone:
4731
Central.

Established 1870.

CHRONOMETER, CHRONOGRAPH,
DUPLEX, REPEATING,
and all kinds of
ENGLISH and FOREIGN WATCHES
skilfully Repaired, Cleaned, and Timed.

BALANCE STAFFS, CYLINDERS, PINIONS, WHEELS, JEWEL HOLES, and ALL PARTS of Watches replaced.

JEWELLERY of every description REPAIRED and MATCHED. . .

Gold & Silver Watch Cases Made, Repaired, Engine-turned, Sprung, or Polished.

The Largest Staff of Watch Repairers employed on the premises in the United Kingdom.

124, Great Hampton Street,
BIRMINGHAM.

JOHN COLLYER & CO., Ltd.

Silversmiths and Electro-plate Manufacturers,

Hockley Hill, BIRMINGHAM.

TELEGRAPHIC ADDRESS: "EPERGNE, BIRMINGHAM." CODES { A B C, 5th EDITION. JEWELLERS.

TELEPHONE: No. 127 NORTHERN, BIRMINGHAM.

The "BRIDGE" Pattern Flower Stand.
No. 594. Made with three, five, seven, or nine glass or metal vases. Prices and particulars on application.

Proprietors of HENRY FIELDING & SONS,

Late of Snape Works, Branston Street, Birmingham,

SPOON & FORK MANUFACTURERS

For Home, Foreign, and Colonial Markets, and Electro-plate specially suitable for the Shipping Trade.

Telegraphic Address : "Antique, Birmingham."

T. H. Hazlewood & Co.,

MANUFACTURERS of ALL KINDS of SILVER GOODS, NOVELTIES, &c.

REGISTERED.

REGISTERED.

REGISTERED.

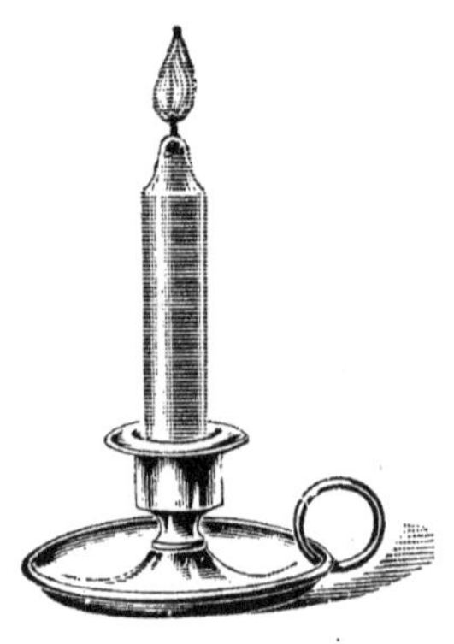

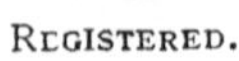

REGISTERED.

TUDOR WORKS,

212, BARR STREET, BIRMINGHAM.

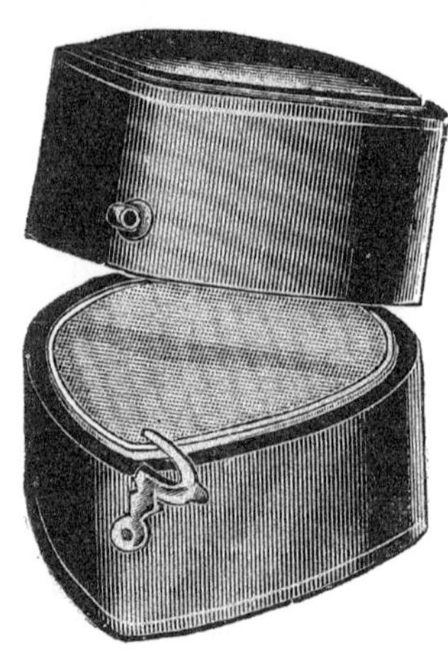

MANUFACTURER of CASES for JEWELLERY and SILVERWARE, PHOTO FRAMES, CANTEENS, and CUTLERY CASES.

W. H. BAGLEY,
52, Great Hampton Street,
BIRMINGHAM.

WINDOW FITTINGS, and VELVET PADS for Displaying JEWELLERY.
BRACKETS, CLIPS, etc.

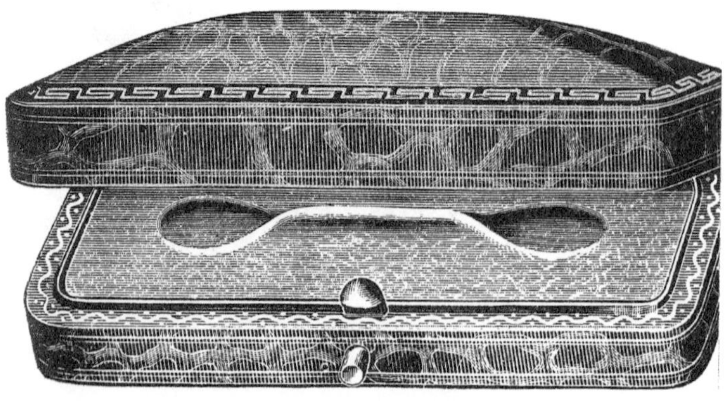

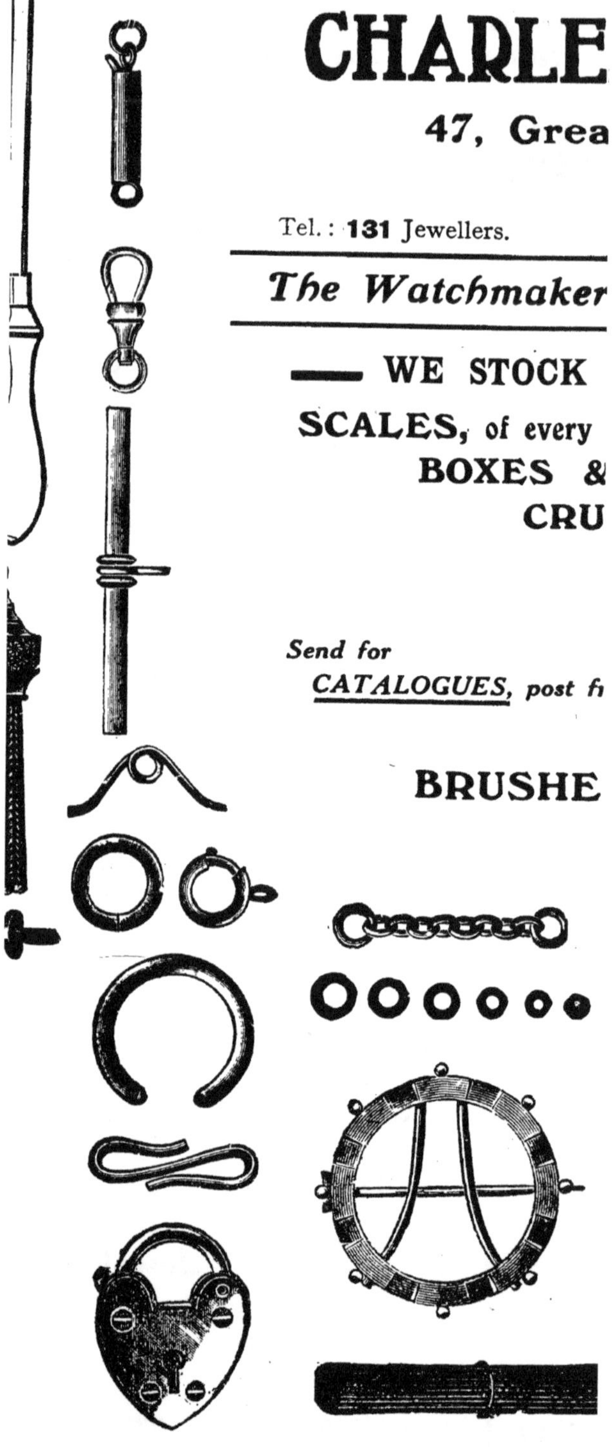
CHARLE
47, Grea
Tel.: 131 Jewellers.
The Watchmaker
WE STOCK
SCALES, of every
BOXES &
CRU
Send for
CATALOGUES, post f
BRUSHE

BANNISTER,

Hampton Street,

BIRMINGHAM, England.

ESTABLISHED 1876.

and Jewellers' Supply S

ERYTHING YOU REQUIRE.

cription.

CHESTS.

BLES.

LIERS & NIPPERS.

FILES. FILES. FILES.

LATHES, &c.

!!

and **BUFFS,** for Hand or Lathe use.

DIAMOND GAUGES.

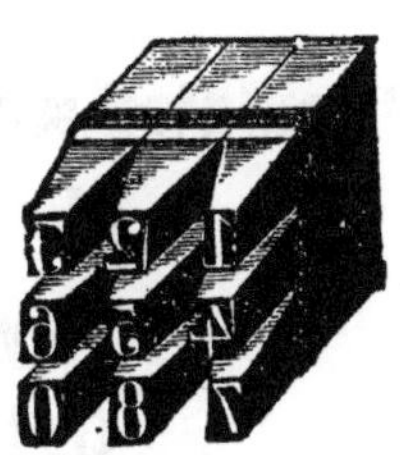

WHOLESALE AND EXPORT

JEWELLERS.

J. B. BENNETT & CO.

LTD.,

NUMBER SEVEN,

CHARTERHOUSE STREET,

HOLBORN CIRCUS,

LONDON, E.C.

HIGH-CLASS GEM SET

ARTISTIC JEWELLERY.

GOLD. ENAMEL. SILVER.

'DIAMOND & GEM SET'

PASTE JEWELLERY.

ANTIQUE. MODERN.

NEWEST DESIGNS IN JEWELLERY.

CPSIA information can be obtained
at www.ICGtesting.com
Printed in the USA
BVHW04*1011190918
527934BV00014B/787/P